Ullstein

ÜBER DAS BUCH:

Wirtschaftsunternehmen sehen sich heute einem immer schärferen Konkurrenzdruck ausgesetzt, die Erfordernisse des Marktes wandeln sich zunehmend schneller. In dieser Situation müssen alle Firmen neu darüber nachdenken, mit welchen Strategien sie sich den gegenwärtigen und zukünftigen Herausforderungen stellen können. Vor allem ist es erforderlich, das eigenverantwortliche Handeln der Mitarbeiter zu fördern, ihnen Entscheidungsfreiheit in den sie betreffenden Bereichen einzuräumen und auf diese Weise das kreative und innovative Potential derer zu nutzen, die bisher lediglich »Rädchen im Getriebe« waren – und damit oft weit unterfordert. Immer stärker geht es in Zukunft darum, das Unternehmen als Teil eines größeren Zusammenhanges, als »lebenden Organismus« zu begreifen, der zu Zulieferfirmen, Kunden und den Kommunen am jeweiligen Firmenstandort partnerschaftliche Beziehungen unterhält und nicht zuletzt einen aktiven Beitrag zur Erhaltung der Umwelt leistet. In diesem Buch stellt Charles A. Garfield anhand von konkreten Fallbeispielen Firmen vor, die die Umgestaltung ihrer Betriebe in Angriff genommen haben. Ihre Erfahrungen bieten wertvolle Hinweise für die, die erkannt haben, daß das Unternehmen von morgen nur dann überlebensfähig ist, wenn es sich konsequent bemüht, den Menschen in den Mittelpunkt zu stellen.

DER AUTOR:

Dr. Charles A. Garfield war als Computerexperte am Apollo-11-Projekt beteiligt, das die erste Landung von Menschen auf dem Mond ermöglichte. Seine Untersuchungen über Firmen und Menschen, die sich durch Spitzenleistungen auszeichnen, führten 1986 zu dem Bestseller »Peak Performers«. Garfield ist einer der begehrtesten Referenten in den USA. Als Chef der »Charles Garfield Group« berät er Führungskräfte und Staatsmänner in aller Welt.

Charles Garfield

Spitzenmanagement im Team

Funktionale Führung statt Hierarchie

Ullstein

Management
Ullstein Buch Nr. 35470
im Verlag Ullstein GmbH,
Frankfurt/M–Berlin
Ursprünglich unter dem Titel erschienen:
Team Management
Titel der amerikanischen Originalausgabe:
Second to None
Aus dem Amerikanischen von
Ursula Bischoff

Ungekürzte Ausgabe

Umschlagentwurf:
Theodor Bayer-Eynck

Taschenbuchausgabe mit freundlicher Genehmigung
der F. A. Herbig Verlagsbuchhandlung GmbH, München

Printed in Germany 1995
Druck und Verarbeitung:
Clausen & Bosse, Leck
ISBN 3 548 35470 X

Februar 1995

Gedruckt auf alterungsbeständigem
Papier mit chlorfrei gebleichtem Zellstoff

Die Deutsche Bibliothek – CIP-Einheitsaufnahme

Garfield, Charles:
Spitzenmanagement im Team: funktionale Führung
statt Hierarchie/Charles Garfield. [Aus dem
Amerikan. von Ursula Bischoff]. – Ungekürzte Ausg. –
Frankfurt/M; Berlin: Ullstein, 1995
(Ullstein-Buch; Nr. 35470:
Ullstein-Sachbuch: Management)
Einheitssacht.: Second to none <dt.>
ISBN 3-548-35470-X
NE: GT

EDWARD GARFIELD –
ich widme dieses Buch einem Vater und Freund,
wie es keinen zweiten gegeben hat.
Die Liebe und die Unterstützung,
die du mir gegeben hast,
sind für mich von großer Bedeutung gewesen.
Dies ist auch dein Buch.

Inhalt

Teil X Lektionen 351

Einführung

Wir leben und arbeiten in einer Zeit des Wandels, die gekennzeichnet ist durch regional begrenzte Konflikte, den Kampf einzelner Nationen für Freiheit und Demokratie, weltweite Krisen und rasante technologische und gesellschaftliche Umwälzungen. Unternehmen durchlaufen, wie jeder andere Organismus in einer sozialen Gemeinschaft, tiefgreifende Veränderungen. Sie sind bemüht, sich den vielfältigen Herausforderungen gewachsen zu zeigen, die mit der Wirtschaftstätigkeit in einem globalen Markt in einem Zeitalter der Ungewißheit und Unsicherheit einhergehen.

Was passiert mit Unternehmen und ihren Mitarbeitern, wenn sich eine Gesellschaft, ja sogar die ganze Welt fortwährend im Umbruch befindet und immer neue, gänzlich unerwartete Formen annimmt? Die Vergangenheit mag Orientierungshilfen bieten, aber sie kann uns nicht angemessen über die Chancen oder Fallen aufklären, die vor uns liegen. Die Probleme, denen sich Unternehmen heute gegenübersehen, sind spektakulär, vielschichtig, weitreichend und völlig ungewohnt. Keine noch so ausgefeilte einzelne Unternehmensstrategie bietet uns das Rüstzeug, das uns befähigen würde, sie in den Griff zu bekommen. Alle Konzepte, die uns in den letzten Jahren so fasziniert haben – Spitzenleistungen, Produktqualität, erstklassiger Kundendienst, unternehmerisches Denken und Handeln auf firmeninterner Ebene, persönliche Bestleistungen usw. –, sind nichts anderes als Bruchstücke und ein letztlich aussichtsloser Versuch, den endlosen Strom von Veränderungen zu bewältigen, dem wir ständig ausgesetzt sind. Es gibt kein Allheilmittel, das uns heute retten könnte.

Team Management basiert auf der Annahme, daß diese rasanten Veränderungen auf den ersten Blick zwar willkürlich und wirr erscheinen mögen, in Wirklichkeit aber Teil eines umfassenderen Musters sind, dessen Form wir erst jetzt zu erkennen beginnen. Je mehr wir uns bemühen, die Kräfte zu verstehen, die zur Entstehung dieser neuen Strukturen beitragen und bewirken, daß ein »neues Kapitel in der Unternehmensgeschichte« aufgeschlagen wird, desto besser sind wir imstande, einen ganzheitlichen Lösungsansatz zu finden, statt wahllos und in blinder Panik auf jede einzelne Herausforderung zu reagieren.

Jedes der Fallbeispiele, die in *Team Management* geschildert werden, bietet einzigartige Einsichten in den Wandlungsprozeß, der heute in modernen Unternehmen stattfindet. Ein jedes stützt sich auf eine »entwickelte Alternative« (wie es der Wissenschaftstheoretiker Thomas S. Kuhn genannt hat), eine völlig neue Denkweise über Wirtschaftsorganisationen und die Männer und Frauen, die darin arbeiten. Jedes kann uns dabei helfen, einen Sinn in den Veränderungen zu finden, die im rasenden Wirbel über uns hinwegfegen, und uns zeigen, wie man inmitten dieser Turbulenzen gedeiht. Die kollektiven Erfahrungen unserer beispielhaft ausgewählten Firmen ermöglichen es uns, die Steinchen des Puzzles zu einem Gesamtbild zusammenzufügen, das die Unternehmen neuen Zuschnitts zeigt.

Die Spitzenführungskräfte, deren Profil auf diesen Seiten beschrieben wird, unterscheiden sich beträchtlich voneinander, aber ein Merkmal haben alle gemein: Sie sind aufrichtig bestrebt, das Wohlergehen ihrer Mitarbeiter mit der Notwendigkeit in Einklang zu bringen, Gewinne zu erwirtschaften. Es ist nicht so, daß ihnen die Bilanzen gleichgültig wären. Sie sind gewiefte Geschäftsleute, deren Ausrichtung auf den Menschen pragmatisch und ergebnisorientiert ist. Sie haben begriffen, daß Gewinne am ehesten von einer Belegschaft, die man mit Würde und Achtung behandelt, und in einem Arbeitsumfeld erzielt werden, das von echtem Gemeinsinn zeugt und mehr ist als ein Arbeitsplatz.

Zu unseren Gesprächspartnern zählten langjährige Topmanager ebenso wie solche, die den Sprung an die Spitze erst vor kurzem geschafft hatten. Die Beiträge stammen von Mitgliedern aller Unternehmensebenen, angefangen von den Führungsetagen bis hin zu den Werkhallen. Ich habe mich eingehend mit Männern und Frauen unterhalten, die ich bei firmeninternen Konferenzen und Tagungen von Fachverbänden, Vorstandssitzungen, Klausurtagungen für Führungskräfte, Podiumsdiskussionen und Brainstorming-Sitzungen kennengelernt habe. Jede dieser Begegnungen vermittelte mir neue Beobachtungen, und jede Gruppe war für mich eine Informationsquelle, die mir neue und nützliche Perspektiven eröffnete.

Manche der Befragten sprachen begeistert über ihre derzeitigen Bemühungen, aus den »eingefahrenen Gleisen« auszubrechen. Andere erzählten voller Stolz von den neuen Arbeitskonzepten und Organisationsstrukturen, die sie aus dem Nichts geschaffen hatten, und diese Aufbruchstimmung wirkte ansteckend. Ihre Aussagen waren im allgemeinen von einem verhaltenen Optimismus geprägt, der ihre unvermeidliche Angst vor dem Unbekannten mehr als wettmachte.

Ich werde mich nicht für den optimistischen Grundton entschuldigen, der *Team Management* wie ein roter Faden durchzieht. Seit Jahren ärgert mich der modische Pessimismus der »Vordenker« auf Unternehmensebene. Ich finde es bestürzend, daß jede einigermaßen hoffnungsvolle Analyse des Zustands, in dem sich Unternehmen heute befinden, in manchen Kreisen Verdacht erregt, während die Schwarzmalerei mehr Vertrauen zu erwecken scheint.

Ich möchte keinesfalls bestreiten, daß sich Unternehmen heute ungeheuren Herausforderungen gegenübersehen. Aber Optimismus und Pessimismus sind Einstellungen, die in gleichem Maß über Erfolg oder Versagen entscheiden wie die äußeren Umstände, mit denen wir konfrontiert werden, wie problembehaftet sie auch immer sein mögen. Einstellungen programmieren unsere Wahrnehmungen vor, färben unsere Deutung der Fakten und Ereignisse und beeinflussen in positiver wie in negativer Richtung die Schlußfolgerungen, zu denen wir gelangen. In diesen Zeiten, die uns voll und ganz fordern, sollten wir uns auf unsere Überlebens- und Wachstumsmöglichkeiten konzentrieren, statt endlos über die Gegebenheiten zu klagen, denen wir uns nun einmal gegenübersehen.

Der Leser kann von den Erfahrungen unserer Gesprächspartner am meisten profitieren, wenn er ihre Fallbeispiele so vorurteilsfrei wie möglich angeht. Ihre Bemerkungen sind nicht nur wegen der Fakten von Nutzen, die sie enthalten, sondern vor allem wegen der vielfältigen Chancen, die immer wieder in ihnen anklingen. Der Wert für den Leser liegt letztlich nicht nur in den Erkenntnissen dieser Führungskräfte, sondern auch in ihrer Sichtweise.

Unzählige Mitarbeiter in den verschiedensten Unternehmen haben mir großzügig ihre Zeit und Energie zur Verfügung gestellt und dazu beigetragen, das Profil des Unternehmens von heute in einer radikal veränderten Welt zu umreißen. *Team Management* ist meine Version der Geschichten, die sie mir freundlicherweise erzählt haben.

Teil I

Das Bild der Unternehmen neuen Zuschnitts fügt sich zusammen

Es gibt eine alte Hindu-Parabel, die von drei Blinden und einem Elefanten handelt. Keiner der Männer war je zuvor einem Elefanten begegnet, und man bat sie nun, das Tier zu berühren und es den anderen zu beschreiben. Der erste rief aus: »Er fühlt sich wie ein Baum an, rund und stämmig.« Der zweite widersprach: »Nein, er gleicht eher einer Python, er ist dick und geschmeidig.« Und der dritte behauptete: »Ihr irrt euch beide. Ein Elefant ähnelt einem langen, kräftigen Strick.«

Nicht viel anders als den drei Blinden in der Parabel ergeht es den Unternehmen, während wir uns der Schwelle zu einem neuen Jahrtausend nähern. Firmen rund um den Globus sind verzweifelt bemüht, eine rapide schrumpfende Welt in den Griff zu bekommen, die sich zudem noch ständig und sprunghaft verändert, eine Welt, in der die alten Regeln für eine erfolgreiche Geschäftstätigkeit überholt sind oder zunehmend ihre Gültigkeit verlieren. Topmanager sehen sich heute gezwungen, ihre Philosophien von Grund auf zu überdenken, ihre Organisationen umzustrukturieren und völlig neue Führungsansätze zu entwickeln, um die Wettbewerbsfähigkeit und in vielen Fällen sogar das nackte Überleben ihrer Firmen zu gewährleisten. Keiner von ihnen hat in diesen turbulenten Zeiten ein voll ausgereiftes Erfolgsrezept zur Hand, aber jeder kann mit Teillösungen aufwarten.

Drei Firmen – Steelcase, Preston Corporation und Semco S/A – veranschaulichen den weltweiten Kampf der Unternehmen, sich in den neunziger Jahren neu zu definieren. Steelcase mit Hauptsitz in Grand Rapids, Michigan, zählt zu den weltweit führenden Büromöbelherstellern; der Konzern wies 1990 Umsatzerlöse von 1,9 Milliarden Dollar aus und beschäftigt 21 000 Mitarbeiter im In- und Ausland. Preston Corporation, eine Speditionsfirma mit Zentrale in Preston, Maryland, hat 6000 Belegschaftsmitglieder, in der Mehrzahl gewerkschaftlich organisiert; hier wurden 1990 Umsatzerlöse in Höhe von 495 Millionen Dollar erzielt. Semco S/A ist in São Paulo, Brasilien, beheimatet. Mit mehr als 1000 Mitarbeitern und Umsatzerlösen, die sich 1990 auf 35 Millionen Dollar beliefen, gehört das Unternehmen in Brasilien zu den größten Herstellern von Maschinen und Ausrüstung für die Schiffahrt und die lebensmittelverarbeitende Industrie.

Obwohl diese Unternehmen geographisch weit voneinander entfernt sind und in unterschiedlichen Branchen arbeiten, waren sie alle durch ein Zusammentreffen firmeninterner und äußerer Kräfte gezwungen, ihre Prioritäten neu zu setzen und weitreichende Veränderungen einzuleiten, um für den Wettbewerb im kommenden Jahrzehnt gerüstet zu sein. Steelcase hat seine betrieblichen Prozesse völlig neu strukturiert, um seine Position in einem Weltmarkt zu stärken, der von zunehmendem Wettbewerb gekennzeichnet ist. Preston hat die feindseligen Beziehungen zwischen Management und Gewerkschaften angesichts der bevorstehenden Deregulierungsmaßnahmen grundlegend geändert. Und die Führungsriege von Semco S/A stellte in einem letzten verzweifelten Versuch, zahlungskräftig zu bleiben, ihre Unternehmenspolitik völlig auf den Kopf.

Ich habe mich ausführlich mit den Topmanagern dieser drei Firmen unterhalten: mit Will Potter, der den Vorsitz über die Preston Corporation führt; mit Frank Merlotti, der bei Steelcase am Ruder steht; und mit Ricardo Semler, bei Semco S/A auf dem Chefsessel. Aufgrund dieser und anderer Gespräche wurde mir klar, daß jeder von ihnen wie die drei Blinden in der Parabel »Bruchstücke des Elefanten« ausgemacht hatte. Doch keiner war bisher imstande, diese Bausteine zu einem zusammenhängenden Gesamtbild zusammenzufügen, in eine neue Unternehmensphilosophie und Geschäftsstrategie einzupassen, die es Firmen rund um den Globus gestatten würde, in einem Zeitalter der Unwägbarkeiten zu wachsen und zu gedeihen. Jeder sprach mit mir über die Herausforderungen, die sein Unternehmen auf dem Weg in ein neues Jahrtausend bewältigen muß und bereits gemeistert hat.

Will Potter von der Firma Preston

1978 machten wir uns Sorgen wegen der bevorstehenden Deregulierungsmaßnahmen im Güterkraftverkehr. Wir wußten, dadurch würde sich alles von Grund auf ändern. Kleine Speditionsfirmen, deren Mitarbeiter nicht gewerkschaftlich organisiert waren und weniger Gemeinkosten hatten, würden alle eingeführten Speditionsfirmen unterbieten.

Die Beziehung zwischen dem Preston-Management und den Gewerkschaften unserer LKW-Fahrer und Dockarbeiter waren in manchen unserer Ladestationen ziemlich ruppig. Jeden Tag gab es Ärger. Einmal, im Sommer 1978, trieb sich ein Fahrer, der in Detroit Ware ausliefern sollte, mehrere Stunden im Verladehof eines Kunden herum. Er wollte ihm zeigen, wer dort das Sagen hatte. Nach diesem Zwischenfall haben wir ernsthaft in Erwägung gezogen, die Station ein für allemal zu schließen.

Wir sahen uns also den anstehenden Deregulierungsmaßnahmen und etlichen Schwierigkeiten mit unseren Arbeitnehmern und deren Gewerkschaften gegenüber. Ich glaube, wir wußten, daß Preston nicht mehr lange überleben würde, wenn wir nicht radikale Neuerungen einführten.

Wir sagten uns: »Nehmen wir einmal an, daß die Deregulierung tatsächlich bevorsteht. Was machen wir dann?« Wir hatten zwar das Gefühl, ziemlich erfolgreich zu sein, aber wir beschlossen nichtsdestoweniger, unseren Service zu verbessern und unsere Produktivität noch mehr zu erhöhen.

Ich habe immer wieder gepredigt: »Laßt uns nicht auf die Ziele schauen, die wir im Verlauf unserer Firmengeschichte schon erreicht haben. Wir sollten über die Beispiele und Modelle nachdenken, die wir außerhalb unseres Unternehmens finden. Sie mögen sich von dem unterscheiden, was wir in unserer Branche bisher zu Gesicht bekommen haben, aber vielleicht weisen sie uns ja den Weg in die Zukunft. In zehn Jahren wird die Welt um einiges anders aussehen.«

Also haben wir beschlossen, unter unseren Mitarbeitern eine Umfrage durchzuführen, um uns ein Bild über ihre Einstellung zum Unternehmen zu machen. Dafür haben wir zwei Ladestationen ausgewählt – die schlechte in Detroit und eine wirklich erstklassige in York, Pennsylvania. Der Fragebogen umfaßte mehr als 100 Fragen und wurde in beiden Betrieben an sämtliche Belegschaftsmitglieder verteilt.

Wir erhielten die Ergebnisse, und zu unserem Entsetzen waren sie in York sogar noch schlimmer als in Detroit. Die häufigste Beschwerde war: »Kein Mensch sagt mir, was im einzelnen zu meinen Aufgaben gehört. Niemand lobt mich, wenn ich gute Arbeit geleistet habe.« Auf jede positive Bemerkung in diesem Arbeitsumfeld kamen 40 negative.

Wir überlegten uns, was nun, da wir das ganze Ausmaß des Problems erkannt hatten, zu tun sei. Es war klar, daß wir eine Menge »Hausaufgaben« erledigen mußten, um die Beziehungen zur Preston-Belegschaft zu verbessern. Und wir wußten, dieser Punkt war entscheidend für unser Überleben.

Unsere vordringlichste Aufgabe mußte also darin bestehen, Vertrauen aufzubauen. Anfangs rechneten wir damit, daß es mindestens zwei Jahre dauern würde, bis wir überhaupt damit beginnen konnten, eine echte Vertrauensbasis zu schaffen. Bei uns heißt es oft, daß Mitarbeiter uns ihr Vertrauen nicht schenken, sondern zu treuen Händen überlassen. Man muß es sich jeden Tag aufs neue verdienen.

Ein Teil der vertrauensbildenden Maßnahmen bestand darin, unseren Leuten mehr Entscheidungsbefugnisse zu geben. Heute werden 50 von unseren 87 Ladestationen um vier oder fünf Uhr morgens von den Fahrern und Lager- oder Dockarbeitern geöffnet. Von der Geschäftsleitung ist zu dieser Zeit niemand anwesend.

Wir haben außerdem ein Leistungssteigerungsprogramm eingeführt, für das alle Partner – wir benutzen den Begriff Arbeitnehmer nicht mehr – verantwortlich zeichnen. Dieses Programm umfaßt Zielsetzungen, bestimmte Verhaltensweisen, Maßstäbe, Rückmeldungen und Konsequenzen, vor allem die positive Verstärkung erwünschten Verhaltens, um Mitarbeiter zu Leistungsverbesserungen anzuspornen. Und das Programm hat Erfolg. 1978 kamen auf jede positive Bemerkung noch 40 negative; heute liegt das Verhältnis ungefähr bei 3,75 positiven zu einer negativen.

Als wir die ersten Veränderungen auf den Weg brachten, folgten wir keiner speziellen Philosophie. Aber wir stellten bald fest, daß es für die Belegschaft ungeheuer wichtig ist, die Werte des Unternehmens zu verinnerlichen. Dazu gehört unter anderem auch die Achtung vor jedem einzelnen Menschen und aufrichtiges Interesse für die Bedürfnisse anderer Mitarbeiter und Kunden. Die Leute möchten das Gefühl haben, zum Team zu gehören, Teil einer großen Familie zu sein. Sie wünschen sich in ihrer Arbeitsumgebung einen bestimmten Entscheidungsfreiraum. Sie möchten die Möglichkeit erhalten, etwas dazuzulernen und einen Beitrag zu leisten.

Wir haben entdeckt, daß einer der größten Motivationsfaktoren das Gefühl ist, zum Erfolg des Unternehmens beizutragen. Früher war es bei uns so, daß irgendein Mitarbeiter an der Verladerampe vielleicht eine großartige Idee hatte und sein Chef sagte: »Na toll. Ich komme darauf zurück.« Unter Umständen mußte der Mann dann bis zum Sankt-Nimmerleins-Tag auf eine Reaktion warten. Wenn heute jemand sagt, er sei auf eine Möglichkeit gestoßen, Zeit zu sparen oder einen Arbeitsprozeß zu erleichtern, dann erhält er die Gelegenheit, seine Lösung probeweise in die Praxis umzusetzen. 1990 haben unsere 6000 Mitarbeiter insgesamt 9209 qualitätsbezogene Verbesserungsvorschläge eingereicht, und 96 Prozent davon wurden tatsächlich realisiert.

Ein weiterer Weg, brachliegende Talente bei Preston zu fördern, bestand darin, mehr Zeit in die Schulung unserer Mitarbeiter zu investieren. Dazu gehört auch ein Verkaufstraining unserer Fahrer. Das ist deshalb sinnvoll, weil sie es sind, die den persönlichen, unmittelbaren Kontakt zum Kunden haben. Und für sie war es eine Offenbarung, wie sich herausstellen sollte. Wir haben beispielsweise in Zeiten, wo die Geschäfte flau waren, unseren Fahrern gesagt: »Wir stellen euch einen Firmenwagen zur Verfügung, oder benutzt den eigenen. Schmeißt euch in Anzug und Krawatte und macht Kundenbesuche. Schaut mal, ob sich da nicht mehr Aufträge reinholen lassen.« Und wenn sie von ihrer Verkaufstour zurückkehrten, erklärten viele: »Wir haben immer gedacht, unsere Außendienstler täten nichts anderes, als auf Geschäftskosten Mittagessen zu gehen und Golf zu spielen. Das ist ja richtige Knochenarbeit!« So konnten sie also einen Blick über den Horizont ihrer eigenen Tätigkeit hinaus werfen und eine weitere, ganz entscheidende Verbindung zum gesamten Unternehmen herstellen.

Wir sorgen dafür, daß alle unsere Leute Zugang zu den Informationen erhalten, die sie für ihre Arbeitsaufgaben benötigen. Ich erinnere mich noch an einen Gewerkschaftsfunktionär, einen betrieblichen Vertrauensmann, der sagte: »Es ist verblüffend. Ich kann in das Büro des Geschäftsführers einer beliebigen Ladestation spazieren, die Schreibtischschublade öffnen und den Bericht mit der Ergebnisrechnung herausnehmen. Ich weiß genau, wie hoch die Gewinne oder Verluste sind, die sie zu einem bestimmten Zeitpunkt schreibt.«

Alle diese Veränderungen haben zusammen zu einem ganz neuen Geschäftskonzept geführt. Unser anfängliches Ziel, die Verbesserung der Beziehung zu den Gewerkschaften, haben wir längst hinter uns gelassen. Heute sind wir damit befaßt, in Zusammenarbeit mit den entsprechenden Institutionen vor Ort LKW-Fahrunterricht zu erteilen, wie in Louisville oder New Jersey.

Aber der wirkliche Beweis für unseren Erfolg ist die Art, wie unsere Mitarbeiter ihre alltägliche Arbeit verrichten. Man kann sehen, daß sie stolz sind, bei Preston beschäftigt zu sein. Man kann das Engagement spüren, wenn ihre Verbesserungsvorschläge eingehen. Und das schlägt sich in Qualitätserhöhungen, Produktivitätssteigerungen und verbesserten Dienstleistungen nieder. Ein weiterer Beweis ist die Tatsache, daß es 1980 in unserer Kategorie 61 große LKW-Transportunternehmen gab. Heute sind nur noch 14 übriggeblieben.

Ich würde sagen, daß die größte Veränderung, die wir eingeleitet haben, in der Konzentration auf unsere Mitarbeiter besteht. Unser Wahlspruch, den Sie auf jedem LKW finden, lautet: »Die Preston-Mannschaft: Wir bewirken den

Unterschied.« Und wir legen nicht nur ein Lippenbekenntnis ab, sondern leben nach diesem Grundsatz.

Frank Merlotti von der Firma Steelcase

Anfang der 1980er Jahre ging es Steelcase gut; wir waren die Nummer eins in unserer Branche. Aber im Laufe der Zeit, als die Konkurrenz ein wenig härter wurde, begann sich das Wachstumstempo unseres Marktes zu verlangsamen. Einmal im Jahr gab die Geschäftsleitung ein großes Essen für die gesamte Belegschaft, und bei der Gelegenheit wurden Ansprachen gehalten und die Leistungen unserer Leute gelobt. Es stimmte – unsere Firma hielt die Spitze, aber die Konkurrenz war uns dicht auf den Fersen. Es schien mir an der Zeit, unseren Mitarbeitern klarzumachen, daß nichts ewig währt. Man kann auf Unternehmen verweisen, die lange vor uns marktführend waren: Heute sind sie von der Bildfläche verschwunden.

Wir haben immer wieder gesagt: Wir sind die Besten. Und dann haben wir uns gedacht, daß man etwas ganz Neues am besten dann ausprobiert, wenn man ganz oben auf der Erfolgswelle schwimmt, statt damit zu warten, bis es bergab geht, und dann zu versuchen, sich wieder mühsam nach oben zu kämpfen. Wir unterhielten uns über das Frosch-Syndrom: Wenn man einen Frosch in einen Topf mit siedendem Wasser wirft, hüpft er schleunigst heraus; wenn man ihn aber in kaltes Wasser setzt, das man langsam erhitzt, dann bleibt er seelenruhig dort sitzen, bis sein letztes Stündlein geschlagen hat. Wir hatten keine Lust, dieses Schicksal zu teilen.

Wir sprachen mit vielen Kunden und führten Umfragen durch. Die meisten Ergebnisse waren positiv, aber manche sagten: »Na ja, ihr seid ganz gut; aber in manchen Fällen sind die von der Konkurrenz XY eine Spur besser als ihr.« Das war ein ernüchternder Gedanke.

Wir redeten immer wieder über den Frosch. Wir stellten sogar ein kleines Team auf die Beine, das im Laufe der Zeit den Spitznamen »Frankies Frösche« erhielt.

Die Botschaft war klar: Wir können uns künftig nicht mehr damit zufriedengeben, daß alle Entscheidungen ausschließlich von einer kleinen Gruppe von Mitarbeitern getroffen werden, die glauben, sie wüßten schon, was für die Firma am besten ist. Wir müssen sämtliche Belegschaftsmitglieder am Entscheidungsprozeß beteiligen. Uns steht hier ein riesiges Wissenspotential zur Verfügung, und wir sollten ein für allemal die Idee über Bord werfen, daß Vorgesetzte das Denken erledigen und Mitarbeiter nichts anderes zu tun haben als ihre Arbeit. In unserer Branche ist die Innovation das A und O, und wir müssen alle geistigen Fähigkeiten nutzen, an die wir herankommen können.

Das auffälligste Symbol der Veränderungen, die bei Steelcase stattgefunden haben, ist unser neues Corporate Development Center – das CDC. Wir haben 1986 mit dem Bau begonnen, als uns gerade erst der Gedanke kam, größere Umstrukturierungen durchzuführen. Es wurde 1989 eröffnet und ist ein Sinnbild für unsere neue Denkweise. Das Gebäude hat die Form einer abgeflachten Pyramide mit vielen offenen Räumen – rund 53 000 Quadratmeter Fläche auf sieben Ebenen. Bei den Entwürfen wurde berücksichtigt, daß hier in Teams disziplinübergreifend gearbeitet wird und alle Designmerkmale die Leute zum persönlichen Kontakt ermutigen sollen. Wir haben eine Rolltreppe einbauen lassen, um ihnen Gelegenheit zu geben, miteinander zu reden. Wir haben versucht, alles zu entfernen, was einer Kommunikation, einem Ideenaustausch, im Wege stand. Wir wollten uns diese »Ihr hier oben – ihr da unten«-Hierarchie vom Hals schaffen.

Es gibt keine abgeteilten Räume mehr für die unterschiedlichen Funktionen. Wir haben Bereiche geschaffen, in denen die Leute ihren Routineaufgaben nachgehen, und andere, in denen an Sonderprojekten gearbeitet wird. Alle Führungskräfte sind in Büros untergebracht, die sich um das Zentrum des Gebäudes gruppieren, so daß jeder leichten Zugang zu ihnen hat.

Es hat mehrere Jahre gedauert, bis diese neuen Maßnahmen Fuß gefaßt haben. Aber inzwischen sind wir auch in anderen Teilen des Landes zur Teamarbeit übergegangen, nicht nur im CDC. Wir haben inzwischen mehr als 400 Teams.

Dadurch hat sich unser gesamtes Arbeitsumfeld verändert. Die Leute engagieren sich sehr für das Gruppenkonzept und wissen die Möglichkeit zu schätzen, bei jedem Aspekt eines Produkts ein Wörtchen mitreden zu können. Wir sehen, wie neue Programme entwickelt werden, und hören, wie Mitarbeiter Strategien ausknobeln, und zwar auf Unternehmensebenen, die es vor ein paar Jahren noch gar nicht gab. Leute, die noch nie vor einer Gruppe gestanden haben, diskutieren jetzt mit einem Dutzend anderer Mitarbeiter und erklären ihre Ideen anhand von Schaubildern. Heute denken alle eigenständig mit. Unsere Lieferzyklen haben sich um die Hälfte verkürzt, und unsere Lagerbestände konnten drastisch verkleinert werden. Wir sind zu der Schlußfolgerung gelangt, daß man es erst dann schafft, wenn man es schaffen muß.

Ich bin der Ansicht, daß Unternehmen, die es versäumen, das schöpferische Potential ihrer Mitarbeiter freizusetzen, bald Däumchen drehen und sich fragen werden, was aus ihrem einst so einträglichen Geschäft geworden ist.

Ricardo Semler von der Firma Semco

Als ich 1980 bei Semco, der Firma, die mein Vater gegründet hat, eintrat, standen wir kurz vor dem Bankrott. Wir stellten damals hydraulische Pumpen für Schiffe her. Das Unternehmen war sehr zwanglos geführt worden. Verträge wurden auf privater Ebene geschlossen, per Handschlag besiegelt und dann vergessen. Als ich den Vorsitz übernahm, durchforsteten wir tagelang die alten Aktenschränke, um uns zurechtzufinden und einzuschätzen, wo wir in etwa standen. Es war klar, daß wir nur dann überleben konnten, wenn wir unser Produktprogramm erweitern und ein professionelles Management einführen würden.

Ich arbeitete zwei Jahre lang wie ein Besessener und hatte dann rund ein halbes Dutzend Lizenzvereinbarungen getroffen, die es uns ermöglichten, zusätzlich zur Ausrüstung für die Schiffahrt auch Maschinen für die nahrungsmittelverarbeitende Industrie herzustellen. So konnten wir das Unternehmen stabilisieren und uns auf die firmeninternen Probleme konzentrieren.

Als ich in die Firma kam, hatten wir nur rund 100 Belegschaftsmitglieder; heute sind es mehr als 1000. Sobald das Unternehmen zu wachsen begann, pflegten die Leute zu sagen: »Jetzt sollten Sie aber bremsen. Sie können die Organisationsstrukturen nicht mehr so lassen, wie sie früher einmal waren. Und ohne ein straffes Gefüge geht gleich gar nichts. Sie müssen jetzt kontrollieren, wann die Leute zur Arbeit erscheinen, die Gehaltsstrukturen festlegen, Organisationspläne entwickeln und das Unternehmen in verschiedene Bereiche untergliedern.«

Wir dachten darüber nach und fragten uns: »Ist das die einzige Möglichkeit, die uns bleibt?« Und wir gelangten zu dem Schluß, daß es nicht die einzige Option war, daß wir etwas Neues, anderes wollten. Unser Unternehmen sollte deshalb florieren, weil wir uns hundertprozentig auf unsere Mitarbeiter verlassen konnten, und nicht, weil wir sie auf Schritt und Tritt überwachten.

Es stimmt, daß man bei 1000 Mitarbeitern nicht alle individuell behandeln kann. Oft bleibt einem gar nichts anderes übrig, als sie mehr oder weniger über einen Kamm zu scheren. Alles muß sich heute in Zahlen messen lassen. Und man kann eine so große Belegschaft nur dann lenken, wenn man Kontrollsysteme und umfangreiche Handbücher entwickelt, in denen die Unternehmenspolitik festgeschrieben ist.

Deshalb haben wir uns gesagt: »Was wäre, wenn wir einen anderen Weg gingen? Wenn wir eine Gruppe aufsplittern, sobald sie größer zu werden beginnt?« Unsere Bereiche umfassen derzeit nicht mehr als rund 150 Leute. Wenn sie auf 200 bis 250 Mitarbeiter anwachsen, unterteilen wir sie in zwei Arbeitseinheiten. Das trägt dazu bei, daß wir unsere Aufmerksamkeit in erster Linie auf Menschen und weniger auf Zahlen richten.

Als wir uns an die Aufgabe machten, Semco von Grund auf zu verändern, wußten wir, daß ein himmelweiter Unterschied zwischen einer Belegschaft besteht, die jeden Morgen widerwillig am Arbeitsplatz erscheint und nur das Nötigste tut, und einer, die sich voll engagiert. Um Mitarbeiter zu motivieren, sich stärker am Unternehmensgeschehen zu beteiligen, haben wir zahlreiche Experimente durchgeführt. Als erstes wurde die Anzahl der Führungsebenen von elf auf drei verringert. Wenn ich von drei Ebenen spreche, dann meine ich, daß sich zwischen dem Arbeiter an der Drehbank oder dem Büroangestellten und dem Bereichsleiter wirklich nur eine Ebene befindet.

Jeden Montag morgen halten wir eine Besprechung ab. Der »Partner«, in anderen Firmen »Bereichsleiter« genannt, setzt sich mit zwölf bis 14 Mitarbeitern zusammen, die ihm unterstellt sind. Sie haben Führungspositionen im Marketing, in der Herstellung, in Verkauf und Außendienst, in der Personalabteilung usw. inne. Sie entscheiden über Strategien, Preisstrukturen, Gehaltserhöhungen, Investitionen und alle möglichen betriebsinternen Themen, die anstehen.

Dieses System rückt die Führungsqualitäten in den Mittelpunkt. Unsere Manager können sich nicht länger hinter Macht- und Statussymbolen, wie Büros mit geschlossenen Türen oder reservierten Parkplätzen, verschanzen. Sie müssen sich nun darauf verlassen, sich durch ihre Fachkompetenz Achtung zu verschaffen.

Es ist hart, Manager in einem Unternehmen zu sein, das sich fortlaufend verändert. Wir erweitern unsere Angebotspalette ständig durch neue Produktlinien oder schließen Kooperationsabkommen mit anderen Firmen. Hinzu kommt, daß sich die brasilianische Wirtschaft derzeit in einer tiefgreifenden Umbruchphase befindet.

Wir bestehen darauf, daß Mitarbeiter in Führungspositionen ihren Aufgabenbereich alle zwei bis drei Jahre nach dem Rotationsprinzip wechseln. Das trägt enorm dazu bei, Spannungen und Konflikte zwischen den Abteilungen abzubauen. Angenommen, ein Verkaufsleiter tauscht seinen Arbeitsplatz mit dem

Leiter des Rechnungswesens. Der hat seinem Kollegen vorher laufend zugesetzt, beim Abschluß von Verträgen darauf zu achten, daß die Kundenkredite eine kürzere Laufzeit haben. Wenn nun der eine in den Schuhen des anderen steckt, können sich die beiden am Ende nur gegenseitig auslachen. Der Finanzexperte muß nämlich an die Verkaufsfront und feststellen, wie schwer es ist, bessere Bedingungen auszuhandeln; und der ehemalige Verkaufsprofi begreift jetzt, wie schwierig es ist, Löhne und Gehälter auszuzahlen, wenn jeder beim Verkauf eine langfristige Finanzierung anbietet.

Wir haben alle diese kleinkarierten Bestimmungen bei Semco abgeschafft und damit begonnen, uns ausschließlich auf unseren gesunden Menschenverstand zu verlassen. Bei uns gibt es keine offizielle Kleiderordnung, kein Vorhängeschloß an den Türen des Raums, in dem unser Safe steht, keine minutiösen Überprüfungen unserer Nebenkasse. Alle Partner [Semco hat, wie Preston, den Begriff Partner gewählt, der die gleichrangige Beziehung der Belegschaftsangehörigen untereinander widerspiegelt] legen ihre Arbeitsstunden und die Arbeitspläne in der Fertigung in eigener Regie fest.

Manche Leute hatten sich anfangs Sorgen gemacht, daß die Belegschaft die flexible Arbeitszeitregelung ausnutzen würde. Als wir die Gleitzeit einführten, beschlossen wir also, regelmäßig Besprechungen abzuhalten, in denen Mißbrauch und Probleme in der Fertigung angesprochen werden sollten. Das war vor Jahren, und bisher hat noch keine einzige stattgefunden.

Jeder Semco-Bereich hat ein gesondertes Gewinnbeteiligungsprogramm. Zweimal im Jahr errechnen wir 23 Prozent des Gewinns nach Steuern und überreichen unseren Leuten einen Scheck über diesen Betrag. Sie setzen sich zusammen und entscheiden per Mehrheitsbeschluß, wofür sie das Geld ausgeben wollen. Meistens teilen sie es zu gleichen Teilen auf – die Putzfrau erhält genausoviel wie ein Partner. Ein Bereich beschloß, mit dem Geld den Bau von Wohnungen für Werksangehörige zu finanzieren. Wenn unsere Leute andererseits wissen, daß ihr Bereich vor einem Abschwung steht, setzen sie sich zusammen und entwickeln gemeinsam einen Schlachtplan. Der könnte auch die vorübergehende Kürzung der Gehälter jedes einzelnen und die Übernahme von Arbeiten umfassen, die vorher von Fremdfirmen erledigt wurden, beispielsweise die Essenszubereitung in unserer Kantine oder die Büroreinigung. Auf diese Weise können sie Entlassungen umgehen.

Ich weiß nicht, ob unser demokratischer Führungsstil auf andere Arbeitssituationen übertragbar ist. Aber ich denke, das Experiment bei Semco weist darauf hin, daß wir Probleme anders angehen müssen. Ich verbringe viel Zeit damit, in der Welt herumzureisen und nach Möglichkeiten zu suchen, den brasilianischen Regenwald zu retten; dadurch bin ich zu der Erkenntnis gelangt, daß wir ein Gespür für die erhaltenswerten Dinge entwickeln müssen. Wir erledigen heute alles mit einer ungeheuren Geschwindigkeit, und fällen sehr kurzfristige Entscheidungen. Großartige Unternehmen und großartige Projekte zerfallen manchmal in nur einem Jahrzehnt zu Staub.

Ich glaube, daß wir aus der Geschichte des Regenwaldes eins lernen können: Es zahlt sich nicht aus für die Menschheit, ständig Dinge zu zerstören, die einst die Wurzel ihrer Existenz waren, nur um auf kurze Sicht Ergebnisse zu erzielen. Denn am Ende könnten diese kurzfristigen Entscheidungen das Bemühen verdrängen, wesentlich komplexere Themen, wie zum Beispiel unseren Platz in der Welt als ganzer, zu begreifen.

Die größte Herausforderung, der wir uns gegenübersehen, besteht vermutlich darin, kleine Pflänzchen zu setzen, diese Pflänzchen wachsen zu lassen und etwas aufzubauen, das über einen sehr langen Zeitraum Bestand hat. Hier geht es um die Fähigkeit, sich anzupassen – das ist der Eindruck, den ich angesichts unserer Arbeit hier bei Semco gewonnen habe.

Ich schätze, daß die Wurzeln dieses Pflänzchens, die tief unter der Oberfläche liegen, darin bestehen, in einem Umfeld zu leben, das kooperativer und weniger aggressiv ist. Dazu gehört auch, daß wir Befriedigung bei unserer beruflichen Tätigkeit finden und eine Arbeit verrichten, die uns sinnvoll erscheint. Diese Wurzeln werden zunehmend kräftiger. Aber was daraus letztendlich wird – welche Richtung die Zweige nehmen, welche Farbe die Blätter haben werden, ob man die Pflanze vor Sonnenlicht schützen und wieviel Wasser man ihr zuführen muß –, das alles sind Fragen, die sich nur von einem Tag zum anderen, von einer Jahreszeit zur anderen beantworten lassen.

Die drei Männer, die in unserer Einleitung beschrieben wurden, und die Firmen, für die sie stehen, stecken inmitten eines Experiments von großer Tragweite. Ihre Geschichten verdeutlichen, daß sich diese Führungskräfte auf mehr eingelassen haben als eine Reihe von Reformen, die schrittweise durchgeführt werden. Sie und Menschen in allen Ländern der Welt, die ähnlich denken, gestalten ihre Firmen völlig um. Sie entwickeln eine völlig neue Vorstellung von der Art, »wie die Dinge funktionieren«; sie überdenken von Grund auf das Konzept des Unternehmens – dessen Zweck, dessen Strukturen, dessen Arbeitsweise und dessen firmeninterne wie -externe Beziehungen.

Auf jeder Hierarchieebene und in jeder Abteilung finden Umwälzungen statt, wenn Unternehmen wie Steelcase, Preston und Semco sich verändern, um den wirtschaftlichen und gesellschaftlichen Realitäten gewachsen zu sein. Die Informationstechnologie verlagert das Machtgleichgewicht von den Führungsetagen in die Werkhallen. Der starre, autoritäre Führungsstil wird zugunsten einer weitreichenderen Beteiligung der Arbeitnehmer am Entscheidungsfindungsprozeß abgelegt. Man experimentiert mit Organisationsformen, die weniger hierarchisch und flexibler sind. Gewerkschaften und Management stellen die Weichen neu: Aus den ehemaligen Gegnern werden Verbündete. Führungskräfte, die ihre Aufgabe einst darin sahen, Anweisungen zu erteilen und Kontrolle auszuüben, verstehen sich zunehmend als Coach und Berater. Der wichtigste Aspekt dieses Wandels ist die Partnerschaft.

Vielen erscheinen die Veränderungen, die die Unternehmenslandschaft erfassen, verwirrend, beängstigend und willkürlich. Aber aus diesen Turbulenzen, aus diesen scheinbar vereinzelten Versuchen der Firmen, eine unvertraute und unvorhersehbare Welt in den Griff zu bekommen, kristallisiert sich allmählich ein zusammenhängendes Muster heraus. Ein ganzer »Elefant« wird nach und nach zusammengefügt, ein neues Unternehmensmodell geboren. Dieses neue Paradigma zu entschlüsseln und neu zu definieren ist eine der wichtigsten Aufgaben von Spitzenführungskräften wie Frank Merlotti, Ricardo Semler, Will Potter und vielen anderen, denen wir in diesem Buch begegnen werden.

Das griechische Wort *Paradigma* bedeutet »Muster«. In seinem Buch *Die Struktur wissenschaftlicher Revolutionen* erklärt der Autor Thomas S. Kuhn das Wort in dem von uns benutzten Sinn, als »eine Konstellation von Konzepten, Werthaltungen, Wahrnehmungen und Verfahren, die von einer Gemeinschaft geteilt werden. Sie entwickelt ein bestimmtes Bild der Wirklichkeit, das als Fundament für die Art dient, wie sich eine Gemeinschaft organisiert.«

Einfach gesagt ist ein Paradigma ein Muster oder eine Reihe von Geschichten, die wir uns ausdenken, um einen Sinn in der Welt zu finden, die uns umgibt. Diese Muster ermöglichen es uns, Ordnung in das Chaos zu bringen. Sie sind eine Art Straßenkarte, mit deren Hilfe wir unseren Weg in der Welt finden. Sie gestatten es uns, der Komplexität Herr zu werden und die Flut der Informationen, die blitzschnell und unablässig von allen Seiten auf uns einstürmen, zu verstehen, zu bewerten und einzuordnen. Die meisten von uns sind sich dieser Muster nicht bewußt, aber sie bestimmen dennoch unser Handeln. Auf Unternehmensebene beeinflussen unsere Geschichten – das, was wir hinsichtlich der Welt und ihrer Funktionsweise für »wahr« halten – unter anderem, welche ethischen Normen wir akzeptieren, wie wir ein Unternehmen strukturieren, wie wir uns als Führungskräfte verhalten, wie wir unsere Mitarbeiter behandeln, welche Leute wir befördern, wie viele Mittel wir für ihre Schulung aufwenden, wie wir mit unseren Kunden umgehen und in welchem Maß wir uns außerhalb des Unternehmens engagieren.

Der Trend zur Partnerschaft verwandelt allmählich die Konzepte, die uns im Industriezeitalter zum Erfolg geführt und für den größten Teil des 20. Jahrhunderts die Organisationsstrukturen und Methoden der Unternehmensführung bestimmt haben. Wie sehen diese Konzepte aus?

Es gibt viele, aber vier ragen in diesem Zusammenhang heraus: 1) Das Unternehmen wurde als Maschine betrachtet, deren fein aufeinander abgestimmte Rädchen nahtlos ineinandergreifen; 2) unter Fortschritt verstand man unbegrenztes wirtschaftliches Wachstum; 3) die Pyramide war die vorrangige Organisationsstruktur; und 4) der Einzelkämpfer mit Pioniergeist, der krasse Individualist, galt als Held der Geschäftswelt.

Wie wir sehen werden, war jedes dieser Konzepte zweckdienlich für die Zeit, in der es allgemein akzeptiert wurde. Aber sie haben ihren Nutzen ausnahmslos überlebt und werden nach und nach einem Konzept untergeordnet, das im gegenwärtigen wirtschaftlichen und sozialen Umfeld ein besseres, funktionsgerechtes Erklärungsmodell bietet. Genau das ist es, was Kuhn als »Paradigmenwechsel« bezeichnet.

Konzepte überleben sich im Laufe der Zeit, wenn neue Erkenntnisse bestimmte Vorstellungen weniger brauchbar oder völlig überholt erscheinen lassen. Es war beispielsweise zweckmäßig und angemessen, zu glauben, die Erde sei flach, bis aufgrund der Fortschritte in Astronomie und Navigation das Gegenteil bewiesen wurde. Sobald sich ein Konzept überlebt hat, muß es durch ein neueres ersetzt werden, das bestimmte Aspekte besser erläutert und die Daten und Fakten einbezieht, die das alte nicht zu erklären vermochte.

Wie sich Konzepte verschieben, läßt sich am leichtesten verstehen, wenn man sich der Welt der Wissenschaften zuwendet. Jahrzehntelang bemühten sich Männer wie Kopernikus, Galilei und Kepler, ein astronomisches Modell der Astronomie zu entwickeln, das die neuen Erkenntnisse berücksichtigte. Für diese Daten und Fakten konnten die bestehenden Theorien, die davon ausgingen, daß sich die Sonne um die Erde dreht, keine Erklärung bieten.

Tycho Brahe, ein verhältnismäßig unbekannter Wissenschaftler des 16. Jahrhunderts, war der erste Astronom, der die Bewegungen der Sterne am nächtlichen Himmel systematisch aufzeichnete. Johannes Kepler war Theoretiker und ein Schützling Brahes. Carl Sagan erklärte: »Tycho war der größte Beobachter seiner Zeit, ein wahres Genie, und Kepler der größte Theoretiker. Sie wußten, daß jeder für sich allein nicht imstande sein würde, zu einem genauen und zusammenhängenden Abriß der Gesetzmäßigkeiten im Weltsystem zu gelangen, den beide als dringend erforderlich betrachteten.«

Kepler gelang es schließlich, nachdem er lange über Brahes Zahlen gebrütet hatte, Gesetze zu formulieren, die die Bahn der Planeten um die Sonne beschrieben. Dieses Werk war der krönende Höhepunkt von mehr als einem Jahrhundert intensiver Forschungstätigkeit, der sich einige der brillantesten Wissenschaftler ihrer Zeit verschrieben hatten. Beinahe auf Anhieb fand ein Paradigmenwechsel statt. Eine ganz neue Seite wurde in dem Buch über das Universum und seine Gesetzmäßigkeiten aufgeschlagen.

Führungskräfte im Unternehmen befinden sich heute in einer ähnlichen Lage wie Brahe, Kepler und ihre Mitstreiter, nämlich in einem Schwebezustand am Rande tiefgreifender Umwälzungen. Kepler und seine Zeitgenossen wurden mit Daten konfrontiert, die sich nicht mit den damaligen astronomischen Theorien vereinbaren ließen. Genauso bemühen sich Unternehmen heute, obwohl sie nur über unvollständige Informationen verfügen, neue Konzepte zu entwickeln, die imstande sein könnten, die Unzahl von Veränderungen zu erklären und zu berücksichtigen, die in der Welt stattfinden. Denn unsere alten Theorien helfen nicht mehr weiter.

»Kein Wunder, daß wir mit unseren Führungsprinzipien dem wirtschaftlichen Niedergang den Weg ebnen«, sagt der Unternehmensberater Stan Davis. »Unsere Führungsmodelle, der ›Zusammenhang‹, in dem wir unsere Führungsarbeit leisten, entsprechen nicht mehr dem ›Inhalt‹ der heutigen Geschäftswelt.« Dieser Inhalt umfaßt den wachsenden globalen Wettbewerb, Veränderungen, die sich in erschreckend rasantem Tempo vollziehen, eine zunehmende Instabilität und Unvorhersehbarkeit der Ereignisse, die explosiv wachsende Informationsflut und technologische Quantensprünge.

In dieser radikal veränderten Welt haben die Führungsmethoden und Organisationsstrukturen der Vergangenheit einen großen Teil ihrer Bedeutung und Wirksamkeit eingebüßt. Und doch klammern sich viele an Konzepte, die für eine berechenbare Welt entwickelt wurden, die so nicht länger existiert. Statt unsere alten Strategien der Unternehmensführung ein für allemal über Bord zu werfen, setzen wir sie häufig um so stärker ein.

Aber diese alten Konzepte bis an ihre Grenzen auszureizen ist keine Lösung für unser Dilemma. Richard Pascale von der Stanford Graduate School of Business hat darauf hingewiesen: »Das Problem ist, daß man in den Führungsetagen heute 99 Prozent der Aufmerksamkeit auf jene Techniken richtet, die noch mehr aus den bestehenden Verfahrensmustern herausquetschen ... und das ist unser Verderben. Führungsinstrumente, Techniken und ›Gewußt wie‹-Rezepte müssen ohne ein höheres Ordnungsprinzip, das Konzept der Führung, scheitern.«

In den 80er Jahren haben wir miterlebt, wie viele dieser »todsicheren« Erfolgsformeln versagten. Während dieses Jahrzehnts erwiesen sich viele unserer Bemühungen, die veränderte Unternehmenslandschaft in den Griff zu bekommen, leider oft nur als Teillösungen. Wir sprangen, wie beim Himmel-und-Hölle-Spiel, von einer Aktion zur nächsten: Wir setzten die unternehmerische Spitzenleistung, die Verbesserung der Produktqualität, des Kundendienstes oder die Arbeitnehmermitbestimmung an die erste Stelle, um auf die »einzig wahre Lösung« zu stoßen, die eine »Führungsrevolution« in Gang setzen und unsere Wettbewerbsfähigkeit in einer neuen globalen Wirtschaft stärken würde.

Im großen und ganzen stellten diese Versuche keine Paradigmenwechsel, keinen Beweis dafür dar, daß sich das Bild von der Welt und vom Unternehmen grundlegend gewandelt hatte: Sie stützten sich vielmehr auf eine Wiederbelebung überkommener alter Strategien oder die Anwendung neuer Strategien in einem unveränderten Umfeld, das sie von vornherein zum Scheitern verurteilte. Die Pläne hinsichtlich der Arbeitnehmermitbestimmung versandeten im starren hierarchischen Gefüge und bedrohten Führungskräfte, die an Weisungen und Kontrollen gewöhnt waren. Die Werbefeldzüge für Qualitätsverbesserung wurden durch den vorprogrammierten Konflikt zwischen der Konzentration auf kurzfristige Liefertermine und das Streben nach Gewinnmaximierung unterlaufen. Bemühungen, die auf »unternehmerische Spitzenleistungen« abzielten, blieben auf der Strecke in Firmen, deren Belegschaftsmitglieder systematisch demoralisiert worden waren – durch nicht eingehaltene Versprechen seitens der Führungsriege, Massenentlassungen und allgemein schlechte Behandlung.

Diese Experimente stellten keine kreativen Antworten auf den Wandel, sondern vielmehr vorhersehbare Reaktionen dar; sie waren Ausdruck des verzweifelten Bestrebens, *Veränderungen abzuwehren.* Sie scheiterten, weil sie sich auf Konzepte stützten, die im Industriezeitalter sinnvoll waren, der heutigen Realität aber nicht mehr gerecht werden.

Fusionen – der weltweite Trend zu Partnerschaften

Im Brennpunkt des Bemühens um neue Strategien steht die Kooperation, die Gruppenleistung, in die alle Einzelbemühungen eingebunden sind.

Dieses neue Modell berücksichtigt unsere wechselseitige Abhängigkeit und betont die Rolle der Partnerschaft bei der Erreichung gemeinsamer Ziele. Hier wird das Unternehmen nicht als isolierte, völlig unabhängig operierende Wirtschaftseinheit, sondern in seinem *Zusammenhang*, als Teil einer vielschichtigen, miteinander vernetzten Welt gesehen.

Dieses neue Modell berücksichtigt nicht nur die Bedürfnisse der Aktionäre, sondern auch die der wesentlich größeren Gruppe derer, die ein angestammtes Interesse am Wohlergehen des Unternehmens haben. Dazu zählen Arbeitnehmer, Kunden, die Menschen am Firmenstandort, die Umwelt und viele andere Elemente, auf die ein Unternehmen Einfluß nimmt und von denen sein Fortbestand abhängig ist. Die Berücksichtigung dieser Bedürfnisse hat wichtige Auswirkungen auf die Art, wie wir unseren Geschäften nachgehen. Das Unternehmen wird nicht länger als ein Instrument betrachtet, das ausschließlich einem Zweck dient, nämlich Geld zu verdienen. Der Gewinn ist im Rahmen dieses neuen Konzepts ein Ziel unter vielen, das auf eine Fülle gleich gewichteter Aufgaben abgestimmt werden muß, angefangen von den sozialen Nebenleistungen und Einrichtungen für Arbeitnehmer bis hin zu den Erfordernissen des Umweltschutzes.

Um diese Verlagerung zur Partnerschaft zu verstehen, ist es aufschlußreich, die weltweiten Kräfte zu untersuchen, die heute den Wandel auf Unternehmensebene prägen. Im letzten Jahrzehnt konnten wir einen wachsenden Trend zu Zusammenarbeit und Gemeinschaftsprojekten beobachten – aus gutem Grund. Während wir einem neuen Jahrtausend entgegengehen, wird zunehmend deutlich, daß wir die tiefgreifenden Probleme unserer Zeit nicht im stillen Kämmerlein verstehen, geschweige denn lösen können. Partnerschaft und Kooperation sind unerläßlich, um mit den unzähligen Herausforderungen einer Welt fertig zu werden, die technologisch, wirtschaftlich und ökologisch eng verflochten ist.

In diesem von Unwägbarkeiten gekennzeichneten Umfeld hat sich die Partnerschaft als treibende Kraft im Geschäftsleben auf der Makroebene entwickelt. Bis 1992 werden die europäischen Länder mit der Einführung des Binnenmarktes begonnen haben, um ihre Position im Wettbewerb zu stärken. Pläne für ein vergleichbares Bündnis der Pazifikstaaten werden bereits erörtert, und von Lateinamerika ist in naher Zukunft ein ähnliches Projekt zu erwarten.

Das Gewicht, das man der Kooperation auf globaler Ebene beimißt, spiegelt sich auch auf der Mikroebene wider. Die Unternehmen bemühen sich, mit einem fundamentalen Widerspruch in einer Welt ohne Grenzen zurechtzukommen: Um konkurrenzfähig zu bleiben, müssen sie zusammenarbeiten. Sie verfolgen nicht nur mit vereinten Kräften bestimmte Ziele, um den wirtschaftlichen Synergieeffekt zu nutzen, sondern schließen auch die unwahrscheinlichsten Bündnisse mit ihren ehemaligen Rivalen, um dringliche Probleme aller Beteiligten gemeinsam anzugehen. Das erklärt beispielsweise die zunehmende Anbindung von Unternehmen an Umweltschutzorganisationen, einst erbitterte Gegner, um ökologische Katastrophen zu verhindern. Aus ehemaligen Feinden werden Partner – auf jeder Ebene des Unternehmens –, und dieses Konzept der Partnerschaft wird auch auf Kunden, Lieferanten, Händler und andere firmenexterne Gruppen übertragen, die eine Schlüsselfunktion innehaben.

Das Thema Partnerschaft ist in den Fallbeispielen von Preston, Steelcase und Semco klar ersichtlich. Preston, einst durch die Kämpfe zwischen Management und Gewerkschaften zerrissen, erklärt nun: »Preston-Leute müssen als Partner betrachtet werden.« Das Unternehmen hat diesen Ansatz auch auf seine Kunden erweitert; sie spielen eine ganz entscheidende Rolle bei der Definition firmeninterner Erwartungen, der Beurteilung von Verbesserungen auf Unternehmensebene und der Anerkennung von Unternehmensleistungen.

Das Engagement für partnerschaftliche Beziehungen wird bei der Firma Steelcase im Corporate Development Center offenkundig, dessen äußere Strukturen allein schon hinreichend Gelegenheiten für eine enge Zusammenarbeit der Belegschaft untereinander bieten. Darüber hinaus hat Steelcase auch seine firmenexternen Bindungen gefestigt, nicht zuletzt durch die Gründung der Steelcase Design Partnership, einer Arbeitsgemeinschaft, in der sich designorientierte Firmen mit wichtigen Verbindungen zu ausgewählten Märkten zusammengeschlossen haben. Sowohl die Mitglieder des Konsortiums als auch Steelcase profitieren von diesem Gemeinschaftsprojekt. Die Partnerfirmen haben Zugang zu den »tiefen Taschen« von Steelcase, um die Entwicklung neuer Produkte zu finanzieren, während sich Steelcase Zugang zu Kunden verschafft hat, die es sonst nur schwer ansprechen konnte.

Auch Semco hat sich große Mühe gegeben, enge und gute Beziehungen zu seinen Mitarbeitern zu fördern. Die demokratischen Strukturen des Unternehmens tragen dazu bei, daß sich sämtliche Belegschaftsmitglieder als echte Partner empfinden, die für alle wichtigen Entscheidungen verantwortlich zeichnen und von den Belohnungen profitieren.

Die Unternehmen verändern ihr Gesicht

Die Maschine ist eine ungeheuer wichtige Metapher für das Leben im 20. Jahrhundert. Unser mechanistisch ausgerichtetes Weltbild spiegelt sich nicht nur auf Unternehmensebene wider, sondern auch in unserer alltäglichen Lebensführung. Maschinen sagen uns, wann wir aufwachen müssen, sie fahren uns zur Arbeit, fliegen uns kreuz und quer durchs Land. Inzwischen kommunizieren wir sogar immer häufiger durch Maschinen – per Telefon, Bildschirm oder Faxgerät. Unsere Sprache reflektiert unseren Hang zur Mechanik, und selbst in unseren persönlichen Beziehungen findet er seinen Ausdruck. »Wenn wir daran denken, wie ein Mensch mit seinem Leben zurechtkommt, sprechen wir davon, daß alles ›reibungslos läuft‹ oder daß er ›aus dem Tritt geraten ist‹. Falls letzteres zutrifft, erwarten wir, daß er es wieder ›in den Griff‹ oder ›auf die Reihe‹ kriegt.« Wir schätzen die Geschwindigkeit der Maschine mehr als den langsameren Rhythmus der Natur. Im Rahmen unserer mechanistischen Weltsicht betrachten wir die Natur lediglich als Treibstoff, der die industrielle und gesellschaftliche Maschinerie in Gang hält.

Wissenschaftliche Theorien finden irgendwann nach langer Zeit Eingang in unseren Alltag, einschließlich des Geschäftslebens. Es war kein Zufall, daß sich dieses Maschinenmodell des Unternehmens in einer

Welt entwickelte, die von den physikalischen Gesetzen des Isaac Newton beherrscht wurde. Er stellte die Theorie eines maschinenähnlichen Universums auf, das wie ein »Uhrwerk« beschaffen und aus einzelnen Komponenten zusammengesetzt ist, deren Bewegungen sich vorausberechnen und steuern lassen.

Für den größten Teil unseres Jahrhunderts schien unsere wirtschaftliche Situation Parallelen zu Newtons Theorie aufzuweisen. Die Welt war tatsächlich bis zu einem gewissen Grad berechenbar. Veränderungen traten sporadisch und verhältnismäßig langsam auf. Die amerikanischen und andere Märkte waren vom Rest der Welt isoliert, was den jeweils heimischen Firmen ein hohes Maß an Kontrolle über das Marktgeschehen bot. Die Massenfertigung war die Regel, und in diesem Umfeld konnten und wurden Unternehmen wie Maschinen betrieben. Die Arbeitsaufgaben hatte man in kleine, voneinander getrennte Schritte zerlegt und ungelernten Arbeitskräften überantwortet – den Rädchen im Getriebe. Ihre Aufgabe bestand nicht darin zu denken, sondern darin, einfache, sich ständig wiederholende Tätigkeiten auszuführen.

Aber die Annahmen der klassischen Physik, die eine theoretische Grundlage für die Führung unseres Wirtschaftslebens bildeten, wurden von Albert Einstein weitgehend widerlegt. Er stellte die Theorie auf, daß unser Universum eben nicht statisch und vorhersehbar sei, sondern sich in stetigem Fluß befinde.

Es ist wohl eine Ironie des Schicksals, daß unsere Geschäftswelt im Laufe der Jahre mehr mit Einsteins als mit Newtons Theorie gemein haben sollte. Die Märkte, die vorher abgeschottet und damit steuer- und vorhersehbar waren, wichen dem weltweiten Wettbewerb. Eine riesige Schar ausländischer Konkurrenten drang in die heimischen Märkte vor. Der Volkswagen eroberte Amerika, und die Sony-Transistorgeräte den Rest der Welt. Die einst verspottete Bezeichnung »Made in Japan«, ersetzte bald das heimische Gütesiegel, das erstklassige Produktqualität anzeigte. Von Automobilen bis zu Haushaltsgeräten, Computern und Autotelefonen – ausländische Erzeugnisse haben es geschafft, einen wachsenden Anteil von amerikanischen Dollars und Deutschen Mark auf sich zu vereinigen. Heute müssen sich mehr als 80 Prozent aller amerikanischen Produkte im Wettbewerb gegen die ausländische Konkurrenz behaupten, und der Prozentsatz steigt weiter.

Das Konzept der Massenmärkte begann sich aufzulösen in einer Welt, die in immer kleinere Nischen unterteilt wurde. Die Massenproduktion, die eine Zerlegung der Arbeit in getrennte Schritte gestattete, ist den Kleinserien gewichen, bei denen Geschwindigkeit, Flexibilität und Reaktionsfähigkeit gefragt sind. Die rapiden technologischen Fortschritte haben mit dazu beigetragen, daß das Marktgeschehen im unvorhersehbarer wird.

Der Zusammenbruch des Maschinenmodells

Das Maschinenmodell war denkbar schlecht geeignet, um diesen spektakulären Veränderungen gerecht zu werden. Inmitten dieser Umbruchphase wurde klar, daß unser mechanistisches Unternehmensmodell, das wir so lange für das »einzig richtige« gehalten hatten, in Wirklichkeit nicht mehr war als eine zeitweilige Lösung, ein Produkt der geschichtlichen Umstände. Und nachdem sich die äußeren Bedingungen heute erheblich gewandelt haben, sind uns die Grenzen dieses Modells schmerzhaft bewußt geworden.

Wer sich in einer Welt der Minimärkte behaupten will, muß äußerst innovationsfreudig sein. Mit dem schnellebigen globalen Wettbewerb Schritt zu halten erfordert die fortwährende Verbesserung von Produkten und Dienstleistungen. Um den Vorsprung vor der Konkurrenz zu halten, müssen die Organisationsstrukturen grundlegend verändert werden, denn nur so ist man in der Lage, menschliche Kreativität freizusetzen, um Neuerungen auf breiter Front in die Wege zu leiten.

Aber die Maschine ist weit davon entfernt, die schöpferischen Kräfte des Menschen freizusetzen; im Gegenteil, sie neigt eher dazu, sie zu unterdrücken. Im maschinell ausgerichteten Unternehmensmodell wurden die Mitarbeiter lediglich als Produktionsfaktoren betrachtet und auf einen Bruchteil ihres wahren Potentials reduziert. Dieses festgefügte System war nie imstande, lebendigen, dynamischen und vielschichtigen menschlichen Wesen gerecht zu werden. Um die Maschinerie in Gang zu halten, mußten die Arbeitnehmer entmenschlicht und in einfache Automaten umgewandelt werden.

Alvin Toffler beschreibt die verheerenden Auswirkungen auf den Menschen, die von einer derartig fehlgeleiteten Sichtweise ausgehen:

> Während der Jahre, in denen wir als Fabrik- und Gießereiarbeiter tätig waren, standen wir auch eine Zeitlang an einem Auto-Montageband. Selbst heute noch, mehr als ein Dritteljahrhundert später, können wir nicht vergessen, was wir damals empfunden haben, vor allem die beklemmenden Auswirkungen der Beschleunigung. Jeden Tag hasteten wir Arbeiter beim ersten Klingelzeichen, das den Schichtbeginn einläutete, zu unseren monotonen Verrichtungen und bemühten uns verzweifelt, mit den Autokarosserien Schritt zu halten, die auf dem rasselnden Band immer schneller an uns vorüberzogen. Die Firma versuchte fortwährend, das Fließband zu beschleunigen.
>
> In der Fabrikhalle staute sich die unterdrückte Wut, so daß immer

> nvermittelt ein schauriges wortloses Klagen den Kehlen r von Arbeitern entwich, zu einem schrillen, ohrenbetäu- räusch anschwoll, das aufgegriffen und von Halle zu ergetragen wurde, um sich dann im Rattern und Dröh- der Maschinen zu verlieren.

Diese Entmenschlichung der Arbeiter war nicht auf Fabriken oder die Blütezeit des Industriezeitalters beschränkt. Der Autor Robert Levering erinnert sich an die schlechte Behandlung, die den Belegschaftsangehörigen der Firma Preston noch 1978 widerfuhr, bevor weitreichende Veränderungen eingeleitet wurden: »Ein Mitarbeiter sagte, daß Vorgesetzte die Lagerarbeiter gelegentlich als ›Abschaum‹, den ›letzten Dreck‹, ›Idioten‹ usw. bezeichneten.« Und ein Mitarbeiter in der Yorker Ladestation berichtete: »In all den Jahren habe ich nicht ein einziges Mal erlebt, daß irgend jemand aus der Geschäftsleitung einen der Arbeiter auch nur gefragt hätte, was er von der Firma und ihren Geschäftsmethoden hält.«

Charles Hampden-Turner, Professor an der London Business School, weist darauf hin: »Es ist nicht nur moralisch verwerflich, Arbeitnehmer auszubeuten, es ist nachgerade schwachsinnig. Bei vielen unserer größten Konkurrenten überwachen die Belegschaftsmitglieder ihre Leistungen in eigener Regie, bemühen sich aus eigenem Antrieb um den Erhalt der Qualität, lösen Probleme, bevor das Management überhaupt darauf aufmerksam wird, und reichen, wie im Fall Matsushita, 20000 brauchbare Verbesserungsvorschläge im Jahr ein. Wenn man Arbeiter zugrunde richtet, dann ist Ärger angesagt, denn versuchen Sie mal, mit diesen ausgebrannten Leuten qualitativ hochwertige Produkte herzustellen.« Es liegt eine gewisse tragische Ironie in der Erkenntnis, daß ebendiese Arbeitnehmer, die wir jahrzehntelang schlecht behandelt haben, deren Eigeninitiative, Antriebskraft und Kreativität wir im Dienst der Maschine systematisch abgewürgt haben, nun den Schlüssel zu unserer Wettbewerbsfähigkeit auf weltweiter Ebene, ja sogar zu unserem nackten Überleben, in ihren Händen halten. Die Unterdrückung des menschlichen Potentials ist die folgenschwerste negative Konsequenz, die sich aus unserer dogmatischen, maschinenorientierten Sichtweise des Unternehmens ableitet.

Das Unternehmen als Ökosystem

Der Philosoph Lewis Munford hat geschrieben: »Wenn du dich unwiderstehlich zu einer Maschine hingezogen fühlst, stimmt etwas nicht mit deinem Liebesleben. Wenn du eine Maschine vergötterst, stimmt etwas nicht mit deiner Religion.« Selbst wenn man davon ausgeht, daß ein mechanistisches Unternehmens- und Wirtschaftsmodell zeitweilig von

Nutzen war, dann ist diese Ära eindeutig vorüber. Statt weiterhin die Maschine anzubeten, müssen wir ein neues Konzept entwickeln, das die Dynamik lebender Systeme besser zu erklären vermag.

Ein solches Modell nimmt allmählich Gestalt an. Firmen wie Steelcase, Preston und Semco haben begonnen, das Unternehmen nicht mehr als Maschine, sondern als »lebendige Kreatur« zu betrachten, um es mit Alvin Tofflers Worten zu sagen. Gemeinsam zeichnen sie das neue Bild eines Unternehmens, das nicht mehr eine statische, berechenbare Maschinerie darstellt, sondern ein lebendiges, dynamisches Ökosystem, eine Gemeinschaft, die sich stetig weiterentwickelt und ihrem Umfeld anpaßt.

Roger Harrison schreibt:

> Vom globalen Standpunkt aus betrachtet, existiert ein Unternehmen nur als Teil einer übergeordneten Wirklichkeit, unterstützt und genährt von einem umfassenderen System, von dem es abhängig ist: dem Land, seiner Kultur und zahlreichen Interessengruppen, der Weltwirtschaft und der Weltpolitik und den physikalischen und biologischen Gesetzmäßigkeiten unseres Planeten ...
> Aus dieser Sicht wird der Zweck eines Unternehmens nicht einfach von seinen Mitgliedern bestimmt, sondern ist vielmehr zum großen Teil durch die Zugehörigkeit zum übergeordneten System »vorgegeben« ...
> Entsprechend dieser Perspektive sollte es einem Unternehmen nicht schwerfallen, zu überleben und zu florieren, genausowenig, wie ein Organ in einem gesunden Körper besonders hart arbeiten muß, um seinen Fortbestand zu sichern. Wenn es seine normale Funktion ausübt, erhält es alle Nährstoffe, die es braucht.

Wenn man das Unternehmen als Ökosystem betrachtet, das Teil eines umfassenderen Ökosystems und von diesem abhängig ist, stellt man es in den größeren Zusammenhang. Diese Einbindung fehlt, wenn man es sich als einfache Maschine vorstellt, die völlig unabhängig von ihrer Umwelt funktioniert. Das Bild vom Unternehmen als einer isolierten Einheit weist schwerwiegende Mängel auf. In der Natur gibt es nichts, was völlig losgelöst und eigenständig existieren könnte, und das gilt auch für Unternehmen und Volkswirtschaften.

Aus diesem Grund lassen sich lebende Systeme nicht verstehen, wenn man sie in ihre Bestandteile zerlegt und jedes getrennt untersucht. Ein System ist mehr als die Summe seiner Bestandteile; auch die *Wechselwirkungen* der Elemente untereinander und die Beziehungen zum äußeren Umfeld bestimmen seinen Charakter.

In den 90er Jahren erleben wir die Entstehung eines unternehmensbezogenen *Systemdenkens*. Systemdenken bedeutet, die Dinge ganzheitlich zu sehen, in ihrem Zusammenhang, und nicht mehr als unabhängige, abgeschottete Objekte. Dieser holistische Ansatz ermöglicht Führungskräften, das Unternehmen als dynamisches Beziehungsgeflecht zu betrachten, und nicht als einfache Ansammlung von Menschen und Maschinen.

Der Philosoph Arthur Koestler hat den Begriff *Holon* geprägt, um die Untersysteme der Natur zu beschreiben, die sowohl Ganzes als auch Bestandteil eines größeren Ganzen sind. Ein Baum wäre beispielsweise ein Holon, ein eigenständiges System, dessen Existenz von einem übergeordneten System, der Umwelt, abhängig ist.

Jedes Holon, behauptet Koestler, läßt zwei entgegengesetzte Bestrebungen erkennen: die Neigung zur *Integration*, das heißt den Wunsch, seinen Aufgaben als Teil des größeren Ganzen gerecht zu werden, und die Neigung zur *Selbstbehauptung*, um seine Autonomie zu wahren. In einem gesunden System – gleichgültig ob es sich um ein biologisches, gesellschaftliches oder wirtschaftliches handelt – besteht ein Gleichgewicht zwischen Integration und Selbstbehauptung, zwischen den entgegengesetzten Bedürfnissen nach Eigenständigkeit und Zugehörigkeit zu einer Gemeinschaft. Dieses Gleichgewicht ist nicht statisch; es herrscht ein dynamisches Wechselspiel zwischen diesen beiden polaren Bestrebungen, die gemeinsam bewirken, daß das gesamte System flexibel und Veränderungen zugänglich bleibt.

Die Wissenschaftlerin Elisabeth Sahtouris hat Koestlers Idee einen Schritt weitergeführt und das Wort *Holarchie* geprägt, um das »aus Ganzen bestehende Ganze« zu beschreiben, das größere Umfeld, in das Holons eingebettet sind. Ein Unternehmen ist eine Holarchie, in der Holons wie beispielsweise Arbeitsgruppen ihre Funktionen erfüllen. Gleichzeitig stellt es aber auch ein Holon dar, das in die Holarchie »Gesellschaft«, in der es seine wirtschaftliche Tätigkeit ausübt, eingebunden ist. Auch der Mensch ist ein Holon. Aber in den Unternehmensmodellen der alten Art fühlte er sich oft wie ein Außenstehender, der einen Blick *auf* das betriebliche Umfeld wirft, statt sich als unverzichtbarer *Bestandteil* eines lebenden Systems zu empfinden.

Charles Darwin hat die Theorie aufgestellt, daß jede lebende Kreatur ihre eigenen Interessen verfolgt und nach besten Kräften bemüht ist, sich Nahrung und Schutz zu verschaffen. Was Darwin (und den darwinistischen Sozialwissenschaftlern, die seine Ansichten übernommen haben) jedoch entgangen zu sein scheint, ist die Tatsache, daß sich kein Organismus in völliger Isolation entwickelt. Wissenschaftler haben in jüngster Zeit sogar entdeckt, daß eine *Koevolution* stattfindet, daß die

Entwicklung der Organismen gleichzeitig und in Abhängigkeit voneinander erfolgt. Ein Schmetterling, ein Mensch, eine Gruppe, ein Unternehmen – sie alle sind Organismen und lebende Systeme.

Dasselbe gilt für den Wirtschaftsbereich. Mit dem Eintritt in das Zeitalter der globalen Wirtschaft ist zunehmend klar geworden, daß Unternehmen und Wirtschaftssysteme voneinander und von der Umwelt abhängig sind; diese Wechselbeziehung entscheidet über ihren Erfolg oder Mißerfolg und letztlich über ihren Fortbestand oder endgültigen Untergang. Kein Mensch ist eine Insel, auch wenn wir uns gerne dieser frommen Selbsttäuschung hingeben möchten.

Sobald wir das neue Konzept begriffen und das Bild des Unternehmens als Ökosystem verinnerlicht haben, das sowohl eine Holarchie darstellt, die sich aus Holons zusammensetzt, als auch ein Holon, das in eine größere Holarchie eingebettet ist – Gesellschaft, globale Wirtschaft, Umwelt –, ändern sich unsere Verhaltensweisen, Entscheidungsfindungsprozesse und Unternehmensstrukturen von Grund auf. Dann können wir Arbeitnehmer nicht länger als Teil einer gutgeölten Maschinerie betrachten, als Rädchen im Getriebe oder als Produktionsfaktoren, die ausgeschöpft, wie Schachfiguren hin und her geschoben und wie alte Kleider abgelegt werden, wenn sie ihre Schuldigkeit getan haben. Wir sehen vielmehr Menschen aus Fleisch und Blut in ihnen, Holons, deren volle Einsatz- und Leistungsbereitschaft das Wohlergehen des gesamten Unternehmensorganismus bestimmt. Dann treffen wir alle Entscheidungen auf Firmenebene unter Berücksichtigung ihrer Auswirkungen auf Gesellschaft und Umwelt. Und wir strukturieren Unternehmen nicht mehr strikt nach Vorschrift, sondern auf eine Weise, die am besten dazu beiträgt, das Wohlbefinden und die optimale Funktionstüchtigkeit der nächsthöheren Holarchie zu gewährleisten.

Diese neue Sichtweise des Unternehmens als Ökosystem verändert auch die Definition der ethischen Werthaltungen. Im Rahmen des alten Konzepts* konnten Firmen, die kräftig zur Umweltverschmutzung beitrugen, durchaus als moralisch einwandfrei gelten, da wirtschaftliche Tätigkeit und Umwelt als zwei verschiedene Dinge betrachtet wurden. Im Gegensatz dazu machen die ethischen Normen, die mit dem neuen Konzept verknüpft sind, Unternehmen für alle Menschen und Lebensbereiche verantwortlich, auf die sie Einfluß nehmen – einschließlich unserer Erde. Das Unternehmen neuen Zuschnitts operiert nicht mehr getrennt vom ökologischen System, das seinen Nährboden bildet, sondern

* Von jetzt an werde ich »altes Konzept« als Sammelbegriff für sämtliche Theorien und Strategien benutzen, an denen wir uns in einer an Massenmärkten orientierten Wirtschaft ausgerichtet haben.

nimmt seinen rechtmäßigen Platz als Bündnispartner der Erde ein; es macht nicht Front gegen die Umwelt, sondern setzt sich für ihren Schutz ein.

Die Neubewertung des Fortschrittsmythos

Bis vor kurzem glaubten wir felsenfest an das Ammenmärchen, »Fortschritt« sei mit der Anhäufung materiellen Wohlstands gleichzusetzen. Wir waren der Überzeugung, daß uns die Strategie eines unaufhörlichen Wirtschaftswachstums befähigen würde, alle unsere grundlegenden Bedürfnisse zu befriedigen und ein immer höheres Zivilisationsniveau zu erreichen. Die Umwelt war die Hauptquelle, die wir anzapften, um diese Ziele zu verwirklichen, und die Technologie unser vorrangiges Werkzeug.

Im Rahmen dieses Konzepts wurde alles, was dem Wirtschaftswachstum förderlich schien, definitionsgemäß als positiv betrachtet. Kein Wirtschaftswissenschaftler, der etwas auf sich hielt, hätte einen Gedanken darauf verschwendet, daß Wachstum möglicherweise auch hinderlich, ungesund oder sogar pathologisch sein könnte. Der überwiegenden Mehrheit – gleich ob dem marxistischen, keynesianischen oder monetaristischen Lager zugehörig – fehlte die ökologische Perspektive. Die Wirtschaftswissenschaft hatte sich aus dem ökologischen Netz gelöst, in das sie eingebunden ist. Sie schwebte hoch über der Erde, im Wolkenkuckucksheim der Theorien.

Der große Trugschluß, der in diesem Fortschrittsmythos und im Fundament unseres Wirtschaftssystems enthalten ist, besteht in der stillschweigenden Annahme, die Belastbarkeit der Erde sei ebenso grenzenlos wie das Neuland, das man glaubte erschließen zu können. Unsere natürlichen Rohstoffe waren jahrhundertelang in solcher Fülle vorhanden, daß wir diese Denkweise unangefochten aufrechterhalten konnten. Auch die Technologie bestärkte uns in der Illusion, daß wir losgelöst von der Natur schalten und walten könnten, daß wir imstande wären, die Welt nach Lust und Laune neu zu ordnen. Die Maschine köderte uns mit dem Versprechen, selbst den Tod zu besiegen. Wir glaubten uns nicht mehr dem Rhythmus der Natur anpassen zu müssen. Die Zeit verlor ihren Bezug zu den natürlichen Zyklen von Geburt und Tod. Die Technologie gestattete uns, die Zeit zu steuern, Energie zu schaffen und uns immer mehr materielle Güter und »Glück« zu sichern, das der Wohlstand unserer Vorstellung nach mit sich bringen würde. Und wenn der »Fortschritt« tatsächlich die eine oder andere Tragödie verursachte, wie das Reaktorunglück von Three Mile Island, den schleichenden, durch Vergiftung hervorgerufenen Tod zahlreicher Menschen im indischen Bhopal oder den Ölteppich, der aus dem Tanker Exxon Valdez auslief, dann wurde das als unvermeidliche Nebenerscheinung betrachtet. Solche unliebsamen Zwischenfälle konnten unseren Standpunkt, daß die Technologie letztlich für eine bessere Zukunft und eine Lösung aller unserer Probleme sorgen würde, kaum erschüttern.

Dieser Fortschrittsmythos ist ein Hohn angesichts der schwerwiegenden Umweltprobleme, mit denen wir heute zu kämpfen haben. Es ist offenkundig geworden, daß sich eine »erhaltenswerte Gesellschaft« – wie Umweltschützer es nennen – nicht mit unkontrolliertem Wachstum vereinbaren läßt. Irgendwann wird ein Fluß zuviel verschmutzt, ein Wald zuviel gerodet sein; der Globus erwärmt sich, der Erdboden ist ausgelaugt und die Menschheit selbst vom Aussterben bedroht. Unsere Ressourcen sind, wie wir jetzt wissen, durchaus nicht unerschöpflich, sondern begrenzt, und unsere Umwelt wird durch den Raubbau, den wir an ihr treiben, zerstört.

Paradoxerweise hat die »gesunde« Wirtschaft, deren Wachstum keine Grenzen kannte, zu einem stetigen ökologischen Niedergang geführt. Woran unsere Welt heute krankt, ist unsere Unfähigkeit, diese Welt als ein Ganzes wahrzunehmen. Die Technologie, die uns ein immer höheres Lebensniveau ermöglichen sollte, hat unsere Lebensqualität beeinträchtigt und ein physisch und psychisch ungesundes Umfeld mit hoher Streßbelastung geschaffen. Luftverschmutzung, ständiger Lärm, Verkehrschaos, chemische Schadstoffe, Strahlenschäden durch Reaktorunfälle, Giftmüll, verseuchtes Grundwasser – sie sind das Vermächtnis des alten Fortschrittswahns. Dieser Tribut, den Umwelt und Gesellschaft zu zahlen haben, findet selten Eingang in die Überlegungen der Wirtschaftswissenschaftler.

Der Fortschrittsmythos hat noch eine weitere negative Auswirkung. Wenn das Ziel einzig darin besteht, die Gewinne zu erhöhen, sind die Unternehmen bestrebt, so groß wie möglich zu werden, um den Wohlstand ihrer Aktionäre zu maximieren. Und während sie an Umfang gewinnen, indem sie eine Verwaltungsebene nach der anderen einführen oder sich gleich ganze Firmen einverleiben, werden sie zwangsläufig unpersönlicher, verwandeln sich in »bürokratische Maschinen«. Und im gleichen Maß wie diese Maschinen wächst auch die Demoralisierung und Entfremdung der Arbeitnehmer.

Eine neue Wachstumsperspektive

Im Laufe der 90er Jahre ist offenkundig geworden, daß unliebsame ökologische und gesellschaftliche Realitäten, die Nebeneffekte unseres blinden Glaubens an ein Wachstum ohne Ende, die Gültigkeit unseres alten Fortschrittskonzepts in Frage stellen. Der Durchschnittsbürger hat inzwischen instinktiv begriffen, daß hier irgend etwas nicht stimmt. Er kann sich des Gefühls nicht erwehren, daß zu dem Zeitpunkt, wenn seine Kinder so alt sein werden wie er, die Städte einander wie ein Ei dem anderen gleichen, daß das Leben nicht leichter, billiger oder angenehmer sein wird und das »Wirtschaftswunder« immer mehr die Züge einer Katastrophe für Umwelt und Gesellschaft annimmt.

Als Nation und globale Gemeinschaft beginnen wir uns zu fragen, ob »mehr« wirklich »besser« bedeutet. Selbst einige Wirtschaftswissenschaftler im Westen stellen verhalten das Postulat des ungezügelten Wachstums in Frage, da immer deutlicher wird, daß Wohlstand und Wohlbefinden nicht dasselbe sind.

Nach und nach nimmt ein Konzept Formen an, das unser althergebrachtes Bild vom Fortschritt ersetzt. Hier wird der Begriff Fortschritt neu definiert; Gesundheit und Wachstum werden in einem größeren Zusammenhang gesehen, der nicht nur die Bedürfnisse der Aktionäre, sondern die aller Beteiligten berücksichtigt, die von den Entscheidungen und Aktivitäten des Unternehmens betroffen und von denen Unternehmen abhängig sind. In diesem Zusammenhang wird ungebremstes Wachstum nicht als gesund, sondern als gefährlicher Wildwuchs betrachtet. Das Augenmerk richtet sich hier nicht auf maximales, sondern *maßvolles* Wachstum.

Das menschliche Streben nach höchstmöglichem Wachstum, das den Kern des alten Fortschrittskonzepts darstellt, steht in krassem Gegensatz zu den Wachstumsprozessen in der Natur. Buchstäblich alle natürlichen Lebewesen wachsen mit optimaler Geschwindigkeit, und nicht so schnell wie möglich. Tatsache ist, daß in dem Augenblick, wo das Wachstum in der Natur ausufert – wie beim Krebs – das Überleben des Organismus selbst gefährdet ist.

Dieses Umdenken, das im neuen Fortschrittskonzept enthalten ist, wird sich auf den Umgang der Unternehmen mit unserer Umwelt auswirken, auf ihre Einstellung zur Technologie und auf ihre Form. Wirtschaftliche Entscheidungen werden dann unter voller Berücksichtigung ihrer Folgen für die Umwelt getroffen. Die »harten« Technologien, die Umweltverschmutzung und Giftmüll erzeugt haben, werden in ein neues, »sanftes« Technologiekonzept integriert, das Recycling, Umverteilung der Ressourcen, Kooperation und Konfliktlösung vorsieht – also eine »Technologie mit menschlichem Gesicht« befürwortet. Und bei der Entscheidung über Form und Größe unserer Organisationen werden menschliche Bedürfnisse im gleichen Maß berücksichtigt wie wirtschaftliche Erfordernisse. Diesen Wandel könnte man als eine Verlagerung vom »Streben nach Größe« zum »Streben nach Erkenntnis« bezeichnen.

Eine derartige Entwicklung bedeutet nicht zwangsläufig, daß es in Zukunft keine großen Unternehmen mehr geben wird. Wie Ricardo Semler bewiesen hat, kann selbst ein riesiger Konzern, der umstrukturiert und in kleinere Arbeitseinheiten von »menschlicher Größenordnung« unterteilt wird, menschlich geführt werden. Sie hat jedoch zur Folge, daß im Rahmen des neuen Konzepts das Wachstum unserer Wirtschaftsinstitutionen auch die Kosten für den Menschen mit berücksichtigt.

Das Aussterben des Unternehmens alter Prägung

Während des 20. Jahrhunderts waren Unternehmen fast ausschließlich wie eine Pyramide aufgebaut. Eine einzige Führungsperson stand an der Spitze; sie wurde gefolgt von verschiedenen untergeordneten Leitungsebenen und der Masse der Arbeitnehmer an der Basis. Die wichtigsten Aufgaben und Verantwortlichkeiten, aber auch die größten Belohnungen, waren den oberen Schichten der Pyramide vorbehalten. Die Pyramide ist in den 90er Jahren noch immer die vorherrschende Unternehmensstruktur.

Die Pyramidenform schien im Industriezeitalter eine natürliche und naheliegende Organisationsmöglichkeit darzustellen. Dieses hierarchische Gefüge hatte seine Entsprechung in der Schichtung der Gesellschaft insgesamt. Wir waren so sehr daran gewöhnt, Menschen in Wirtschaft und Gesellschaft in vertikal verlaufende Hierarchien einzuordnen, daß wir die Pyramide als die einzig »natürliche« Strukturform ansahen.

Sie war in der Tat optimal auf ein Umfeld abgestimmt, das sich an der Massenfertigung ausrichtete und hochkomplizierte Arbeitsaufgaben in getrennte, stets wiederkehrende Funktionen aufgliederte, die verhältnismäßig geringe Qualifikationen voraussetzten. Sie war effizient in einer Wirtschaft, in der eine Handvoll Menschen an der Spitze Innovationen von großer Tragweite ersann. Sie bot ein gewisses Maß an Vorhersehbarkeit im Industriezeitalter, als sich die Arbeitsaufgaben relativ langsam änderten und die Menschen in »Schubladen« eingeordnet werden konnten.

Das Bestehen der Pyramidenstruktur hing in hohem Maß von der Fähigkeit der Unternehmensführung ab, Informationen zu steuern und bei Bedarf im kleinen an die unteren Ebenen weiterzuleiten. Wissen ist Macht, und so wird die Struktur eines Unternehmens auch sehr häufig von der Verteilung der Informationen bestimmt. Während des Industriezeitalters hortete die Führungsmannschaft Informationen und konnte die Masse weitgehend dadurch am Gängelband halten, daß sie ihr diese Informationen vorenthielt.

Die jüngsten Fortschritte in der Informationstechnologie haben die Machtstrukturen im Unternehmen radikal verändert. Personalcomputer, an Großrechner gekoppelt oder auch selbständig benutzt, ermöglichen nun die blitzschnelle und preisgünstige Weitergabe von Informationen an alle Unternehmensebenen. Die Macht im Unternehmen ist nicht mehr auf die Führungsetagen beschränkt, sondern an jeder Computertastatur zu finden. Und selbst wenn Informationen nicht zurückgehalten wurden, um Menschen zu manipulieren, ging man gemeinhin davon aus, daß die meisten Arbeitnehmer den großen Zusammenhang nicht zu kennen brauchen, um ihre betrieblichen Aufgaben zu erfüllen.

Aber die technologische Kapazität allein reichte nicht aus, um das Gleichgewicht der Macht im Unternehmen zu verlagern. Die Weiterentwicklung der Computer ermöglichte gleichzeitig jedem Büroangestellten, in die Rolle des Firmenchefs in Miniaturformat zu schlüpfen; die Technologie vernetzte die Welt und ließ sie schrumpfen. Ausländische Konkurrenten gewannen mit Unterstützung der Technologie wachsenden Zugang zu den amerikanischen und anderen Märkten. Die heimischen Firmen waren zwar nach wie vor in der Lage, Macht und Informationen an der Spitze zu horten, aber sie konnten nicht mehr erwarten, sich lange im Wettbewerb zu behaupten, wenn sie sich für diesen Weg entschieden.

Hinzu kam, daß durch den technologischen Fortschritt die Massenmärkte in zahllose Minimärkte unterteilt wurden. Die massive Spezialisierung ersetzte die Massenfertigung und entwickelte sich zur vorrangigen Arbeitsweise der Unternehmen. Erfolge erzielte man nicht mehr durch die Produktion riesiger Gütermengen für homogene Märkte. Der neue Weg zum Erfolg bestand in kontinuierlichen, schrittweisen Neuerungen – Reaktionsgeschwindigkeit und Flexibilität wurden zu unabdingbaren Voraussetzungen, um dieses Ziel zu erreichen.

Das Ende der Pyramide

In dem Maße, wie die fortlaufende Innovation zum Motor des Erfolgs wurde, büßte die Pyramidenstruktur zunehmend ihre Zweckdienlichkeit und Effektivität ein. Entscheidungen mußten nun sowohl an vorderster Front des Geschehens als auch in den Chefetagen getroffen werden. Um mit der Konkurrenz Schritt zu halten, war es nun unerläßlich, Informationen unverzüglich weiterzuleiten und Mitarbeitern eine flexible Gestaltung ihrer Aufgaben zu ermöglichen. Im neuen Unternehmensmodell müssen Mitarbeiter auf allen Ebenen befähigt und befugt sein, Tag für Tag tatsächlich strategische Entscheidungen bezüglich Kunden und Zulieferfirmen zu treffen. Das erfordert Flexibilität und einen schnellen, ungehinderten Informationsfluß.

Aber Pyramiden sind von Haus aus starr und fest in zeitraubende bürokratische Verfahren eingebunden. Informationen, die von Führungskräften und Mitarbeitern an vorderster Front benötigt werden, lassen sich nicht schnell genug durch die offiziellen Kanäle der Pyramide weitergeben. Flexibilität, eine unabdingbare Voraussetzung für kontinuierliche Innovationen, ist innerhalb des enggeschnürten »Korsetts« der Pyramide nicht erreichbar. Diese starre Struktur mit ihren vordefinierten Abteilungen und Funktionen paßt sich nicht so leicht an eine Welt an, die sich in stetigem Fluß befindet. Die Pyramide mag für die Produktion altbekannter Güter und Dienstleistungen angemessen gewesen sein. Sie hat sich jedoch als hoffnungslos *unzureichend* erwiesen, wenn es gilt, im heutigen, durch ständige Neuerungen gekennzeichneten Unternehmensumfeld zu bestehen.

Innovationen erfordern in erster Linie die Freisetzung des schöpferischen Potentials innerhalb des Unternehmens. Die Pyramide mit ihren vielfältigen Vorschriften und Bestimmungen, mit ihren Arbeitsbereichen und Machtkämpfen erstickt indessen jegliche Kreativität und Spontaneität im Ansatz, Eigenschaften, die Innovationen überhaupt erst ermöglichen. Alwin Toffler schreibt: »Bürokratien mit allen ihren behaglichen kleinen Nischen und im voraus festgelegten Kanälen unterdrücken spontane Entdeckungen und Innovationen. Im Gegensatz dazu begünstigen die neuen Systeme dadurch, daß sie sowohl die intuitive als auch die systematische Suche zulassen, jenen glücklichen Zufall, der für Neuerungen unerläßlich ist.« (Das Corporate Development Center der Firmen Steelcase wurde bewußt so strukturiert, daß es diese »Glücksgriffe« fördert.)

Die neuen Organisationsstrukturen

Viele Wirtschaftsführer haben inzwischen begriffen, daß die aufgeblähten und schwerfälligen Bürokratien des Industriezeitalters die rasanten Veränderungen nicht mehr in den Griff bekommen können, die im Wirtschaftsleben von heute Realität sind. Aber vielen ist bisher entgangen, daß die Wurzel des Problems nicht einfach die Größe des bürokratischen Apparates, sondern vielmehr die grundlegende Struktur des Unternehmens ist.

Folglich mußten wir in den 80er Jahren massive Entlassungswellen miterleben. In dem verzweifelten Versuch, die Reaktionsgeschwindigkeit zu steigern, die Kosten zu verringern und die Effizienz zu erhöhen, wurde eine bürokratische Schicht nach der anderen abgetragen und das mittlere Management kräftig ausgedünnt. Dieses Bemühen amerikanischer Unternehmen, »abzuspecken« und sich »auf Stromlinienform zu trimmen«, zeitigte indessen nicht die gewünschten Ergebnisse. Trotz aller Einschnitte ging die Produktivität im Fertigungsbereich zwischen 1984 und 1988 stetig zurück.

Der Grund für diese Einbrüche ist vielen Führungskräften noch immer nicht klar, die argumentieren, man müsse den Rotstift in den 90er Jahren noch drastischer ansetzen. Aber dieses Argument fußt auf einem grundlegenden Mißverständnis der wahren Ursachen des Problems. Solange die Unternehmensstrukturen nicht völlig umgestülpt werden, lassen sich keine merklichen Verbesserungen in Reaktionsgeschwindigkeit oder Anpassungsfähigkeit erreichen. Eine Pyramide, so klein sie auch sein mag, ist nun einmal starr und träge. Was hier erforderlich wäre, ist ein völlig anders geartetes Gefüge, das die Nachteile der Pyramidenform überwindet und der Notwendigkeit fortlaufender Innovation und voller Arbeitnehmermitbestimmung Rechnung trägt. Eine wachsende Anzahl von Unternehmen, einschließlich derjenigen, über die wir in unserer Einleitung berichtet haben, experimentiert inzwischen mit neuen Organisationsformen.

Ein Umstrukturierungsansatz, der in den letzten Jahren für Schlagzeilen gesorgt und massive Unterstützung genossen hat, ist die Abflachung der Pyramide. Das Steelcase Corporate Development Center, dessen äußere Strukturen einer abgeflachten Pyramide ähneln (obwohl das Beziehungsnetz innerhalb des Unternehmens lockerer ist), ist vielleicht das augenfälligste Beispiel.

Eine weitere Möglichkeit besteht darin, die Pyramide auf den Kopf zu stellen. Um besser auf Kundenbedürfnisse reagieren zu können, haben Firmen wie Nordstrom und Scandinavian Airlines genau diesen Ansatz gewählt: Die Kunden stehen hier an der Spitze und die Spitzenführungskräfte an der Basis; sie dienen als Stützpfeiler des mittleren Managements, das wiederum die Mitarbeiter an vorderster Front unterstützt, die den Kunden bedienen.

Aber solche Bemühungen, die Gestalt der Pyramide zu verändern, sind nicht mehr als Zwischenschritte auf dem Weg zu einer strukturellen Umwandlung. Diese läßt sich nur erreichen, wenn man die Pyramidenstruktur gänzlich aufgibt und mit völlig neuen Organisationsformen experimentiert.

Semco hat beispielsweise eine kreisförmige Struktur, nämlich drei »Führungsringe«. Die Berater, auf der »höchsten« Managementebene angesiedelt, bilden den inneren Ring. Sie sind von einem Ring umgeben, der sich aus den Partnern zusammensetzt, die die acht Unternehmensbereiche leiten. Der äußere Ring umfaßt schließlich den Rest der Mitarbeiter und Koordinatoren (Aufsichtspersonal).

Diese kreisförmige Struktur gestattet der Belegschaft nahtlose und fließende Bewegungen innerhalb des Unternehmens. Außerdem tauschen die Mitarbeiter turnusmäßig alle zwei bis drei Jahre ihre Aufgabenbereiche aus; auf diese Weise erzielt man ein Höchstmaß an Flexibilität und bringt frischen Wind in verstaubte Denkmuster. Diese Form entwickelte sich als logische Folge einer Eigenschaft, die Ricardo Semler als Semcos Schlüsselwert bezeichnete: Demokratie. In Teil II werden wir im einzelnen untersuchen, wie sich demokratische Organisationsformen entwickeln lassen, wenn die Pyramidenstruktur abzubröckeln beginnt.

Man muß bezweifeln, ob sich nach den Bemühungen von Semco und anderen Firmen, flexiblere und funktionsgerechtere Organisationsstrukturen auf den Weg zu bringen, letztendlich nur ein einziges Modell abzeichnen wird. Die Unternehmen werden vermutlich auch weiterhin Strukturen entwickeln, die auf ihre spezifischen Bedürfnisse zugeschnitten sind. Diese Strukturen werden dynamisch sein und sich im Laufe der Zeit an Veränderungen im Unternehmensumfeld anpassen.

Jack Welch, der den Vorsitz über General Electric führt, erklärt im Hinblick auf die Zukunft seines Unternehmens: »Um eine Kultur zu entwicklen, die Erfolge geradezu vorprogrammiert, müssen wir das schaffen, was wir als Unternehmen ohne Grenzen bezeichnen. Uns bleibt keine Zeit mehr, Barrieren zwischen verschiedenen Funktionen, wie technischer Planung und Marketing, oder zwischen Belegschaftsangehörigen, gleich ob Arbeiter, Angestellte oder Führungskräfte und ähnliche, mühsam zu überwinden.«

Unternehmen müssen nicht nur firmeninterne Hürden beseitigen, sondern auch ihre Grenzen zur Außenwelt neu ziehen. Die Technologie hat es ermöglicht, Menschen überall in der Welt miteinander zu vernetzen, und dies kann die althergebrachten Arbeitsstrukturen nachhaltig verändern. Mit Hilfe von Computern können sich Unternehmen heute direkt mit Zulieferern, Händlern und Kunden in Verbindung setzen. Die Technologie bietet außerdem mehr Menschen die Gelegenheit, bestimmten Tätigkeiten zu Hause nachzugehen. 32 von den rund 40 Führungskräften bei Semco arbeiten laut Ricardo Semler zwei oder drei halbe Tage in den häuslichen vier Wänden. Er fügt hinzu: »Sie haben ein Faxgerät, einen Mikrocomputer, und sie können wann und wie sie wollen mit dem Büro kommunizieren.«

Solche Fortschritte stellen die Notwendigkeit formaler Organisationsstrukturen in Frage. In zunehmendem Maß werden Organisationspläne durch zwischenmenschliche Beziehungen ersetzt, was sich beispielsweise in dem Begriff »Partner« bei Semco und Preston widerspiegelt. In den neuen Unternehmen bestimmt die Struktur nicht mehr die

Strategie. Sie wird vielmehr eine Gestalt annehmen, die sich aus den Bedürfnissen des Unternehmens zu einem bestimmten Zeitpunkt ergibt.

Der Tod des Einzelkämpfers und die Geburt des vollwertigen Partners

Der Begriff des Einzelkämpfers, der Pionierleistungen erbringt, ist in der amerikanischen Kultur fest verankert. Es war ebendieser Pioniergeist, der die Siedlerfamilien einst befähigte, Neuland zu erobern, der zum Aufbau riesiger Unternehmerdynastien im Industriezeitalter beitrug und bettelarme Einwanderer in Industriekapitäne verwandelte.

Der Kern der Pionierlegende hat sich tief in die kollektive Psyche des amerikanischen Volkes eingebrannt. Hier heißt es: Mit etwas Glück, dem richtigen Biß, Talent und Ehrgeiz kann es in Amerika jeder zu etwas bringen. Der Individualist – ruppig, ehrgeizig und gelegentlich skrupellos –, der an die Spitze eines Unternehmens aufsteigt oder eine eigene Firma gründet, ist in Amerika noch immer der archetypische Held.

Wenige Führungskräfte haben den Kern – und die Grenzen – dieser Solisten-Mentalität besser begriffen als Frank Lorenzo, ehemals Leiter der Fluggesellschaft Texas Air, der den Konkurs dazu benutzte, das Machtmonopol der Continental-Airlines-Gewerkschaften zu brechen. Der Wirtschaftsautor Aaron Bernstein vergleicht Lorenzo mit Kapitän Ahab, der Hauptfigur aus *Moby Dick.* In diesem Klassiker der Weltliteratur trifft Ahab, der Kapitän eines Walfangboots, auf Moby Dick, einen riesigen weißen Wal, der friedlich die Meere durchzog, bis er von den Harpunen Kapitän Ahabs getroffen wurde. Der Wal greift an, um sich zu verteidigen, und dabei büßt Ahab sein Bein ein. Ahab nimmt diese Attacke persönlich, ohne zu erkennen, daß er das Tier herausgefordert hat. Von nun an ist er besessen von dem Gedanken, Moby Dick zu stellen und zu töten.

Getrieben von seiner Besessenheit, verfolgt Ahab seinen Rachefeldzug mit gnadenloser Unerbittlichkeit, zwingt seine Mannschaft, an der unsinnigen Jagd teilzunehmen, und läßt dabei alle Rücksichtnahme und menschliche Anteilnahme außer acht. Als der Sohn eines anderen Walfängers über Bord fällt, weigert er sich beispielsweise, bei der Suchaktion zu helfen.

Als Ahabs Boot schließlich auf den großen weißen Wal trifft, stürzt Ahab ins Meer, verstrickt in das Gewirr der Harpunenleinen, die seine Beute töten sollten. Das Walfangschiff sinkt, und alle Männer bis auf einen kommen um.

Wie Kapitän Ahab setzte auch Frank Lorenzo alles aufs Spiel in dem zwanghaften Bestreben, seinen persönlichen Feind zu zerstören, die Gewerkschaften. Und wie Ahab führte er im Laufe dieses Prozesses seinen eigenen Untergang und den seiner »Schiffsmannschaft« herbei. Er verfolgte sein Ziel unerbittlich. Bernstein weist darauf hin, daß 1986, als Texas Air und Lorenzo die Fluggesellschaft Eastern aufkauften, die Gewerkschaften bereit waren, ihm auf halbem Weg entgegenzukommen. Der zäheste Brocken, mit dem die Eastern damals zu kämpfen hatte – der Gewerkschaftsführer Charles Bryan –, schickte Lorenzo einen Tag nach dem Verkauf ein Telegramm, in dem er ihn anflehte, mit ihm zusammenzuarbeiten, und um ein Gespräch unter vier Augen bat. Lorenzo reagierte nicht, und kurz danach begann er mit der Entflechtung der Eastern.

Lorenzo war aufrichtig überzeugt, daß der einzige Weg zu überleben, die »einzig richtige Strategie«, in einer drastischen Senkung der Lohnkosten bestand. »Frank ist ein typischer Einzelgänger, ein Mann, der stets auf Konfrontation aus ist und nur Zahlen im Kopf hat«, sagte John Pincavage, ein Partner in der Transportation Group, die ihren Hauptsitz in New York City hat. »Wenn die Zahlen für Maßnahme X sprechen, na gut, dann wird sie eben durchgeführt, ohne Rücksicht auf die Folgen für die Mitarbeiter.«

Lorenzo widersprach natürlich einer so wenig schmeichelhaften Beschreibung seiner Person. Aber diejenigen, die Continental Airlines nahestehen, erinnern sich noch an die Kämpfe, die regelmäßig zwischen Lorenzo und seiner Führungsmannschaft ausgetragen wurden. In den neun Jahren, die er bei der Fluggesellschaft verbrachte, wurde der Präsident sechsmal ausgewechselt.

Frank Lorenzo symbolisiert auf erschreckende Weise die Ethik des alten Konzepts, das Einzelleistungen bewundert, wie kurzsichtig sie auch sein mögen, und wechselseitige Abhängigkeitsbeziehungen nicht zur Kenntnis nimmt. Lorenzo erkannte nicht, daß er Teil des Systems war, das er bekämpfte. Indem er den Zusammenhang ignorierte und zerstörte, in dem er selbst tätig war, läutete er seinen eigenen Untergang ein.

Frank Lorenzo mag das extreme Beispiel eines Einzelkämpfers sein, aber in Amerika werden umgänglichere Spielarten dieses Typs immer noch als Helden des Geschäftslebens gefeiert. Lee Iacocca, der in jüngster Zeit Schlagzeilen machte, ist aus dem gleichen Holz geschnitzt. Inspiriert von den Worten seines Vaters, der in die USA eingewandert war und ihm predigte: »Du kannst alles werden, was du willst, wenn du es nur mit aller Kraft willst und bereit bist, hart dafür zu arbeiten«, kämpfte er sich an die Spitze vor und brachte es zum Präsidenten der Ford Motor Company, um dann von Henry Ford II vor die Tür gesetzt zu werden. Vermutlich waren seine Rachegelüste ebenso stark ausgeprägt wie sein Interesse am Konzern, als er sich daranmachte, die Chrysler Corporation zu sanieren und wieder auf die Füße zu stellen – im Alleingang, wenn man den Medien Glauben schenken darf.

Peter Ueberroth, der Sohn eines Handlungsreisenden, baute ein 300 Millionen Dollar schweres Unternehmensimperium auf, zeichnete als Organisator für die Olympischen Spiele 1984 verantwortlich, wurde von der Zeitschrift *Time* zum Mann des Jahres gekürt und zum Baseball-Beauftragten in den olympischen Fachkommissionen ernannt. Steven Jobs leitete in seiner Garage die Geburt einer völlig neuen Industrie ein und war noch vor seinem 30. Geburtstag zum Multimillionär avanciert.

Iacocca, Ueberroth, Jobs und andere Individualisten mit genauso kantiger Persönlichkeit haben immer noch Vorbildfunktion für die Ehrgeizigen in Amerika und andernorts. Diese gewieften und findigen Draufgänger werden von vielen als Schrittmacher und Motor der Wirtschaft betrachtet. Sie heben sich von der breiten Masse der Arbeitnehmer ab, stehen weit über den Durchschnittsmenschen, die unsere Unternehmen bevölkern und deren Lebensunterhalt von der Kreativität, der Kühnheit und dem Wohlwollen solcher heldenhaften Pioniere abhängt.

Das Problem dieser Einzelkämpfermentalität ist nicht die Frage, ob sie richtig oder falsch ist, sondern daß sie sich überlebt und ihre Nützlichkeit verloren hat. Als die Zeitschrift *Fortune* Anfang 1991 in 306 führenden amerikanischen Unternehmen eine Umfrage durchführte, um sich ein Bild über den Ruf und die Führungsqualitäten des Managements zu machen, schnitten die Firmen unter der Leitung »krasser Individualisten« nicht besonders gut ab. Chrysler, unter dem Vorsitz von Lee Iacocca, brachte es nur auf den 269. Rang. American Express, geführt von James D. Robinson III, ging als Nummer 209 unter 306 Mitstreitern ins Ziel, und Occidental Petroleum, damals mit Armand Hammer an der Spitze, rangierte auf dem 276. Platz. Wie das Märchen vom grenzenlosen Fortschritt und die pyramidenförmige Organisationsstruktur war auch der Mythos vom Individualisten und Einzelkämpfer ein Produkt der historischen Umstände. Und diese Umstände haben sich inzwischen merklich gewandelt. Die spektakulärste Veränderung ist wohl in der Beschaffenheit von Innovationen zu finden. In der Blütezeit der Vorkämpfer im amerikanischen Geschäftsleben, auf dem Höhepunkt des Industriezeitalters, bestanden Neuerungen in erster Linie in Erfindungen von großer Tragweite, die in den USA gemacht, in den USA verkauft und in den USA wie ein Schatz gehütet wurden. Da Amerika vom Rest der Welt weitgehend isoliert war, bestand kaum Gefahr, daß andere Länder die Ideen dieser Pioniere stehlen oder als Grundlage für eigene Verbesserungen nehmen würden.

Aber wie Robert Reich in seinem Buch *Tales of a New America* eindrucksvoll schildert, ist es heute nicht mehr möglich, »phantastische Ideen« im eigenen »Tresor« zu horten. Infolge der rapiden Veränderungen in Technologie und Transportwesen können Ideen überall auf der Welt schnell und effizient in Produkte umgesetzt werden.

Die Neuerungen in unserer heutigen Wirtschaft sind nicht mehr vornehmlich auf die ganz großen Ideen beschränkt, die ein genialer Erfinder im stillen Kämmerlein allein ausbrütet. Heute sind Innovationen das Ergebnis von Teamarbeit; sie bestehen häufiger aus geringfügigen, schrittweisen Verbesserungen von Produkten und Produktionsprozessen als aus imposanten Erfindungen.

Dazu kommt, daß der wichtigste Rohstoff in unserem heutigen Informationszeitalter Wissen ist, und das läßt sich weder horten noch aufbrauchen. Erfolg in unserem derzeitigen wirtschaftlichen Umfeld erfordert nicht länger schöpferische Genialität oder Führungsqualitäten eines Einzelkämpfers, sondern setzt vielmehr Innovationsbereitschaft, Findigkeit und uneingeschränkte Beteiligung aller Unternehmensangehörigen voraus. In diesem Umfeld sind die Grenzlinien zwischen den Pionieren und dem Rest der Belegschaft verwischt, die Barrieren durchbrochen. Spitzenleistungen – ob auf der ranghöchsten Ebene der altgedienten Manager oder in den Büros der jüngsten Nachwuchskräfte – werden im Rahmen dieses neuen Konzepts nur in gemeinsamer Anstrengung von denen erbracht, die fähig und bereit sind zur Zusammenarbeit, zum Teamspiel, zur Partnerschaft, zum Engagement für die Gemeinschaft.

Eine neue Definition des Begriffs »Spitzenleistung«

Ich habe Spitzenleistungen in großem Umfang erstmals kennengelernt, als ich am *Apollo-11*-Raumfahrtprojekt als Computerwissenschaftler mitarbeitete. In dieser Zeit, als sich die USA verstärkt in der Weltraumforschung engagierten, wurde die stümperhafte NASA-Bürokratie in ein effizientes Netzwerk hochmotivierter Mitarbeiter verwandelt. Alle waren bestrebt, John F. Kennedys Ziel, bis zum Ende der 60er Jahre das erste bemannte Raumschiff auf den Mond zu schicken, zu erfüllen. 1986, nicht einmal zwei Jahrzehnte später, verursachte dieselbe Organisation, die einst als Vorbild für Partnerschaft und volle Mitarbeiterbeteiligung gegolten und eines der größten technologischen Meisterstücke des 20. Jahrhunderts geliefert hatte, die *Challenger*-Katastrophe.

Die Tragödie des Absturzes erschütterte Amerika und die ganze Welt. Für diejenigen, die in den unbeschwerten Tagen des Raumfahrtprogramms eng zusammengearbeitet hatten, war diese Hiobsbotschaft besonders verheerend. Ich war zutiefst betroffen.

Das *Challenger*-Projekt war der Inbegriff all dessen, was *Apollo 11* nicht verkörperte. Das Arbeitsumfeld, das ich während der *Apollo-11*-Tage kennengelernt hatte, förderte Offenheit und partnerschaftliches Verhalten; kleinliche Differenzen wurden schnell begraben und vergessen, denn wir zogen alle an einem Strang, um gemeinsam unsere große und anspruchsvolle Mission zu erfüllen. Althergebrachte Methoden in Frage zu stellen und zu experimentieren war in diesem Arbeitsrahmen kein risikoreiches Unterfangen, sondern es wurde nachgerade erwartet.

Als die Zeit verging und das Jahr 1986 nahte, hatte das Raumfahrtprogramm sich längst in einen langsamen, schwerfälligen Giganten zurückentwickelt, der an der Last seines bürokratischen Wasserkopfes trug und tief in politische Interessen verstrickt war. Das Umfeld, das die *Challenger*-Katastrophe herbeiführte, unterschied sich grundlegend von dem mir bekannten: Die NASA, die einst von uns allen persönliche Bestleistungen gefordert hatte, war zu einer politisch aufgeheizten Bürokratie verkommen. Sie ignorierte und rügte später sogar die fähigen Techniker und Spezialisten, die gewarnt hatten, daß die inzwischen berüchtigten O-Ringe an der Trägerrakete der Raumfähre versagen könnten. Am Ende wurden Menschenleben geopfert, damit man das Gesicht wahren konnte.

Das *Challenger*-Trauma veranlaßte mich, über die Faktoren nachzudenken, die dazu beitragen, Spitzenleistungen zu erreichen. Nach diesem tragischen Augenblick im Jahr 1986 begann ich langsam zu verstehen, in welch ungeheurem Maß die jeweiligen Arbeitsbedingungen Spitzenleistungen fördern oder verhindern können.

Ich erkannte, daß ich im Rahmen meiner fortlaufenden intensiven Beschäftigung mit dem Thema Spitzenleistungen, die während des *Apollo-11*-Programms begonnen hatte, die Rolle des einzelnen überbewertet und dem *Kontext* viel zuwenig Gewicht beigemessen hatte. Und wenn ich den Einfluß des Arbeitsumfelds in meinen Untersuchungen berücksichtigt hatte, dann war mir in der Regel nur aufgefallen, wie gut es den »Leistungskanonen« gelungen war, sich davon *freizumachen.* Viele der Überflieger, die in meinem Buch *Peak Performers* beschrieben sind, haben ihre Spitzenleistungen *trotz* aller Barrieren in ihren Unternehmen erbracht. Zu diesen Assen gehörte in meinen Augen der Manager, der die Produktivität seiner Mannschaft verdoppelt, indem er sie von der kleinkarierten Firmenpolitik fernhält; der Ingenieur oder Konstrukteur, der die Gepflogenheiten ignoriert und seine Entwürfe doppelt so schnell, zur Hälfte der üblichen Kosten vorlegt, weil er »vorschriftswidrige« firmenexterne Bündnisse schmiedet; die Abteilungsleiterin, die allen Einwänden ihrer Vorgesetzten zum Trotz ein wichtiges Projekt auf den Weg bringt und ungestraft davonkommt.

Anfangs betrachtete ich die Fähigkeit dieser Leistungskanonen, sich über die unmittelbare Arbeitsumgebung hinwegzusetzen, als positive Eigenschaft. Aber der *Challenger*-Absturz rüttelte mich wach und führte mich zu der Erkenntnis, daß es irgendwie pathologisch ist, gegen ein Unternehmen kämpfen zu müssen, um Spitzenleistungen zu erbringen.

Das Scheitern des *Challenger*-Projekts, das im krassen Gegensatz stand zu dem Erfolg von *Apollo 11*, bestärkte mich darüber hinaus in der Vorstellung, daß Spitzenleistungen nicht zwangsläufig auf eine Reihe handverlesener Einzelpersonen beschränkt sein müssen. Sie lassen sich auch auf breiter Front erzielen oder verhindern, je nach Beschaffenheit der Unternehmenskultur. Ich wußte, daß die NASA-Mitarbeiter, die am *Challenger*-Programm beteiligt gewesen waren, nicht weniger kompetent oder qualifiziert waren als diejenigen, die am *Apollo-11*-Projekt mitgewirkt hatten. Aber das politisch hochgeschaukelte Klima in der NASA bewirkte, daß die Fähigkeiten dieser Gruppe von Männern und Frauen unterdrückt, ihr Potential nicht voll ausgeschöpft und die Abneigung gegen jedes Risiko geschürt wurden.

Ich warf einen genaueren Blick auf die Leistungskanonen in meinen Untersuchungen. Auf den ersten Blick schienen sie aus dem gleichen Holz geschnitzt zu sein wie der Einzelkämpfertypus, der krasse Individualist. Sie alle setzten einen großen Teil ihrer Energie gegen die Unternehmen ein, die ihren Leistungen im Weg standen. Bei kritischer Betrachung ergab sich jedoch ein komplexeres Bild.

Viele der Spitzenkräfte, die ich unter die Lupe genommen hatte, waren Manager, deren Geschick im Aufbau von Arbeitsgruppen sie zu einem Leistungsniveau befähigt hatte, das zu erreichen sie alleine nie imstande gewesen wären. Sie waren keine krassen Individualisten, sondern Teamspieler, die zwischenmenschliche Bindungen zu schätzen wußten und die Bedeutung eines solchen Beziehungsgeflechts verstanden hatten. Ihre natürliche Neigung zu partnerschaftlichem Verhalten wurde jedoch durch das Unternehmensmilieu unterlaufen, das sie zwang, ihren eigenen Weg zu gehen, ihre eigenen Methoden zu finden.

Diese Leute sollte man nicht mit dem Typ des Einzelkämpfers des alten Schlags vergleichen. Jemand, der gegen das System Front macht, ohne den mindesten Gedanken an die Folgen für andere zu verschwenden, ist kein As, wie ich es mir vorstelle. Ich habe nichts gegen bilderstürmende Neuerer, aber einige Managementtheoretiker bewundern und loben diese einsamen »Fährtensucher« nicht nur wegen ihrer Leistungen, sondern auch wegen ihrer unangepaßten, *unkooperativen* Haltung, wegen ihrer Fähigkeit, durch Einschüchterung statt Zusammenarbeit ihre Ziele zu erreichen.

Individualismus um jeden Preis mag eine allgemein geschätzte Eigenschaft sein, doch er ist weder notwendig noch wünschenswert in der neuen Welt gemeinsam erzielter Innovationen. Die Macho-Typen und machtversessenen Unternehmensstrategen schrecken eher ab, als daß sie sich Verbündete schaffen. Ein solches Verhalten können wir uns einfach nicht mehr leisten in einer Zeit, in der die volle Einsatzbereitschaft und aktive Beteiligung sämtlicher Mitarbeiter unerläßlich ist.

Der engagierte, aktiv beteiligte Partner – der neue Held des Geschäftslebens

In einem Zeitalter, das partnerschaftliche Beziehungen und die Verlagerung unserer Aufmerksamkeit auf Kooperation und gemeinsame Bemühungen erfordert, kommt dem einzelnen paradoxerweise eine steigende Bedeutung zu. Wir können uns keine Unternehmen mehr leisten, in denen das »Fußvolk« chronisch unterbeschäftigt ist, während eine kleine »Elite« an der Spitze das Denken besorgt und die Lorbeeren erntet. Wenn wir in unserer heutigen Zeit, die fortwährende Innovation verlangt, im Wettbewerb bestehen wollen, müssen wir das geistige Potential jedes einzelnen Unternehmensmitglieds ausschöpfen und in sinnvolle Bahnen lenken.

Das neue Konzept erfordert eine grundlegende Neudefinition der Arbeitnehmerrolle. Der krasse Individualist ist längst kein geeignetes Vorbild mehr für Führungskräfte von heute. Auch den Paragraphenreiter im Unternehmen, der sich stur an die von oben aufoktroyierten Regeln und Bestimmungen hält, können wir nicht länger hinnehmen. Der ideale Mitarbeiter im Unternehmen neuen Zuschnitts, gleich ob in leitender oder untergeordneter Position, muß der *engagierte, aktiv beteiligte Partner* sein.

Ich habe in den Leistungskanonen, die Mittelpunkt meiner Forschungen waren, Prototypen dieser engagierten, aktiv beteiligten Partner gesehen. Sie waren zwar aus dem harten Holz geschnitzt, das für Mitarbeiter im Unternehmen alten Musters charakteristisch war, aber sie ließen dennoch im Ansatz ein hohes Leistungsniveau erkennen, das *jedes Belegschaftsmitglied* erreichen kann, wenn sein Leistungsstreben vom Unternehmen gefördert statt gebremst wird.

Die Spitzenkraft der neuen Art ist der Partner, der sich voll einsetzt und an allen wichtigen Entscheidungen teilhat, der sein Leben lang lernt, der über erstklassige Qualifikationen verfügt und eine angemessene Vergütung und Anerkennung seiner Leistungen erhält. Im Gegensatz zu den Spitzenkräften des alten Systems entfaltet er sein Potential dank – und nicht trotz – seines Arbeitsumfelds im Unternehmen. Und aufgrund dieser Unterstützung wird der Partner und Spitzenmitarbeiter eher die Regel als die große Ausnahme sein.

Die Rolle des Widersprüchlichen in der neuen Welt der Unternehmen

Ein tragfähiges Konzept, das in der Wirklichkeit der 90er Jahre zu bestehen vermag, muß imstande sein, vertraute Dinge in neuem Licht zu sehen. Wir werden uns Arbeitsmethoden und -verfahren zu eigen machen müssen, die nach den Maßstäben von einst widersprüchlich erscheinen mögen, aber im Einklang mit dem neuen Unternehmensumfeld stehen. Unser neues Konzept muß eine Fülle von Paradoxien »unter einen Hut« bringen, die im Geschäftsleben der 90er Jahre Realität sind.

Wir haben bereits den bedeutsamsten Widerspruch erwähnt: Um wettbewerbsfähig zu bleiben, müssen Firmen kooperieren. Ein weiterer betrifft den Individualismus: Je enger wir als Partner zusammenwachsen, desto mehr Bedeutung kommt der Rolle des einzelnen zu. Während des Industriezeitalters wurde der einzelne Arbeitnehmer als relativ unwichtig erachtet; eine Ausnahme stellten nur die wenigen krassen Individualisten und Einzelkämpfer dar, die den Sprung an die Spitze der Unternehmenspyramide geschafft hatten. In der Welt der Fließbandfertigung wurden die Arbeiter als beliebig austauschbare Rädchen im Getriebe betrachtet und im wahrsten Sinne des Wortes benutzt. Wenn eines dieser Rädchen »den Dienst versagte«, konnte es problemlos ausgetauscht werden, ohne daß die Maschinerie zum Stillstand kam oder die Arbeit »vermasselt« wurde. Die Kontrollpersonen an der Unternehmensspitze, denen das Denken oblag, galten als die einzigen »unersetzlichen« Teile der Maschinerie.

In unserem heutigen Unternehmensumfeld, in dem die schrittweise Innovation von entscheidender Bedeutung ist, stellt jeder einzelne Mitarbeiter ein Holon dar; er leistet einen kreativen Beitrag und ist als unverzichtbarer Partner eingebunden in die Gemeinschaft. Paradoxerweise erhöht sich sein Stellenwert in gleichem Maß wie der Stellenwert der Gruppe.

Paradox ist auch, daß man nur dann auf den immer rasanteren Wandel außerhalb des Unternehmens reagieren kann, wenn man die firmeninterne Stabilität fördert. Je unbeständiger und unberechenbarer die Welt wird, desto größer ist unser Bedürfnis nach Stabilität, um diese Außenfaktoren in den Griff zu bekommen. Diese Stabilität leitet sich jedoch nicht von der firmenexternen Situation ab, sondern vom dichtmaschigen firmeninternen Beziehungsnetz. Es ermöglicht uns, fortlaufend Veränderungen einzuleiten und innovative Entwicklungen in einem Umfeld zu fördern, das durch zunehmende Komplexität gekennzeichnet ist.

Paradoxien spielen eine unverzichtbare Rolle bei allen schöpferischen Aktivitäten. Eine Studie über die epochemachenden Leistungen von 58 Wissenschaftlern und Künstlern, darunter Einstein, Picasso und Mozart, hat gezeigt, daß alle kreativen Durchbrüche ein gemeinsames Muster aufwiesen: Sie wurden ausnahmslos erreicht, als »zwei oder mehr Gegenpole gleichzeitig wahrgenommen wurden, die Seite an Seite existierten, gleichermaßen gültig, wirksam und wahr.«

»In dem sie sich über logische Erwägungen hinwegsetzten«, heißt es in dieser Untersuchung weiter, »haben kreative Personen bewußt widersprüchliche Elemente aufgegriffen und sie in die von ihnen entwickelten Theorien und Schöpfungen integriert.« Eine ähnliche Herausforderung liegt im Kern der Verlagerung zu einem neuen Unternehmensmodell verborgen.

Eine Firma, die noch nach altem Muster geführt wird, muß mit Problemen rechnen, sobald sie auf Widersprüche stößt. Wahrscheinlich deutet sie diese als die altbekannten Widersprüche des einstigen Unternehmensumfelds. Sie könnte beispielsweise durchaus erkennen, daß stetige Innovation für den Erfolg von zentraler Bedeutung ist (neue Denkweise), während sie gleichzeitig der Auffassung anhängt, Erfolg ließe sich nur durch umsichtiges Handeln und Festhalten am Status quo erzielen, an dem keinesfalls gerüttelt werden darf (alte Denkweise). Infolgedessen sagt sie sich vielleicht – und meint es auch –, sie strebe nach ständiger Neuerung (neue Denkweise), während sie gleichzeitig die Stirn über Fehlgriffe runzelt, die solche Innovationen erst ermöglichen (alte Denkweise).

Da ein solches Unternehmen nicht begriffen hat, daß Erfolge ohne Fehlleistungen nicht möglich sind, schafft es keine sinnvollen Rahmenbedingungen, sondern ungewollt einen unerträglichen Widerspruch für seine Mitarbeiter. Die Belegschaft wird angehalten, neue Wege zu gehen, aber für genau die Dinge bestraft, die zu Neuerungen führen. Welche Entscheidung der einzelne auch trifft, es ist immer die falsche.

Es wird nicht leicht für uns sein, eine Einstellung zu entwickeln, die Widersprüche akzeptiert. Seit frühester Kindheit haben wir gelernt, in absoluten Kategorien zu denken: Es gab nur gut/schlecht, entweder/oder, schwarz/weiß. Wir wurden darauf gedrillt, Stellung für oder gegen etwas zu beziehen; alles, was dazwischen lag, war suspekt. Eine Situation von beiden Seiten zu betrachten und den Wert gegensätzlicher Standpunkte anzuerkennen, wird als saft- und kraftlos betrachtet, vor allem von den Pionieren der »alten Schule«.

Wenn wir das Erwachsenenalter erreicht haben, sind diese intellektuellen Gewohnheiten tief in uns verwurzelt, und wir bringen sie auch in unser Berufsleben ein. In der Welt der Massenmärkte herrschte die Schwarz-Weiß-Sicht, das Entweder-oder-Denken vor. Hier ging man davon aus, daß sich Gegensätze nicht auf einen Nenner bringen ließen. Entweder standen die Interessen des Unternehmens im Vordergrund oder die Interessen der Umwelt. Ein Mitarbeiter hatte Erfolg *oder* scheiterte, wenn er ein Risiko einging. Die starren Hierarchien schrieben vor, daß nur der eine *oder* der andere Mitarbeiter befördert werden konnte.

Im Rahmen des neuen Konzepts hat das Entweder-oder-Denken dem Sowohl-als-auch-Denken Platz gemacht. Die Interessen des Unternehmens lassen sich sehr wohl mit den Umweltbelangen vereinbaren. Und ein Mitarbeiter kann »gewinnen«, wenn er ein Risiko eingeht, auch wenn er »verliert« – das heißt, wenn ein Experiment scheitert –, denn Fehlgriffe werden als notwendige Schritte im Lern- und Innovationsprozeß akzeptiert. Die starren vertikalen Hierarchien wurden durch fließendere Organisationsformen ersetzt, die es den Belegschaftsmitgliedern ermöglichen, ihren vollen Beitrag zu leisten; und ein Mitarbeiter muß nicht mehr auf Kosten eines anderen die Karriereleiter erklimmen.

Um zu veranschaulichen, daß sich Gegensätze sehr wohl vereinbaren lassen, erzählt Stan Davis die Geschichte von einem König ohne Thronerben, der ein gutes Essen und einen messerscharfen Verstand über alles schätzte. Dieser König beschloß, sein Reich demjenigen seiner Untertanen zu hinterlassen, der die beste Mahlzeit zuzubereiten verstand; er verknüpfte jedoch eine knifflige Bedingung damit: Sie mußte gleichzeitig heiß und kalt sein. Der Sieger, der sich von dem offenkundigen Widerspruch nicht abschrecken ließ, kreierte einen Eisbecher mit heißer Schokoladensauce.

Die Integration von Gegensätzen ist selbst dann, wenn das Ergebnis paradox erscheint, für das Unternehmen neuen Zuschnitts von grundlegender Bedeutung. Wir müssen sowohl die Ordnung auf firmeninterner Basis als auch das Chaos der Außenwelt als gegeben hinnehmen. Wir müssen kooperieren, um konkurrenzfähig zu bleiben. Wir müssen das Entweder-oder-Denken durch das Sowohl-als-auch-Denken ersetzen. Um die Logik im neuen Unternehmenskonzept der 90er Jahre zu begreifen, müssen wir die Gegensätze im Blickwinkel behalten, uns auf Widersprüchlichkeiten einlassen und »Eis mit heißer Schokoladensauce« schaffen.

Die Geburt des neuen Unternehmens

Die Personen und Firmen, die Sie in diesem Buch kennenlernen werden, gehören zu den ersten, die das neue Modell definiert und praktisch umgesetzt haben. Im Rahmen dieses neuen Konzepts wird das Unternehmen als lebendiger, dynamischer Organismus gesehen, »Fortschritt« als maßvolles Wachstum gedeutet, werden Konkurrenzdenken und krasser Individualismus der Partnerschaft und Zusammenarbeit untergeordnet und herkömmliche Strukturen gegen neue Organisationsformen ausgetauscht. Diese Einzelpersonen und Unternehmen sind im Zeitalter des Maschinenmodells geboren, aber in das Zeitalter des Ökosystems hineingewachsen, und im Verlauf dieses Prozesses haben sie manchmal zaghafte oder fehlgeleitete Schritte gemacht. Sie sind lebende Systeme, die sich in der Entwicklung befinden; ihre Geschichten und ausgewiesenen Erfolge lassen klar erkennen, daß sie sich auf dem richtigen Kurs befinden.

Niemand, der sich nach Kräften darum bemüht, die neue Form des Unternehmens zu definieren, leugnet die Schwierigkeiten eines solchen Unterfangens. Will Potter von Preston Trucking meint: »Wir hatten nicht die geringste Ahnung, wohin uns der Weg führen würde, als wir uns aufmachten. Wir besaßen keine klare Vorstellung von den Dingen, die wir heute besser verstehen. Es ist nicht leicht. Es erfordert sehr viel harte Arbeit. Die Leute müssen verstehen, daß es sich hier um einen Gruppenprozeß handelt.«

Die Herausforderungen können in der Tat gewaltig sein. Die Firma Steelcase stieß beispielsweise auf beträchtlichen Widerstand, als sie ihr Teamkonzept durchsetzen wollte. Frank Merlotti erzählte mir:

> Wir haben verlangt, daß sich jeder Beschäftigte in unseren Fabriken einer Arbeitsgruppe anschloß, ob es ihm paßte oder nicht. In den Werkshallen fällt eine Menge Akkordarbeit an. Viele unserer Mitarbeiter sagten einfach: »Ich habe keine Lust, eine Stunde für Gruppenbesprechungen zu opfern. Ich erhalte dann weniger Stücklohn. Laßt mich bloß in Ruhe damit. Ich will nichts weiter als morgens herkommen, meine Arbeit erledigen, meine Maschine bedienen und wieder nach Hause gehen.« Und wir erwiderten: »Wir verlangen nicht, daß Sie aktiv mitmachen, aber Sie müssen an der Besprechung teilnehmen. Wenn Sie sich in die hinterste Reihe setzen und schlafen wollen, auch gut.« Manche haben genau das gemacht. Sie kamen in den Konferenzraum und nahmen hinten Platz. Sie haben nicht ein einziges Mal den Mund aufgemacht. Aber das dauerte nur so lange, bis die Gruppe ein Projekt erfolgreich beendet hatte, das von uns veröffentlicht wurde.

Ricardo Semler berichtete, daß den Semco-Mitarbeitern die neugewonnene Eigenständigkeit zwar gefällt, daß ihnen die Verantwortung, die damit einhergeht, aber gleichzeitig angst macht: »Es gibt kein System [mehr], auf das man seine Zweifel und seine Verantwortlichkeit abschieben kann. Man ist ziemlich auf sich selbst gestellt, was einem zusätzliche Verantwortung aufbürdet. Beispielsweise Zahlungsmodalitäten, Urlaub, Arbeitszeitregelung, die Möglichkeit, zu Hause zu arbeiten oder wo auch immer und wann auch immer, das eigene Gehalt festzusetzen – das ist ganz sicher ein interessantes Experiment, aber auch eine Situation, die größere Anforderungen an den einzelnen stellt.«

Thomas S. Kuhn weist darauf hin, daß einige Wissenschaftler noch immer Theorien verteidigen, die ihnen am Herzen liegen, auch wenn diese schon längst widerlegt wurden: »Selbst angesichts überwältigender Beweise werden sie ihren unerschütterlichen Glauben mit ins Grab nehmen und stur an den engbegrenzten, aber vertrauten Standpunkten festhalten.«

Brahe war solch ein Mensch, sagt Kuhn: »Während Brahe Fakten sammelte, entging ihm völlig ihre Bedeutung. Er war ein Analytiker mit eiserner Selbstdisziplin und klammerte sich an die vorherrschende Theorie seines Zeitalters, daß die Planeten, die Sonne und die Sterne die Erde umkreisen, obwohl dies von seinen eigenen Beobachtungen zunehmend widerlegt wurde. Es dauerte dreißig Jahre, in denen sich die Frustration über diese Widersprüche anhäufte, bevor Brahes Schützling Kepler das Beweismaterial noch einmal überprüfte und die aufsehenerregende Ansicht des Kopernikus bestätigte, daß sich die Planeten auf einer Umlaufbahn um die Sonne bewegten. Obwohl Brahe alle Informationen besaß, die Kepler brauchte, um zu seiner Schlußfolgerung zu gelangen, konnte er sich nicht dazu überwinden, sie selbst zu ziehen.«

Viele Menschen im Geschäftsleben stehen wie Brahe so im Banne der Macht, die das alte Konzept ausübt, daß sie nicht fähig oder nicht bereit sind, das neue, sich allmählich entwickelnde Konzept zu sehen. Denn dieses neue Konzept ist zwar aufregend, aber gleichzeitig auch bedrohlich. Es untergräbt viele der Grundlagen, auf denen unsere Unternehmen basieren (einschließlich der überlieferten Machtstrukturen). Es ersetzt Stabilität und Sicherheit durch Veränderung und Ungewißheit. Es fordert uns heraus, aber es dient nicht unserem Seelenfrieden.

Manche Leute sind einfach nicht in der Lage, den Bruch mit dem alten Konzept zu vollziehen und sich auf das neue einzulassen. Rund 25 Prozent der Führungskräfte verließen die Firma Preston, als sie ihre Führungsphilosophie radikal änderte. Darunter befanden sich Manager, die seit zehn, 15, 20 Jahren und länger im Unternehmen tätig gewesen waren.

Will Potter zufolge ist das der Preis des Wandels: »Die Mitarbeiter, die wir in Zukunft brauchen, verfügen in erster Linie über Kompetenz im Umgang mit Menschen; technische Kompetenz ist zweitrangig. Sicher, wir haben einige technisch versierte Leute verloren, aber manche waren unfähig, angemessen zu kommunizieren, zu führen und ein Arbeitsumfeld zu schaffen, das andere als motivierend empfanden. Das ist ein wichtiges Thema.«

Trotz des Massenexodus scheint sich der unternehmensphilosophische Kurswechsel ungeheuer positiv auf Preston ausgewirkt zu haben. Robert Levering weist in seinem Buch *The 100 Best Companies to Work for in America* darauf hin: »Der einzig sichere Weg, um die Qualität eines Arbeitsplatzes zu beurteilen, ist das Gespräch mit den Stelleninhabern. Ich habe zahlreiche Preston-Mitarbeiter in verschiedenen Niederlassungen befragt ... und keine Quertreiber, sondern nur ›Parteigänger‹ gefunden.«

Frank Merlotti glaubt, daß der Übergang zur Teamarbeit und einer flexiblen Organisationsform auch auf Steelcase eine positive Auswirkung hatte: »Ich denke, daß die Mitarbeiter vom neuen Gebäude [dem Corporate Development Center] begeistert sind. Es bietet ein phantastisches Arbeitsumfeld. Ich glaube, die Mehrzahl befürwortet den Entwicklungsprozeß, der bei uns stattfindet; ihnen gefällt die Offenheit. Ihnen macht die Arbeit in der Gruppe inzwischen Spaß. Sie haben ihre anfänglichen Ängste überwunden und fragen nicht mehr: ›Was ihr uns da erzählt, ist ja gut und schön, aber meint ihr das wirklich ernst?‹ Das alles ist jetzt drei Jahre her. Ich glaube, es liegt auf der Hand, daß unser Gruppenkonzept nicht so bald sterben wird.«

Merlotti fügt hinzu: »Manche von denen, die sich am heftigsten dagegen gewehrt haben und behaupteten, die ganze Idee sei absoluter Mist, sie würde bald wie eine Seifenblase zerplatzen, und wer braucht so was schon, sind inzwischen Teamleiter. Das waren teilweise dieselben Leute, von denen jeder in der Firma, der sie kennt, gesagt hätte: ›Da spielen die nie mit.‹ Aber sie haben erstklassige Arbeitsgruppen aufgebaut.«

Trotz der verständlichen Beklommenheit angesichts so dramatischer Veränderungen habe ich bei meinen Reisen und Recherchen in amerikanischen Firmen unterschwellig auch frohe Erwartung gespürt. Die tiefgreifenden Umwandlungsprozesse, die in der Geschäftswelt stattfinden, befriedigen meiner Meinung nach auch ein weitverbreitetes, geheimes Bedürfnis nach mehr Beteiligung und echter Partnerschaft.

Wie wird das neue Unternehmenskonzept aussehen, das sich langsam bis ins nächste Jahrzehnt hinein weiterentwickelt? Welchen Kurs werden wir einschlagen, wenn wir uns mit Riesenschritten auf ein neues

Jahrtausend zubewegen? Welches verborgene Potential steckt in unseren Unternehmen und in unseren Mitarbeitern und wartet nur darauf, freigesetzt zu werden?

Ich bat Ricardo Semler, eine Zukunftsprognose für Semco zu stellen. Wie würde das Unternehmen heute in zehn Jahren beschaffen sein? Semler erklärte:

> Vor drei Monaten haben wir alle Mitarbeiter, die eine führende Position bekleiden, in ein abgelegenes Hotel eingeladen. Drei Tage lang haben wir ein Programm durchgeführt, ein Verfahren, das in den USA als »Visioning« bekannt ist.
> Wir haben reihum erzählt, wie wir uns Semco im Jahr 2010 vorstellen. Wir haben 2010 gewählt, weil das Jahr 2000 bereits zu nahe ist und man es sich ohne große Phantasie vorstellen kann.
> Was bei dieser Übung herauskam, war ein sehr einheitliches, zusammenhängendes Bild von einem Unternehmen, das nicht viel größer als heute ist. Ein Unternehmen, das weniger Ausrüstungen und Maschinen besitzt. Ein Unternehmen, das sich auf Menschen stützt, auf geistige Fähigkeiten, auf technisches Wissen, auf Ideen, die man ersinnt und im gesamten Unternehmen voranbringt. Eine sehr fließende Organisationsstruktur, die sich durch hohe Lebensqualität, verhältnismäßig wenig Wachstum und ein geringes Maß an beruflichem Streß auszeichnet. Wo die Leute in einem Zeitrahmen ihrer Tätigkeit nachgehen, den sie nach eigenem Ermessen festlegen, was einschließt, daß viele zu Hause arbeiten und nie in die Firma kommen … eine sehr fließende Organisationsform, mit Produkten, die sich rapide ändern, und neuen Geschäftsfeldern, die sich fortlaufend herauskristallisieren.

In den nachfolgenden Kapiteln werden wir uns bemühen, dieses neue Unternehmenskonzept zu schildern, das nach und nach in Amerika und vielen Ländern der Welt Konturen anzunehmen beginnt. Ein Konzept, das den Menschen an die allererste Stelle setzt, das uns in ein Beziehungsgeflecht einbindet, in ein lebendiges Organisationssystem, das gekennzeichnet ist durch Demokratie, uneingeschränkte, partnerschaftliche Beteiligung und maßvolles Wachstum. In Teil II werden wir uns anhand der Entwicklung der Firma Steelcase mit den Einzelheiten dieses Modells befassen.

Teil II

Der Wandel des Unternehmens – vom Maschinenmodell zum lebenden System

Die im ersten Teil vorgestellte Firma Steelcase war traditionell organisiert und wies bis Mitte der 80er Jahre die herkömmliche, vertikale Hierarchie auf. Zu diesem Zeitpunkt erkannte das Topmanagement, daß eine grundlegende Umstrukturierung unerläßlich sein würde, wenn das Unternehmen im harten, globalen Wettbewerb bestehen sollte. Also machte man sich an die Aufgabe, den Produktentwicklungsprozeß neu zu organisieren; es wurden multifunktionale Arbeitsgruppen gebildet und 111 Millionen Dollar in den Bau eines Corporate Development Center (CDC) investiert. Dieses rund 53000 Quadratmeter große, sieben Stockwerke hohe Gebäude aus Glas und Granit beherbergt Designer, Konstrukteure und Marketingexperten, die zuvor auf verschiedene Standorte verteilt waren. Das CDC wurde erbaut, um die Entwicklung innovativer Erzeugnisse zu fördern und den Produktentwicklungszyklus zu verkürzen.

Al Lehnerd, Leiter der Produktentwicklung, kam im Frühjahr 1987 zu Steelcase, kurz nachdem die Firma den Umwandlungsprozeß eingeleitet hatte. Er war der festen Überzeugung, daß ein Unternehmen ein System ist, in dem alle Teile voneinander abhängig sind und nur aufgrund dieser Wechselwirkung ihren Aufgaben gerecht werden können. Weil er so dachte, konnte er den Wandel von Steelcase beschleunigen.

Lehnerd erzählte mir von seinen Bemühungen, eine Organisationsstruktur auf Teambasis zu schaffen.

Al Lehnerd von Steelcase

Am 1. April 1990 bin ich genau drei Jahre in dieser Position bei Steelcase. Ich habe in der Forschung und Entwicklung, im Bereich Produktentwicklung und im Sektor industrielles Design angefangen und mich mit Bob Pew, dem Vorstandsvorsitzenden, während unserer ersten NEOCON-Tagung unterhalten; das ist eine riesige Konferenz, die wir jedes Jahr im Juni in Chicago abhalten. Wir standen gerade im Ausstellungsraum, als er mich zur Seite nahm und sagte: »Nun, inzwischen sind Sie ja schon ein paar Monate bei uns. Was halten Sie von der Firma?« Ich sagte: »Na ja, das läßt sich schwer in einem Satz ausdrücken, aber ich finde, es ist ein hervorragendes Unternehmen mit hervorragenden Leuten und einer hervorragenden Produktlinie. Aber was die Produktlinie betrifft, da zeichnet eigentlich niemand verantwortlich. Wir haben ein Möbelprogramm, die 9000-Serie, das 600 Millionen Dollar Umsatz einbringt, aber ich habe noch niemanden gefunden, der morgens aufsteht und sich Gedanken über diese Produktlinie macht.«

Pew fragte, was ich damit machen würde. Ich erwiderte: »Ich würde versuchen, eine Organisation aufzubauen, die jedes Produkt so behandelt, als wäre es ein eigenes Geschäftsfeld. Man müßte sich fragen: Was haben wir bisher damit erreicht? Welches Ziel wollen wir damit ansteuern? Und das heißt nicht, daß ein bestimmter Unternehmensbereich diese Aufgabe übernehmen sollte, beispielsweise ausschließlich die Produktentwicklung oder nur die Marketing- oder Verkaufsexperten. Man muß jeden dazu bringen, ein ureigenstes Interesse an den Produkten und an der Produktentwicklung zu entwickeln.«

Wir beschlossen also, sogenannte Business Management Groups (BMGs) aufzubauen, die sich auf die Produktgruppen konzentrieren. Wir haben gesagt: »Diese Produkte gehören euch. Ihr sollt sie behandeln, als wären sie Teil eures eigenen Geschäfts. Ihr seid dafür verantwortlich, daß dieses Geschäft wächst.« Dieser Ansatz erforderte eine Kerngruppe, die sich zusammensetzt aus einem Marketing-Fachmann, der sich vor allem um die Führung der BMGs kümmert, Leuten aus den Bereichen Produktentwicklung und Industriedesign, die bei der Gestaltung unserer Erzeugnisse eine Menge mitzureden haben, und Mitarbeitern aus den Bereichen Herstellung und Rechnungswesen.

Das war alles schön und gut, aber das Problem bestand darin, daß wir keine Unterbringungsmöglichkeiten für diese disziplinübergreifenden Arbeitsgruppen hatten. Wir besaßen ein Technikzentrum, das alle Ingenieure und Designer beherbergte, und die Herstellungs- und Marketinggruppe war in einem anderen Gebäude untergebracht. Also wurde die Form des Corporate Development Center, das CDC, das sich bereits im Bau befand, geändert. Wir beschlossen, die Leute in diesem Entwicklungszentrum um die BMGs zu gruppieren, statt sie nach Funktionen zu verteilen. Ursprünglich war geplant, daß dieses Gebäude sämtliche Geschäftsbereiche aufnehmen sollte, die man auf diese Weise miteinander vernetzen konnte.

Wenn Sie heute ins CDC gehen, finden Sie dort keine Industriedesign-Abteilung, keine Marketing- oder Produktentwicklungsabteilung. Sie finden nur BMGs. Wir haben es tatsächlich geschafft, die Leute in unmittelbarer Nachbarschaft anzusiedeln. Die Büros der Leiter Marketing, Technik und Industriedesign liegen unmittelbar nebeneinander. Ihre Leute arbeiten in dem Bereich, der sich unmittelbar an diese Büros anschließt. Sie haben ihre eigenen Projekträume, Konferenzräume usw.

So können sämtliche Teammitglieder, gleich ob aus der Fertigung oder der Konstruktion, aufstehen und eine Präsentation über ihr Projekt durchführen, und niemand weiß, aus welchem Unternehmensbereich sie stammen. Das ist deshalb möglich, weil sie zusammenarbeiten, die Dinge als Geschäftsfeld sehen, sämtliche Programme beschreiben können und sich für die Projekte verantwortlich fühlen.

Wir haben für die räumliche Nachbarschaft der Arbeitsplätze und die Strukturen gesorgt, die solche funktionsübergreifenden Teams brauchen. Eines der großen Probleme, die wir hatten, war, daß sich die Mitarbeiter fragten, wie man ihre Leistungen beurteilen würde; sie wollten den Organisationsplan sehen. Ich habe ihnen erklärt: »Das ist kein Organisationsplan, sondern ein Aktivitätenplan.« Ich persönlich habe die Philosophie vertreten: »Von der Aufgabe soll es abhängen, wie die Leistung bewertet wird.« Wenn eine Arbeitsaufgabe reden könnte, wie würde sie beurteilen, in welchem Maß ihr jemand gerecht geworden ist? Ich habe ihnen gesagt: »Vergeßt eure Gehaltserhöhungen und eure Vorschläge; laßt die Aufgabe für sich sprechen. Wenn ihr gute Arbeit geleistet habt, dann wird es jeder wissen, und ihr werdet eine entsprechende Belohnung erhalten.«

Als sich die Teams erstmals zusammensetzten, gab es Probleme mit den Bereichsleitern; sie waren nicht gewillt, auf ihre Entscheidungsbefugnisse zugunsten von Untergebenen zu verzichten, die ihre Funktion in der Gruppe vertraten. Anfangs ließ sich die Sache nicht besonders gut an. Entscheidungen, die in einer BMG getroffen worden waren, wurden anschließend vom Bereichsleiter revidiert. Der ging dann zur Gruppe (der BMG) und sagte: »Mein Chef meint, so geht das nicht; wir müssen es auf diese Weise machen.« Der Prozeß geriet ins Stocken.

Teams müssen Eigenständigkeit besitzen. Die Bereichsleiter mußten erst ein bißchen umdenken und den Leuten in den BMGs gestatten, geschäftliche Entscheidungen in eigener Regie zu treffen. Ein Beispiel: In einer Business Management Group kam es zu einem Riesenkonflikt, weil ein Marketingmitarbeiter irgendwelche Plastikteile unbedingt in 21 verschiedenen Farbausführungen haben wollte. Die Herstellungsleute sagten: »Das ist eine Katastrophe.« Die Techniker meinten: »Viel zu viele Einzelteile«; und die Logistikleute jammerten: »Wie sollen wir da unseren Lagerbestand in den Griff kriegen?« Aber der Marketingexperte bestand auf den 21 Farben und versuchte, die Entscheidung aus dem Team auf eine höhere Ebene zu verlagern. Also setzte sich die Gruppe noch einmal zusammen, um mit dem Marketingmitarbeiter zu diskutieren, und am Ende einigte man sich auf zwei Farben. Als die BMGs schließlich erkannten, daß sie Entscheidungen ohne Erlaubnis ihres Bereichsleiters treffen konnten, waren sie imstande, Eigenverantwortung zu übernehmen, und bald hatten sie die Dinge besser im Griff.

Ein weiteres Hindernis waren die Gruppenstrukturen. Wenn man Leute zusammengebracht hat, die sehr unterschiedliche Standpunkte vertreten, wer bringt ihnen dann bei, wie sie sich die Zusammenarbeit erleichtern? Wie Gruppen geführt werden?

Wir haben also ein Handbuch für die Produktentwicklung erarbeitet, einen Leitfaden mit Zielvorstellungen; es hat mehrere Jahre gedauert, ihn zusammenzustellen. Wir hätten das schneller über die Bühne bringen und einfach sagen können: »So wird's bei Eastman Kodak gemacht«, »So läuft's bei Digital« usw. Aber wir wollten uns nicht mit fremden Federn schmücken.

Wir haben dann eine disziplinübergreifende Gruppe zusammengestellt, ihr diesen Leitfaden gegeben und gesagt: »Wie sollen wir diesen Geschäftsbereich nun führen?« Wir hatten einen Koordinator, der dafür sorgte, daß alles Material veröffentlicht und in das Handbuch aufgenommen wurde. Wir haben außerdem ein Glossar mit Begriffen zusammengestellt, die sich bei uns eingebürgert haben.

Eines unserer großen Probleme war beispielsweise, daß bestimmte Projekte nicht in den Entwicklungszyklus eingeordnet werden konnten. Wenn die Leute keine Standortbestimmung vornehmen können, dann stellen sie die falschen Fragen zur falschen Zeit. Also haben wir ein Konzept entwickelt, um Projektkategorien zu bestimmen. Ob es funktioniert, wissen wir noch nicht.

Wir haben die Arbeitsaufgaben Kategorie 0, Kategorie 1 und Kategorie 2 zugeordnet. Wir haben die Regeln und Bestimmungen bezüglich der Tätigkeiten in Kategorie 0 entwickelt, die unsere Design- und Planungsphase umfaßt. Während man mit Arbeiten der Kategorie 0 im Konstruktionsbereich befaßt ist, verrichtet man gleichzeitig Aufgaben der Kategorie 0 in der Marketinggruppe. Wie gut wird sich dieses Produkt verkaufen? Wird es überhaupt Nachfrage finden, und wie sollte es aussehen? Und wenn die Aufgaben der Kategorie 0 beendet sind, geht man zur Arbeit der Kategorie 1 über. Das ist die Phase der Umsetzung. Wer macht was? Wie oft muß man den Prozeß oder die Budgets überprüfen lassen? Kategorie 2 betrifft die Arbeiten, die während des »Lebenszyklus« eines Produktes anfallen – man sorgt dafür, daß eine Produktlinie attraktiv bleibt, nimmt neue Farben ins Programm auf, bestimmt die Anzahl der Modelle, entwickelt Preislisten usw.

Es gibt Normen, die von den BMGs, dem Produktentwicklungs- und dem Produktmanagementausschuß erfüllt werden müssen, je nachdem, wo das Produkt im Entwicklungszyklus angesiedelt ist. Wenn ein Produkt von Kategorie 0 zu Kategorie 1 überwechselte, befaßte sich in der Regel der oberste Ausschuß damit, weil nun normalerweise größere Summen ausgegeben wurden und wesentlich mehr Leute an dem Projekt beteiligt waren. Also haben wir viel Zeit damit verbracht, die Aufgaben in der Kategorie 0 zu definieren.

Wenn man die Dinge in diesen drei Bereichen nicht richtig organisiert, dann stellt man möglicherweise fest, daß man zuviel Arbeit in Aufgaben der Kategorie 2 investiert, zum Beispiel Preislisten führt, über Farben nachdenkt usw. Man hat nicht genug Leute, die sich mit den Arbeiten der Kategorie 0 beschäftigen und über den Horizont hinausblicken.

Infolge dieser Unterteilung sprechen unsere Teams nun alle dieselbe Sprache, gleich aus welchem Bereich sie stammen. Jeder hat nun ein Glossar und einen Leitfaden.

Diesen Leitfaden herauszugeben war eine Sache, aber am Ende haben wir doch entschieden, alle Mitarbeiter durch einen Schulungskurs zu schleusen. Jedes Team lernte, was es mit den Leitlinien auf sich hat, wurde über Aufgabenstellungen und Arbeitsweise in funktionsübergreifenden Gruppen aufgeklärt usw. Der Lernaspekt war bei dem Bemühen, diese neue Organisationsform auf die Beine zu stellen und zum Laufen zu bringen, wirklich sehr wichtig. Wir mußten einige Sonderprogramme erarbeiten und Koordinatoren einschalten, und wir haben einige weitere Aktivitäten entwickelt, die dazu beitragen könnten, daß wir uns im Wettbewerb behaupten.

Das ganze System stützt sich auf den Gruppenansatz. Es erfordert viel Arbeit, Produkte im Team zu entwickeln. Obwohl der Entwicklungszyklus dadurch vielleicht um sechs Wochen verlängert wird, haben wir festgestellt, daß er durch bessere Leistungen in der ersten Phase des Projekts de facto um ein Jahr verkürzt wird, weil wir nicht im nachhinein ständig an unserer Arbeit zweifeln mußten, während wir die einzelnen Entwicklungsschritte vollzogen.

Und heute, nachdem wir drei Jahre experimentiert haben und aus den anfänglichen Schwierigkeiten heraus sind, gibt es unser Corporate Development Center, eine Organisation, die sich auf Teams und hochmotivierte, engagierte Mitarbeiter stützt. Zuerst erschien uns das Ganze ziemlich schwierig, aber inzwischen denken wir gar nicht mehr darüber nach – es ist einfach unsere ganz normale Arbeitsweise.

Im Gegensatz zu vielen Unternehmen, die nur dann auf das neue Konzept von Partnerschaft und Arbeitnehmerbeteiligung zurückgreifen, wenn Krisen ihren Fortbestand bedrohen, begann Steelcase grundlegende Veränderungen in einer Phase einzuleiten, als alles reibungslos lief. Der zunehmende weltweite und heimische Wettbewerb erwies sich als Triebfeder des Wandels, aber die Führungsposition des Büromöbelherstellers war nicht ins Wanken geraten, als die Umstrukturierung begann. Der Weitblick der Geschäftsleitung ist deshalb besonders bemerkenswert, weil Steelcase fest in Traditionen verhaftet war, die sich bis zur Firmengründung zu Beginn des 20. Jahrhunderts zurückverfolgen lassen.

Die Reorganisation auf der Grundlage von Arbeitsgruppen und der Bau des Corporate Development Center sind zwei Beispiele für den spektakulären Wandel, den Steelcase durchlaufen hat. Aber bevor es zu so sichtbaren Maßnahmen greifen konnte, mußte es andere Schritte einleiten, um ein Arbeitsumfeld zu schaffen, das partnerschaftliche Beziehungen und die aktive Beteiligung an unternehmerischen Entscheidungen förderte. Bei Steelcase tragen eine flexible Arbeitszeitregelung, eine breitgefächerte Palette freiwilliger Sozialleistungen, unter denen man wählen kann, und ein leistungsgebundenes Entgeltsystem dazu bei, die Loyalität und das Engagement der Mitarbeiter zu stärken.

Rund 400 der 2000 Büroangestellten haben gleitende Arbeitszeit, und 40 Mitarbeiter teilen sich 20 Stellen nach dem Job-Sharing-Prinzip. Die Belegschaft ist von der flexiblen Arbeitszeit begeistert, weil sie so ihre häuslichen und beruflichen Pflichten besser aufeinander abstimmen können. Steelcase hat inzwischen auf allgemeine Nachfrage ein Job-Sharing-Programm für Fabrikarbeiter eingeführt.

Im Rahmen des Sozialzulagensystems werden den Arbeitnehmern Budgets zugestanden, mit denen sie bestimmte Nebenleistungen aus einem breitgefächerten Programm in Anspruch nehmen können. Sie haben die Wahl zwischen acht Plänen für die medizinische Versorgung, drei Optionen für die zahnärztliche Behandlung und verschiedenen Formen der Berufsunfähigkeits- und Lebensversicherung. Mitarbeiter, die am Jahresende Geld übrig haben, können dieses auf steuerfreien Konten anlegen, um damit die Kosten für die Gesundheitsvorsorge oder die Kindertagesstätten außerhalb des Werksgeländes zu zahlen, es in einem Pensionsfonds anlegen oder sich die Summe bar auszahlen lassen.

Der Grundlohn der 6000 Fabrikarbeiter liegt im Schnitt bei acht bis neun Dollar die Stunde. Sie können diesen Stundenlohn jedoch mit Akkordarbeit oder Gewinnbeteiligungsprämien mehr als verdoppeln und so das Jahreseinkommen auf durchschnittlich 35 000 Dollar anheben.

Die flexiblen unternehmenspolitischen Leitlinien haben nicht nur die

Arbeitsmoral merklich erhöht, sondern auch zu beachtlichen Kosteneinsparungen geführt. Durch die flexible Arbeitzeitregelung konnten die Fehlzeiten verringert werden. Leistungszulagen sorgen dafür, daß die Vergütung strikt nach Produktivität erfolgt. Und einige Mitarbeiter, die sich einen Arbeitsplatz geteilt haben, werden schließlich Vollzeitbeschäftigte, wodurch sich die Kosten für Einstellung und Schulung neuer Kräfte reduzieren.

Ein Maßstab für die Zufriedenheit der Arbeitnehmer mit dem neuen Steelcase-Konzept ist die jährliche Fluktuationsquote unter den 8000 Beschäftigten des Werks in Grand Rapids, die nur bei drei Prozent liegt. Die Arbeiter sagen, daß diese flexible Unternehmenspolitik entscheidend zu ihrer Zufriedenheit und zum Erfolg des Unternehmens beigetragen habe.

Den Menschen die höchste Priorität beimessen

Das Herzstück des neuen Konzepts bilden Unternehmen und Mitarbeiter, die als voll beteiligte Partner gleichermaßen von der Situation profitieren. Keine Firma kann es sich heute mehr leisten, ihre Belegschaftsmitglieder zu demoralisieren oder Erfolge auf Kosten derer zu erzielen, die diese Erfolge erst ermöglicht haben. Steelcase und andere sehen allmählich der Tatsache ins Auge, daß der Unternehmenserfolg unmittelbar mit der Entwicklung, dem Engagement und der uneingeschränkten Beteiligung aller Mitarbeiter verknüpft ist.

In einer Welt, in der Informationen, Rohmaterialien und Technologien über Unternehmens- und Ländergrenzen hinweg frei zirkulieren, läßt sich die Mehrzahl der Aktivposten eines Unternehmens gegen die Aktivkposten einer beliebigen anderen Firma austauschen. Den Unternehmen, gleich ob sie in Montreal oder München angesiedelt sind, steht grundsätzlich das gleiche Instrumentarium zur Verfügung. Es gibt nur einen Aktivposten, der ihnen die Möglichkeit bietet, sich in diesem Umfeld positiv von der Konkurrenz abzuheben: eine engagierte, produktive, innovative Belegschaft.

In den 90er Jahren werden sich die Unternehmen zunehmend vor die Herausforderung gestellt sehen, das kreative Potential aller Mitarbeiter freizusetzen und sie zu aktiver Beteiligung und uneingeschränktem Engagement zu motivieren. Dieses Problem ist besonders ernst, weil hochqualifiziertes, gutgeschultes Personal in Amerika und andernorts knapp ist. Deshalb wird der Konkurrenzkampf um die fähigsten Mitarbeiter im kommenden Jahrzehnt sehr hart werden. Besonders gefragte Arbeitskräfte wird man zunehmend als »Freiwillige« betrachten, denen zahlreiche Alternativen offenstehen und die nur so lange bei der Stange bleiben, wie das Unternehmen ihren persönlichen und beruflichen Bedürfnissen nach Eigenverantwortung, sinnvoller Tätigkeit und angemessener Entlohnung gerecht wird. Nur Firmen, die das Vertrauen, die Achtung und das Engagement dieser Mitarbeiter/Freiwilligen gewinnen, können hoffen, mit ihren Konkurrenten Schritt zu halten.

William Wiggenhorn, Topmanager der Firma Motorola (mit deren Entwicklung wir uns in Teil VII befassen werden) beschreibt die Herausforderung, Herz und Verstand der Mitarbeiter anzusprechen:

> Ich glaube, daß [in der Vergangenheit] viele Firmen den einzelnen Mitarbeiter als entbehrlich betrachtet haben. Wenn sie nicht über Mitarbeiter mit genau der richtigen Qualifikation verfügten, dann wurden diese halt gekauft. Ich denke, wir erkennen jetzt zwei Dinge: Erstens ist das aufgrund demographischer Umstände nicht immer möglich, weil es einfach nicht genug Leute mit bestimmten Fähigkeiten gibt. Und zweitens hat Loyalität einen nicht zu unterschätzenden Wert. Mitarbeiter einfach auf die Straße zu setzen und neue einzustellen ist auf lange Sicht nicht gut. Wenn man von den Leuten verlangt, Veränderungen zu akzeptieren und den stetigen Wandel zu bewältigen, dann muß ein langfristiges Engagement bestehen.

Jahrzehntelang wiesen Führungskräfte auf die Bedeutung der Mitarbeiter für den Unternehmenserfolg hin, während sie gleichzeitig ein System unterstützten, das deren Bemühungen nicht gebührend anerkannte und ihnen ihre gerechte Belohnung vorenthielt. Erst seit neuestem machen sich einige wenige Firmen daran, zu praktizieren, was sie predigen, und echtes partnerschaftliches Verhalten an den Tag zu legen, die Arbeitnehmermitbestimmung und die gemeinsame Arbeit von Männern und Frauen und Menschen verschiedener Herkunft zu fördern. Der schwerwiegendste Fehler vieler amerikanischer Unternehmen, die im weltweiten Wettbewerb stehen, bestand darin, daß sie die kreativen Fähigkeiten der meisten ihrer Mitarbeiter nicht ausreichend nutzten.

Das Erwachen

Während des Industriezeitalters waren die Unternehmen – vor allem die amerikanischen – in einen Dornröschenschlaf verfallen. Mechanisch produzierten sie Erzeugnisse für einen Massenmarkt und fühlten sich sicher in ihrer Abgeschiedenheit. Sie waren »reich und zuversichtlich in einer Welt, die arm und pessimistisch war«, ohne einen Gedanken an die Folgen ihrer Tätigkeiten für Menschen und Umwelt zu verschwenden.

Während die Unternehmen schliefen, veränderte sich die Welt jedoch beträchtlich. Die Technologie zergliederte die Massenmärkte in kleinere Segmente und beseitigte Wettbewerbsbarrieren, wie beispielsweise die geographische Lage und die Unternehmensgröße. Die fortschreitende Zerstörung der Umwelt führte dazu, daß der Versuch, die ökologische Katastrophe zu verhindern, zu einem weltweiten Unterfangen wurde. Die Demokratie wurde selbst in solchen Regionen der Erde zu einer gesellschaftlichen Triebfeder, von denen man eine solche Entwicklung nie erwartet hätte.

Dieses allmähliche Zusammenwachsen der Kräfte schreckte die Unternehmen abrupt aus ihrem Tiefschlaf auf. Dieser Schock brachte sie wieder zu Bewußtsein und zwang sie, ihre Geschäftsbereiche umzustrukturieren, ihre Unternehmensphilosophien zu überdenken und ihre Strategien neu auszurichten, um vor einer völlig veränderten Realität bestehen zu können.

James F. Moore, Präsident von GEO Partners Research, vergleicht dieses Phänomen mit den Umwälzungen, die in der Natur immer wieder stattfinden:

> Die Evolutionsforscher behaupten, Perioden der Stabilität würden stets von dramatischen Ereignissen unterbrochen, die ökologische Ordnungen auf den Kopf stellen können. Ein Feuer, ein Vulkanausbruch oder eine Überschwemmung sei imstande, weite Landstriche auszuradieren. Danach entstehe ein Konkurrenzkampf unter den Arten, die danach streben, Teil der neuen ökologischen Ordnung zu werden.
> Gewiefte Führungskräfte erkennen die Parallele im Geschäftsleben. Technologischer Fortschritt, Deregulierung und Veränderungen im Kundenverhalten stellen die metaphorische Entsprechung von Überschwemmungen und Feuer dar; sie bieten die Möglichkeit, neue Felder in der Wettbewerbslandschaft zu erschließen. Auf diesem fruchtbaren Boden können neue oder radikal umgewandelte Industrien wachsen.

Das deckt sich mit den Erfahrungen unserer drei Firmen (Preston Trucking, Steelcase und Semco), die wir in Teil I beschrieben haben. Jede von ihnen hat kreativ auf eine Welt reagiert, die aus den Fugen geraten war, und sie in fruchtbaren Boden verwandelt, auf dem künftiges Wachstum und Innovation gedeihen.

Ein Artikel in der Zeitschrift *Fortune* hat dieses Chaos in einer nüchternen Statistik ausgedrückt: »Im großen und ganzen haben sich die 80er Jahre als ein wesentlich turbulenteres Jahrzehnt erwiesen als die 70er Jahre. 1980 befanden sich noch rund drei Viertel der Firmen, die zehn Jahre zuvor unter den 500 erfolgreichsten amerikanischen Unternehmen rangierten, auf der Liste. 1990 war jedoch ungefähr die *Hälfte* der Firmen, die 1980 ihren Platz behaupten konnten, von der Liste verschwunden. Einer der Hauptgründe waren Unternehmenszusammenschlüsse. Andere Ursachen: ein gelegentlicher Richtungswechsel von der verarbeitenden in die Dienstleistungsindustrie und ein Leistungsdefizit.«

Wenn man sich die Liste der zehn besten amerikanischen Diskontwarenhäuser aus dem Jahr 1962 anschaut, dann existiert von diesen zehn heute kein einziges mehr, wie Wal-Mart-Chef David Glass anmerkte. 1988 schreckte Glass die Branche auf, als er voraussagte, daß im Jahr 2000 50 Prozent aller Einzelhändler von der Szene verschwunden sein würden. Und vor nicht allzu langer Zeit behauptete er, daß diese Zahl sogar noch zu gering geschätzt sein könnte.

Obwohl verschiedene Kräfte an den Unternehmen zerren und ihnen bisweilen sogar einen kräftigen Anschub zur Umwandlung geben, setzt jedes von ihnen den Veränderungsprozeß aus eigenen Gründen in Gang. Oft liegt die Ursache in einer spezifischen Bedrohung seiner langfristigen Existenz.

Der weltweite Wettbewerb kann diesen Wandel auslösen. Unter dem Druck japanischer Produkte, die den amerikanischen Markt überschwemmten, verlegte sich der Automobilkonzern Ford unter der Leitung von Don Peterson auf die Teamarbeit und gestaltete die Design- und Konstruktionsverfahren von Grund auf neu.

Deregulierungsmaßnahmen können ein Alarmsignal sein. Preston Trucking mußte ein Bündnis zwischen Unternehmensführung und Gewerkschaftsmitgliedern schmieden, wenn es in einem deregulierten Klima überleben wollte. (Viele seiner ehemaligen Konkurrenten, die den Alarm verschliefen, verschwanden im neuen, deregulierten Umfeld der 80er Jahre spurlos von der Bildfläche.)

Umweltbedrohungen können den Impuls zu Veränderungen liefern. Selbst sehr traditionell geführte Firmen wie Du Pont sahen sich gezwungen, ihre betrieblichen Prozesse völlig umzukrempeln. Der Druck auf kommunaler Ebene, ihre Umweltprobleme anzupacken, zwang sie, ihre Aktivitäten ganz neu auszurichten.

Auch die Auswirkungen sozialer Probleme auf das Arbeitsumfeld fordern von den Unternehmen grundlegende Anpassungen. Als die Firma Motorola Anfang der 80er Jahre ein Werk in Illinois mit der neuesten Computertechnologie bestückte, fielen die Leistungen der ansonsten sehr engagierten Belegschaftsmitglieder urplötzlich ab. Es stellte sich heraus, daß die meisten Arbeiter Schwierigkeiten hatten, die Bedienungsanleitungen für die computergesteuerte Produktionsausrüstung zu lesen. Das war der Funke, der innerhalb des Unternehmens eine Revolution auslöste und zur Gründung der Motorola-Universität führte, einer bis heute beispiellosen Einrichtung, die eine kontinuierliche Weiterbildung gewährleistet.

Manchmal ist der Veränderungsdruck subtiler und besteht lediglich in der unliebsamen Erkenntnis, daß die alten Methoden und Verfahren nicht länger greifen. Einem Branchenführer wird möglicherweise plötzlich klar, daß ihm der einst belächelte kleine Konkurrent mit seinen Innovationen und Gewinnen den Rang abgelaufen hat. Oder ein Unternehmen steht vor einem Rätsel, wenn eine althergebrachte Kostensenkungsstrategie – wie beispielsweise die Entlassung ungelernter Arbeiter und die Ausdünnung der Reihen im mittleren Management – keine sichtbare Ergebnisverbesserung zeitigt. Ein Marktführer kann aber auch, wie im Fall von Steelcase, voraussehen, daß seine Wettbewerbsposition bedroht sein könnte, und beizeiten Maßnahmen einleiten, um diese Gefahr abzuwenden.

Manchmal wird der Wandel von der Belegschaft selbst forciert. Da sich Amerika in den 90er Jahren einem Mangel an Arbeitskräften gegenübersieht, haben qualifizierte Belegschaftsmitglieder die Macht, die Beteiligung an Verantwortung und Gewinnen, eine sinnvolle Tätigkeit und ein Arbeitsumfeld zu fordern, das ihnen gestattet, Privat- und Berufsleben besser in Einklang zu bringen. Ihr Einfluß hat tiefgreifende Veränderungen in Beschaffenheit und Struktur der Arbeitsplätze zur Folge.

Der Umwandlungsprozeß

Wenn eine Firma aus ihrem Tiefschlaf aufgerüttelt wurde, leitet sie vielleicht die eine oder andere halbherzige Maßnahme nach altbekanntem Muster ein – oder aber sie beginnt einen Umstrukturierungsprozeß gemäß dem neuen Konzept. Mit Umstrukturierung meine ich einen *grundlegenden Wandel*, der die bisherigen Werthaltungen, die Unternehmenskultur und die Geschäftsmethoden völlig auf den Kopf stellt. Ich spreche hier nicht von Reformen, von Schnellschußprogrammen, die ein einziges Mal in die Wege geleitet werden und ein Unternehmen in seiner Grundstruktur unverändert lassen, sondern von einer Radikalkur, einem völlig neuen unternehmerischen Ansatz. Allan Gilmour, Leiter des Bereichs Kraftfahrzeugtechnik bei Ford und einer der aussichtsreichsten Anwärter auf die Position des nächsten Firmenchefs, gibt zu: »Ich bin seit 30 Jahren in dieser Branche, und vieles, was ich gelernt habe, ist falsch.« Dieses Eingeständnis zeigt, wie groß die Herausforderung ist.

Der Umwandlungsprozeß ist kontinuierlich, durchdringt das gesamte Unternehmen und stellt einen radikalen Bruch mit der Vergangenheit dar. Während sich eine Reform als Versuch beschreiben läßt, denselben Kurs wirksamer zu verfolgen, umfaßt eine grundlegende Umstrukturierung die Entwicklung oder Entdeckung ganz neuer Wege. Ein vertrautes Beispiel verdeutlicht diesen Unterschied: Als aufgrund schleppender Verkaufszahlen und mangelnder Produktivität dem General-Motors-Werk in Fremont, Kalifornien, Anfang der 80er Jahre die Schließung drohte, verbündete sich das Unternehmen mit seinem Erzrivalen Toyota, anstatt das Handtuch zu werfen. Die beiden Automobilhersteller schlossen ein Kooperationsabkommen, NUMMI genannt (New United Motors), und strukturierten die gesamte Fertigungsstätte um. Sie stellten Arbeitsgruppen zusammen und verwandelten Fremont in eine der ertragreichsten GM-Produktionsstätten, und das trotz der Tatsache, daß der Automationsgrad nach GM-Maßstäben unter dem Durchschnitt lag.

Zur Umwandlung gehört, das Unternehmen und seine Mitarbeiter aus einer ganz neuen Perspektive zu betrachten. Diese neue Sichtweise bietet Chancen für all jene, die bereit sind, sämtliche altbewährten Strategien über Bord zu werfen. Und deshalb kann eine grundlegende Umstrukturierung, wie das NUMMI-Beispiel zeigt, im Gegensatz zu einem halbherzigen Reformkurs sprunghafte Produktivitätssteigerungen selbst in solchen Situationen bewirken, die nach den alten Maßstäben als wenig vielversprechend gelten würden.

Elemente des Wandels

Einige wenige Unternehmen haben sich die neue Philosophie von Anfang an zu eigen gemacht. Die amerikanische Möbelfirma Herman Miller wurde gemäß den Idealen des neuen Konzepts auf der Basis von Partnerschaft und voller Arbeitnehmerbeteiligung aufgebaut. Das gleiche gilt für The Body Shop, eine Naturkosmetik-Kette, mit der wir uns in Teil IX eingehender befassen werden. Wesentlich weiter verbreitet sind jedoch die Firmen, die nach dem alten Schema arbeiteten und einen grundlegenden Umwandlungsprozeß durchlaufen mußten, um in einer neuen Welt zu bestehen, wie Motorola, Steelcase, Ford und General Motors.

Die Unternehmen alten Zuschnitts leiten den Veränderungsprozeß häufig mit einigen grundlegenden Fragen ein:

- Welche Zukunfts*vision* hat unser Unternehmen entwickelt? Welche Wertnormen beeinflussen unser Handeln auf dem Weg zur Verwirklichung dieser langfristigen Zielvorstellungen? Zu den Werten können beispielsweise Loyalität, demokratisches Verhalten, Integrität, Chancengleichheit usw. gehören. Was für eine Art von Unternehmen wollen wir schaffen?
- Welchem Zweck dient unser Unternehmen? Wie sieht unsere *Mission* aus? Die Firmen neuen Formats haben eines gemein: eine Mission, die weit über das Ziel hinausreicht, Gewinne zu erwirtschaften. Sie sind bemüht, ihren eigenen, gewichtigen Beitrag zum Wohl der Gesellschaft zu leisten, der Welt, in der sie arbeiten, ihre eigenen, unverwechselbaren Werte zu geben.

Die Antworten auf diese Fragen bestimmen zusammen die Richtung, die ein Unternehmen einschlagen wird, wenn es den Umwandlungsprozeß in Gang setzt. Obwohl sich die Einzelheiten unterscheiden, scheinen sich bestimmte Elemente bei allen Unternehmen, die sich für den Weg der Umstrukturierung entschieden haben, zu gleichen:

- Jedes Belegschaftsmitglied teilt dieselben zentralen Werte.
- Das Unternehmen schafft ein Gleichgewicht zwischen seinem legitimen Bedürfnis nach Gewinn und Wachstum einerseits und dem pfleglichen Umgang mit der Umwelt, dem Interesse am menschlichen Wohl und an der Zufriedenheit seiner Arbeitnehmer und der Gesundheit und dem Wohlergehen *aller* Betroffenen andererseits.
- Das Unternehmen nimmt eine »fließende«, flexible Struktur an, dic rapiden Veränderungen Rechnung trägt und stetige Neuerungen begünstigt.
- Innerhalb des Unternehmens wird eine neue Denkweise deutlich, die der »einzig richtigen Weise, ein Problem anzugehen« mißtraut, Widersprüche als willkommene Herausforderung betrachtet und Gegensätze zu vereinbaren weiß.

Ein letztes gemeinsames Element ist so wichtig, daß wir ihm das nächste Kapitel widmen: die Entwicklung des engagierten, voll beteiligten Partners.

Gemeinsame Werthaltungen

Wenn ein Unternehmen in einem Zeitalter Erfolg erzielen will, das die volle Beteiligung und Partnerschaft der Arbeitnehmer erfordert, dann muß es eine Reihe von Wertnormen entwickeln. Diese Wertnormen sind übergeordnete Prinzipien, denen sich das Unternehmen und die Belegschaft innerlich verpflichtet fühlen. Sie bilden das Fundament, auf dem das Unternehmen ruht, die zugrundeliegende Philosophie, die zahlreiche Aspekte des Verhaltens bestimmt: wie Mitarbeiter behandelt werden; wie man Firmenfremde, zum Beispiel Lieferanten, Kunden und Händler, betrachtet; ob und wie man Umweltprobleme und andere gesellschaftliche Themen angeht; welcher Teil des Unternehmensbudgets in die Aus- und Weiterbildung investiert wird; wie man die Gewinne verteilt; welche Art von Wachstum man anvisiert, wie man Qualität definiert und welche Lohnnebenleistungen für die Arbeitnehmer vorgesehen sind. Diese Werthaltungen haben prägenden Einfluß auf die Unternehmenskultur; sie bestimmen die Arbeitssphäre der Belegschaftsmitglieder und den Umgang des Unternehmens mit Außenstehenden.

Werthaltungen, die von allen geteilt werden, sind eine unabdingbare Voraussetzung für die Umwandlung eines Unternehmens gemäß dem neuen Modell. Dieser Umbruch bringt zeitweilig ungeheure Turbulenzen und die beklemmende Aussicht auf eine Reise ins Unbekannte mit sich. Um sich überhaupt erst auf den Weg zu machen, ist ein hohes Maß an Vertrauen und Engagement erforderlich. Es kann nur dann erreicht werden, wenn die Mitarbeiter von den Werthaltungen des Unternehmens überzeugt sind und das Unternehmen an die Qualitäten seiner Belegschaft glaubt.

Das Wertsystem eines Unternehmens läßt sich oft klar von seinen erklärten, übergeordneten Zielvorstellungen abgrenzen. Die Entwicklung einer schriftlich formulierten »Mission« ist tatsächlich oft der erste konkrete Schritt für eine grundlegende Umstrukturierung. Sie kann, wenn sie gut durchdacht und aufrichtig gemeint ist, ein wirksames Mittel darstellen, um sämtliche Mitarbeiter auf dasselbe Ziel einzuschwören.

Während der radikalen Umstrukturierung formulierte Preston Trucking seine Aufgabenstellung neu. Das Unternehmen zielte nun darauf ab, »unseren Kunden verbesserte Dienstleistungen zu einem vernünftigen Preis mittels effizienter Verfahren und innovativer Denkweisen anzubieten, die letztlich allen Partnern und Aktionären zugute kommen«. Diese Verlautbarung konzentriert sich auf den neuen Stellenwert, den das Unternehmen partnerschaftlichen Beziehungen beimißt, und auf die Notwendigkeit, sich in einem deregulierten Umfeld mit verbesserten Dienstleisungen zu profilieren.

Manchmal ist die Unternehmensmission in einem kurzen Werbespruch enthalten. IBM ist für sein Bestreben bekannt, den »besten Service der Welt« anzubieten. Die Mission von Ford wurde unter dem Motto zusammengefaßt: »Qualität ist unsere wichtigste Aufgabe.«

Eine schriftliche Formulierung der Unternehmensmission konkretisiert ein bestimmtes Ziel, das sich die Mitarbeiter zu eigen machen können, wenn es Werte verkörpert, die solche Anstrengungen wert sind. Eine Unternehmensmission hat nichts mit ergebnisorientierten Zielen zu tun (obwohl sie natürlich die Ergebnisse beeinflußt). Der Autor Jeff Hallet behauptet, daß »Gewinn die überwiegende Mehrheit der Arbeitnehmer nicht motiviert. Auch Kapitalrenditen und Kurs-Gewinn-Verhältnisse können die Belegschaft nicht mobilisieren. Das Ziel ist abstrakt und läßt sich kaum in Bezug zu den Bemühungen des einzelnen Mitarbeiters setzen. Dagegen werden Arbeitnehmer durch solche Werte inspiriert, die in ihrem Arbeitsalltag konkrete Formen annehmen.«

Ein wundervolles Beispiel für solche Werte ist der Zielsetzungskatalog, der von den Mitarbeitern von Levi Strauss entwickelt wurde:

> Wir alle wollen ein Unternehmen, in dem unsere Leute mit Stolz und Engagement tätig sein können, in dem alle Mitarbeiter die Chance haben, ihren Beitrag zu leisten, zu lernen, zu wachsen und infolge ihrer Verdienste, und nicht aufgrund politischer Winkelzüge oder ihrer sozialen Herkunft, befördert zu werden. Wir wollen, daß unsere Leute das Gefühl haben, daß man ihnen Achtung entgegenbringt, sie fair behandelt, ihnen Gehör schenkt und sie an allen wichtigen Entscheidungen beteiligt. Vor allem legen wir jedoch Wert auf die Befriedigung, die persönliche Bestleistungen und Freundschaften mit sich bringen, auf ein ausgewogenes Privat- und Berufsleben und Spaß an unseren Tätigkeiten.
>
> Wenn wir das Unternehmen L S & Co. beschreiben, das wir uns für die Zukunft wünschen, dann geht es uns darum, auf den Grundlagen aufzubauen, die wir als Vermächtnis übernommen haben: Wir bejahen die besten Traditionen unseres Unternehmens, wollen Lücken zwischen Prinzipien und Praktiken schließen und einige unserer Werthaltungen aktualisieren, damit sie die gegenwärtigen Umstände widerspiegeln.

Natürlich bietet eine solche Verlautbarung, wie eindrucksvoll ihr Inhalt auch immer sein mag, keine Gewähr für eine grundlegende Umwandlung. Jeder kennt Firmen, deren Wertnormen, Visionen und Zielvorstellungen, auf schönstem Papier gedruckt, auf Nimmerwiedersehen in der Schreibtischschublade oder der Brieftasche der Angestellten verschwinden. Es besteht kaum ein Zusammenhang zwischen den Worten und dem Arbeitsalltag des Unternehmens.

Trotz des Mißbrauchs, der mit diesen Konzepten getrieben wurde, können sie auch eine große Orientierungshilfe darstellen. Wenn hinter der schriftlichen Formulierung einer Mission oder Vision eine ehrlich gemeinte Absicht steht, kann sie die grundlegende Erneuerung eines Unternehmens stark fördern.

Ein Kennzeichen für ein tiefgreifend umstrukturiertes Unternehmen ist beispielsweise das Bemühen, seinen erklärten Zielen und Aufgaben gemäß zu handeln. Das bedeutet nicht, daß es sich strikt und buchstabengetreu an seine Mission halten muß; es bemüht sich jedoch ernsthaft darum und korrigiert den Kurs, wenn es sich von den Werthaltungen der Zielverlautbarung entfernt.

Maßvolles Wachstum

In Teil I haben wir den Begriff Fortschritt neu definiert als das Bemühen, Wachstum mit dem Interesse an der Umwelt und am Wohlergehen der Belegschaft in Einklang zu bringen. Unternehmen der neuen Art haben begriffen, daß wahrer Fortschritt an der »Gesundheit« der Umwelt und dem Wohl aller Menschen gemessen wird, die von der Tätigkeit eines Unternehmens betroffen sind, und sich nicht in der Größe einer Firma, in ihren Marktanteilen oder Gewinnen widerspiegelt. Diese Akzentverlagerung von ungebremstem zu gesundem Wachstum, von Quantität zu Qualität, bedeutet nicht, daß die Größe bei den Unternehmen neuen Zuschnitts nicht zählt. Der neue Fortschrittsbegriff spielt nicht »Gesundheit« gegen Größe aus, sondern versucht beides auf einen Nenner zu bringen.

Die Wirtschaftswissenschaftler der alten Garde haben dem Begriff des maßvollen Wachstums keine Beachtung geschenkt. Sie haben aus ihren Rechnungen die gesundheitlichen Folgen einer blinden Fixierung auf unbegrenztes Wachstum ausgeklammert, die sie »Randerscheinungen« nennen. Diese Randerscheinungen werden von Einzelpersonen oder einzelnen Unternehmen erzeugt; den Preis muß jedoch die breite Öffentlichkeit zahlen. Die Luftverschmutzung ist ein offenkundiges Beispiel für eine solche Randerscheinung; sie wird von Fabrikschornsteinen oder Autoabgasen verursacht, zieht aber die gesamte Bevölkerung in Mitleidenschaft. Ein weiteres Beispiel ist der Giftmüll, der von den Herstellern von Computerbauteilen produziert wird und der in das Grundwasser sickert. Weniger offensichtlich sind die »Randerscheinungen auf menschlicher Ebene«, die von Unternehmen verursacht werden, die keine Rücksicht auf die Bedürfnisse ihrer Mitarbeiter nehmen oder diese bagatellisieren – die emotionalen Auswirkungen von Massenentlassungen, die Demoralisierung infolge einer starren Bürokratie, die Frustrationen von Arbeitnehmern, die monotone oder sinnentleerte Tätigkeiten verrichten.

Im Rahmen des alten Denkmodells wurden diese Randerscheinungen weitgehend ignoriert. Wälder wurden im Namen des Fortschritts abgeholzt, ohne die Auswirkungen auf die Gesundheit unseres Planeten zu bedenken. Entlassungen und Straffungen des Personalbestands wurden im Namen der »Rentabilität« durchgeführt, ohne daß man groß darüber nachgedacht hätte, welchen Preis die Menschen dafür zahlen mußten. Die Bitten von Arbeitnehmern, familiäre Ereignisse zu berücksichtigen – Krankheit, Kinderbetreuung oder Tod eines Familienmitglieds –, stießen oft auf taube Ohren.

Bis vor kurzem konnten wir unsere kollektive Illusion vom »Fortschritt« aufrechterhalten, indem wir die überwältigenden Auswirkungen solcher Randerscheinungen ignorierten. Aber in den letzten Jahren haben wir begonnen, mit dieser Selbsttäuschung aufzuräumen. Um es mit den Worten der Wirtschaftswissenschaftlerin Hazel Henderson auszudrücken: »Wir haben begonnen, die verpestete Luft zu riechen, den ständig zunehmenden Geräuschpegel zu hören, die Chemie in der Nahrung und im Wasser zu schmecken, die wachsenden Müllberge zu sehen, die Orientierungslosigkeit unserer Familien und Gemeinden am eigenen Leib zu erfahren, die Qualen der Arbeitslosigkeit und sinnentleerter Tätigkeiten zu spüren, die inzwischen von vielen Studien bestätigte Unregierbarkeit unserer anonymen Großstädte, unserer gigantischen Bürokratien, Wirtschaftsunternehmen und Institutionen zu ahnen.« Kurz gesagt, es dämmerte uns, daß eine angeblich »gesunde« Wirtschaft, die solche verheerenden Folgen für Umwelt und Menschen hat, pathologisch sein muß.

IBM bringt seinen Drang nach unbegrenztem Wachstum ironisch zum Ausdruck, indem es Mitarbeiter, die sich bestimmten Strategien oder anderen organisatorischen Veränderungen widersetzen, als »Baumknutscher« bezeichnet. Die menschliche Sprache ist ein ungeheuer wirkungsvolles Instrument, um Einstellungen und Verhaltensweisen in die gewünschten Bahnen zu lenken, und IBMs Hinweis ist unzweideutig. Obwohl das Unternehmen in den letzten Jahren der Umwelt mehr Beachtung schenkt, brandmarkt es noch immer all jene, die dem Konzept des ungebremsten Wachstums Widerstand entgegensetzen, als »fortschrittsfeindlich« und benutzt dazu ein anschauliches ökologisches Sprachbild.

Das neue Unternehmen ignoriert die Randerscheinungen seiner wirtschaftlichen Tätigkeit keineswegs; es strebt vielmehr danach, die damit verbundenen Probleme anzusprechen und zu verringern. Hier liegt das Augenmerk auf maßvollem statt grenzenlosem, ungesundem Wachstum.

Die Umweltschutzorganisation World Commission on the Environment and Development beschreibt in einem Bericht aus dem Jahr 1987 die Voraussetzungen, die für ein maßvolles Wachstum auf weltweiter Ebene erfüllt sein müssen, und die grundlegende Strukturreform, die damit einhergeht: »Zwei Bedingungen gilt es zu erfüllen ... Der Erhalt von Ökosystemen, von denen die globale Wirtschaft abhängig ist, muß gewährleistet sein. Und die Wirtschaftspartner sollten sich damit zufriedengeben, daß der Austausch auf der Beziehung gleichberechtigter Partner beruht; Beziehungen, die ein Ungleichgewicht beinhalten und sich auf eine irgendwie geartete Vorherrschaft stützen, sind keine gesunde und tragfähige Basis für eine wechselseitige Abhängigkeit.«

Lester Brown vom Worldwatch Institute hat das Konzept des »maßvollen Wachstums« auf den Punkt gebracht: »Eine maßvolle Gesellschaft befriedigt ihre Bedürfnisse, ohne die Aussichten künftiger Generationen zu gefährden. In dieser Definition ist die Verantwortung enthalten, die jede Generation trägt, um zu gewährleisten, daß die nächste ein unvermindertes natürliches und wirtschaftliches Erbe anzutreten vermag.«

Die allmähliche Ausrichtung auf ein maßvolles Wachstum wird am deutlichsten in der zunehmenden Neigung der Firmen sichtbar, ihre Verantwortung gegenüber der Umwelt ernst zu nehmen. Man findet heute kaum noch ein Unternehmen, das nicht zumindest ein Lippenbekenntnis zu Umweltschutzthemen ablegt. Giganten wie Wal-Mart oder McDonald's haben inzwischen umweltfreundliche Produkte eingeführt, predigen den pfleglichen Umgang mit der Umwelt und befürworten die Wiederverwertung von Abfällen. Firmen werden eigens zu dem Zweck gegründet, sich mit der Lösung von Umweltproblemen zu befassen. Man kann heute keine Zeitung mehr aufschlagen und keinen Supermarkt besuchen, ohne zu bemerken, daß die Unternehmenslandschaft »grüner« geworden ist.

Viele der Firmen, die in diesem Buch beschrieben sind, haben Umweltthemen in ihre Aktivitäten einbezogen. Manco Inc. (wir kommen in Teil VI noch darauf zu sprechen), Hersteller von Klebeband, Dichtungsstreifen und Zubehör für den Postversand, bildete gemeinsam mit anderen Firmen eine »grüne Gruppe«, die sich mit Recycling, umweltverträglichen Verpackungsmaterialien und anderen Umweltschutzbemühungen befaßt. Einer der Mitbegründer von PC Connection (ein Unternehmensprofil finden Sie in Teil IV), einer Firma, die PC-Zubehör im Direktversand anbietet, war Anthropologe (und eifriger Rucksacktourist), der Umweltthemen in firmenpolitische Leitlinien übersetzte. The Body Shop (siehe Teil IX) hat sich international einen Namen gemacht, nicht nur wegen seiner Bemühungen um den Umweltschutz, sondern auch wegen seiner Naturkosmetik-Produktlinie.

Die Unternehmen neuen Zuschnitts machen sich nicht nur für eine gesunde Umwelt stark, sondern bemühen sich auch nach besten Kräften, die menschliche Seite ihres Handelns mit zu berücksichtigen. Sie sind sich der Notwendigkeit bewußt, firmenintern ein Umfeld zu schaffen, das den Bedürfnissen der Arbeitnehmer nach Zugehörigkeit, Erfüllung, sinnvoller Arbeit und ausgewogener Lebensführung gerecht wird. Ihnen ist die physische und emotionale Gesundheit der Belegschaft genauso wichtig wie ein gesundes Geschäftsergebnis.

Diese Orientierung am Menschen ist bei allen Unternehmen sichtbar, die in diesem Buch beschrieben sind. Steelcase hat beispielsweise nicht nur ein gesundheitsförderndes, kreatives Arbeitsumfeld geschaffen, sondern bietet auch flexible Arbeitszeiten und Job-Sharing an, um Mitarbeitern zu helfen, Familie und Beruf miteinander zu vereinbaren. Daß sich die Firma Levi Strauss für menschlich befriedigende Arbeitsbedingungen einsetzt, geht klar aus ihrer Zielformulierung hervor. Die Fluglinie America West, die seit kurzem um ihr Überleben in dieser durch gnadenlosen Wettbewerb gekennzeichneten Branche kämpft, bietet ihren Belegschaftsangehörigen noch immer etliche »Bonbons« an: Kinderbetreuung rund um die Uhr für berufstätige Mütter, firmeneigene Aktien, die von buchstäblich allen Angestellten erworben werden können, und ein Umfeld, in dem neue Mitarbeiter die unterschiedlichsten Tätigkeiten erlernen und vom ersten Tag an ein hohes Maß an Verantwortung tragen.

Interesse an den indirekten Folgen. Die Unternehmen neuen Stils, die gegenüber Umwelt und Mitarbeitern einen gesundheitsbewußten Ansatz erkennen lassen, bekunden aufrichtiges Interesse sowohl für die kurzfristigen als auch für die langfristigen, weitverzweigten Folgen ihres Handelns. Die Mißachtung der langfristigen Konsequenzen war ein grundlegendes Problem, an dem die Unternehmen der alten Art scheiterten.

Nirgendwo ist das deutlicher sichtbar als in der Welle von kostendämmenden Maßnahmen, die in den 80er Jahren amerikanische Firmen überflutete. In einer Radikalkur, die darauf abzielte, abzuspecken und wieder »mehr Biß« zu bekommen, setzten viele Unternehmen zum Kahlschlag in ihren Personalbeständen an, ohne sich groß um die Auswirkungen ihrer Maßnahmen auf Gesundheit und Wohlergehen ihrer Mitarbeiter zu kümmern.

Die Wells Fargo Bank ist ein typisches Beispiel. Während der 80er Jahre wurde das Bankgewerbe durch die Deregulierungsmaßnahmen und die Vielfalt der Wettbewerbsneulinge in seinen Grundfesten erschüttert. Die Gewinnspannen wurden enger, und viele zerbrachen sich den Kopf über Möglichkeiten, ihre Produktivität zu erhöhen. Angestellte zu entlassen wurde zur vorrangigen Strategie, um dieses Ziel zu erreichen.

Wells Fargo, eine der führenden Banken in Kalifornien, griff zu dieser Lösung nach Schema F. 1983 erklärte sie, die Kosten seien unkontrollierbar gestiegen, und man spüre den Druck des zunehmenden Wettbewerbs. Carl Reichhardt übernahm das Ruder und setzte sich zur Aufgabe, die Bank wieder in die Gewinnzone zu steuern. Innerhalb von vier Jahren verwandelte er Wells Fargo in die gewinnstärkste Bank Kaliforniens. In diesem Zeitrahmen stieg der Kurs der Wells-Fargo-Aktien um fünf Prozentpunkte, und die Rentabilität lag merklich über dem Branchenstandard.

Wells Fargo gelang die spektakuläre Wende nicht zuletzt durch Zukauf der Crocker Bank im Jahr 1986. Mit diesem Zusammenschluß »schluckte« sie ein Geldinstitut von gleicher Größe und vergrößerte ihren Anteil am kalifornischen Markt um zwei Drittel, ohne die Anzahl ihrer Vollzeitkräfte zu erhöhen. Mit anderen Worten, es folgten Massenentlassungen.

Die Fusion mit Crocker war ein Bombenerfolg, wenn man den Zahlen Glauben schenken darf, und Reichhardt wurde wegen seiner pragmatischen Schachzüge in der Fachpresse mit Lob überschüttet. Aber wenn man einen Blick hinter die Fassade wirft, enthüllt sich eine ganz andere Geschichte.

Im November 1987, nach massiven Freisetzungen im Zuge des Crocker-Zukaufs, zeigte eine firmeninterne Umfrage unter den 12000 Wells-Fargo-Mitarbeitern, daß sich nahezu die Hälfte Sorgen um ihren Arbeitsplatz machte, ungeachtet ihrer persönlichen Leistungen. In den vier Jahren nach Reichhardts Berufung an die Firmenspitze erhöhte sich die Fluktuationsrate sprunghaft um ein Drittel, auf 28 Prozent im Jahr 1987. In manchen Abteilungen sahen sich viele Mitarbeiter nach der Umstrukturierung plötzlich der doppelten oder einer noch schlimmeren Arbeitsbelastung gegenüber. John McGuinn, ein Anwalt, der die zwölf ehemaligen Zweigstellenleiter vertrat und Wells Fargo nach der Fusion verklagte, erklärte, die Bank werde auf der Grundlage der »Verschleißtheorie« geführt: »Die haben sich ausgerechnet, daß sie fünf gute Jahre herausschinden können, bevor jemand sagt: ›Ich kann es nicht mehr ertragen.‹«

Die kostendämmenden Maßnahmen haben Wells Fargos Ergebnisrechnung kurzfristig kräftig aufpoliert. Dadurch wurde aber auch ein Klima geschaffen, in dem es der Bank schwerfallen dürfte, Produktivität und Engagement der Mitarbeiter aufrechtzuerhalten, die unerläßlich sind, um sich langfristig im Wettbewerb zu behaupten. Daß die Arbeitsüberlastung zu einer Einbuße in der Qualität der Kundendienstleistungen (und letztlich der Kunden) führen wird, ist angesichts dieser Umstände geradezu vorprogrammiert. Die schlechten Arbeitsbedingungen haben unweigerlich einen Personalverlust zur Folge, vor allem in der Gruppe hochqualifizierter Mitarbeiter, denen ein Arbeitsplatzwechsel am leichtesten möglich ist. Und wie kann man Einsatzbereitschaft erwarten, wenn die Hälfte der Belegschaft um ihre Stellung bangt? Wie kann die Bank hoffen, eine Unternehmenskultur zu halten, in der Wettbewerbsgeist und Innovationsfreudigkeit großgeschrieben werden, wenn sie ihre Mitarbeiter systematisch aufreibt?

Eine hohe Fluktuationsquote, der Verlust von Kontinuität und eine wachsende Schar unzufriedener Kunden sind nur einige der verdeckten Kosten, der indirekten Folgen, die das Leistungsniveau der Wells-Fargo Bank langfristig beeinträchtigen werden, wenn sie nicht zu einem partnerschaftlichen Führungsstil übergeht. Und Wells Fargo steht nicht allein auf weiter Flur. Spielarten dieses Konzepts konnte man im letzten Jahrzehnt weltweit in vielen Unternehmen und Branchen finden.

Safeway ist ein weiteres Beispiel. Die in Oakland, Kalifornien, beheimatete Lebensmittelkette schaffte es, 1986 eine drohende »Übernahme durch die Konkurrenz« abzuwehren, und zwar mit Hilfe eines Leveraged Buyout [hier wird eine Firma stückweise verkauft, vor allem, um die Buchwerte aufzustocken und ein erhöhtes Abschreibungsvolumen zu erzielen]. Während dieses Prozesses blieben infolge des Verkaufs einzelner Geschäfte oder im Zuge der Personalfreisetzungen 63000 Mitarbeiter auf der Strecke, ungeachtet der Dauer ihrer Betriebszugehörigkeit oder ihrer Verdienste. Selbst Firmenchef Peter Magowan, der den Startschuß für die Entlassungen gab, räumte ein, daß viele der Mitarbeiter, denen man in der Zentrale den Stuhl vor die Tür setzte, »sehr gute« Kräfte waren. In seiner eidlichen Aussage vor Gericht erklärte er, der Personalabbau sei in aller Eile über die Bühne gebracht worden, um »diese ganze leidige Angelegenheit so schnell wie möglich hinter uns zu bringen«.

Sowohl Wells Fargo als auch Safeway setzen mit diesen kurzfristig wirksamen Kostensenkungsstrategien langfristig vielleicht ihre Gesundheit und Lebensfähigkeit aufs Spiel. Beide konnten sich nach den umfangreichen Personalfreisetzungen mit Gewinn- und Produktivitätssteigerungen brüsten. Aber solche kurzfristigen Vorteile sind trügerisch. Wells Fargo und Safeway sind in Branchen mit knappen Gewinnspannen tätig; hier wird die Dienstleistungsqualität in den 90er Jahren ein wichtiger Faktor sein, der über den anhaltenden Erfolg eines Unternehmens entscheidet.

Es gibt erste Anzeichen dafür, daß diese Dienstleistungsqualität seit den Entlassungen in beiden Organisationen gelitten hat. Die Ursache liegt zum einen in der Arbeitsüberlastung und zum anderen in der Arbeitsmoral der Belegschaft, mit der es nicht zum besten steht. Im Verlauf der 90er Jahre werden Wells Fargo, Safeway und ihresgleichen mit den langfristigen Folgen ihrer kurzsichtigen Maßnahmen konfrontiert werden.

Aber das Problem geht weit über die Frage der langfristigen Ertragskraft eines Unternehmens hinaus. Selbst wenn Wells Fargo und Safeway auf lange Sicht finanzielle Erfolge verbuchen können, werden ihnen diese Ergebnisse einen hohen Tribut auf der menschlichen Ebene abverlangen, falls sie weiterhin an ihrer Politik festhalten, Mitarbeiter auf bloße Kostenfaktoren in der Gewinn- und Verlustrechnung zu reduzieren. Wir müssen uns in Abwandlung einer Stelle des Neuen Testaments fragen: »Was nutzt es einem Unternehmen, wenn es die ganze Welt gewinnt, aber seine Seele verliert?«

Firmen neuen Zuschnitts haben, wenn es um Entlassungen geht, eine humanere Einstellung, in der sich die Sorge um den allgemeinen Gesundheitszustand des Unternehmens und die Sicherung seiner Zukunft widerspiegelt. Hier werden Personaleinsparungen natürlich auch unvermeidlich sein. Aber statt den Personalbestand wahllos und pauschal um zehn Prozent zu straffen, konzentrieren sich die Repräsentanten des neuen Konzepts darauf, ihre Belegschaften auf die »richtige Größe« zu trimmen. Sie berücksichtigen die möglichen Folgen der Freisetzungen, einschließlich des Verlusts an kollektivem Wissen, und den Bruch in den vernetzten Beziehungen, die das Ökosystem des Unternehmens zusammenhalten. Sie beziehen die Mitarbeiter häufig in diesen Entscheidungsprozeß ein und dämpfen damit die Auswirkungen auf die Arbeitsmoral.

In manchen Fällen finden die Belegschaftsangehörigen selbst kreative Lösungen, die dem Bedürfnis nach Kostensenkung und dem Bedürfnis nach Erhalt der Arbeitsplätze gleichermaßen Rechnung tragen. Dazu könnte eine Verringerung der Wochenarbeitszeit, eine effizientere Erledigung der Arbeitsaufgaben, die Wiederverwendung von Arbeitsmaterial usw. gehören. Damit erhält oder verbessert man sogar die Integrität und Lebenskraft des Unternehmens und festigt gleichzeitig die Partnerschaft zwischen Unternehmen und Belegschaft (siehe Teil X, in dem die Lernprozesse in der Firma Levi Strauss beschrieben sind).

Vielen Führungskräften, in deren Firmen das Wort *Wachstum* durch *Gesundheit* ersetzt wurde, fiel es wie Schuppen von den Augen, und sie entschieden sich für das neue Konzept. *Gesundheit* ist für jeden lebenden Organismus ein positiver Zustand. *Wachstum* kann negative Folgen haben, wenn es sich um einen krebsartigen Wildwuchs handelt. Die Unternehmen neuen Stils haben einen Weg gefunden, um Wachstum und Gesundheit in Einklang zu bringen. Sie zielen auf *maßvolles Wachstum* ab, ein Begriff, der inzwischen weltweit in den Sprachgebrauch der Unternehmen Eingang gefunden hat.

Die Struktur des neuen Unternehmens
Die hierarchische Struktur war für Unternehmen alten Stils kennzeichnend; für die Unternehmen der neuen Art ist dagegen das Fehlen eines hierarchischen Gefüges charakteristisch. Diese Abkehr von der Hierarchie hat, trotz der Befürchtungen vieler Führungskräfte, nicht den Untergang jeglicher Ordnung heraufbeschworen. Das Gegenteil von Hierarchie ist nicht Anarchie. Statt der starren Struktur entstand eine breitgefächerte Palette flexibler neuer Unternehmensformen, die ein gemeinsames Merkmal haben: Sie alle schätzen und praktizieren Entscheidungsfindungsprozesse, die mehr Demokratie aufweisen.

Der Aufstieg der demokratischen Führung. Philip Slater und Warren Bennis haben in einem Artikel, der in der *Harvard Business Review* erschien, behauptet, Demokratie sei unvermeidlich in einem Umfeld, in dem sich Unternehmen rapiden und ständigen Veränderungen anpassen müssen. Sie sind der Ansicht: »Demokratie in der Wirtschaft ist keine idealistische Vorstellung, sondern eine unumgängliche Notwendigkeit in jenen Bereichen, in denen Veränderungen allgegenwärtig sind und kreative, wissenschaftlich ausgerichtete Projekte gefördert werden müssen. Denn die Demokratie ist das einzige Organisationssystem, das sich mit dem immerwährenden Wandel in Einklang bringen läßt.«

»Allgegenwärtigen« Veränderungen werden sich alle Unternehmen in den 90er Jahren gegenübersehen, und kreative, wissenschaftlich ausgerichtete Projekte in Form stetiger Innovation sind ein absolutes Muß, um zu überleben. In einem solchen Umfeld ist der demokratische Führungsstil in der Tat eine Notwendigkeit, an der niemand vorbeikommt.

Slater und Bennis beschreiben die Demokratie als ein System, das durch bestimmte, wichtige Merkmale gekennzeichnet ist: beispielsweise eine umfassende und ungehinderte Kommunikation, das Streben nach Harmonie, die Vorstellung, daß sich Einfluß nicht auf Dominanzgebaren, sondern vielmehr auf Wissen und Kompetenz stützt, eine Atmosphäre, die es gestattet, Gefühle zum Ausdruck zu bringen, und ein Arbeitsumfeld, das Konflikte als unvermeidlich akzeptiert und bereit ist, sich darauf einzulassen und nach Lösungen zu suchen.

Demokratie ist unabdingbar in Firmen, die auf die schöpferische Begabung aller Belegschaftsmitglieder angewiesen sind, um fortlaufend Neuerungen zu schaffen. Innovation setzt demokratische Prozesse voraus: den Informationsaustausch zwischen Abteilungen, Funktionen und Unternehmensebenen, Gruppenentscheidungen, Konfliktlösungen und Anerkennung der Mitarbeiter, die sich nicht an Rang und Status festmacht, sondern am Ideenreichtum.

Slater und Bennis haben ihre scharfsinnige Beobachtung, daß Demokratie im Unternehmen unumgänglich sei, schon 1964 gemacht. Die Unternehmen brauchten fast drei Jahrzehnte, bevor sie eine Umstrukturierung nach demokratischen Gesichtspunkten in Gang setzten. Viele haben nur ein Lippenbekenntnis abgelegt, und die meisten konnten den Übergang zu demokratischen Strukturen bis vor kurzem vermeiden.

Die bahnbrechenden technologischen Entwicklungen während der letzten drei Jahrzehnte, vor allem im Bereich der Mikrocomputer mit ihrem ständig wachsenden Leistungspotential, zeigen heute klarer als in den 60er Jahren, daß Demokratie im Unternehmen eine unabdingbare Notwendigkeit ist. Mit einem Personal Computer, der an einen Großrechner oder Mikrocomputer gekoppelt ist, können Belegschaftsmitglieder in der Fertigung, in Büro oder Kundendienst einen großen Teil des gesammelten Wissens, über das ein Unternehmen verfügt, blitzschnell abrufen. Da die Informationen heute jedermann leichter zugänglich sind, wird der Demokratisierungsprozeß vorangetrieben.

Der SAS-Vorstandsvorsitzende Jan Carlzon erklärte: »Wenn jemand keine Informationen besitzt, kann er auch keine Verantwortung übernehmen; sobald er über Informationen verfügt, kann er gar nicht anders, als eigenverantwortlich handeln.« Ohne die technologischen Barrieren, die dem Topmanagement die Möglichkeit gaben, den Informationsfluß zu steuern, können Zuständigkeiten und Machtbefugnisse nicht mehr an der Spitze des Unternehmens gehortet werden.

Die in diesem Buch beschriebenen Unternehmen neuen Zuschnitts haben den Bedarf an demokratischen Strukturen klar erkannt. Ricardo Semler erklärte, demokratisches Verhalten sei eine der drei Wertnormen, auf die sich das Führungskonzept von Semco S/A stütze. Die beiden anderen – Gewinnausschüttung und Informationsaustausch – sind Kennzeichen demokratisch geführter Unternehmen. Die Reorganisation von Steelcase, bei der man großen Wert auf die Beseitigung von Kommunikationsbarrieren und eine Beteiligung der Mitarbeiter sowohl am Informationsaustausch als auch an den Gewinnen legte, ist ein gewichtiger Schritt auf dem Weg zu demokratischem Verhalten.

Die fließende Organisationsstruktur. Viele Leute bemühen sich, die Form des Unternehmens der Zukunft zu definieren. Eine Fülle neuer Strukturen zeichnet sich ab. Wie auch immer diese geartet sein mögen, sie haben eines gemeinsam: Menschen und Technologien sind zu einem lockeren, *organischen* Gefüge zusammengefaßt, das flexibel und anpassungsfähig ist und seine Gestalt jederzeit auf die Erfordernisse des Augenblicks abstimmen kann.

Innerhalb dieser fließenden Strukturen arbeiten die Belegschaftsmitglieder in autonomen Arbeitsgruppen. Sie haben weitgehend freie Hand, solange ihre Aufgaben mit der Mission, den Werthaltungen und den Zielen des Unternehmens übereinstimmen. Manche Teams sind mehr oder weniger festgefügt und arbeiten über eine lange Zeitspanne zusammen. Andere bilden sich spontan; sie umfassen Angehörige der verschiedensten Arbeitsbereiche und Ebenen, ja sie beziehen sogar Gruppen außerhalb der Unternehmensgrenzen ein. Ihre Aufgabe besteht darin, Probleme zu lösen und Innovationen auf den Weg zu bringen; sobald diese Ziele erreicht sind, lösen sie sich wieder auf.

In diesen Arbeitsgruppen werden die Führer gewählt oder wechseln sich nach dem Rotationsprinzip ab. Die Mitglieder legen ihre eigenen Zeit- und Arbeitspläne fest, lösen Probleme gemeinsam und bestimmen ihre Produktionsziele. Bei Semco bestimmen die Teams sogar in einem einfachen Mehrheitsbeschluß, wie Leistungszulagen und Prämien unter den Gruppenmitgliedern verteilt werden.

Ein Vorteil dieser demokratisch geführten Arbeitsgruppen ist, daß sie wenig Zeit oder Energie darauf verschwenden, nach Sündenböcken zu suchen, wenn Probleme entstehen, schlechte Entscheidungen getroffen werden oder Projekte scheitern. Die Gruppe übernimmt die volle Verantwortung; es gibt keinen, dem man den Schwarzen Peter zuschieben könnte. Dadurch werden die Kräfte der Gruppe freigesetzt; man kann sich auf wichtigere Angelegenheiten konzentrieren und die Entscheidungsfindung stetig verbessern oder effektivere Arbeitsverfahren entwickeln.

Alwin Toffler bezeichnet diese sich allmählich abzeichnenden Unternehmen neuen Zuschnitts als »Flexfirmen«; sie zeichnen sich durch fließende Organisationsstrukturen aus, die jede nur erdenkliche Form annehmen können, um sich dem jeweiligen Kontext anzupassen. Eine Spielart sind Firmen mit »hohler Struktur«, die so viele Arbeitsaufgaben wie möglich nach außen geben. Die Übertragung bestimmter Tätigkeiten an Fremdfirmen (manchmal als Fremdbeschaffung bezeichnet) gestattet den Unternehmen, den eigenen Personalbestand zu straffen, flexibel und schnell zu reagieren und die besten Fachleute mit der Durchführung bestimmter Aktivitäten zu betrauen. Diese hohle Struktur kann sich als wahrer Segen erweisen, vor allem für große Unternehmen, die oft schon aufgrund ihres schieren Umfangs zu Trägheit und Unwirtschaftlichkeit neigen.

Viele Managementtheoretiker stellen sich die Organisationsstruktur der Zukunft als eine Art Netzwerk vor, in dem sich die Mitarbeiter über die Grenzen von Funktionen und Unternehmensebenen hinweg in alle Richtungen bewegen können, um sich problemlos in irgendeinen Bereich einzuklinken und gemeinsam mit anderen bestimmte Aufgaben zu erledigen. Die Netzstruktur beseitigt die Hürden, die Beteiligung und Engagement im Wege stehen, und bietet den Nährboden für einen fruchtbaren Ideenaustausch.

Das schließt auch die Barrieren ein, die zwischen den Unternehmen aufgerichtet werden. Immer mehr Firmen dehnen ihr Kommunikationsnetz über die eigenen vier Wände aus und schließen sich mit Lieferanten, Händlern, Kunden und anderen Gruppen zu einer Organisationsform ohne feste Grenzen zusammen. Raymond Miles, ehemals Dekan der Berkeley Business School, die der Universität von Kalifornien angeschlossen ist, bezeichnet diese neue Art der Geschäftstätigkeit als »dynamisches Netzwerkmodell«. Hier verfolgt eine Anzahl von Unternehmen, von denen jedes mit ganz bestimmten Stärken ausgestattet ist, ein gemeinsames Ziel. Jedes ist ein Glied in der Kette Produktentwicklung – Herstellung – Vertrieb.

Um zu beschreiben, wie dieses Netzwerk funktioniert, benutzt Miles das Beispiel eines Gegenstands der Eishockey-Ausrüstung, der in Skandinavien entwickelt und in den USA mit bestimmten technischen Merkmalen versehen wurde, um ihn auf die Bedürfnisse des großen Marktes in den USA und Kanada abzustimmen. Die Fertigung findet in Korea statt, und der Vertrieb wird über ein multinationales Netz mit Ausgangspunkt in Japan bewerkstelligt. Hier ist nicht eine Firma allein für den gesamten Zyklus von der Entwicklung bis zum Vertrieb verantwortlich, sondern mehrere Unternehmen, die durch Schulterschluß ein einzelnes »Produktereignis« schaffen.

Die einzelnen Schritte in diesem Prozeß werden von »Brokern« koordiniert, deren Aufgabe darin besteht, Menschen und Mittel zusammenzubringen. Die Rolle des Brokers kann von jenen Mitspielern übernommen werden, die einen Teil des Netzes oder das gesamte Netz errichtet haben. Vermitteln, koordinieren und vernetzen ist zunehmend wichtig in einem Umfeld, das sich rasant verändert. Miles erklärte: »Gleich ob es darum geht, Materialquellen ausfindig zu machen, den Kontakt herzustellen zwischen Designern und Betrieben, die über freie Fertigungskapazitäten verfügen, oder zeitweilige Arbeitskräfte zu beschaffen – die Fähigkeit, Menschen und Sachleistungen schnell und effizient zusammenzubringen (oft mittels Computertechnologie), ist ein Schlüsselfaktor für die Flexibilität der Organisa-tionsstruktur.«

Netzwerk ist ein Begriff, der heute bei den meisten Führungskräften und Managementtheoretikern benutzt wird, um das neue Unternehmensmodell zu beschreiben. Aber wie in Teil I bereits angedeutet, sollten wir nicht in den Fehler verfallen, zu glauben, daß die Unternehmen neuen Zuschnitts eine einzige, klar umrissene Form annehmen werden. Im Kern des neuen Konzepts steht die Tatsache, daß sich die Welt in stetigem Fluß befindet; wir sind also außerstande, eine bestimmte Struktur vorherzusehen, die imstande wäre, dem fortlaufenden Wandel Rechnung zu tragen. Dasselbe Unternehmen kann im Laufe der Zeit viele verschiedene Formen annehmen, und auch firmenintern entwickeln sich unter Umständen immer neue Strukturen. Es wäre zutreffender zu sagen, daß der *Vernetzungsprozeß* der Klebstoff sein wird, der ein Unternehmen zusammenhält, als zu behaupten, die *Netzwerkstruktur* werde sich als vorherrschende Organisationsform erweisen.

Vielfalt als Herausforderung. Jamie Houghton, Präsident der Corning-Glaswerke, erklärt: »Firmen können in einer vielfältigen, multikulturellen Welt einfach nicht florieren, wenn sie diese Vielfalt nicht bis zu einem gewissen Grad widerspiegeln. Es ist wie mit der darwinistischen Vorstellung, daß die Vielfalt in der Gesamtheit der genetischen Baupläne Stärke schafft und zur Überlebensfähigkeit einer bestimmten Spezies beiträgt. Ein Unternehmen, das die Talente und Fähigkeiten jedes einzelnen Mitarbeiters voll auszuschöpfen versteht und der Individualität Rechnung trägt, wird für den Erfolg am besten gerüstet sein.«

In den Unternehmen neuen Formats ist man zu einem breiter gefächerten Führungsstil übergegangen, der auch die Begabungen von Frauen und Minderheiten nutzt. Da viele der Führungskräfte mit neuem Persönlichkeitsprofil Minderheiten angehören, werden sie eher in der Lage sein, kulturübergreifende Kontakte am Arbeitsplatz zu fördern, ihre Mitarbeiter ermutigen, diese Vielfalt zum Ausdruck zu bringen und zu akzeptieren, und dazu beitragen, daß verschiedene Arbeitsstile und konträre Standpunkte in Einklang gebracht werden.

Wir können nicht voraussagen, wie der Führungsstil der Zukunft beschaffen sein wird, denn er befindet sich noch in der Entstehungsphase. Obwohl inzwischen mehr Frauen ins Topmanagement vorrücken, ist ihre Zahl immer noch verhältnismäßig klein. Und noch seltener sind in den tonangebenden amerikanischen Unternehmen Angehörige von Minderheiten in führender Stellung zu finden. Sogar Xerox, ein Unternehmen, das sich anerkanntermaßen für die Förderung personeller Vielfalt stark macht, räumt ein, daß bisher niemand weiß, welche Veränderungen eine multikulturell ausgerichtete Führung mit sich bringen wird. Theodore Payne, der bei Xerox das Programm gegen die Diskriminierung von Minderheiten und für Chancengleichheit leitet, gibt zu: »Wir setzen Ziele für jede Gruppe und versuchen, den Managern die Verantwortung für die Realisierung zu übertragen; aber bisher ist es uns noch nicht gelungen, die Gruppen unterschiedlich zu führen. Es sind noch immer Weiße und Männer, die weißen männlichen Mitarbeitern sagen, wie sie Frauen und Minderheiten zu behandeln haben.«

Wie Paynes Bemerkung andeutet, werden die alten Beziehungsmuster allmählich neuen weichen, die in wesentlich stärkerem Maß auf Gleichstellung beruhen. Mit dem wachsenden Zustrom von Frauen, der sich vor allem in Unternehmen verzeichnen läßt, die Flexibilität und Demokratie schätzen, wird der Umwandlungsprozeß beschleunigt.

Die Architektur lernorientierter Unternehmen. Auch das äußerliche Auftreten der Unternehmen neuen Zuschnitts spiegelt die Verlagerung von Hierarchie und Kontrolle zu Demokratie, Flexibilität und größerer Arbeitnehmermitbestimmung wider. Die Bürozellen der vertikalen Hierarchie werden durch anpassungsfähige Konstellationen ersetzt, die der Veränderung Rechnung tragen und gleichzeitig Lernprozesse und Neuerungen erleichtern. Die räumliche Anordnung ähnelt der Struktur von Atomen, die nicht durch starre Verbindungen, sondern durch die Energie ihrer Beziehungen zusammengehalten werden. Das »Baustein-Mobiliar« ermöglicht den Arbeitnehmern, sich bei Bedarf problemlos und schnell neu zu gruppieren.

Das Corporate Development Center von Steelcase ist ein erstklassiges Beispiel für den neuen Ansatz, das äußerliche Auftreten von Unternehmen zu gestalten. Ein Ziel, das mit der Architektur des Gebäudes angestrebt wurde, besteht darin, sowohl die geplanten als auch die spontanen Interaktionen zwischen Designern, Ingenieuren und anderen am Produktentwicklungsprozeß Beteiligten und somit auch die Innovations- und Lernmöglichkeiten zu fördern.

Aus diesem Grund hat das CDC den »Personenverkehr« zentralisiert. Alle Mitarbeiter müssen beim Betreten oder Verlassen des Gebäudes eine in der Mitte gelegene Halle durchqueren, Town Square genannt. Die emporenähnlichen Geschosse bieten die Möglichkeit, sämtliche Ebenen im Innern des Gebäudes einzusehen. Die geneigten Außenwände verstärken visuell die Zusammengehörigkeit der Mitarbeiter. Das Mobiliar, das sich nach dem Baukastenprinzip umstellen läßt, gestattet eine problemlose, immer neue Konfiguration der Arbeitsbereiche.

Auch die 14 »Denkfabriken« auf der sechsten Etage des CDC begünstigen innovative Denkprozesse. Diese von Glaswänden umschlossenen Büros sind bewußt so gestaltet, daß sie jeweils nur eine Person aufnehmen können. Hier findet man zwar Computer, aber keine Telefone. Wer hier arbeitet, hat einen inspirierenden Ausblick auf eine rund 32 Hektar umfassende, wiederaufgeforstete Prärielandschaft.

Manco ist ein weiteres Unternehmen, das seine Zentrale außerhalb von Cleveland gebaut und die Architektur sorgfältig auf die Firmenphilosophie abgestimmt hat. Sämtliche Aktivitäten der Firma – Produktentwicklung, Strategiesitzungen, Besprechungen mit Kunden – finden in einem großen Raum im Zentrum des Gebäudes statt. Hier konzentriert sich die Energie des Unternehmens, »ein Raum, in dem alles zusammenströmt, der sich ständig wandelt und im Fluß befindet«, erklärte Firmenchef Jack Kahl, der hinzufügte: »Die meisten Firmen würden diesen Raum aus dem Sichtkreis entfernen und ihn irgendwo ins Tiefgeschoß, neben das Lager mit den Produktmustern verbannen. Ich möchte aber, daß er sich direkt in der Mitte befindet, im Herzen des Gebäudes, weil dort alle Nachrichten, Innovationen und kreativen Aktivitäten zusammenlaufen.«

Ein »Aktionskorridor« verbindet diesen zentralen Raum mit den Büros der Bereichsleiter von Manco. Kahl über sein Büro: »Sie haben mich ein bißchen in die Ecke verfrachtet, weil ich nicht dauernd im Mittelpunkt des Geschehens stehen soll. Ich bin den Ereignissen noch nahe genug, aber ein wenig weiter von ihnen entfernt als die meisten.«

Das Ende der »einzig richtigen« Methode

Jan Carlzon, Topmanager der Scandinavian Airlines, erinnert sich: »Ich habe während meines Wirtschaftsstudiums nicht viel Wissenswertes gelernt. Ehrlich gestanden lernte ich schlicht, daß es nur zwei Strategien gibt, um sich aus einem Problem herauszulavieren – die Umatzerlöse erhöhen oder die Kosten senken. Ich habe diese Faustregel vor kurzem vor einer großen [schwedischen] Gruppe aufgestellt. Einer meiner ehemaligen Wirtschaftsprofessoren befand sich zufällig unter den Zuhörern. Er stand auf und sagte: ›Mr. Carlzon, wie ich ganz richtig vermutet habe, haben Sie damals nicht richtig zugehört. Wir haben Ihnen nicht zwei Werkzeuge, sondern nur eines an die Hand gegeben – Kosten senken.‹«

Diese Geschichte beweist die Engstirnigkeit des alten Konzepts, das die Wahlmöglichkeiten eines Unternehmens ernsthaft einschränkt, manchmal bis an die Grenzen des Absurden. Ist es da ein Wunder, daß die Unternehmen verzweifelt kämpfen, um eine vielschichtige Realität in den Griff zu bekommen?

Ein Schlüsselaspekt der alten Denkweise war die Annahme, daß es nur »eine einzige richtige Methode« gibt. Diese Mentalität ist noch heute gang und gäbe. Während der 80er Jahre verschrieb man uns eine endlose Abfolge neuer Allheilmittel, um die Probleme zu kurieren, an denen die Unternehmen krankten. Damals war die Wirtschaftsliteratur voll von Informationen über die allerneuesten »Geheimtips« für alle Beschwerden und Kümmernisse des Unternehmens. Die strategische Planung galt eine Zeitlang als »die« Lösung schlechthin. Qualität wurde eine Weile als Zaubertrank gehandelt. Dann galt der Kundendienst als Allheilmittel. Und für einen großen Teil der 80er Jahre sollte die massive Kostensenkung als das Mittel der Wahl dienen.

Jedes Heilmittel stand in dem Ruf, alle Probleme auf einen Schlag zu lösen. Jedes Rezept versprach, das Geheimnis des Erfolgs in einer chaotischen Welt zu lüften. Während wir noch den neuesten Führungstechniken, dem »einzig richtigen Weg« zu einer verbesserten Wettbewerbsfähigkeit nachjagten, entging uns zumeist, daß die meisten Heilmittel nicht wirkten.

Dabei waren diese Therapien nicht dumm. Jede von ihnen hatte ihren Platz und Wert für das Unternehmen. Umsichtig angewendet und überwacht, zeitigten sie in Firmen, *die sich der Umwandlung verschrieben hatten,* allesamt Ergebnisse, die sich sehen lassen konnten. *Aberwitzig* war allein die Erwartung, eine einzige Lösung könne die Antwort auf die vielschichtigen Herausforderungen sein, denen sich Unternehmen heutzutage gegenübersehen. Genauso absurd war der Gedanke, daß Unternehmen, von denen jedes mit seiner ganz eigenen Problematik zu kämpfen hat, mit denselben Techniken dieselben Ergebnisse erzielen würden. Töricht war die Vorstellung, es gäbe eine »einzig richtige Methode«.

Diese Vorstellung haben die Unternehmen neuen Zuschnitts ein für allemal über Bord geworfen. Sie sind auf verschiedenen Wegen zum Erfolg gelangt. Sie legen vielleicht besonderen Wert auf ein bestimmtes Element, das zum Erfolg beigetragen hat – das unbeirrbare Streben nach Qualität, nach erstklassigen Dienstleistungen, nach voller Beteiligung der Arbeitnehmer –, aber keine Firma ist an die Spitze vorgerückt, weil sie sich ausschließlich auf einen bestimmten Aspekt, eine bestimmte Technik, eine bestimmte Strategie konzentriert hat.

Gegensätze in Einklang bringen

Wie Sigmund Freud beobachtet hat, ist Einsicht nicht gleichbedeutend mit Heilung. Der Wandel von der Maschinenmentalität zur Ökosystemsicht erfordert, daß wir eine Fülle gegensätzlicher Forderungen, Werthaltungen und Standpunkte miteinander in Einklang bringen. Schlichte Entweder-oder-Entscheidungen reichen hier nicht aus.

In den Organisationen neuen Profils sehen wir Beispiele für solche Konfliktlösungen. Preston Trucking konnte nur überleben, weil es dem Unternehmen gelang, zwei diametral entgegengesetzte Gruppen auszusöhnen: die Gewerkschaftsmitglieder und das Management. Die Firma Steelcase stärkte ihre Wettbewerbsposition, indem sie sämtliche Produktentwicklungsfunktionen unter einem Dach vereinigte. Semco S/A mußte die Notwendigkeit, Gewinne zu erwirtschaften, auf die wilde Berg-und-Tal-Fahrt der brasilianischen Wirtschaft abstimmen.

Charles Hampden-Turner beschreibt, wie dieser Balanceakt, auf den ersten Blick unvereinbare Gegensätze »unter einen Hut zu bringen«, zur Entwicklung besserer Produkte mit hoher »Wertschöpfung« führen kann. Er nennt das Automobil als Beispiel.

Wir sind daran gewöhnt, bestimmte Eigenschaften eines Kraftfahrzeugs als gegensätzlich zu betrachten. Man fährt entweder ein »Hochleistungsgeschoß« oder eine sparsame Benzinkutsche, einen sportlichen Wagen oder einen »sicheren«, eine Luxuskarosse mit maßgeschneiderten Komponenten oder ein billiges Auto mit Standardzubehör. Hampden-Turner behauptet, daß sich ein Spitzenautomobil mit allen diesen gegensätzlichen Elementen bauen ließe, das etwa so aussehen könnte.

> Es hat überragende Fahreigenschaften und kostet erheblich weniger in der Anschaffung als alle anderen Fahrzeuge seiner Klasse. Es ist sportlich und flott und trotzdem so konstruiert, daß es einen Zusammenstoß übersteht und seine Insassen schützt; folglich liegen auch die Versicherungsprämien niedriger. Es spiegelt die ehrgeizigen Bestrebungen derer wider, die es entworfen und gebaut haben, und es weckt Begeisterung bei den Käufern. Obwohl es sehr zuverlässig ist und auf dem Gebrauchtwagenmarkt einen erstklassigen Preis erzielt, wird es nur in Zahlung gegeben, weil ständige Neuerungen und Verbesserungen die Modelle jüngeren Baujahrs reizvoller erscheinen lassen. Durch die Standardisierung der Produktkomponenten erzielt man gewaltige Größenvorteile, aber das fertige Auto kommt dank der flexiblen Fertigungstechniken in vielen Variationen auf den Markt und weist Merkmale auf, die auf Wünsche und Bedürfnisse des Kunden abgestimmt sind.

Hampden-Turner behauptet: Je mehr Gegensätze in das fertige Produkt eingehen, desto größer ist sein Reiz. (Genau das ist der wichtige Punkt bei japanischen Autos und erklärt, warum sie sich so großer Beliebtheit erfreuen.) Das oben geschilderte Beispiel läßt uns ahnen, welche Kraft in der friedlichen Koexistenz von Gegensätzen liegt. Gleich ob es sich um Menschen oder Erzeugnisse handelt, wir können damit unsere Produktivität und Wettbewerbsstärke enorm steigern, was mit Strategien, die sich auf Entweder-oder-Entscheidungen stützen, einfach nicht möglich wäre.

NUMMI, das an früherer Stelle beschriebene Gemeinschaftsunternehmen von General Motors und Toyota, war ein Erfolg, weil man es verstand, die gegensätzlichen Kulturen und Ressourcen japanischer und amerikanischer Automobilhersteller zu integrieren. Infolgedessen genügte und übertraf die Produktivität des NUMMI-Werks sogar die strengen japanischen Maßstäbe.

Ohne diese Harmonie hätte sich ein solches Ergebnis nicht erzielen lassen. Das wurde ein Jahr nach Gründung der NUMMI klar, als General Motors sein Saturn-Modell auf den Markt brachte. Die ersten Fahrzeuge gingen im Sommer 1990 vom Band. Mehr als sechs Monate später war die Kapazität des Werks, die sich auf 1000 Autos am Tag belief, noch immer nur zu einem Drittel ausgelastet. Dazu kam, daß sich der Absatz schleppend anließ: Im ersten halben Jahr seit Markteinführung wurden weniger als 4000 Saturn-Modelle verkauft.

Der Saturn wurde den Erwartungen nicht gerecht, weil man hier weder neue Techniken noch Kulturen auf gelungene Weise integriert, sondern vielmehr einen Reformkurs eingeschlagen und versucht hatte, einer nach wie vor starren Hierarchie das neue Konzept der Teamarbeit aufzupfropfen. Dabei stieß man unvermeidlich auf schwerwiegende Probleme, die durch den Widerspruch zwischen der erklärten Philosophie von Partnerschaft und Teamarbeit und der vorherrschenden Befehls- und Kontrollmentalität bei GM verursacht wurden.

Das wurde offenkundig, als das Werk im Februar 1991 eine Rückrufaktion startete, um bei 1210 Fahrzeugen Korrekturen an den defekten Hebeln zum Verstellen der Rückenlehne vorzunehmen. Die Werksleitung machte die Mitarbeiter und einen der Lieferanten dafür verantwortlich. Die Zulieferfirma hatte versäumt, das Herstellungswerk von einer kleinen Veränderung im Fertigungsprozeß dieser Hebel in Kenntnis zu setzen, und das führte zu Problemen in einer nachgeordneten Fertigungsstufe. Und laut Management war es den Arbeitern anzulasten, daß sie den Fehler nicht bemerkt hatten, bevor die Fahrzeuge das Werk verließen. Bei einem zweiten Rückruf im Mai 1991 mußten mehr als 1800 Modelle ersetzt werden, weil eine Kühlvorrichtung im Motor Rost ansetzte. Sündenbock war auch dieses Mal wieder der Lieferant, die Texaco Refining and Marketing Company.

Verdächtig ist, daß bei diesen öffentlichen Erklärungen jeglicher Hinweis auf die Verantwortung der Werksleitung fehlte. Man war offensichtlich nicht in der Lage, die alte GM-Unternehmenskultur mit dem neuen partnerschaftlichen Ansatz in Einklang zu bringen, was erforderlich gewesen wäre, um dem Saturn-Experiment zum Erfolg zu verhelfen.

Die Verbindung von »hart« und »sanft«

Zu den Schlüsselaufgaben der Unternehmen neuen Zuschnitts gehört die Harmonisierung gegensätzlicher Werthaltungen, die im alten Modell systematisch unterdrückt wurden. Eine der größten Herausforderungen wird darin bestehen, »hart« und »sanft« zu verbinden.

In der Zeit des Maschinenmodells wurden die »harten« Werte überbetont. Hier konzentrierte man sich vor allem auf Fakten und Zahlen, auf quantitativ meßbare Zuwächse, auf autoritäre Führung und Kontrolle. Man schaute auf alles herab, was als »sanft« galt – Beziehungen,

Gespür für die Umwelt, Konsens, Streben nach Gleichgewicht, Dienstleistungsorientierung und was immer in dem Ruf stand, »Spaß« zú machen. Selbst der Begriff *sanft* hatte einen stark negativen Klang.

In den Unternehmen alten Stils mit ihrem Entweder-oder-Ansatz hielt man hart und sanft für unvereinbar. Entweder war man »unbeugsam«, handelte »rational« und »zielstrebig«, oder man orientierte sich an zwischenmenschlichen Beziehungen, war kooperativ, emotional – und damit verdächtig. Bestenfalls wurden menschliche »Schwächen« wie Anteilnahme und Einfühlungsvermögen übersehen, wenn jemand als »kreativer Typ« galt. Schlimmstenfalls mußte er oder sie mit einem Rausschmiß wegen Unfähigkeit rechnen.

Die Herausforderung für die Zukunft besteht darin, die harten Werte, die mit der männlich dominierten Maschinenkultur einhergehen, mit den sanften zu vereinen, die man gemeinhin der weiblichen Perspektive zuschreibt. Scandinavian Airlines mußte beispielsweise harte Wertnormen wie Flugsicherheit und erstklassige Technik der Maschinen mit dem sanften Wert des Kundendienstes auf einen Nenner bringen.

Ich will damit keinesfalls andeuten, daß harte Werte ausschließlich Männern und sanfte allein den Frauen vorbehalten wären. Sanfte Werte wie Fürsorglichkeit, Einfühlungsvermögen und Verständnis für zwischenmenschliche Beziehungen fehlten jedoch in den Unternehmen alten Musters merkwürdigerweise. Und niemand kann leugnen, daß deren Geschichte von Männern geschrieben wurde.

Das bedeutet nicht, daß wir nun alle harten Werte durch sanfte ersetzen müssen; die »maskulinen« Merkmale werden in den Unternehmen der neuen Art nicht gänzlich fehlen. Aber sie werden gemeinsam mit ihren Gegenpolen in eine Unternehmensform *integriert,* die gesünder, flexibler und anpassungsfähiger ist.

Ein Grund für die entscheidende Bedeutung, die »weiblichen« Werten im neuen Konzept zukommt, ist ihr Stellenwert im Rahmen der Innovation. Die Verbindung von Gegensätzen erfordert in erster Linie enge, kooperative Beziehungen zwischen Mitarbeitern.

Früher wurden Zusammenarbeit und enge Arbeitsbeziehungen belächelt und das Konkurrenzdenken begünstigt. Im Unternehmen neuen Kalibers lassen sich Wettbewerb und Kooperation durchaus miteinander vereinbaren. Die Rivalität – innerhalb und zwischen verschiedenen Unternehmen, Einzelpersonen und Ideen – trägt dazu bei, das übermäßige Wachstum einer Population in Schach zu halten und Neuerungen zu fördern. Kooperation ist der »Klebstoff«, der die Systeme zusammenhält.

Doch ein Wort der Vorsicht ist geboten: Wir sollten nicht das neue Muster der Integration von harten und sanften Werten mit dem alten

Ansatz verwechseln, beides unter einen Hut zu bringen. Das Wort »sanft« hat im letzten Jahrzehnt zumindest einen Funken Achtung gewonnen, seit die Unternehmen der alten Garde ein neuerwachtes Interesse am Potential ihrer Mitarbeiter bekunden – ihrem »produktiven Aktivposten«. Diese utilitaristische Sicht berücksichtigte die »sanften« Merkmale wie Fürsorglichkeit und menschliche Anteilnahme, weil man der Theorie anhing, daß zufriedene Arbeitnehmer mehr Gewinne erzielen würden. Folglich konzentrierte man sich nun darauf, welche Belohnungen, freiwilligen Nebenleistungen und Organisationsstrukturen die Mitarbeiter motivieren könnten, höhere Gewinne zu erwirtschaften. Die Anwender dieses utilitaristischen Ansatzes waren um keinen Deut mehr gewillt, den Menschen in den Mittelpunkt zu rücken, als die Vorgesetzten der alten Schule, die in ihren Untergebenen nichts anderes als Rädchen im Getriebe sahen. Die Führungskräfte mit neuem Profil wissen Kooperation wirklich zu schätzen und sind aufrichtig auf das Wohl ihrer Mitarbeiter bedacht.

Die Harmonisierung gegensätzlicher Werthaltungen und Standpunkte erfordert definitionsgemäß, Konflikte in den Griff zu bekommen. Um die angestrebte Integration zu erreichen, müssen wir mehr Konfliktbereitschaft entwickeln. Die meisten Menschen empfinden Konfliktsituationen entschieden als *unangenehm.* Das liegt teilweise daran, daß nach altem Muster Konflikte mit emotionaler Gewalt und Dominanzstreben gleichgesetzt wurden. Das Ergebnis des Konflikts war nach dieser Anschauung, daß es immer einen Gewinner und einen Verlierer gab.

Aber der Konflikt ist für das Wachstum von entscheidender Bedeutung. In der Natur fördern die dynamischen Spannungen zwischen den Arten evolutionäre Fortschritte. Das Ungleichgewicht ist unabdingbar, um einseitiges Wachstum in Schach zu halten.

Was die Geschäftswelt braucht, ist nicht die Beseitigung von Konflikten, sondern eine neue Sichtweise. Der Konflikt sollte als Mittel gesehen werden, das die Entwicklung neuer Produkte oder Methoden beschleunigt, als Triebfeder für die Verschmelzung von Ideen. Aus Konflikten zwischen Menschen, die einander als Partner statt als Gegner betrachten, gehen nicht Gewinner und Verlierer hervor, weil es den Begriff des feindlichen Lagers nicht mehr gibt.

Gegensätze zu integrieren ist für den engagierten, aktiv beteiligten Mitarbeiter der neuen Art eine wichtige Aufgabe, die sich am besten in einem demokratisch geführten Umfeld bewältigen läßt. Wenn wir bestrebt sind, Konflikte konstruktiv zu lösen, dann müssen wir Wertnormen schaffen, die alle teilen. Und mehr als das: Wir müssen einander vertrauen oder zumindest achten, um die beträchtlichen Risiken eingehen zu können, die der neue Ansatz mit sich bringt. Charles Hampden-Turner sagt: »Man kann nicht Hochleistungsmaschinen und niedrige Kosten miteinander vereinbaren, wenn nicht die Kostenrechnungsexperten und die Ingenieure Harmonie zwischen den beiden Faktoren herstellen.«

Die unterschiedlichen Sichtweisen von Rechnungs- und Konstruktionsabteilung aufeinander abzustimmen wäre ein praktisches Beispiel für die Aufgeschlossenheit gegenüber der Vielfalt, die für den Erfolg in einer neuen Unternehmenswelt unerläßlich ist. Ethnische Minderheiten und Frauen bringen Qualitäten ein, die das Arbeitsumfeld vielschichtiger machen und bereichern. Der »einzig richtige Weg«, der sich auf die Perspektive einer einflußreichen Minderheit mit angestammten Interessen gründete, wird zu »einer von vielen möglichen Methoden«, die wir erproben können.

Festgefahren in alten Gleisen

Während viele Unternehmen den Wandel vollziehen und sich auf das neue Modell ausrichten, werden andere vermutlich in ihren alten Gleisen verharren. Manche werden sich schlicht weigern, die Notwendigkeit einer völligen Umstrukturierung zur Kenntnis zu nehmen. Andere werden Umwandlung mit Reform verwechseln und versuchen, die neuen Konzepte innerhalb unveränderter Unternehmensstrukturen anzuwenden. Und wieder andere werden den Veränderungsprozeß einleiten, aber in Krisenzeiten zu den althergebrachten Methoden zurückkehren.

Ablehnung

Die Geschichte von Moby Dick in Teil I ist ein hervorragendes Gleichnis für Führungskräfte der alten Garde, die sich weigern, die neuen Möglichkeiten zur Kenntnis zu nehmen. Frank Lorenzo war nicht der einzige, der dem fehlgeleiteten Kurs des Kapitän Ahab folgte und sich verbissen an eine Version der Wirklichkeit klammerte, die wenig mit der realen Welt gemein hatte. Lee Iacocca ist ein weiteres Beispiel für einen Firmenchef, dessen Erfolg fest in alten Konzepten verankert ist und der sich nun weigert, den Zeichen der Zeit, die Veränderung signalisieren, Beachtung zu schenken.

Iacocca beklagt weiterhin den ausländischen Wettbewerb und fordert protektionistische Maßnahmen, statt sich auf eine grundlegende Umstrukturierung des maroden Chrysler-Konzerns zu konzentrieren. Es gab bei Chrysler Umwandlungsversuche, die jedoch von jüngeren Mitgliedern der Führungsriege initiiert wurden und bei Iacocca auf erbitterten Widerstand stießen. Infolge des Drucks sah sich Iacocca zu einigen Veränderungen in den Führungsstrukturen und -methoden des Unternehmens genötigt; aber diese Bemühungen waren weit von einer grundlegenden Umwandlung entfernt. Ende 1987 empfahl ein Chrysler-Ausschuß, das sogenannte Youth Committee, eine Studie zu erstellen über das Arbeitsumfeld bei Honda, in dem ein hohes Maß an Kollegialität herrscht. Nach einem Jahr schlug der Ausschuß vor, den egalitären Führungsstil des Konkurrenten zu übernehmen. »Das Wort Teamarbeit tauchte 5000mal im Abschlußbericht auf«, ließ Chrysler-Vizepräsident Tom Denomme verlauten.

Aber Iacocca ist nicht gerade ein glühender Anhänger von echter Teamarbeit und Partnerschaft. Er schien taub zu sein für die Beschwerden der Gewerkschaft, als sich seine Bezüge 1986 auf die astronomische Summe von 23,6 Millionen Dollar erhöhten. Und er hielt zäh an seinen Führungspfründen fest. Der Ausschuß habe sich vom Honda-Projekt mitreißen lassen und den Boden unter den Füßen verloren, behauptete er unbeirrt. »Die wollten, daß wir in der Kantine essen und durch den Regen zum Parkplatz marschieren, wie alle anderen. Das ist nichts für uns.«

Es wird sich zeigen, welches Schicksal Chrysler erwartet. Aber es hat nicht den Anschein, als werde das Unternehmen in absehbarer Zeit die Veränderungen einleiten, die dringend notwendig sind, um in den 90er Jahren für den Wettbewerb der Automobilhersteller gerüstet zu sein – es sei denn, Iacocca selbst macht einen grundlegenden Wandel durch oder wird von einer Führungskraft ersetzt, die den neuen Konzepten aufgeschlossener gegenübersteht. Was für Chrysler gilt, trifft auch auf andere Firmen der alten Art zu, sei es in der Automobilindustrie oder in anderen Branchen. Es wird zunehmend schwieriger werden, in den 90er Jahren wettbewerbsfähig zu bleiben, wenn man den Ruf nach Veränderung ignoriert. Alles in allem haben die Bemühungen um eine Produktivitätserhöhung durch pauschale Ausdünnung des Personalbestands wenig gefruchtet. Deshalb ist das einzige Mittel, das uns noch bleibt, ein grundlegender Wandel; nicht mit dem Ziel, unsere Unternehmen zu straffen, sondern um sie auf eine gesunde Basis zu stellen.

Reformen

Es gibt einen wichtigen Unterschied zwischen Umwandlung und Reform. Reform ist der Versuch, die alte Form zu bewahren; Umwandlung beinhaltet die Entwicklung und Entdeckung neuer Formen. Der Schritt von Münzen zu Papiergeld war eine Reform, die monetäre Transaktionen erleichterte. Der Übergang von Papiergeld zu Kreditkarten ist ein grundlegender Wandel.

In den 80er Jahren waren allenthalben Beispiele für Reformen zu sehen. Die Unternehmen bemühten sich um erstklassige Qualität, automatisierten die Werkshallen, führten die fertigungssynchrone Materialwirtschaft ein, strafften die Bürokratie, setzten Arbeitskräfte frei – und erzielten mit diesen Maßnahmen in vielen Fällen keine merklichen Verbesserungen. Einige dieser Strategien stellten den aufrichtigen, wenn auch nur halbwegs gelungenen Versuch einer Umstrukturierung dar; die Mehrzahl zielte indessen darauf ab, die Kontrolle über das Unternehmen wiederzugewinnen, den Status quo zu bewahren.

Viele Firmen, die für die Notwendigkeit von Veränderungen die Werbetrommel rühren, bemühen sich in Wirklichkeit nach besten Kräften, jede echte Umwandlung im Ansatz zu ersticken. Das überrascht nicht. Veränderungen sind beunruhigend und reißen uns aus unserem gewohnten Trott heraus; nur wenige – und Menschen in Machtpositionen am wenigsten – bringen die Bereitschaft auf, Umwälzungen und den scheinbaren Machtverlust, die den Wandel begleiten, als etwas Positives zu akzeptieren.

Chuck House, Topmanager bei Hewlett-Packard, setzte mehrere punktuelle Veränderungen durch. Er bewirkte eine Wende in den schwer angeschlagenen Unternehmensbereichen, führte neue Produkte ein, die sich als Renner entpuppten, und beklagt die Hindernisse, denen sich alle gegenübersehen, die HP umzukrempeln versuchen: »Die Leute haben keine Lust, Revolutionen zu unterstützen. Das gilt vor allem für diejenigen, die über Macht und Einfluß verfügen. Solche Neuerungen stehen auf ihrer Prioritätenliste nicht sehr weit oben. Sie wollen das bestehende System bewahren, solange sie dazu imstande sind.«

Es ist nicht immer leicht, Reform- und Umwandlungsprozesse klar voneinander abzugrenzen. Manchmal hat eine grundlegende Umstrukturierung in der Anfangsphase große Ähnlichkeit mit einer schlichten Reform. Und manchmal löst eine Reform den Wandel aus.

Ein Zeichen dafür, daß es sich um eine Umwandlung und nicht um eine Reform handelt, ist das Vorhandensein von »nervtötenden« Widersprüchen zwischen den Zielen, die das Unternehmen nach Aussage des Managements anstrebt, und der Realität, wie sie die Mitarbeiter erfahren.

Diese »nervtötenden« Widersprüche sind das Ergebnis von Wertkonflikten. Mitarbeiter beispielsweise aufzufordern, über Innovationen nachzudenken, und sie gleichzeitig zu bestrafen, wenn sie Risiken eingehen, kann nervtötend sein. Das gleiche gilt, wenn man den Stellenwert der Zusammenarbeit betont und Mitarbeiter gleichzeitig dafür belohnt, wenn sie sich Konkurrenzkämpfe liefern, oder wenn man das Konzept fördert, »in die Belegschaft zu investieren« und zur gleichen Zeit das Schulungsbudget kürzt, oder wenn man Partnerschaft predigt und nur den Führungskräften Prämien zugesteht.

Wie Eltern, die auf der einen Seite die Liebe zu ihrem Kind zum Ausdruck bringen und auf der anderen Seite ganz offen Vorbehalte zeigen, schafft auch ein Unternehmen, das solche widersprüchlichen Botschaften vermittelt, Verwirrung und Frustration bei seinen Mitarbeitern. Solche »Nervtöter« bringen Menschen in eine ausweglose Konfliktsituation, denn sie vermitteln das Gefühl: Gleich ob man etwas tut oder läßt, es ist immer die falsche Entscheidung.

Ein echter Wandel ist nicht möglich in einem Unternehmen, das solche zwiespältigen Signale sendet. Gemeinsame Werthaltungen sind eine unerläßliche Voraussetzung für grundlegende Veränderungen. Nervtötende, widersprüchliche Aussagen und Forderungen zeigen klar an, daß Wertkonflikte im Unternehmen bestehen.

Solche Diskrepanzen treten häufig in Firmen auf, die sich in der Übergangsphase befinden. Sie sitzen zwischen zwei Stühlen: Sie möchten die neuen Konzepte umsetzen, während sie sich gleichzeitig ängstlich an die alten klammern. Sobald sie in der Lage sind, sich an den neuen Wertnormen auszurichten, kann der Umwandlungsprozeß ernsthaft beginnen.

Solche »Nervtöter« kann man als Zeichen eines Reformversuchs betrachten. Ein hohes Maß an Arbeitnehmermitbestimmung und Beteiligung – vor allem in Form spontaner Neuerungen – läßt dagegen darauf schließen, daß sich ein Unternehmen auf dem Weg zur grundlegenden Umstrukturierung befindet. Je stärker es neue Arbeitsansätze erkennen läßt (demokratisches Verhalten, Informationsaustausch, Flexibilität), desto größer ist die Wahrscheinlichkeit, daß es selbst einen Wandel durchmacht.

Rückfall

Manche Firmen weigern sich, dem Ruf nach Veränderung Folge zu leisten. Andere steuern entschlossen den Reformkurs an. Und dann gibt es noch jene, die sich auf eine grundlegende Umstrukturierung einlassen, offenkundig mit einigem Erfolg, aber auf die alten Problemlösungsmethoden zurückgreifen, wenn ihnen der Wind hart ins Gesicht bläst. Sie kramen ihre althergebrachten Befehls- und Kontrollstrategien aus der Mottenkiste, basteln die starren hierarchischen Strukturen wieder zusammen, untergraben demokratische Entwicklungsprozesse und kehren zur harten Linie, zum vereinfachten Entweder-oder-Führungsstil zurück.

James O'Toole beschreibt, wie ARCO der Versuchung nachgab und in den alten Trott zurückfiel. Jahrelang hatte das Unternehmen die Werthaltungen des neuen Konzepts glühend befürwortet. Aber dann trat eine Krise ein. O'Toole schreibt:

Als der Ölpreis in den Keller ging, bestand ARCOs unverzügliche Reaktion darin, eben jene charakteristischen Merkmale aufzugeben, die dazu geführt hatten, den Konzern positiv von der Konkurrenz abzuheben. Früher war ARCO ein souveräner Branchenführer gewesen, ein Meister der flexiblen, langfristigen Planung, der sich durch unternehmerischen Wagemut auszeichnete und stets darauf bedacht war, die Auswirkungen seiner Aktivitäten auf die Kommunen an seinen Werksstandorten sorgfältig unter die Lupe zu nehmen. Doch beinahe über Nacht kehrte es zu den harten Praktiken seiner einfallslosesten Konkurrenten zurück (und vergrößerte dadurch nicht nur die Tiefe des Falls, sondern zerstörte unter Umständen auch die Arbeitsmoral im Unternehmen in einem Maß, das eine volle Wiederherstellung schwierig macht)... Dieses Muster wiederholt sich in einem Unternehmen nach dem anderen. Wenn ihnen ein rauher Wind ins Gesicht bläst, dann glaubt man den »Revolverhelden«, weil sie eine klare, unzweideutige Antwort auf jede Krise parat haben, die da lautet: »Werft allen sentimentalen Ballast ab, und haut rein!« Wenn es der Führungsriege an Selbstvertrauen mangelt, dann tragen solche Parolen, die ein reines Zweckverhalten fordern, den Sieg davon, weil sie schnelle Ergebnisse versprechen. ARCO war besonders anfällig für solche Losungen, nachdem der Begründer der alten Unternehmenskultur, Thornton Bradshaw, aus der Firma ausgeschieden war. Zum Glück hat ARCO nach zwei Schritten rückwärts inzwischen einen neuen Firmenchef, der seine innere Verpflichtung darin sieht, das Leistungsniveau und die Integrität der Führung wiederherzustellen, die der Konzern unter Bradshaws Ägide genoß.

Wenn sich Ängste innerhalb eines Unternehmens aufbauen, das einen Wandel durchmacht, überrascht es nicht, daß man wieder in die vertrauten alten Gewohnheiten zurückfällt. Ein Abschwung in der Wirtschaft, ein Rückgang der Aktienkurse, ein kurzfristiger Anstieg der Kosten, der auf die praktische Umsetzung von Umstrukturierungsplänen zurückzuführen ist, sind nur einige der Größen, die einen Rückfall bewirken können.

Das Engagement für Veränderungen

Es gibt keinen »einzig richtigen Weg«, Veränderungen anzugehen. Der wichtigste Faktor bei der Umsetzung des Wandels ist eine Art »Aha-Erlebnis«: Das Management erkennt urplötzlich, daß das Unternehmen ein *lebendes System* ist, ein Organismus, der mit anderen Organismen in Wechselwirkung steht – und keine *mechanische Einheit,* deren wichtigste Funktion darin besteht, technischen Schnickschnack, Dienstleistungen oder Gewinne für die Aktionäre zu produzieren. Dieses Konzept mag auf Anhieb verstanden werden, es jedoch im Unternehmensalltag fest zu verankern ist eine echte Herausforderung und keinesfalls eine Angelegenheit, die sich im Nu vollzieht, wie unsere neuen Führungskräfte bestätigen können.

Sich für grundlegende Umstrukturierungen einzusetzen erfordert die Bereitschaft der Mitarbeiter, Risiken einzugehen. Der Wandel ist ein schwieriger Prozeß für Arbeitnehmer auf allen Unternehmensebenen. Sie haben jahrzehntelang nur auf Anweisung gehandelt und sind nun aufgefordert, mitzudenken, Neuerungen vorzuschlagen und strategische Entscheidungen zu treffen. Belegschaftsmitglieder, die daran gewöhnt sind, Anordnungen von oben zu befolgen, müssen jetzt mehr Eigenständigkeit und Verantwortung an den Tag legen.

Führungskräfte, die daran gewöhnt waren, Anweisungen zu erteilen, müssen gleichermaßen lernen, ein Umfeld zu akzeptieren, an dessen Gestaltung ihre Mitarbeiter aktiv teilhaben. Manager, die sich jahrelang mit Hilfe von Autorität und Kontrolle ihren Weg an die Spitze freigekämpft haben, sind nun angehalten, eben jene Denk- und Verhaltensmuster zu ändern, denen sie ihren Erfolg verdanken.

Robert Swiggett, der frühere Chef der Kollmorgen Corporation und nun im Ruhestand, weist darauf hin, daß dieser Wandel nicht leicht ist: »Wenn man von der überlieferten autoritären, hierarchisch gegliederten Struktur zu einer dezentral geführten Organisationsform übergeht, dann ist das größte Problem die Kontrolle. Über Geld und Ruhm hinaus ist das Machtbedürfnis, der Wunsch, alles im Griff zu haben, für die meisten Führungskräfte in traditionellen Unternehmen die stärkste Antriebskraft. Die meisten würden eher auf alles andere als diese Kontrolle verzichten.«

Bei der Umstrukturierung eines Unternehmens muß man damit rechnen, tiefverwurzelte Ängste zu wecken, kurzfristig Verwirrung anzurichten und sowohl auf persönlicher als auch Unternehmensebene harten Kämpfen Vorschub zu leisten. Mitarbeiter jeder Ebene verspüren Furcht oder geraten sogar in Panik, wenn sie sich der Notwendigkeit gegenübersehen, ihre Rollen anzupassen, die für viele eng mit ihrem grundlegenden Selbstverständnis verknüpft sind.

Für eine Firma, die sich im Umbruch befindet, werden diese Turbulenzen nach und nach zur Norm, und der unerbittliche Wandel wird als unternehmerisches Umfeld akzeptiert. Sobald Mitarbeiter die Fähigkeiten erworben haben, die unerläßlich sind, um Veränderungen zu bewältigen, beginnen sie sich mit dem Gedanken auszusöhnen, daß sich alles um sie herum in stetigem Fluß befindet. Irgendwann kommt sogar der Zeitpunkt, an dem sie den Wandel begrüßen und sich auf die Wachstumschancen, die er bietet, konzentrieren, statt ihr Augenmerk allein auf die Kämpfe zu richten, die damit einhergehen.

Bei Preston Trucking haben sich die Belegschaftsmitglieder zunehmend an ein Umfeld gewöhnt, das sie anspornt, ständig nach Neuerungen am Arbeitsplatz Ausschau zu halten. Einige Preston-Mitarbeiter waren sehr innovationsfreudig, und die zögerlichen Kollegen lernten von ihnen.

In einem großen Unternehmen kann die Neuorientierung mehrere Jahre in Anspruch nehmen, und selbst dann ist der Erhalt einer Unternehmenskultur, die Veränderungen fördert, eine fortwährende Herausforderung. Al Lehnerd erklärt, daß es bei Steelcase drei Jahre gedauert hat, bis alle bedeutsamen Neuregelungen einfach als »unsere Geschäftsmethode« akzeptiert wurden. Und William Wiggenhorn, der Wegbereiter der Umgestaltung von Motorola, die in der Gründung der Motorola-Universität gipfelte, erklärt rückblickend:

> Ich erinnere mich an einen unserer langjährigen Bereichsleiter, der sich inzwischen im Ruhestand befindet. Er hat mir gleich zu Anfang gesagt: »Bill, wir werden alle versuchen, uns dagegen zur Wehr zu setzen, denn das erfordert Veränderungen von ungeheurer Tragweite, und die sind in einem Unternehmen dieser Größenordnung schwierig. Wenn Sie vier Jahre in Ihrem Amt bleiben, dann werden wir sie [die Motorola-Universität] vermutlich begrüßen und als feststehende Einrichtung akzeptieren. Dann dürfte es schwierig sein, die Veränderung rückgängig zu machen und jemals wieder ohne diese Schulungsmöglichkeit auszukommen.« Wenn ich heute zurückblicke, dann stelle ich fest, daß es ungefähr vier Jahre gedauert hat, bevor das Unternehmen aufhörte, Front gegen uns zu machen, und dazu übergegangen ist, uns zu akzeptieren und die Universität voll zu nutzen.

Vorkämpfer des Wandels – die Rolle des Firmenchefs

Trotz beträchtlicher Hindernisse kann der Umwandlungsprozeß nicht nur erfolgen, sondern er hat tatsächlich begonnen – selbst in Unternehmen, die seit langem den alten Konzepten verhaftet waren. Zweifellos erfordert eine solche Neuausrichtung Zeit, Geduld und vor allem eine engagierte Führung. William Wiggenhorn erkennt dem ehemaligen Motorola-Vorstandsvorsitzenden Bob Galvin das Verdienst zu, die Belegschaft zum Durchhalten angespornt zu haben, als alles gegen einen Erfolg des Experiments zu sprechen schien. Wiggenhorn: »In zwei oder drei Jahren hätten wir vielleicht dichtmachen müssen; wir wären weg vom Fenster gewesen, und kein Hahn hätte danach gekräht. Was uns in dieser Zeit geholfen hat, war, daß Bob Galvin uns die Unterstützung gab, die wir brauchten.«

Wenn eine grundlegende Umstrukturierung stattfinden soll, dann muß sich das Topmanagement vorbehaltlos dafür einsetzen. Das bedeutet unter anderem, daß ranghohe Führungskräfte überzeugt sein müssen von der Fähigkeit ihrer Mitarbeiter, auf allen Ebenen Verantwortung zu übernehmen und als echte Teilhaber ihren Beitrag zu leisten.

Bei Motorola beinhaltete dieses Engagement für Veränderungen ein merkliches Umdenken auf höchster Leistungsebene. Wiggenhorn sagt:

> Unsere Einschätzung, wie groß die Leistungsbereitschaft der Belegschaft wirklich sein kann, wenn sie den nötigen Freiraum erhält, hat sich dramatisch geändert. Früher sind wir von wirklich sehr negativen Voraussetzungen ausgegangen, vor allem hinsichtlich der Arbeiter, die in der Fertigung die Maschinen bedienen. Wir waren der Ansicht, daß sie keine Lust haben zu arbeiten, daß man sie ständig antreiben muß, daß sie keine Überstunden machen wollen und daß sie keine Ideale mehr haben. Alle diese Vorstellungen haben sich in den 80er Jahren als falsch erwiesen. Wir haben herausgefunden: Wenn man Mitarbeitern das richtige Arbeitsumfeld bietet und das richtige Handwerkszeug zur Verfügung stellt, dann sind sie genauso engagiert wie jeder andere.

Das Management im neuen partnerschaftlich geführten Unternehmen hat in erster Linie die Aufgabe, Mitarbeiter zu ermutigen, ihr Fähigkeitspotential zu entwickeln und zu nutzen. Es gibt ihnen die Möglichkeit zu eigenständigem Denken und Handeln, statt sie durch Weisung und Kontrolle zu lenken. Genauso wie ein guter Lehrer imstande ist, die angeborenen Begabungen seiner Schüler zu fördern, hilft ein Vorgesetzter mit echten Führungsqualitäten seinen Mitarbeitern, ihre kreativen, innovativen Kräfte zu entdecken und in die richtigen Bahnen zu lenken. Die Manager der neuen Art erleichtern und beschleunigen den Wandel.

Ein Beispiel für diesen neuen Führungsstil bietet Don Peterson, der eine federführende Rolle bei der Umstrukturierung der Ford Motor Company spielte. Peterson ist ein glühender Verfechter der Arbeitnehmermitbestimmung und unterstützte das Umwandlungskonzept mit voller Überzeugung. Der Ford Taurus, ein Modell, das sich als Verkaufsschlager entpuppte, zeugt von der beträchtlichen Macht, die eine engagierte Führungsriege ausüben kann, wenn das Unternehmen auf einen neuen Kurs einschwenkt. Der Taurus läutete Fords Aufstieg an die Spitze der amerikanischen Automobilindustrie ein, und er bleibt ein glanzvolles Symbol für den Aufbruch des Unternehmens zu neuen Ufern.

Vergleichen wir Peterson mit Lee Iacocca. Unbestritten spielte Iacocca eine entscheidende Rolle in der spektakulären Wende, die Chrysler in den 80er Jahren vom Rande des Bankrotts zurückriß. Aber die frohe Botschaft von Chryslers Auferstehung war stark übertrieben. Auch heute hat das Unternehmen noch schwer zu kämpfen, teilweise deshalb, weil seine Struktur im wesentlichen unangetastet blieb. Es klammert sich noch immer an seine starre Hierarchie. Die Arbeitsverfahren in Herstellung und Konstruktion haben sich nur geringfügig geändert. Der Betrieb trägt nach wie vor seine Fehden mit der Gewerkschaft aus. Und ob er langfristig Überlebenschancen haben wird, ist ungewiß.

Der Gegensatz zwischen Don Peterson und Lee Iacocca erklärt die unterschiedlichen Zukunftsaussichten von Ford und Chrysler. Es ist richtig, daß Ford im Augenblick zu kämpfen hat. Die amerikanischen und europäischen Marktanteile des Unternehmens schrumpfen, und dazu kommt die Bürde eines branchenweiten Absatzeinbruchs. Dennoch erscheint Fords langfristige Zukunftsperspektive wesentlich erfolgversprechender als die Chryslers. Ford plant, bis 1995 zwei Dutzend neue Automodelle herauszubringen. Und Alex Trotman, der Leiter der Nordamerikasparte, hat Teamarbeit auf sein Banner geschrieben. Er findet immer neue Möglichkeiten, von den funktionsübergreifenden Gruppenprozessen, die zum Erfolg der Ford-Automodelle geführt haben, zu lernen und sie fortlaufend zu verbessern. Fords jüngst zusammengestellte Teams waren bereits imstande, den Entwicklungszyklus um ein volles Jahr zu verkürzen.

Wie Chrysler und Ford im kommenden Jahrzehnt abschneiden werden, bleibt abzuwarten. Eines ist jedoch klar: Wenn der Umwandlungsprozeß erfolgreich sein soll, dann braucht ein Unternehmen eine engagierte Führungskraft an der Spitze, die bereit ist, Veränderungen einzuleiten, zu lernen und sich stetig weiterzuentwickeln.

Will Potter von Preston Trucking, Frank Merlotti von Steelcase und Ricardo Semler von Semco sind drei Firmenchefs, die den Umwandlungsprozeß uneingeschränkt befürworten und tatkräftig unterstützen, die das Konzept von Beteiligung und Partnerschaft nicht nur predigen, sondern auch praktizieren. Aufgrund dieses Engagements befinden sich alle drei Unternehmen inzwischen auf dem Weg in eine neue Epoche ihrer Geschichte.

Damit soll nicht angedeutet werden, daß progressive Führungskräfte den Umbruch im Unternehmen zwingend vorschreiben können. Wenn sie sich dem Wandel jedoch verschrieben haben, dann stehen ihnen unendlich viele Möglichkeiten zur Verfügung, dafür zu sorgen, daß der Prozeß Fortschritte macht.

Eine neue Sicht der Dinge

Es kann leicht passieren, daß man sich ausschließlich auf das Chaos konzentriert, das durch die Umstrukturierung verursacht wird, und dabei das übergeordnete Muster übersieht, das sich inmitten dieser Wirren abzuzeichnen beginnt.

Alle Unternehmen, die einen Wandel durchlaufen, haben eines gemeinsam: Für viele von ihnen begann dieser Prozeß mit einer Reihe scheinbar unzusammenhängender Initiativen, die in verschiedenen Bereichen des Unternehmens auf den Weg gebracht wurden. Im Laufe der Zeit flossen diese Aktivitäten zusammen und verstärkten sich gegenseitig. Nur aus der Rückschau ließ sich das Muster »systematischer Veränderungsbemühungen« erkennen, die zu einer völligen Neuorientierung führten. Während der Prozeß stattfand, schien er alles andere als geordnet abzulaufen.

Ford ist in dieser Hinsicht ein gutes Beispiel. Nancy Bedford, Leiterin des Ford-Schulungsbereichs, beschreibt die Anfänge des Umwandlungsprozesses unter Don Petersons Führung:

> Bei Ford gab es keine Spur von Einsicht oder Verständnis. Das Topmanagement war sicher nicht über alle Vorgänge auf dem laufenden. In den anfänglichen Phasen der Entwicklung bestand seine Rolle vor allem darin, die Unternehmenspolitik zu unterstützen. Statt dessen wurde eine Reihe von Veränderungen durchgeführt, die für das Tagesgeschäft von zentraler Bedeutung waren. Sie waren in keiner Weise koordiniert; es gab sogar Eifersüchteleien zwischen den Initiatoren der verschiedenen firmeninternen Veränderungsprojekte, Klatsch darüber, wessen Programm am besten »verankert« war. Aber wir hatten zwei Ziele, die wir geschlossen verfolgten – die Krise zu überwinden und Spitzenqualität anzuvisieren. Die Krise schärfte unser »Bewußtsein«. Und »Qualität« war ein wundervoll einigendes Ziel, ein gemeinsames Band, das uns alle zusammenschweißte, angefangen vom Vorstandsvorsitzenden bis hin zu den Arbeitern am Fließband. Diese gemeinsamen Werte waren so stark, daß die Fehlstarts keine fatalen Folgen hatten. Sie trugen dazu bei, Intrigen, Ausbildungsmängel und Fehler zu überwinden.

In den 90er Jahren können unsere Unternehmen frei entscheiden, ob sie dem gewohnten Pfad folgen wollen – Kosten drastisch senken, Führungsschichten ausdünnen, sich gegenseitig Konkurrenz um die knappen Arbeitskräfte und Ressourcen machen, jeder vorübergehenden Laune folgen, die eine Produktivitätssteigerung verspricht, und die Organisationsstrukturen im wesentlichen unangetastet lassen.

Sie können sich aber auch die Lektion zu Herzen nehmen, die Unternehmen neuen Zuschnitts zu bieten haben: ihre Beziehungen zu Mitarbeitern, Zulieferfirmen, Kunden und anderen Interessengruppen noch einmal gründlich überprüfen, die starren vertikalen Hierarchien abtragen und sich das Prinzip von Partnerschaft und aktiver Beteiligung der Belegschaft zu eigen machen. Mit anderen Worten: Sie können eine Organisation schaffen, in der die Menschen allerhöchste Priorität genießen.

Die Firmen neuen Stils werden in den 90er Jahren und darüber hinaus häufiger anzutreffen sein, weil die Kräfte des Wandels unsere Unternehmen auch weiterhin gehörig beuteln werden.

Eine kritische Minderheit wird dabei richtungweisend sein und anderen ihre eigenen Erfahrungen weitergeben können. Mit einigen dieser Wegbereiter werden wir uns in den nachfolgenden Teilen eingehender befassen. Ihre gesammelten Erfahrungen gewähren uns einen Einblick in ein neues Kapitel der Unternehmensgeschichte, das in allen Ländern der Welt aufgeschlagen wird.

Teil III, in dessen Mittelpunkt die Fluggesellschaft America West steht, erforscht das neue Idealbild des engagierten, vollwertigen Partners und erläutert die einzelnen Schritte, die erforderlich sind, um ein partizipatives Arbeitsumfeld im Unternehmen zu schaffen.

Teil IV befaßt sich mit der Firma PC Connection und dem Innovationsprozeß, der für das Unternehmensmodell der Zukunft von ausschlaggebender Bedeutung ist.

Teil V konzentriert sich auf die Herausforderung, ein Unternehmen aufzubauen, das sich auf Arbeits- und Projektgruppen stützt. Semco S/A wird hier als Fallbeispiel beschrieben.

Teil VI zeigt, wie wichtig es ist, den Kunden einzubeziehen und als »einen von uns« zu betrachten. Die Firma Manco liefert uns die entsprechenden Lektionen.

In Teil VII, der um die Firma Motorola kreist, werden wir einen Blick auf das »lernende« Unternehmen werfen und auf die von Grund auf geänderten Methoden und Verfahren, die bei der Einstellung neuer Mitarbeiter, in der betrieblichen Ausbildung, bei Vergütung und Karriereentwicklung zum Tragen kommen.

In Teil VIII steht die Digital Equipment Corporation im Mittelpunkt. Hier nehmen wir die sehr heterogen zusammengesetzte Belegschaft und die unterschiedlichen Perspektiven derer unter die Lupe, die sich Tag für Tag der Herausforderung einer solchen Vielfalt gegenübersehen.

In Teil IX wird die Body-Shop-Kette in ihrem größeren Zusammenhang beschrieben; dabei werden ökologisch und gesellschaftlich relevante Themen angesprochen.

Teil X faßt die Lektionen zusammen, die sich aus unseren Fallbeispielen ableiten lassen. Er bietet zusätzliche Orientierungshilfen für alle Unternehmen, die nach einem eigenen Weg zu neuen Ufern suchen.

Die Aussicht, das neue Konzept der Partizipation und Partnerschaft fest im Unternehmen zu verankern, ist aufregend und befreiend, aber gleichzeitig auch beängstigend – selbst für die wachsende Anzahl von Führungskräften, die erkennen, wie notwendig der Umbruch ist. Die meisten Menschen ziehen das gefährliche oder zerstörerische *Bekannte* dem vorteilhaften oder sogar heilsamen *Unbekannten* vor.

Frank Merlotti, der Leiter der Firma Steelcase, erinnert sich an die inneren Kämpfe, die viele Führungskräfte zu Beginn des Umwandlungsprozesses ausfochten: »Wenn man einmal innehält und ernsthaft darüber nachdenkt, was steht dann wirklich zu befürchten? Es gibt nach wie vor Führungskräfte. Man hat noch immer die Leitung der Firma in der Hand. Man kann immer noch nein sagen, wenn einem etwas nicht paßt. Man wird den Leuten nicht irgendwelche unsinnigen Arbeiten aufhalsen. Warum sollte es dann nicht besser sein, wenn nicht zwei, sondern 100 Mitarbeiter in einer Abteilung nach Verbesserungsmöglichkeiten im Unternehmen Ausschau halten?«

Der Aufbruch zu neuen Ufern mag riskant erscheinen, aber das *Verharren* im alten Trott ist noch risikoreicher. Es ist schlicht eine Tatsache, daß der langfristige Erfolg der Unternehmen in der neuen Welt der 90er Jahre und darüber hinaus ohne volle Beteiligung und partnerschaftliche Beziehungen zu allen Belegschaftsmitgliedern in einem demokratisch strukturierten Arbeitsumfeld nicht möglich ist.

Teil III

Das Profil des neuen Mitarbeiters – persönliche Bestleistungen, aktive Beteiligung und volle Partnerschaft

1989 bezeichnete das amerikanische Verkehrsministerium America West als eine der »führenden« Fluggesellschaften, nachdem sie Jahresumsatzerlöse in Höhe von einer Milliarde Dollar erzielt hatte. Damit hatte sich das gerade flügge gewordene Unternehmen mit Hauptsitz in Phoenix, das erst sechs Jahre zuvor gegründet worden war, einen Platz unter den größten amerikanischen Fluggesellschaften erobert.

Der Gründer und Vorstandsvorsitzende Ed Beauvais war Volkswirt und Berater für Fluggesellschaften, bevor er den Flugbetrieb von America West mit nur drei Maschinen aufnahm, die neunmal am Tag fünf Großstädte im Südwesten der USA anflogen. Bis vor kurzem hatte die AWA ein spektakuläres Wachstum zu verzeichnen. Anfang 1991 beschäftigte sie 14 000 Mitarbeiter und besaß eine Flotte von 115 Flugzeugen, die 330mal am Tag 55 Städte in sämtlichen US-Bundesstaaten ansteuerten und mehr als eine Million Passagiere im Monat beförderten. Und dann geriet sie ins »ewige Wildwasser« des Weltmarkts. Im Zuge der allgemeinen Rezession, der Bedrohung durch Terroristen und des gewaltigen Anstiegs der Ölpreise infolge des Golfkrieges mußte die AWA im Sommer 1991 Konkurs anmelden.

Mike Conway verließ 1983 die Fluggesellschaft Continental Airlines, um Ed Beauvais beim Aufbau der AWA zu helfen; er wurde Präsident des Unternehmens. Während eines Gesprächs im Sommer 1990 erzählte er mir von seinem Engagement für die Werte, an denen America West seit der Gründung festhält, und von den Herausforderungen, denen sich ein Unternehmen gegenübersieht, das Erfolge im deregulierten amerikanischen Fluggeschäft erzielen will.

Mike Conway und die America West Airlines

Seit 1978 sind 104 Fluggesellschaften gegründet worden. Manche haben es geschafft, den Flugbetrieb zu eröffnen, andere nicht; aber von diesen 104 Firmen sind nur zwei – wir selbst und Midway – übriggeblieben. Und das schließt nicht einmal all jene ein, die es vor 1978 gab und die heute von der Bildfläche verschwunden sind. Wie kommt es, daß wir es geschafft haben, während so viele andere gescheitert sind?

Diejenigen, die sich nur für die finanzielle Seite interessieren, würden sagen, daß wir die Fluggesellschaft mit dem niedrigsten Treibstoffverbrauch in den USA sind. Diese Strategie haben wir bewußt verfolgt und uns eine reine Boeing-Flotte, modern und wirtschaftlich im Treibstoffverbrauch, zugelegt.

Aber das ist nicht das einzige. Unsere Leute können eine Produktivitätsrate vorweisen, die höher liegt als bei allen anderen in der Branche. Und der Grund ist, daß wir ungeheuer viel Zeit darauf verwenden, unsere Belegschaftsmitglieder an vorderster Front des Geschehens auszusieben.

Unsere Mitarbeiter, die wir CSRs nennen [Customer Service Representatives = Kundendienstrepräsentanten], werden in allen Aufgabenbereichen des Flughafenbetriebs eingesetzt und entsprechend geschult. Wir sind die einzige Fluggesellschaft, die das macht. Wir picken uns unter rund 70 Stellenanwärtern vielleicht einen heraus, der für die zu besetzende Position in Frage käme, und mit ihm oder ihr führen wir ein Einstellungsgespräch.

Wir verwenden viel Geld und Zeit darauf, unsere Leute auszubilden. Der Kurs dauert 18 Wochen, anders als bei anderen Fluggesellschaften, wo die Schulung für einen beliebigen Arbeitsbereich, sei es als Flugbegleiter oder in der Flugreservierung, in drei bis vier Wochen abgeschlossen ist. Wir haben uns für diesen Weg entschieden, weil wir unseren Mitarbeitern bessere Arbeitsplätze und eine vielseitige Tätigkeit bieten wollen. Die Herausforderung ist größer, und diejenigen, die an Mobilität und Aufstieg interessiert sind, können in 16 verschiedenen Bereichen des Unternehmens arbeiten, statt in einem, wenn sie spezialisiert wären.

Wenn wir Verspätung haben, Zeit aufholen müssen und nach dem Auftanken sofort wieder starten, kann es durchaus vorkommen, daß beispielsweise der Pilot in die Kabine zurückgeht und hilft, das Flugzeug zu säubern. Oder daß er nach Überprüfung der Maschine beim Ausladen des Gepäcks Hand anlegt. Und es ist keineswegs ungewöhnlich, daß unsere CSRs, die vielleicht gerade als Flugbegleiter eingesetzt sind, sich, während die Maschine startklar gemacht wird, zum Schalter in die Abflughalle begeben, um die Passagiere abzufertigen. Sie sind in allen diesen Aufgaben geschult; es ist ein echtes Teamkonzept. Und solche Dinge kommen bei uns jeden Tag vor.

Wir sind in einer Branche tätig, in der die Gewerkschaften einen großen Einfluß haben; aber bei uns ist nicht ein einziger Mitarbeiter gewerkschaftlich organisiert. Das kann nicht einmal die Fluggesellschaft Delta von sich behaupten; sie mußte sich einige Jahre mit einer Flugzeugführer-Gewerkschaft auseinandersetzen. Wir sind nicht gegen Gewerkschaften; wir sind nur für Menschen. Wir glauben, daß wir unseren Mitarbeitern eine bessere Wahlmöglichkeit bieten, als einen Teil ihres Bareinkommens einer Institution zu zahlen, die definitionsgemäß auf Konfrontationskurs mit der Unternehmensleitung ist. Die Gewerkschaften versuchen halt immer wieder, bei uns Fuß zu fassen. Bei uns gab es mehrere Abstimmungen, und sie haben dabei haushoch verloren.

Wir zahlen nicht die höchsten Löhne und Gehälter in unserer Branche und nicht die niedrigsten, aber wir liegen mit unserer Vergütung eher im oberen als im unteren Bereich der Skala. Und für das, was wir zahlen, erhalten wir mehr Produktivität.

Ein Grund ist, daß buchstäblich alle unsere Mitarbeiter Anteilseigner sind. Das ist eine Vorbedingung für die Beschäftigung, bis auf einige wenige Regionen, in denen die bundesstaatliche Gesetzgebung eine Aktienbeteiligungspflicht verbietet – in Kalifornien beispielsweise. Aber die meisten Belegschaftsmitglieder entscheiden sich freiwillig für das Programm. Unsere Mitarbeiter halten also 30 Prozent der stimmberechtigten Aktien. Das ist ein großes Stück des Kuchens.

Außerdem gibt es bei uns ein sehr einfaches, aber wichtiges Gewinnbeteiligungsprogramm; hier werden 15 Prozent der Unternehmensgewinne vor Steuern alljährlich *in bar* an die Belegschaft ausgeschüttet. Dieses Geld steht ihnen nicht erst in 100 Jahren zu, sondern sie erhalten auf der Stelle greifbare Vorteile und Rückmeldungen in Form von Bargeld. Kann es einen besseren Informationsrückfluß geben?

Wir haben also die Anteilseigner und die Gewinnbeteiligung, aber es gibt noch etwas anderes, das meines Wissens keine andere Gesellschaft in den USA hat: Wir sind das einzige Unternehmen, das allen Mitarbeitern jedes Jahr als Leistungsanreiz Aktienoptionen bietet; sie können dann 20 Prozent der Aktien pro Jahr beziehen. Die Laufzeit erstreckt sich auf einen Zeitraum von zehn Jahren. Hier handelt es sich um dieselben Aktienoptionen, die andere Gesellschaften nur ihren Spitzenführungskräften gewähren. Wir denken, daß dieser Weg für alle sinnvoll ist.

Unsere Mitarbeiter sind wirklich leistungsbewußt; je besser das Unternehmen abschneidet, desto besser geht es auch ihnen. Deshalb machen sie viele Dinge so und nicht anders. Die Kollegen üben ungeheuren Druck aus, und das sorgt meiner Ansicht nach dafür, daß die Teamarbeit funktioniert. Unsere Leute haben Biß, sind wirklich begeistert und besitzen »Adleraugen«, was uns wichtig ist. Sie nehmen einfach nicht hin, daß jemand auf Kosten aller anderen Gruppenmitglieder eine ruhige Kugel schiebt. Wenn man Leute hat, die Anteilseigner sind und die feste Überzeugung haben, daß sie für eine Firma arbeiten, die wirklich an ihrem Wohl interessiert ist, in der sie Karriere machen wollen, dann empfinden sie es als persönliche Beleidigung, wenn jemand nicht sein Bestes gibt.

Wir haben uns einer Politik der offenen Tür verschrieben, und danach handeln wir auch. Jeder kann bei jedem auf einen Sprung vorbeischauen. Ich muß die Leute hereinlassen, die mich aufsuchen, gleichgültig, über was sie mit mir reden möchten. Wenn unsere Leute ein Problem haben, ermutigen wir sie, sich an ihren unmittelbaren Vorgesetzten zu wenden, das Ganze also auf dem normalen Dienstweg zu regeln; aber sie müssen nicht. Vielleicht gibt es ja Probleme mit irgendeiner Person innerhalb dieser Weisungsstrukturen. Was macht man dann?

Wir haben eine Hotline für gebührenfreie Anrufe eingerichtet; diesen »heißen Draht« kann jeder nutzen. Die Leute rufen an, um Dampf beim Schlichter abzulassen, konstruktive Vorschläge zu machen, dafür zu sorgen, daß ein Gerücht aus der Welt geschafft wird – was immer Sie wollen. Und diese Hotline endet direkt bei mir und beim Vorstandsvorsitzenden; wir befassen uns persönlich mit jedem einzelnen Anruf. Unsere Mitarbeiter wissen also, daß sie ein Forum haben und sich Gehör verschaffen können. Das heißt nicht, daß es immer nach ihrer Nase geht, aber sie haben Zugang zu den Entscheidungsträgern auf allerhöchster Unternehmensebene, und das ist sehr wichtig.

Wir sind ein Unternehmen, das nicht ganz sieben Jahre existiert, und trotzdem haben wir das fortschrittlichste Kinderbetreuungsprogramm in ganz Amerika auf die Beine gestellt. Mehr als 500 Kinder unserer Mitarbeiter werden im

Rahmen dieses Programms entweder in Tagesstätten oder von Tagesmüttern betreut. Wir betrauen nur volljährige, verantwortungsbewußte Frauen mit dieser Aufgabe, vor allem dort, wo es nicht viele Horte auf kommunaler Ebene gibt, die Kleinkinder aufnehmen. Wir führen mit den Bewerberinnen ein ausführliches Einstellungsgespräch. Wir überprüfen sie auf Herz und Nieren wie beim FBI, nehmen Fingerabdrücke und behalten den Haushalt im Auge, um sicherzugehen, daß die Kinder gut aufgehoben sind. Wir verfolgen genau, um wie viele Kinder sie sich im Laufe der Zeit kümmern. Unser Kinderbetreuungsprogramm steht unseren Belegschaftsmitgliedern in Phoenix und Las Vegas zur Verfügung und in mehreren anderen Städten, die unserem Netz angeschlossen sind. Wir zielen langfristig darauf ab, es in jeder Stadt anzubieten, die wir anfliegen.

Darauf sind wir sehr stolz, und wir haben landesweit Anerkennung dafür geerntet, aber das ist nicht unser wichtigstes Motiv. Wir tun es, weil es richtig und vom geschäftlichen Standpunkt sinnvoll ist.

Wir haben auch ein Hilfsprogramm für unsere Mitarbeiter eingerichtet, eine Gruppe, die sich aus Profis zusammensetzt und sich mit Alkoholabhängigkeit, Tablettenmißbrauch, Abhängigkeitsverhältnissen zwischen Menschen, Streß usw. befaßt. Diese Leute sind da, um unseren Belegschaftsmitgliedern, aber auch deren Angehörigen, unter Wahrung strikter Vertraulichkeit zu helfen, mit den Problemen fertig zu werden, mit denen wir uns in einer vielschichtigen Gesellschaft heute alle konfrontiert sehen.

Es kann durchaus vorkommen, daß ein tablettensüchtiger Mitarbeiter mit seinem Problem herausrückt; wir schicken ihn ein paar Monate in die Betty-Ford- oder die Cottonwood-Klinik zum Entzug und übernehmen buchstäblich sämtliche Kosten.

Wir haben wie jede Firma Mitarbeiter, die in finanziellen Schwierigkeiten stecken, und meistens sind sie nicht aus eigenem Verschulden in diese Zwangslage geraten. Aber sie sind finanziell einfach am Ende. Sie wissen, daß wir keine Bank sind, aber sie wissen auch, daß sie jederzeit zu uns kommen können, wenn ihnen die herkömmlichen Quellen eine finanzielle Unterstützung verweigern.

Es ist beispielsweise nicht ungewöhnlich, daß ein Mitarbeiter mit einem Schuhkarton voll unbezahlter Rechnungen in meinem Büro auftaucht. Wir zahlen einfach alle Schulden. Wir stellen für den Betreffenden ein Tilgungsprogramm zusammen, das er bewältigen kann. Er zahlt uns den Betrag dann innerhalb eines längeren Zeitraums zurück – zu einem Zinssatz, der deutlich besser ist als der, den er bei einer Bank bekommen würde.

Warum wir das alles machen? Es steht nirgendwo geschrieben, daß wir dazu verpflichtet wären, aber uns liegt jeder einzelne Mitarbeiter wirklich am Herzen. Wir versuchen nichts anderes, als eine zusätzliche Komponente zu sein im übergeordneten sozialen Netz, das Menschen in dieser komplexen Gesellschaft brauchen. Wir wollen uns nicht als Weltverbesserer aufspielen. Wir sind kein Kreditinstitut. Wir versuchen nicht, die Eltern zu ersetzen. Und ganz bestimmt sind wir kein Krankenhaus. Aber wir verfügen sowohl über die Zeit als auch über die Mittel, zur Stelle zu sein, wenn jemand Hilfe braucht. Und das ist unser Beweggrund. Die Leute wissen das, und wir geben uns die allergrößte Mühe, es ihnen immer wieder vor Augen zu führen.

Uns liegt wirklich etwas an den Menschen, die für uns arbeiten, und ich denke, daß unsere Belegschaft das sieht. Und so kann Loyalität entstehen. Den

Leuten macht es nichts aus, mehr zu tun als vorgeschrieben, wenn es dem Unternehmen zugute kommt. Das Wohlergehen des Unternehmens ist ein Synonym für ihr eigenes wirtschaftliches und emotionales Wohlergehen.

Die Geschichte von America West gewährt uns einen Einblick in die Werthaltungen, Einstellungen und Arbeitsprozesse, die Mitarbeiter motivieren, sich aktiv am Unternehmensgeschehen zu beteiligen. Die Fluggesellschaft gibt ihren Belegschaftsmitgliedern weitreichende Befugnisse und fördert ihre Stärken; sie bietet ihnen das Rüstzeug, die Schulung und die Eigenständigkeit, die für eine echte Partizipation notwendig sind, und darüber hinaus Aktienanteile und ein Arbeitsklima, das auf gegenseitiger Fürsorge und Vertrauen basiert. Es überrascht wohl nicht, daß in einer solchen Arbeitssphäre, in der Menschen Anerkennung erhalten und sich Begabungen und schöpferische Talente frei entfalten können, Mitarbeiter ihr Bestes geben, vor allem in schwierigen Zeiten.

Als Mike Conway Continental Airlines verließ, um das Amt des Geschäftsführers von America West zu übernehmen, machte er seine Absicht deutlich, die Vorschriften und Bestimmungen auf ein Mindestmaß zu beschränken. Er war entschlossen zu verhindern, daß eine sinnlose Bürokratie entstehen würde, die Eigeninitiative und Engagement der Mitarbeiter nur gebremst hätte.

Conway konzentrierte sich auf Methoden statt auf Regeln. Die Mitarbeiter erhielten eine gründliche Ausbildung; sie sollten nach seinen Worten »alle Voraussetzungen mitbringen, die man braucht«, um dem Unternehmen zum Erfolg zu verhelfen. Die Schulung, die die 3000 Kundenrepräsentanten von America West durchlaufen, ist hart. Sie besteht aus einem Kurs, der 18 Wochen dauert und alle Funktionen abdeckt, die erforderlich sind, um die Passagiere mit Flugscheinen auszustatten und sie sicher und effizient an und von Bord der Maschinen zu bringen.

Ein so gründliches Training gestattet es den Belegschaftsmitgliedern, eigenständige und kompetente Entscheidungen zu treffen und Probleme zu lösen, sobald sie auftauchen, ohne ihre Maßnahmen vorher an höherer Stelle absegnen zu lassen. Im Gegensatz zum Topmanagement anderer Firmen ist es für Mike Conway und den Vorstandsvorsitzenden Ed Beauvais eine Selbstverständlichkeit, daß die 14000 oder mehr Mitarbeiter von America West ihre Entscheidungen und Arbeitsaufgaben autonom handhaben. Risiko- und Verantwortungsbereitschaft sind grundlegende Voraussetzungen für jede Tätigkeit in dieser Fluggesellschaft.

Bei America West wird offen und viel – und in beiden Richtungen – kommuniziert. Es ergehen zwar Weisungen von der Führungsetage, aber Kritik, Vorschläge und Anliegen der Mitarbeiter fließen auch zurück, beispielsweise durch solche Kanäle wie den »heißen Draht« für die Belegschaft.

Vertrauen ist eines der charakteristischen Merkmale, die die Aktivitäten von America West kennzeichnen. Mike Conway führte ein Programm ein, das Mitarbeiter, die nachweislich wenig gefehlt hatten, mit sogenannten »Sonder-Tickets« belohnte, also mit Flugscheinen, die weit unter dem Normalpreis lagen. Einige Manager wollten daraufhin wissen, was sie mit ansonsten zuverlässigen Belegschaftsmitgliedern machen sollten, die einige Male entschuldigt der Arbeit ferngeblieben waren, so daß ihre Personalakte nicht mehr ganz makellos war. Ohne zu zögern, forderte Conway sie auf: »Seid großzügig!«

Ein weiteres America-West-Programm, ein Jahresvorauszahlungsplan, zahlt den Belegschaftsmitgliedern bis zu einem Viertel ihres Jahresgehalts im voraus. Einige Manager wurden da nervös und machten sich Sorgen, daß einige Mitarbeiter das Geld kassieren und schnurstracks das Weite suchen würden. Conways Antwort: »Vergeßt das eine Prozent, das dieses Programm mißbrauchen könnte. Konzentriert euch auf die 99 Prozent, die dadurch motiviert werden.«

Die Unternehmenskultur von America West, die Fürsorge und Vertrauen widerspiegelt, ist eine unabdingbare Voraussetzung für eine uneingeschränkte Mitarbeiterbeteiligung. Die Führungskräfte mögen weichherzig sein, aber sie zeigen sich starrköpfig, wenn es um Leistungsmaßstäbe geht. Conway und Beauvais haben es geschafft, den harten und den sanften Kurs in Einklang zu bringen. Sie sind, wie Charles Hampden-Turner es nannte, »unerbittlich gegenüber Problemen, nachsichtig gegenüber Personen«.

Mike Conway erklärt:

> Es ist beinahe so wie mit Familienangehörigen, denen gegenüber man ja auch hart sein kann; aber wehe, wenn ein Außenstehender sie unter Beschuß nimmt – das ist die einzige Analogie, die mir einfällt. Wir müssen uns in unserem Unternehmen Tag für Tag in einer Branche mit mörderischem Wettbewerb behaupten, aber wir haben das durchgestanden und unsere Konkurrenten nicht. Die übrigen Wettbewerbsteilnehmer hatten es von Anfang an nicht darauf abgesehen, uns Marktanteile abzujagen, wie United es mit American Airlines und Delta macht, sondern sie haben versucht, uns auszumanövrieren.
>
> Wenn andere einem ans Leder wollen, dann muß man hart sein,

um ihnen Paroli zu bieten. Aber so unerbittlich man seinen Konkurrenten gegenüber auch sein muß, man sollte genausoviel Einfühlungsvermögen und Energie für die Leute aufbringen, die Tag für Tag von der Außenwelt Schläge einstecken müssen. Ich denke, daß diese Kombination Wirkung zeigt.

Obwohl es in amerikanischen Unternehmen üblich ist, sich auf die kurzfristigen Gewinne zu konzentrieren, fühlen sich sowohl Beauvais als auch Conway der Zukunft von America West verpflichtet; sie sind daran interessiert, langfristig im Geschäft zu bleiben und nicht die schnelle Mark zu machen. Genauso groß ist ihr Engagement für partnerschaftliche Beziehungen zur Belegschaft, und sie haben konkrete Schritte eingeleitet, um dies zu beweisen. Genau die Hälfte aller America-West-Aktien befindet sich in den Händen der Führungskräfte (zwölf Prozent), der Mitarbeiter (18 Prozent) und eines befreundeten australischen Anlegers, der Fluggesellschaft Ansett Airlines (20 Prozent). Und um Übernahmen der Konkurrenz von vornherein einen Riegel vorzuschieben, hat die Belegschaft eine Abwehrstrategie in petto. Im Ernstfall müßte das Unternehmen, das eine Übernahme plant, nämlich 250 Prozent ihrer Jahresgehälter auf einen Schlag hinblättern. Dieser Schachzug macht AWA zu einem teuren und folglich unwahrscheinlichen Übernahmeziel.

Wie reagieren die Mitarbeiter und Anteilseigner auf den partnerschaftlichen Führungsstil von America West? Beteiligen sie sich wirklich aktiver am Unternehmensgeschehen als die Belegschaften anderer Firmen? Die Antwort lautet klar und deutlich: ja.

Das Profil des aktiv beteiligten Partners

Ruth Thomson war mehr als vier Jahre Kundendienstrepräsentantin bei America West. Ich fragte sie, ob die Mitarbeiter wirklich den Freiraum und die Befugnisse besäßen, alle notwendigen Schritte einzuleiten, um die Zufriedenheit der Passagiere und den Erfolg des Unternehmens zu gewährleisten. Die nachfolgende Schilderung, die auf ihrer eigenen Erfahrung beruht, ist ein anschauliches Beispiel für persönliche Spitzenleistungen:

> Die Maschine war startklar für den Flug nach San José, und ein Mann kam an Bord und setzte sich auf seinen Platz. Als wir unsere Ansage machten, daß wir nach San José fliegen würden, sprang er auf; er war ziemlich aufgeregt. Er schnappte sein Handgepäck und stürzte aus dem Flugzeug.

Ich folge ihm also den Tunnel hinauf, und es stellte sich heraus, daß er nach San Francisco wollte; das war der Flugsteig gleich nebenan. Eine von unseren CSRs hatte ihn versehentlich durch unsere Abfertigung geschleust. Sie muß wohl ein bißchen durcheinander gewesen sein.

Als wir am Gate ankamen, sahen wir gerade noch, wie die Maschine nach San Francisco auf die Startbahn rollte, und es war zu spät, um sie noch zu erwischen. Der Mann versuchte, die Tür vom Tunnel zu öffnen. Er war ziemlich wütend.

Unser Flugzeug sollte in fünf oder zehn Minuten starten, aber ich habe ihn mit zu einem unserer Schalter genommen und ihn beruhigt. Weil ich mich mit der Reservierung und Computern auskenne, konnten wir uns seine Buchung noch mal ansehen. Dann habe ich beschlossen – America West ermutigt uns, eigenständig zu entscheiden, und gibt uns Rückendeckung –, ihn mit nach San José zu nehmen. Ich wußte, daß ich, sobald wir dort gelandet sein würden, eine Transportmöglichkeit nach San Francisco für ihn finden würde, per Firmenbus oder Leihwagen. Wir haben entsprechende Einrichtungen.

Deshalb habe ich umgebucht und einen entsprechenden Vermerk in seinen Flugunterlagen eingetragen. Sein Onkel sollte ihn in San Francisco vom Flughafen abholen, und unser Passagier war wirklich beunruhigt, weil sein Verwandter ja dort auf ihn warten würde und nicht wissen konnte, was passiert war. Also habe ich den Unterlagen auch noch eine Notiz für den Onkel beigefügt. Ich habe über Computer dem Stationsleiter in San Francisco eine Nachricht zukommen lassen; er konnte dann den Transport vorab arrangieren, damit wir nach der Landung keine Zeit verlieren würden.

Das schien ihn merklich zu beruhigen. Wir nahmen ihn wieder an Bord, und als wir in San José ankamen, begleitete ich ihn bis zur Straße vor dem Flughafengebäude, um mich zu vergewissern, daß alles bereitstand. Und ich erkundigte mich, ob sein Onkel benachrichtigt worden war.

Ich fühlte mich verantwortlich, weil der Fehler auf unserer Seite lag. Aber nicht nur deshalb. Der Mann war noch nicht oft geflogen, und es war ein wirklich aufregendes Erlebnis für ihn, quer durch Amerika zu fliegen (ich glaube, er kam aus irgendeinem Ort im Mittleren Westen). Ich wollte, daß er diese Flugreise als angenehme Erfahrung in Erinnerung behielt.

Als ich dann am nächsten Tag von einem Flug nach Phoenix zurückkehrte, sah ich mir die Buchungen noch einmal an, um festzustellen, wann er zurückfliegen sollte. Das Abflugdatum lag ungefähr drei Tage später. Ich fuhr zum Flughafen und begrüßte ihn, als die Maschine gelandet war; er erinnerte sich an mich. Ich brachte ihn zum Anschlußflug, um Problemen vorzubeugen und dafür zu sorgen, daß er im richtigen Flugzeug saß. Ich brachte ihm noch zehn Kekse mit Schokosplittern als Wegzehrung für die Rückreise; dann ging ich zu einem der Gruppenleiter vom Bodenpersonal und bat ihn, einen Gutschein auszustellen, so daß der Mann ein weiteres Mal auf unsere Kosten mit uns fliegen konnte – nur als Wiedergutmachung für die Unannehmlichkeiten, die er gehabt hatte.

Ruth Thomson ist keineswegs eine Ausnahme und ein Paradebeispiel für Mitarbeiter, die echte Spitzenleistungen bringen. Solche Eigeninitiative findet man überall bei America West, wo mehr als seine Pflicht zu tun zum ganz normalen »Tagesgeschäft« gehört.

Derryl Cox, ebenfalls CSR, erklärt, wie die intensive, funktionsübergreifende Ausbildung es den America-West-Mitarbeitern gestattet, von einem Augenblick auf den anderen den Aufgabenbereich zu wechseln. Damit ist das Unternehmen imstande, ein hohes Maß an Flexibilität zu bewahren. Er nennt ein Beispiel:

Neulich kam einer unserer Gruppenleiter vom Bodenpersonal zu mir und fragte: »Sag mal, Derryl, würde es Ihnen etwas ausmachen, den Flug nach San Francisco zu begleiten?« Ich machte zufällig an einem Abfertigungsschalter vorne am Flugsteig Dienst, an dem kaum etwas los war; ich hatte an diesem Abend nicht viel zu tun, und jemand anderer konnte für mich einspringen. Also wurde ich mit zwei Kollegen – der eine arbeitete gerade am Informationsschalter für die Passagiere, der andere an einem anderen Flugsteig in der Abfertigung – als Steward für den Flug nach San Francisco eingeteilt.

Es kommt häufig vor, daß ein Flug Verspätung hat oder eine Maschine erst spätabends starten kann, so daß die Crew die gesetzlich vorgeschriebene Höchstflugzeit überschreitet und nicht mehr weiterfliegen darf. Also braucht man Cockpit- und Kabinenpersonal, das die Maschine nach Los Angeles oder wohin auch immer bringt und sie nach Phoenix zurückfliegt (AWAs Heimatflughafen), wo die ursprüngliche Mannschaft dann wieder an Bord geht. Ich habe das nur einmal mitgemacht, aber es passiert öfter.

Und weil die Firma in der Lage war, die Leute direkt vor Ort einzusetzen, statt CSRs von anderen Stationen anzufordern oder die

Leute aus dem Bereitschaftsdienst zu holen, konnten wir eine Verspätung beim Abflug vermeiden. Ohne diese Rundum-Ausbildung wären wir nicht imstande gewesen, solche Problemlösungen auch nur in Betracht zu ziehen. Der Start hätte sich mindestens um eine Stunde, wenn nicht sogar um zwei Stunden verzögert.

Mike Conway vergleicht die aktive Beteiligung der America-West-Mitarbeiter mit den starren Strukturen anderer Fluggesellschaften, deren Belegschaftsmitglieder nichts anderes als ihre hochspezialisierten Aufgaben verrichten:

> Wenn Sie einer Stewardeß von United Airlines einen Schock versetzen wollen, dann müssen Sie ihr nur einen Flugschein zeigen, der vier Teilstrecken umfaßt, und ihr eine Frage über den Preis stellen. Sie hat nicht die leiseste Ahnung. Sie weiß nicht, was Steuerung der Kapazität oder Rendite ist, und versteht nichts von den Dingen, die heute im Geschäftsleben von grundlegender Bedeutung sind. Wenn ein Flug Verspätung hat, in der Abflughalle Chaos herrscht und die Flüge dem Zeitplan hinterherhinken, dann schnappen Sie sich mal eine Stewardeß von US Air und fragen sie: »Hallo, könnten Sie mir bitte beim Einchecken helfen?« Die wissen nicht, was eine Konsole mit Elektronenstrahloszilloskop ist. Oder fragen Sie nach der Ausrüstung da draußen auf dem Vorfeld. Unsere Leute kennen sie nicht nur aus dem Effeff, sie können auch damit umgehen. Sie sind imstande, Flugzeuge startklar zu machen und Flugzeuge in die Parkposition einzuwinken. Sie haben die Bordverpflegung im Griff, denn sie waren selbst in der Catering-Station und haben die Essen auf die Rollwagen geladen. Sie sind besser informiert. Sie können viel eher auf die Wünsche und Bedürfnisse der Passagiere reagieren, weil sie die nötige Wissensbasis haben.

Conway erinnert sich an ein Ereignis, das schon eine Weile zurückliegt und das diesen Punkt unterstreicht: America West war zu einer Notlandung auf einem entlegenen Flugplatz im Südwesten der USA gezwungen. Es gab kein Bodenpersonal, das zur Stelle war, um alles weitere zu organisieren. Kein Problem. Die Crew machte sich nicht einmal die Mühe, in der Zentrale anzurufen, sondern zog Jeans an, entlud eigenhändig das Gepäck und buchte Hotels für die gestrandeten Passagiere. Am nächsten Morgen tauchte sie in Uniform wieder auf, lud das Gepäck ein und bereitete das Frühstück vor. Die Passagiere waren tief beeindruckt, aber laut Mike Conway war das eine »reine Routinesache«.

Die Geburt des aktiv beteiligten Partners

Wie in Teil I bereits erwähnt, war der Held des amerikanischen Geschäftslebens während der längsten Zeit des 20. Jahrhunderts der »Pionier«, ein Vorbild, dem ehrgeizige Arbeitnehmer nacheiferten. Individualisten mit kantigem Persönlichkeitsprofil wie Lee Iacocca und willensstarke, wagemutige Unternehmer wie Steve Jobs sind der Inbegriff dieses Typus, der die Welt im Alleingang zu erobern suchte.

Solche Einzelkämpfer galten als Quelle der Macht im Unternehmen und als Motor seines Erfolges. Sie standen weit über und isoliert von der willfährigen Masse der Arbeitnehmer, die von neun bis 17 Uhr schuftete, selten die Initiative ergriff und sich selbst als »Hilfskräfte« betrachtete, deren Rolle in erster Linie darin bestand, Anweisungen von oben zu befolgen.

Doch selbst wenn diese Solisten-Mentalität eine Zeitlang ihre Berechtigung gehabt haben mag, ist sie in unserer heutigen Welt hoffnungslos überholt. Erfolg in unserem derzeitigen wirtschaftlichen Umfeld mit seinem scharfen Wettbewerb, dem wachsenden Informationsfluß und der Ausrichtung an »Marktnischen« statt Massenmarketing erfordert die schöpferischen Fähigkeiten und die Einsatzbereitschaft jedes Belegschaftsmitglieds.

Der typische Mitarbeiter in Unternehmen neuen Zuschnitts ist der aktiv beteiligte Partner, eine kompetente Arbeitskraft – gleich ob Manager, Sekretärin, Techniker oder Firmenchef. Er hat eine fundierte Ausbildung genossen, wird angemessen vergütet, ergreift die Initiative, arbeitet sowohl im Alleingang als auch im Team und ist befugt, strategische Entscheidungen zu treffen.

Voll beteiligte Partner, gleich ob langjährige Führungskräfte oder Büroangestellte, haben ein finanzielles und emotionales Interesse am Unternehmen. Diese Mitarbeiter der neuen Art denken und reagieren wie Firmeneigner und suchen ständig nach innovativen Möglichkeiten, Kunden zufriedenzustellen und den Erfolg ihres Unternehmens zu gewährleisten. Sie sind hoch motiviert, im besten Interesse des Unternehmens zu handeln, denn es deckt sich vollständig mit ihrem eigenen.

Ruth Thomson brachte dieses Zusammengehörigkeitsgefühl zum Ausdruck, als sie sagte: »Ich empfinde mich als Teil des Unternehmens. Wenn jemand über America West spricht, wenn ich mir eine Werbesendung im Fernsehen anschaue, dann macht es mich stolz, weil ich weiß, das bin ich, das ist ein Teil von *mir* und nicht nur mein Arbeitgeber.«

In Firmen wie America West, Preston Trucking, Steelcase und Semco ähnelt der *typische* Arbeitnehmer Ruth Thomson – er ist als Partner voll am Unternehmensgeschehen beteiligt. Eine so breite Einsatzbereitschaft innerhalb der Belegschaft läßt sich nicht von oben diktieren. Dieses Engagement ist eine spontane Reaktion, ein Verhalten, das sich in einem bestimmten Unternehmens- und Arbeitsumfeld ganz von selbst entwickelt.

Eine partizipative Unternehmenskultur schaffen

Ein Unternehmen, in dem aktive, voll beteiligte Partner eher die Regel sind als die Ausnahme, erfüllt folgende Voraussetzungen:

- Es bietet eine zwingende *Mission* und/oder eine Reihe sinnvoller Werte, mit denen sich Mitarbeiter identifizieren können.
- Es weist eine *Struktur* auf, die ein Höchstmaß an aktiver Beteiligung fördert und Flexibilität und Eigenständigkeit in den Mittelpunkt stellt.
- Es *belohnt* Eigeninitiative und straft Mitarbeiter nicht, wenn sie Risiken eingehen.
- Es verfügt über fortlaufende Programme zur *Förderung der aktiven Beteiligung*, um zu gewährleisten, daß volle Partizipation ein Standardverfahren bleibt.
- Es erkennt und unterstützt das Bedürfnis der Mitarbeiter, *Berufs- und Privatleben in Einklang zu bringen.*

Eine gemeinsame Mission und verbindende Wertnormen
Ruth Thomson erinnert sich: »Als ich damals mit den Schokoladekeksen für den Passagier auftauchte, der seinen Flug verpaßt hatte, sagte selbst unser Gruppenleiter am Flughafen: ›Nanu, was machen Sie denn hier? Das ist doch Ihr freier Tag?‹ Und ich erwiderte: ›Ich fühle mich für diesen Mann verantwortlich, und ich glaube, diesen Eindruck sollte ihm auch America West vermitteln. Das ist sein Eindruck von mir, und das ist meine Firma.‹«

Sie fügte hinzu: »Ich mache das nicht nur für meinen Arbeitgeber, um mich bei ihm ins rechte Licht zu setzen, sondern weil ich mich als Teil des Unternehmens fühle, weil ich will, daß es der Firma gut geht, daß sie Erfolg hat.«

Ruth Thomson tat weit mehr als ihre Pflicht, um dem Passagier zu helfen, der die falsche Maschine genommen hatte – nicht auf Anweisung von oben, sondern weil es ihr ein Bedürfnis war. Und sie *wollte* es so und nicht anders, weil sie »stolz« auf ihre Firma war, wie sie erklärte. Weil sie die Werte anerkennt, für die America West einsteht, gibt sie sich im Gegenzug *freiwillig* die allergrößte Mühe. Weil sie an America West glaubt, hat sie die Mission des Unternehmens zu ihrer eigenen gemacht.

Wenn ich von Ruth Thomson spreche, fällt mir ein weiteres anschauliches Beispiel für einen Mitarbeiter ein, der die Mission seines Unternehmens, IBM, »personifizierte«. 1984 hielt ich eine Reihe von Vorträgen in den firmeneigenen Räumlichkeiten; meine Zuhörer waren hochmotivierte Mitarbeiter des Konzerns, die aus allen Ländern der Welt kamen. Wohin ich auch immer reiste, ich wollte von den IBM-Mitarbeitern wissen, ob sie die Mission ihres Unternehmens kannten. Von jedem erhielt ich die gleiche Antwort, in der Regel ohne das geringste Zögern. »Wir sind bestrebt, den besten Kundendienst der Welt zu liefern.« Es faszinierte mich, wie gut IBM es verstanden hatte, den unterschiedlichen Mitarbeitergruppierungen (mehr als 300000 Leute) seine übergeordneten Dienstleistungsziele nahezubringen.

Ich war noch mehr beeindruckt, als ich nach einem meiner Vorträge mit einem IBM-Mitarbeiter sprach, der zum Reinigungstrupp gehörte. Als ich spätabends den Konferenzraum in Austin, Texas, verlassen wollte, bemerkte ich einen Mann, der den Boden auf Hochglanz polierte. Hier werde ich jemanden finden, dachte ich mir, der sicher keine Ahnung hat, wie die Unternehmensmission lautet.

Also stellte ich ihm meine übliche Frage. Der Mann sah verwirrt aus, als ich das Wort *Mission* erwähnte, also formulierte ich meinen Text um und fragte ihn: »Warum arbeiten Sie so hart? Ist Ihr Chef in der Nähe?« »Nein«, erwiderte er. Ich fuhr fort: »Kommt er morgen her, um zu sehen, wie sauber Sie den Raum geputzt haben?« »Nein.« »Warum schuften Sie dann wie verrückt?« Der Mann, der verblüfft und ein wenig verärgert auf die Frage reagiert hatte, die er offensichtlich ziemlich einfältig fand, antwortete: »Na ja, unsere Kunden kommen doch hierher« (er musterte mich dabei von oben bis unten), »und Sie könnten einer von ihnen sein.« Wie Ruth Thomson von America West hatte auch dieser Mann die Mission seines Unternehmens, den Dienst am Kunden, zu seiner eigenen gemacht.

Seit diesem Erlebnis, das ich 1984 hatte, ist IBMs Stern leicht verblaßt. Der Kampf, den Bereich der professionellen Großrechenanlagen aufrechtzuerhalten in einem Zeitalter, in dem sich die vertrauten Muster und Konzepte ständig verändern, ist aufreibend. Ein IBM-Kunde, der in einem *Fortune*-Artikel zitiert wurde, brachte dieses Dilemma auf den Punkt. Nachdem ihm im Jahr zuvor drei verschiedene IBM-Manager einen Verkaufsbesuch abgestattet hatten, erklärte er: »Sie haben uns nie nach unseren Bedürfnissen gefragt. Sie hören einfach nicht richtig zu. Sie reden nur und zeigen dir die Grafiken, die sie mitgebracht haben.«

Sinnvolle Ziele. Ein Mitarbeiter wird sich viel eher mit der Unternehmensmission identifizieren und entsprechend handeln, wenn er diese übergeordneten Zielsetzungen, beispielsweise »den besten Kundendienst der Welt zu bieten«, als sinnvoll empfindet. Die Mission muß sich nicht unmittelbar auf den Erfolg des Unternehmens beziehen. Manche Firmen schaffen es, ihre Belegschaftsmitglieder zu uneingeschränkter Beteiligung anzuspornen, indem sie eine »firmenexterne« Mission verfolgen und sich aktiv für die Lösung gesellschaftlich relevanter Probleme einsetzen.

Ben & Jerry's Ice Cream hat es sich zur Aufgabe gemacht, Projekte für den Frieden zu unterstützen. Das Unternehmen legt 7,5 Prozent seiner Gewinne vor Steuern für diesen Zweck beiseite. Die Body-Shop-Kette gehört zu den erklärten Aktivisten in Sachen Umweltschutz. Und die Firma Levi Strauss ist für ihr Engagement auf kommunaler Ebene genauso bekannt wie für die Bluejeans, die sie herstellt.

Wenn auch firmenintern eine fürsorgliche Einstellung zu erkennen ist, dann können Mitarbeiter ihre Energie leichter auf die Ziele des Unternehmens ausrichten. Sie sind von Haus aus eher geneigt, ja geradezu erpicht darauf, sich aktiv zu beteiligen, weil sie die sozialen Aufgaben des Unternehmens als sinnvoll erachten. Der Schulterschluß, die Identifikation mit der Firma, stärkt außerdem das Selbstwertgefühl des Mitarbeiters.

Aber auch ein Unternehmen, das sich nicht auf gesellschaftlicher Ebene engagiert, kann seine Mitarbeiter zu voller Beteiligung anregen. Wenn es Werte wie aufrichtige Anteilnahme, Vertrauen und Achtung gegenüber der Belegschaft bekundet, wenn seine Mission darin besteht, Menschen den allerhöchsten Stellenwert beizumessen, dann werden die Arbeitnehmer vermutlich nur zu gerne bereit sein, ihr Bestes als Gegenleistung zu geben. Will Potter, Vorstandsvorsitzender von Preston Trucking, ist zu der Einsicht gelangt, daß Mitarbeiter die Wertnormen des Unternehmens akzeptieren und verinnerlichen müssen, um als vollwertige, engagierte Partner handeln zu können: »Als wir anfingen, hatten wir keine bestimmte Unternehmensphilosophie oder Wertnormen; wir haben jedoch gelernt, wie wichtig es ist, daß die Leute in der Lage sind, die Wertvorstellungen des Unternehmens zu verinnerlichen.«

Er nennt ein Beispiel:

> Heute führen wir sogenannte Produkt-Informationskurse durch. Daran nehmen 30 Mitarbeiter teil, die bei uns an vorderster Front im Einsatz stehen. In dieser Gruppe gibt es vielleicht einen Kundendienstleister, Koordinatoren, Lagerarbeiter, einige Büroangestellte und ein paar Leute aus der Verwaltung.
>
> Ich kann mich erinnern, daß ich in einem dieser Kurse mal aufgestanden bin und zwei Stunden lang etwas über unsere Werthaltun-

gen erzählt habe ... Am Ende des Vortrags stand ein Typ namens Roger Wad aus der Verwaltung in Baltimore auf. Er sagte: »Wissen Sie, Will, ich war im Verlauf der Jahre nicht gerade eine große Hilfe.« (Und das vor versammelter Mannschaft.) Und ich erwiderte: »Ja, Roger, ich verstehe.« Er sagte. »Nun, ich möchte Ihnen eines sagen: Jetzt bin ich mit dabei.« Ich sagte: »Roger, ich weiß das wirklich zu schätzen. Erzählen Sie mir ein bißchen mehr; ich weiß nicht recht, was Sie meinen.« »Ich habe etwas über diese Dinge gelesen, aber sie eigentlich nicht richtig verstanden, zumindest wußte ich nicht, was die Worte bedeuten. Jetzt habe ich das Ganze begriffen, es erscheint mir sinnvoll, und ich kann Ihnen nur zustimmen. Es gibt aber noch einen wichtigeren Grund: Jetzt weiß ich, daß es von Herzen kommt.«

Ich denke, darin ist ganz gut zusammengefaßt, was wir seit 1978 gelernt haben. Wir sind an den Punkt gelangt, wo uns bewußt ist: Alles, was nicht von Herzen kommt, wird auch nicht verinnerlicht, und die Leute lassen sich von solchen Werten nicht leiten.

Potter erzählt eine weitere Begebenheit, die zeigt, daß Prestons aufrichtiges Engagement den Mitarbeitern geholfen hat, die Werte des Unternehmens zu verinnerlichen, in diesem Fall das Streben nach Sicherheit am Arbeitsplatz.

Wir haben ein Handbuch mit Beispielen und Übungen zusammengestellt. Der Leiter des Servicezentrums führt ein- oder zweimal im Monat Besprechungen mit allen Arbeitern der Schicht durch. Ich war vor nicht allzu langer Zeit in Peoria, und ich sah ein Exemplar eines dieser Handbücher herumliegen. Ich fragte den Kundendienstleister: »He, was ist denn das?« »Das ist für unser Meeting.«

»Was heißt das?« Er sagte: »Nun, ich fotokopiere die Seite, mit der wir uns beschäftigen werden, und verteile sie an alle, damit wir darüber diskutieren können.«

Ich erwiderte: »Ja, und dann johlen und kreischen und lachen sie sich krank«. »Ja, manchmal schon, aber ich möchte Ihnen eines sagen. Ein paar Tage später, wenn ich meinen Rundgang auf dem Verladehof mache, ziehen die Jungs sich gegenseitig auf und fragen: ›Na, wie viele Übungen hast du denn gestern geschafft, als du zu Hause warst?‹ Sicher, bei uns haben alle Sinn für Humor, und jeder macht sich über das eine oder andere lustig, aber unsere Botschaft kommt an. Heute verdrehen sie nicht mehr die Augen wie früher, weil sie erkannt haben, daß diese Sache ernst ist.«

Mitarbeiter müssen sich mit der Mission oder den Werthaltungen des Unternehmens identifizieren, wenn sie sich voll am Geschehen beteiligen wollen. Sie lassen sich jedoch aus verschiedenen Gründen dazu motivieren. IAMS Pet Foods ist ein Tiernahrungsmittelhersteller mit Hauptsitz in Dayton, Ohio; der Umsatz der Firma beläuft sich auf 150 Millionen Dollar, und Mitarbeiterbeteiligung und Engagement werden hier großgeschrieben. Doch wie Firmenchef Clay Mathile mir erklärte, bedeutet das nicht, daß sich alle aus denselben Gründen für den Erfolg des Unternehmens einsetzen. Mathile sagt:

> Wir sind alle aus verschiedenen Gründen engagiert. Manche Leute finden es intellektuell anregend, wie Bill Wirch beispielsweise. Er hat Interesse am Erfolg unserer Firma, weil ich ihm den Freiraum gebe, sich als Bester in seinem Bereich zu profilieren; er ist zufälligerweise auf Informationssysteme spezialisiert. Les ist motiviert, weil er nie zuvor für ein integres Unternehmen gearbeitet hat, er kam zu IAMS und sah, daß wir ehrlich sind, es aufrichtig meinen, und jetzt kommt er nicht mehr von uns los. Bob Myers setzt sich mit voller Kraft ein, weil er möchte, daß mehr Hunde und Katzen IAMS-Futter fressen, er ist ganz vernarrt in Katzen. Als er feststellte, wie gut sich seine Katzen damit entwickelten, sagte er: »Mein Gott, wir müssen unbedingt mehr davon verkaufen.« Der menschliche Aspekt ist für ihn nicht so wichtig.

Der springende Punkt ist, daß Mitarbeiter sich nur dann voll an betrieblichen Planungen und Entscheidungsfindungen beteiligen, wenn sie zwingende, persönliche Gründe für dieses Engagement haben. Eine sinnvolle Mission und eine Reihe erstrebenswerter Unternehmensziele können die persönliche Motivation und die Anregung beinhalten, die eine volle Einsatzbereitschaft bewirken. Als die Fluggesellschaft America West im Juni 1991 bekanntgab, daß sie Konkurs angemeldet hatte, kamen 2000 der 9000 Mitarbeiter, die in Phoenix stationiert waren, zu einer Versammlung am Sky-Harbor-Flughafen; hier wurden Durchhalteparolen ausgegeben und Strategien zur Sanierung des Unternehmens erörtert. Die Belegschaft sammelte 6000 Dollar, um noch im gleichen Monat eine Anzeige im Lokalblatt *Arizona Republic* zu schalten.

Hier ein Auszug: »Wir, die Mitarbeiter und Anteilseigner von America West, haben unser eigenes geheimes Erfolgsrezept – das nicht kopiert werden kann. Diesem Erfolgsrezept haben wir unsere Motivation zu verdanken, unsere pünktlichen Abflugs- und Ankunftszeiten, unsere nachweislich beispiellose Flugsicherheit, Merkmale, die allesamt unübertroffen sind ... Wir bitten Sie nun, uns Ihre Unterstützung zu gewähren und Ihr Vertrauen in unsere Fähigkeiten und die unseres Unternehmens zu beweisen.«

Flexible Strukturen schaffen, die Partizipation und Engagement fördern

Die Einsatzbereitschaft, die sich auf eine gemeinsame Mission und auf gemeinsame Werthaltungen stützt, ist zwar ein notwendiger erster Schritt auf dem Weg zu voller Mitarbeiterbeteiligung, aber sie allein reicht nicht aus. Eine uneingeschränkte Partnerschaft ist nur dann möglich, wenn die Organisationsstrukturen hochgradig flexibel sind und Mitbestimmung und Mitverantwortung erleichtern statt behindern.

Mike Conway kam zu America West mit dem festen Vorsatz, überflüssige bürokratische Barrieren zu beseitigen. Ricardo Semler, Präsident von Semco, der seine Geschichte in Teil V erzählt, ermutigt Mitarbeiter, bei der Entscheidungsfindung den »gesunden Menschenverstand« zu benutzen; es gibt keine Handbücher mit unternehmenspolitischen Leitlinien, die sie zu Rat ziehen könnten. Die Entschlossenheit, hinderliche Regeln und Bestimmungen über Bord zu werfen, ist einer der Gründe dafür, daß diese Führungspersönlichkeiten ein Arbeitsumfeld schaffen konnten, das Beteiligung und Engagement der Mitarbeiter ungeheuer fördert.

Eine wachsende Anzahl von Unternehmen lernt, daß sie ihre Belegschaftsmitglieder nur dann zu voller Partizipation anspornen können, wenn sie die Organisationsstrukturen lockern. Das geschieht dadurch, daß sie den »Sumpf« trockenlegen – den Morast schier endloser Regeln und Bestimmungen, die ein Unternehmen im eisernen Klammergriff halten. NCR hat sein Handbuch mit den Richtlinien 1989 von 341 auf 125 Seiten gekürzt, indem es die ganze »Kann nicht, tut nicht, darf nicht«-Litanei ausgeklammert hat, wie Jim McElwain, Leiter der Personalabteilung, erklärt. »Unsere Mitarbeiter möchten ihre Aufgaben richtig erledigen. Sie wollen allgemeine Orientierungshilfen; dann können sie im einzelnen überlegen, was zu tun ist.«

PayLess, eine Discount-Warenhauskette, hat ebenfalls versucht, ihr Verfahrenshandbuch auszudünnen, damit die Belegschaft schneller und effizienter arbeiten kann. Im Laufe der Jahre war dieses Regelwerk auf mehr als 2000 Seiten angeschwollen. Nun hat eine dreiteilige Verlautbarung über die Werthaltungen des Unternehmens, die den Dienst am Kunden, eine faire Behandlung der Mitarbeiter und den gesunden Menschenverstand in den Mittelpunkt rückt, die meisten Vorschriften ersetzt (obwohl das Handbuch mit 900 Seiten noch immer ein ziemlich dicker Wälzer ist).

Steven Schiff, der für die Kürzung des PayLess-Handbuchs verantwortlich zeichnet, plant weitere Einschnitte, bis nur noch einige wenige Verfahrensrichtlinien übrigbleiben. »Bis wir damit fertig sind, sage ich unseren Leuten: Wenn die Vorschriften etwas untersagen, was der gesunde Menschenverstand gebietet, dann nur zu, auch wenn ihr gegen die Regeln verstoßt.«

Um die Belegschaftsangehörigen zu mehr Beteiligung und Engagement anzuspornen, haben viele Firmen, wie America West, festumrissene Positionen abgeschafft oder deren Anzahl verringert und Mitarbeiter in verschiedenen Tätigkeiten geschult. Diese funktionsübergreifende Ausbildung kann die Flexibilität und Wettbewerbsstärke des Unternehmens beträchtlich erhöhen.

Preston Trucking hat sich ebenfalls für diesen Ansatz entschieden. Will Potter erinnert sich an eine Begebenheit, die veranschaulicht, welche Schubkraft die Wettbewerbsfähigkeit durch den Einsatz der Mitarbeiter in verschiedenen Aufgabenbereichen erhält:

> Seit Jahren bezeichnen wir unsere LKW-Fahrer vor Ort als »Außendienst-Fahrer«. Sie alle sind mit Hilfe von Videos darauf gedrillt worden, wie sie sich in Gegenwart von Kunden zu verhalten haben.
>
> Ich werde nie vergessen, wie einer unserer Außendienst-Fahrer vor ein paar Jahren versuchte, an einen Frachtauftrag nach Kalifornien heranzukommen. Hauptsächlich sind wir im Nahbereich tätig, aber wir haben eine Partnerfirma in Kalifornien. Wir können die Fracht mit dem Santa-Fé-Expreß verschicken, unser Partner in Kalifornien nimmt sie in Empfang, und wir liefern sie dann aus. Unsere Kunden assoziieren unsere Firma nicht mit Serviceleistungen dieser Art, aber wir sind in der Lage, solche Aufträge zu bewältigen, und wir können im Wettbewerb mithalten.
>
> Der Außendienst-Fahrer in unserer Niederlassung war auf solche Aufträge erpicht, aber er konnte sie nicht an Land ziehen. Doch eines Tages kam einer unserer Konkurrenten, der das Fernverkehrsgeschäft fest im Griff hat, in den Verladehof dieses Kunden, und sein Fahrer fuhr gegen eine Palette, auf der Kartons gestapelt waren.
>
> Die Kartons fielen herunter und lagen überall auf dem Boden verstreut herum. Der Fahrer unseres Konkurrenten ging seelenruhig ins Büro, um den Papierkram zu erledigen. Der Kunde sagte: »Halt, würden Sie diese Kartons bitte mal einsammeln, bevor Sie gehen!« Und der Fahrer erwiderte: »Ich hab' keine Zeit. Gebt mir meine Fracht; ich muß los.«

Unser Mitarbeiter hatte alles mitangesehen. Niemand forderte ihn auf, etwas zu unternehmen, aber er ergriff die Initiative und stapelte die Kartons wieder auf die Palette und dankte dem Kunden für den Auftrag, den er an diesem Tag erhalten hatte. Dann sagte er: »Also, ich würde ganz gerne auch noch die Fracht nach Kalifornien übernehmen.« Der Kunde erwiderte: »Aha, verstehe.« Am nächsten Tag ging unser Mann noch einmal hin, und dann hatte er das gesamte Kaliforniengeschäft dieses Kunden in der Tasche.

Eine funktionsübergreifende Ausbildung kann nicht nur die Wettbewerbsstärke eines Unternehmens erhöhen, sondern auch den Kundendienst verbessern, weil man Monotonie und Verschleißerscheinungen vorbeugt. Derryl Cox von America West erklärt:

> Die Fähigkeit und Flexibilität mitzubringen, um nach und nach all die verschiedenen Aufgaben in dieser Firma übernehmen zu können, hebt die Arbeitsmoral sicher ganz beträchtlich. So konnte ich mir eine positive Einstellung gegenüber meiner Tätigkeit bewahren. Wenn ich beispielsweise an der Gepäckverladerampe eingesetzt bin und feststelle, daß mir das Kofferschleppen keinen Spaß macht, ist das in Ordnung. Wir können uns jeden Monat für die verschiedenen Positionen melden. Ich selbst ziehe es vor, ungefähr die Hälfte der Zeit am Boden und die andere Hälfte als Flugbegleiter zu arbeiten. Das ist gut für meine Arbeitsmoral und mein psychisches Wohlbefinden. Ich kann lächeln, wenn ich an Bord eingesetzt bin, weil ich die Wahl zwischen verschiedenen Funktionen habe und weiß, daß ich in ein paar Tagen wieder zu Hause sein werde und dann eine Zeitlang am Boden arbeiten kann. Das hält mich bei Laune, weil ich die Möglichkeit habe, daheim zu sein, aus welchen Gründen es auch immer notwendig sein mag.

Ruth Thomson stimmt ebenfalls zu, daß diese Schulung in allen Aufgabenbereichen sowohl die Moral als auch die Produktivität ungeheuer anhebt: »Ich habe eine Familie und kann meinen Arbeitsplan auf ihre Bedürfnisse abstimmen. Und wenn ich beispielsweise müde bin, wie oft nach den Feiertagen, und es mich große Mühe kostet, an der Rampe zu stehen und das Gepäck einzuladen oder als Stewardeß zu fliegen, was sehr anstrengend ist, dann kann ich mich an den Reservierungsschalter setzen. Ich bin nicht an eine einzige Tätigkeit gebunden. Deshalb wird mir meine Arbeit nie langweilig; es ist so, als hätte ich vier, fünf oder sechs verschiedene Jobs gleichzeitig. Ich kann jeden Monat oder jede Woche wechseln, wann immer ich Lust dazu verspüre.«

Funktionsübergreifende, autonome Projekt- und Arbeitsgruppen – wie bei Steelcase, Semco und in anderen Unternehmen neuen Zuschnitts – entpuppen sich zunehmend als eine der beliebtesten und wirksamsten Möglichkeiten, um eine aktive Beteiligung der Mitarbeiter zu fördern. Die Entwicklung solcher autonomen Teams, die ein ganz neues Profil aufweisen, werden wir in Teil V eingehender untersuchen.

Beteiligung und Engagement anerkennen

Überall dort, wo Mitarbeiter voll in die Unternehmensaktivitäten einbezogen sind, gibt es irgendeine Form der Teilhaberschaft oder einen Gewinnbeteiligungsplan. Das gebietet einfach der gesunde Menschenverstand. Es wäre naiv, zu erwarten, daß Mitarbeiter Spitzenleistungen für ein Unternehmen erbringen, das ihnen ihren Anteil an den Ergebnissen dieser Bemühungen verwehrt.

In Unternehmen mit einem hohen Maß an Arbeitnehmermitbestimmung, wie bei America West, Steelcase oder Semco, werden auch die Belohnungen geteilt. Die America-West-Mitarbeiter besitzen zwölf Prozent der Unternehmensaktie. Semco schüttet 23 Prozent seiner Gewinne nach Steuern an seine Belegschaftsmitglieder aus. Und bei Steelcase machen die Beträge aus der Gewinnausschüttung und die Leistungszulage im Schnitt 60 Prozent der Grundvergütung aus.

Wenn Mitarbeiter voll beteiligte und engagierte Partner sein sollen, dann müssen sie die guten wie die schlechten Zeiten gemeinsam mit ihrem Unternehmen durchstehen. Ein Grund für das hohe Maß an Einsatzbereitschaft und Arbeitnehmermitbestimmung in der Firma America West ist darin zu suchen, daß die Führungskräfte genauso wie die übrigen Belegschaftsangehörigen betroffen sind, wenn die Geschäfte schlecht gehen. Als die Fluggesellschaft beispielsweise im ersten Quartal des Jahres 1991 einen Abschwung erlebte, nahmen die Topmanager eine 25prozentige Kürzung ihrer Bezüge in Kauf, während die Gehälter anderer Führungskräfte nur um zehn Prozent gekappt wurden. Damit vermittelte man eine wichtige Botschaft an alle Belegschaftsmitglieder.

Die gerechte Verteilung der Belohnungen ist zwar eine unerläßliche Voraussetzung für die volle Partizipation, aber nicht die einzige Form des Arbeitsentgelts, die Unternehmen zu bieten haben. Immer mehr Mitarbeiter sind an der Qualität des Arbeitslebens genauso interessiert wie an wirtschaftlichen Vorteilen. Nicht nur das Geld spielt eine Rolle, sondern auch Motivationsfaktoren wie Anerkennung der Leistungen, Achtung, eine offene Kommunikation, flexible Arbeitszeiten, lebenslange berufsspezifische und allgemeine Weiterbildung, freiwillige, familienbezogene Nebenleistungen und die Möglichkeit, sich im eigenen Fachbereich zu profilieren.

Und wenn es schon gilt, Arbeitnehmer für ihre aktive Beteiligung zu belohnen, dann ist es genauso wichtig, sie nicht dafür zu bestrafen, daß sie eigenständig Entscheidungen treffen und Risiken eingehen. Ruth Thomson von America West sagt:

> Ich bin seit drei Jahren bei der Firma. Wir haben von unseren Vorgesetzten in den Schulungskursen immer wieder zu hören bekommen, daß wir irgendwann allein Entscheidungen treffen müssen. Sie haben mir das Gefühl gegeben, daß ich imstande bin, Verantwortung zu übernehmen und eigenständig zu entscheiden, und daß die Firma hinter mir steht. Es ist sehr wichtig, zu wissen, daß sich niemand in meine Angelegenheiten einmischt, daß mir niemand die Leviten liest, weil ich etwas so und nicht anders gemacht habe.

Ruth Thomson erinnert sich an ihre Entscheidung, eine Fahrtmöglichkeit für ihren »gestrandeten« Passagier zu seinem Zielort San Francisco zu arrangieren:

> Mein Flugzeug sollte in fünf Minuten starten. Sie warteten auf mich und diesen Passagier. Natürlich wäre es möglich gewesen, den Mann in Phoenix in einem Hotel unterzubringen, denn der nächste Flug ging erst am nächsten Morgen. Wir hätten uns schon um ihn gekümmert, aber was hätte das gebracht, wo doch sein Onkel in San Francisco auf ihn wartete?
> Man hatte mir gesagt, daß die Firma immer hinter mir stehen würde, und das war die einzige Alternative, die mir blieb. Sicher, ich hätte losmarschieren und mir irgendwo einen Vorgesetzten suchen können, aber das wäre zu zeitaufwendig gewesen, um ihn noch auf diesem Weg weiterzutransportieren. Das war die schnellste, einfachste Lösung. Ich habe die Entscheidung im Alleingang gefällt, dafür gesorgt, daß der Passagier zufrieden war und alles wie am Schnürchen klappte. Ich wußte, daß mir niemand deswegen Ärger machen und daß man mir Rückendeckung geben würde.

Will Potter von Preston Trucking ist gleichfalls der Meinung, daß Mitarbeiter keine Angst vor eigenmächtigen Entscheidungen haben dürfen, wenn man sie zur Beteiligung anspornen und ihre Arbeitsqualität verbessern möchte. Er meint: »Wir werden Umfragen durchführen – ich weiß noch nicht, in welchen Zeitabständen –, aber wir werden an die Belegschaft in jedem Servicezentrum Fragebögen verteilen, um genau festzustellen, wie gut die Leiter die Kommunikation im Griff haben. Außerdem können wir auf diese Weise ermitteln, ob dort irgendwelche

Ängste bestehen, sich offen zu äußern. Das ist ein ungeheuer wichtiger Faktor. Man kann keine Spitzenleistungen bringen, wenn man auch nur einen Deut Angst hat.«

Kontinuierliche Motivationsmaßnahmen zur Förderung der Leistungs- und Einsatzbereitschaft

Wal-Mart, der Discountwarenhaus-Riese, hält regelmäßig Besprechungen ab, in denen »Basisforschung« betrieben wird, um sich zu vergewissern, daß die Kommunikationskanäle zwischen Geschäftsleitung und Mitarbeitern offen sind. Hier gibt es außerdem ein Programm, das Mitarbeiter zu Verbesserungsvorschlägen anspornt – die dann auch umgesetzt werden. Beispielsweise ist der »Türsteher«, der die Kunden in jeder Wal-Mart-Filiale beim Eintritt begrüßt, das Ergebnis einer solchen Anregung. Sam Walton, dem Vorstandsvorsitzenden und Gründer der Kette, gefiel die Idee so gut, daß er sie in die Leitlinien des Konzerns aufnahm.

Um Mitarbeiter zu Verbesserungen zu ermutigen und zu gewährleisten, daß die Führungsspitze in Kontakt mit den Geschehnissen in den Filialen bleibt, trägt außerdem jeder der Topmanager die Verantwortung für die Umsatzentwicklung eines bestimmten Artikels, der in den Kaufhäusern geführt wird. Sie wählen ihn zu Beginn des Jahres aus und übernehmen während der nächsten zwölf Monate die »Schirmherrschaft« über dieses Produkt. Sie halten sich über seine Fortschritte auf dem laufenden und drängen die Filialleiter zu verkaufsfördernden Maßnahmen. Es wird öffentlich bekanntgegeben, wer für welches Produkt zuständig ist, und regelmäßige Berichte über die aktuelle Umsatzentwicklung – gleich, ob gut oder schlecht – gehen an das gesamte Unternehmen.

Ein weiteres Merkmal der fortlaufenden Bemühungen, das Engagement der Mitarbeiter lebendig zu halten, ist die wöchentliche Zusammenkunft der Filialleiter; hier wird besprochen, wie sich die Umsatzentwicklung ankurbeln läßt. Sam Walton pflegte jeden Samstagmorgen an diesen Versammlungen teilzunehmen.

Damit die volle Einsatzbereitschaft den Mitarbeitern in Fleisch und Blut übergeht, muß sie *ständig* durch firmenweite Motivationsmaßnahmen verstärkt werden. Diese Maßnahmen sind eine Kraft, die dafür sorgt, daß eine Firma lebendig, gesund und leistungsfähig bleibt.

In vielen Unternehmen, die den Wandel bewältigt haben und ihre Mitarbeiter als vollwertige Partner betrachten, gibt es irgendeine Form des betrieblichen Vorschlagswesens; das ist oft einer der ersten Schritte auf dem Weg zu einer grundlegenden Neuausrichtung. Wenn ein solches Vorschlagssystem richtig durchdacht und umgesetzt wird, kann es die Beteiligung der Mitarbeiter enorm erhöhen, weil die Ergebnisse sofort sichtbar sind.

Die wirksamsten Vorschlagssysteme konzentrieren sich auf einen stetigen Fluß geringfügiger, kostengünstiger, schrittweiser Verbesserungen in allen Unternehmensbereichen. Hier werden nur Anregungen gefördert und aufgenommen, die der Urheber in seinem eigenen Arbeitsbereich problemlos realisieren kann. Damit wird die Verantwortlichkeit klipp und klar jedem einzelnen Teilnehmer an den Vorschlagsaktivitäten zuerkannt. Und da das Hauptaugenmerk auf Verbesserungen liegt, die keine große Tragweite haben und nicht viel kosten, wird ein hoher Prozentsatz eingeführt – ein zusätzlicher Anreiz für die Mitarbeiter, ihr Scherflein beizutragen.

Preston hat ein ausgezeichnetes Vorschlagssystem eingeführt, das Teil des übergeordneten Leistungssteigerungsprogramms ist. 1990 haben die rund 6000 Preston-»Partner« sage und schreibe 9209 Verbesserungsvorschläge eingereicht, wovon 96 Prozent umgesetzt wurden.

Die Ergebnisse, die Preston mit diesem Vorschlagssystem erzielt, stehen in augenfälligem Gegensatz zu den herkömmlichen »Vorschlagskästen« in manchen Unternehmen des alten Stils. Ein Grund ist, daß letztere oft auf spektakuläre Verbesserungen abzielen, so daß nur eine Handvoll Ideen verwirklicht werden kann. Und, was noch schlimmer ist: Nur wenige dieser Programme werden vom Management oder anderen Firmenangehörigen ernst genommen. Das hat zur Folge, daß nur wenige Mitarbeiter sich die Mühe machen, sich an den Vorschlagsaktivitäten zu beteiligen.

Das Preston-Vorschlagssystem unterscheidet sich in einigen wichtigen Punkten von den alten, überholten Modellen. Zum einen werden hier sämtliche Ideen ernsthaft geprüft. »Motivierend ist vor allem, daß man sehr schnell sieht, wie der eigene Vorschlag realisiert wird und Anwendung findet, oder man unverzüglich Mitteilung erhält, warum er sich nicht nutzen läßt«, sagt Will Potter.

Er fährt fort: »Wir setzen einen Vorschlagsprozeß in Gang, den der Koordinator nicht stoppen kann. Mit anderen Worten, entweder wird ein Vorschlag umgesetzt oder an eine höhere Stelle weitergegeben ... Wenn er sagt: ›Tut mir leid, da kann ich meine Zustimmung nicht geben, weil uns das zuviel kosten würde‹, dann geht der Vorschlag weiter, oder wenn er zu der Schlußfolgerung gelangt: ›Da kann ich meine Zustimmung nicht geben, weil zu viele Leute außerhalb unseres Arbeitsbereichs betroffen wären‹, dann geht er an einen Prüfungsausschuß auf höhere Ebene, und der Ideenlieferant erhält so schnell wie möglich eine Antwort.«

Da alle Vorschläge ernsthaft in Betracht gezogen werden, ist die Anzahl der Eingänge seit Anlaufen des Programms im Jahre 1984 stetig gewachsen. Potter: »Ich denke, im Laufe der Zeit ist folgendes passiert: Die Leute haben gesehen, daß ihre Ideen tatsächlich umgesetzt werden. Und sie sagen sich: ›Halt, das System funktioniert ja wirklich!‹ Im *Quality Communicator* (einem firmeninternen Mitteilungsblatt) standen die Namen der Mitarbeiter, die Vorschläge eingereicht hatten. Und unsere Leute haben gesagt: ›Mann, was Charlie kann, schaffe ich schon lange. Ich hab' da so eine Idee ...‹«

Hier ist eine Auswahl der Vorschläge, die von Preston-Mitarbeitern gemacht wurden, nebst den jährlichen Kosteneinsparungen, die damit erzielt wurden: Ersatz einer Reinigungsfirma durch einen Teilzeit-Mitarbeiter (3900 Dollar); Wiederbenutzung von braunen Umschlägen für hausinterne Korrespondenz (7500 Dollar); Mitarbeiter tanken ihren Firmenwagen selbst auf, statt den vollen Service an der Tankstelle in Anspruch zu nehmen (40 000 Dollar).

Viele dieser fortlaufenden Motivationsprogramme zielen *direkt* auf eine aktive Beteiligung der Belegschaft ab. In diese Kategorie fallen Schulungskurse, wie sie von America West abgehalten werden, Vorschlagssysteme wie das von Preston Trucking und Besprechungen, in denen »Grundlagenforschung« betrieben wird, wie bei Wal-Mart.

Andere Programme erreichen dieses Ziel auf *indirektem* Weg; sie sprechen bestimmte Bedürfnisse und Probleme der Mitarbeiter an und schaffen somit ein *Klima,* das der Partizipation förderlich ist. Kinderbetreuung, Ausbildungsberatung, Finanzhilfen, Drogenberatung und -therapie und andere Unterstützungsprogramme zählen zu dieser Gruppe.

America West bietet rund um die Uhr eine Kinderbetreuung für die Beschäftigten an. Mike Conway erklärte: »Arbeit und Familie lassen sich nicht mehr trennen. Wenn Eltern wissen, daß ihre Kinder gut aufgehoben sind, erscheinen sie in besserer Stimmung am Arbeitsplatz. Wenn wir die Einstellung vertreten würden: ›Euer Privatleben gehört nicht hierher‹, dann müßten wir irgendwann den Preis dafür zahlen.«

Wie zu Beginn dieses Teils bereits beschrieben, bietet America West seinen Belegschaftsmitgliedern breitgefächerte Unterstützungsprogramme. Conway ist der Überzeugung, das sei einer der Gründe, warum die Mitarbeiter so große Loyalität gegenüber dem Unternehmen bekunden.

Arbeit und Familienleben in Einklang bringen

1990 brachte die Zeitschrift *Fortune* einen Titelbericht mit der Überschrift: »Warum Eins-a-Führungskräfte als Eltern schlechte Noten erhalten«. Brian O'Reilly berichtete, daß die Kinder erfolgreicher Manager weit häufiger zur Entwicklung gesundheitlicher Störungen neigten als die Sprößlinge »weniger erfolgreicher« Eltern. Eine in Ann Arbor, Michigan, durchgeführte Studie habe ergeben, daß sich jedes Jahr 36 Prozent der Kinder von Führungskräften wegen psychischer oder Drogenprobleme einer Therapie unterziehen müßten, wogegen es bei Kindern, deren Eltern im gleichen Unternehmen, aber nicht in leitender Stellung tätig waren, nur 15 Prozent seien. Als Hauptursachen wurden die lange Arbeitszeit und persönliche Eigenschaften wie Perfektionsstreben, Ungeduld und Leistungsbewußtsein genannt. Den Führungskräften wurde empfohlen, sie müßten lernen, die Selbstachtung ihrer Kinder zu stärken.

Peter Senge vom Massachusetts Institute of Technology fand es interessant, daß in dem Artikel mit keinem Wort erwähnt wurde, auf welche Weise die Firmen zu den Problemen beitragen, denen sich Führungskräfte in ihrer Elternrolle gegenübersehen. Und es wurden auch keine Lösungen angeboten, was die Firmen für die Verbesserung des Familienlebens tun könnten. Hier schien man zu der Schlußfolgerung zu gelangen, daß sich Berufs- und Familienleben unweigerlich ins Gehege geraten und die Unternehmen weder Einfluß nehmen noch die Verantwortung dafür tragen können, daß beides aufeinander abgestimmt ist.

Firmen der herkömmlichen Art mit ihrem Entweder-oder-Ansatz verschärfen unweigerlich den Konflikt zwischen Arbeit und Familie. Es kommt häufig vor, erklärt Senge, daß Mitarbeiter zu hören bekommen: »Wenn Sie weiterkommen wollen, dann müssen Sie eben Opfer bringen«, was im Klartext heißt, auf einen großen Teil ihres Familien- und Privatlebens zu verzichten. Firmen tragen auch deshalb zur Zuspitzung des Konflikts bei, weil sie Forderungen stellen und Zwänge schaffen, die sich nicht mit der Zeiteinteilung für das Familien- und Privatleben vereinbaren lassen. Dazu gehören beispielsweise Geschäftsreisen, Fachtagungen, Geschäftsessen, »Klausurtagungen« am Wochenende und Arbeitstage, die kein Ende nehmen wollen.

Diese Interessenkollision zwischen Arbeit und Familie ist eine natürliche Folge der alten Mentalität: Hier wurden Unternehmensziele und -zwecke den persönlichen Zielen und Bestrebungen der Mitarbeiter übergeordnet. In den Firmen der alten Art ist einfach kein Raum, um die Bedürfnisse der Mitarbeiter und die des Unternehmens auf einen Nenner zu bringen. Die Firma steht immer an erster Stelle.

Die Unternehmen der neuen Art konzentrieren sich darauf, rivalisierende Ziele und Bestrebungen *in Einklang zu bringen.* Levi Strauss und Steelcase haben beispielsweise begriffen, daß Arbeit und Familie Bausteine eines Mosaiks sind, Holons in der Holarchie des Lebens. Sie haben verstanden, daß sich ihre Mitarbeiter nicht voll für die Unternehmensmission einsetzen können, wenn sich diese nicht mit ihren persönlichen Bestrebungen verzahnen läßt – Bestrebungen, die tiefverwurzelte Überzeugungen, Träume und Ziele umfassen. Sie betrachten die Organisationsstrukturen als ein lebendes System, dessen einzelne Bestandteile voneinander abhängen. Sie haben erkannt, daß die Trennung zwischen Arbeit und Familie willkürlich ist und zunehmend die Leistungskraft hemmt, ein Produkt der alten Denkweise, die das Ganze auf seine einzelnen Bestandteile zu reduzieren pflegte.

Die Führungskräfte des neuen Stils sehen die natürliche Verbindung, die zwischen Erwerbstätigkeit und allen anderen Aspekten des Lebens besteht. Infolgedessen zielen sie mit ihren Strategien und Aktivitäten darauf ab, die Bedürfnisse des Unternehmens und die des einzelnen aufeinander abzustimmen, statt Mitarbeiter zu zwingen, zwischen Familie und Beruf zu wählen.

Unternehmen erkennen in wachsendem Maß, daß sich der negative Streß, wenn es Probleme mit der Kinderbetreuung, der Schule oder der Gesundheit gibt, unmittelbar auf die Leistungsfähigkeit und die Fehlzeiten der berufstätigen Mütter und Väter auswirkt. Allein die Anzahl der Mitarbeiter, die schwer zu kämpfen haben, um Arbeit und Familie miteinander zu vereinbaren, zwingt Unternehmen, einen neuen Kurs einzuschlagen und umzudenken. 1991 gab es in den USA beispielsweise zehn Millionen erwerbstätige Mütter mit Kindern im Vorschulalter.

Wendy Hoerner ist Fertigungstechnikerin bei Steelcase; sie arbeitet seit 1985 Teilzeit, als sie mit ihrem ersten Kind schwanger war. Sie hat in diesem Zeitraum wichtige Projekte betreut und ihre Karriere zielstrebig verfolgt. 1988, während das zweite Kind unterwegs war – sie arbeitete damals in der Regel von 7.30 bis 11.30 Uhr –, wurde sie befördert. Sie leitete Designgruppen, hielt Besprechungen mit Lieferanten ab und erbrachte erstklassige Leistungen, während sie sich gleichzeitig um ihre Familie kümmerte.

Immer mehr Firmen entdecken, wie recht Mike Conway hat, wenn er sagt, daß Mitarbeiter in der Lage sein müssen, ihr Berufs- und ihr Privatleben in Einklang zu bringen, um sich voll am Unternehmensgeschehen zu beteiligen. Sie stellen Richtlinien auf, um ihrer Belegschaft dabei zu helfen. Du Pont hat den Mutterschaftsurlaub verlängert, gleitende Arbeitszeiten eingeführt und die Zuschüsse für Mitarbeiter, deren Sprößlinge gemeindeeigene Kindertagesstätten besuchen, auf mehr als eine Million Dollar erhöht. Aus einer Umfrage hatte der Konzern nämlich erfahren, daß sich ein Viertel der männlichen und die Hälfte der weiblichen Belegschaftsmitglieder mit dem Gedanken trugen, sich anderswo nach einer Stellung umzusehen, die ihnen mehr Beweglichkeit bot, um den Bedürfnissen der Familie gerecht zu werden. Merck & Co bietet jetzt sechs Wochen bezahlten Mutterschaftsurlaub und sechs Monate unbezahlten Urlaub für beide Elternteile an. IBM schloß sich anderen führenden Unternehmen an, die für ihre Mitarbeiter werkseigene Kindertagesstätten eingerichtet haben. Manche errichteten sogar firmeneigene Schulen auf dem Werksgelände, die den Kindern der Belegschaftsmitglieder zur Verfügung stehen (siehe Teil IX).

Die Firma Levi Strauss ist für ihr Engagement bekannt, Berufs- und Familienleben auszutarieren. Die Gründung der »Family Task Force« ist ein Beispiel aus jüngerer Zeit, das diese innere Verpflichtung bezeugt. Laut Sue Thompson, Leiterin der Personalabteilung, wurde diese Familien-Projektgruppe ins Leben gerufen,

> ... um die sich ändernden Bedürfnisse unserer Mitarbeiter zu erforschen, beispielsweise hinsichtlich flexibler Arbeitszeiten, Teilzeit-Stellen oder Job-Sharing, verschiedener Arten von Lohnnebenleistungen, Urlaub und einer Vielzahl anderer Themen. Den Vorsitz über diese Projektgruppe führt Bob Haas. Und er nimmt an jeder Besprechung teil. Er arbeitet gemeinsam mit Linien- und Stabsmanagern aus den verschiedensten Bereichen Leitlinien und Programme aus, die wir einführen müssen, um unseren kompetenten Leuten, die wir bei der Stange halten wollen, ein reizvolles, lebendiges Arbeitsumfeld zu bieten.

Jenny Crowe-Innes, für die Einstellung und die Chancengleichheit von Mitarbeitern zuständig, teilt sich mit Sue Thompson den Vorsitz der Familien-Projektgruppe. Sie erklärt:

> Wir sind eine sehr unterschiedlich zusammengesetzte Gruppe mit unterschiedlichen Perspektiven; das hat den Vorteil, daß wir uns bei unseren Zusammenkünften ein ziemlich genaues Bild vom gesamten Unternehmen machen können. Diese personelle Vielfalt ist nicht auf die Zentrale, andere Standorte in den USA und die Außendienstmannschaft beschränkt. Wir beschäftigen eine breitgefächerte Palette von Mitarbeitern – Arbeiter, Führungkräfte, alleinerziehende Eltern, Singles, Leute mit Haushalt und Familie, Witwen, Geschiedene – und versuchen, jeden einzelnen zu berücksichtigen.

Solche Programme zeigen klar, daß es dem Unternehmen ernst mit der Behauptung ist, bei ihm stünden »die Menschen an allererster Stelle«. Solche Firmen *befähigen* ihre Belegschaftsangehörigen, sich voll an den

Arbeits- und betrieblichen Entscheidungsprozessen zu beteiligen. Noch wichtiger ist, daß sie ihre Mitarbeiter in dem *Bestreben* bestärken, ihr Potential voll auszuschöpfen, weil diese Leistungsbereitschaft auf Gegenseitigkeit beruht.

Hindernisse auf dem Weg zu voller Partizipation

Jack Welch spricht über die Herausforderungen, denen sich General Electric gegenübersieht, seitdem das Unternehmen eine grundlegende Umstrukturierung eingeleitet hat und den Kurs der Arbeitnehmermitbestimmung und Partnerschaft verfolgt.

> Wir möchten, daß 300000 Leute mit verschiedenen beruflichen Zielen, verschiedenen familiären Bestrebungen und verschiedenen finanziellen Erwartungen unmittelbar an der Unternehmensmission, den Informationen, den Entscheidungsprozessen und den Belohnungen teilhaben. Wir wollen ein Arbeitsumfeld schaffen, das mehr Anregungen bietet und die Kreativität fördert, eine Arbeitsatmosphäre, die dem einzelnen mehr Freiraum gewährt, und Leistungsanreize bietet, die unmittelbar an die Tätigkeit unserer Mitarbeiter anknüpfen.
>
> Das praktische Ziel besteht darin, Tausende von schlechten Gewohnheiten über Bord zu werfen, die sich seit der Gründung von General Electric angehäuft haben. Wie würde Ihnen die Vorstellung gefallen, nach 112 Jahren aus einem Haus auszuziehen? Denken Sie an all die Dinge, die sich in den Schränken und Dachstübchen angesammelt haben. Wir haben seit 112 Jahren unsere Schränke und Dachstuben in der Firma. Ich möchte sie ausräuchern, in einem brandneuen Haus mit leeren Schränken beginnen, das ganze Spiel noch einmal von vorne beginnen.
>
> Letztlich geht es darum, die Beziehungen zwischen Vorgesetzten und Untergebenen neu zu definieren. Ich möchte zu dem Punkt gelangen, an dem die Leute ihre Chefs jeden Tag herausfordern und sagen: »Warum soll ich diese überflüssigen Arbeiten erledigen? Warum überlassen Sie mir nicht die Aufgaben, die gar nicht in Ihre Zuständigkeit fallen, so daß Sie sich daranmachen können, zu planen? Das ist nämlich die eigentliche Arbeit von Führungskräften – planen, und nicht kontrollieren. Vertrauen Sie mir, ich kann meine Aufgaben schon alleine bewältigen, und verlangen Sie nicht von mir, daß ich meine Zeit damit vergeude, immer Ihren Wunsch nach Kontrolle zu befriedigen.«

Die Entwicklung eines Arbeitsumfelds, das durch partnerschaftliche Beziehungen gekennzeichnet ist, ist ein gewaltiges Unterfangen; es setzt einen ungeheuer großen physischen und psychologischen Krafteinsatz voraus. Es erfordert eine grundlegende Änderung der Organisationsstruktur, der Unternehmensphilosophie und der Menschen, die diesen Sprung wagen müssen. Das trifft oft auf Widerstand, vor allem von seiten derer, die den alten Führungsansätzen fest verhaftet sind – und das schließt die meisten von uns ein.

Widerstand kann zwar auf allen Unternehmensebenen geleistet werden, aber er ist am stärksten unter Aufsichts- und Führungskräften verbreitet, die dazu neigen, den Wandel nicht als Chance, sondern vielmehr als Bedrohung zu sehen.

Der zögerliche Manager

David Rhodes von der Unternehmensberatungsfirma Towers Perrin sagt voraus, daß bis zum Jahr 2000 ein typisches, großes Unternehmen im Vergleich zum Jahr 1990 nur mehr über die Hälfte seiner Managementebenen und ein Drittel seiner Führungskräfte verfügen wird. Der Wandel des Arbeitsumfelds, in dessen Mittelpunkt engagierte, voll beteiligte Partner stehen, wird die Reihen im mittleren Management lichten und die Rolle der Führungskräfte drastisch verändern. Angesichts dieser Zukunftsaussichten zögern viele Manager verständlicherweise, sich das Konzept der vollen Arbeitnehmerbeteiligung zu eigen zu machen.

Janice Klein von der Harvard Business School hat umfangreiche Studien darüber angestellt, wie Vorgesetzte zur Arbeitnehmermitbestimmung stehen. In ihren Untersuchungen von acht Firmen stellte sie fest, daß die Aufsichts- und Führungspersonen erheblichen Widerstand leisteten gegen Programme, die auf eine größere Beteiligung der Mitarbeiter abzielten. Die Gründe ließen sich letztlich auf einen gemeinsamen Nenner bringen: Die Mehrheit war der festen Überzeugung, eine volle Partizipation sei keine gute Idee.

Diese zögerliche Haltung hatte vier grundlegende Ursachen: Ängste hinsichtlich der Arbeitsplatzsicherheit, Mangel an Klarheit über die Rolle, die ihnen zukommen würde, die zusätzliche Führungsarbeit, die für die Umsetzung der Beteiligungsprogramme erforderlich war, und die Persönlichkeitsstruktur. Manchen fällt es, laut Janice Klein, aufgrund ihrer Charaktereigenschaften besonders schwer, eine solche Befugniserweiterung der Belegschaft zu begrüßen. Zu ihnen gehören die »Skeptiker«, die nicht daran glauben, daß Menschen sich ändern können, die »Statusbesessenen«, die ihre persönlichen Bestrebungen vor die Ziele des Unternehmens stellen, und die »Machthungrigen«, denen es gefällt, Untergebenen zu zeigen, »wo's langgeht«.

Welche Gründe auch immer für den Widerstand gegen eine volle Mitarbeiterbeteiligung vorhanden sein mögen, Führungskräfte stellen häufig eine qualifizierte Gruppe innerhalb der Belegschaft dar, deren anhaltende Leistungsbereitschaft für Wachstum und Entwicklung des Unternehmens von ausschlaggebender Bedeutung ist. Dazu kommt, daß sie am besten dafür gerüstet sind, eben jene Führungsfähigkeiten zu vermitteln, über die *sämtliche* Mitarbeiter verfügen müssen, um den Aufbau eines neuen partizipativen Umfelds zu gewährleisten. Kein Unternehmen kann es sich heute leisten, über die berechtigten Sorgen seiner Manager hinwegzusehen.

Der Widerstand der Führungsriege

Firmen, die sich bereits auf dem Weg zu voller Arbeitnehmermitbestimmung und Partnerschaft befinden, wie Preston und Steelcase, haben Methoden entwickelt, um den Widerstand des Managements zu überwinden. Will Potter gibt zu, daß Preston den Sorgen seiner Führungskräfte nicht genug Aufmerksamkeit widmete, als sich das betriebliche Umfeld zu verändern begann. Am Ende leiteten die Topmanager sogar Schritte ein, um diesen Fehler zu korrigieren. Potter erinnert sich:

> Am Anfang haben wir einen Fehler gemacht. Irgendwann zu Beginn der Geschichte ist das mittlere Management übergangen worden. Wir sagten uns damals: »Wir müssen irgendwie an unsere Mitarbeiter herankommen, die in vorderster Linie im Einsatz stehen«, und da wurde es unseren Leuten auf der mittleren Leitungsebene unbehaglich zumute. Sie verstanden das nicht. Sie wurden sehr nervös, und ich schätze, manche hatten wohl das Gefühl, daß man da an dem Ast sägte, auf dem sie saßen.
> Also haben wir uns bemüht, es ihnen verständlich zu machen, damit ihnen bewußt wurde: Wenn wir unseren Leuten mehr Verantwortung überlassen, machen wir uns das Leben um einiges leichter. Und genau diese Entwicklung hat im Lauf der Zeit stattgefunden. Unsere guten Führungskräfte haben erkannt, daß sie mit besseren Problemlösungen aufwarten können, wenn sie ihre Mitarbeiter an der Suche beteiligen. Und sie stellen fest, daß sich ihre Arbeit auf ihren Schreibtischen nicht mehr häuft, weil ihnen keine Zeit bleibt, Entscheidungen zu treffen, die anstehen.

Potter nennt zwei Führungskräfte, die sich früher vehement gegen eine volle Beteiligung der Mitarbeiter zur Wehr gesetzt haben und heute glühende Befürworter dieses Konzepts sind, als Beispiel:

Floyd Genshaw, derzeit für die Wartungsabteilung zuständig, hatte 1978 gerade eine Beförderung zum Leiter eines Fuhrparks im Osten erhalten, als wir unser Leistungssteuerungsprogramm begannen. Floyd gibt bereitwillig zu, daß er beinahe ein Jahr lang die Grundsätze unserer schriftlich formulierten Unternehmensphilosophie nicht akzeptieren konnte. Er sagt, es sei ihm leichtgefallen, mit den Teilen übereinzustimmen, die sich auf die faire Behandlung der Leute usw. bezogen, aber es habe ihn einige Mühe gekostet, zu akzeptieren, daß »die Person, die eine Tätigkeit ausübt, am meisten darüber weiß« und folglich auch die Möglichkeit haben sollte, eigenständig zu handeln.

Nachdem Floyd regelmäßig Besprechungen mit den Mechanikern der verschiedenen Arbeitsschichten abgehalten hatte, wo er die Fragen jedes einzelnen beantworten konnte, begann er, mit autonomen Arbeitsgruppen zu experimentieren. Er merkte innerhalb kürzester Zeit, daß die Männer eigenständig viele Probleme lösten, die früher von ihren Vorgesetzten übernommen wurden. Die Führungskräfte konnten folglich übergeordnete Aufgaben in Angriff nehmen und Hindernisse beseitigen, die besseren Ergebnissen der Teams im Wege standen. Das hatte zur Folge, daß die Mechaniker sich jetzt als Bereich mit selbständiger Ergebnisrechnung und nicht mehr als Kostenstelle betrachten. Und die Preston Trucking Company hat inzwischen Wartungs- und Instandhaltungsarbeiten für viele unserer Konkurrenten übernommen.

Warren Fraise gehört zum Aufsichtspersonal für die Autoreifen in der Wartungsabteilung von Preston. Er hatte seine Position fünf Jahre inne, als das Unternehmen zum partizipativen Führungsstil überging. Er erinnert sich an die Zeit, als sein Titel in »Koordinator« umgeändert wurde: »Ich hatte dabei kein gutes Gefühl. Ich glaubte, ich würde nun etwas von meiner sogenannten Macht verlieren.«

Fraise fuhr fort: »Als die Sache immer weiter fortschritt, habe ich mich ziemlich darüber aufgeregt, weil wir unsere Informationen an die Männer weitergeben und sie an den Entscheidungen beteiligen mußten. Zuerst konnte ich das nicht akzeptieren ..., aber ich habe dann festgestellt, daß es mir die Arbeit erleichterte.« Ihm ist jedoch bewußt, daß es »eine Weile gedauert hat, um das zu erkennen«.

Frank Merlotti, Vorstand der Firma Steelcase, betont die Bedeutung der Lernprozesse und der schrittweisen Überwindung des Widerstands, den Vorarbeiter in Fertigungsstätten Autonomie und Teamarbeit entgegensetzen. Er erinnert sich:

Wir dachten, wir hätten genug Vorarbeit in Form von Informationen und Erklärungen geleistet, aber wir mußten feststellen, daß wir nicht einmal die Hälfte des Notwendigen hatten. In dem Augenblick, als wir in die Werkshallen kamen und begannen, Arbeitsgruppen zusammenzustellen – der Vorarbeiter übernahm immer die Führung eines Teams –, wurde diese Botschaft als »Wir brauchen euch nicht mehr« gedeutet und als Riesenbedrohung aufgefaßt. Ein Mann sagte: »Ich bin seit 18 Jahren in dieser Abteilung. Ich hatte hier das Sagen, und jetzt erzählen Sie mir – ja was überhaupt? Daß Sie keine Vorarbeiter mehr brauchen!« Aber das ist nicht wahr. Wir werden immer Vorarbeiter brauchen.

Ich glaube, daß die Vorarbeiter am Fließband die meisten Vorbehalte hatten, sich am meisten Sorgen machten, sich am meisten bedroht fühlten und die meiste Zeit brauchten, um sich überzeugen zu lassen, selbst heute noch. Ungefähr 50 Prozent unserer Belegschaft sind Arbeitsgruppen zugeteilt, und die übrigen 50 Prozent kommen auch noch an die Reihe. Wir machen das schrittweise, eins nach dem anderen.

Bob North, Vorarbeiter bei Steelcase, gehört zu den vielen Teamleitern, die regelmäßig nach dem Rotationsprinzip ausgetauscht werden. In seinem Werk werden Ersatzteile und zusammengesetzte Bauteile von Schreibtischen, Karteikästen und Aktenschränken ausgestanzt. Er war schon früh mit der Aufgabe betraut, die Belegschaftsmitglieder über Gruppenprozesse und -arbeitsweisen aufzuklären. Anfangs hatte er Zweifel, ob dieser Schritt zur Arbeitnehmermitbestimmung klug sei, aber im Lauf der Zeit hat er sich mit der Idee ausgesöhnt. North erinnert sich:

Wir hatten ein Seminar hier im Unternehmen, für die Vorarbeiter, die das Programm [der partizipativen Führung] einführen sollten. Sie sagten uns: »Das möchten wir gerne in unserem Werk erreichen. Was halten Sie davon?«

Na ja, das beinhaltete einige Veränderungen, und ich dachte: »Ach du liebe Zeit, ich weiß nicht, ob ich mich umstellen kann. Das ist ja was völlig anderes.« Aber ich war der Ansicht, wenn wir weiterkommen und die Nummer eins bleiben wollen, dann müssen wir was ändern.

Wir [die Vorarbeiter] erklärten uns einverstanden; wir würden die Gruppen leiten und den Leuten beibringen, wie man im Team arbeitet. Für mich war das eine völlig neue Vorstellung. Ich hatte früher nie den Lehrer gespielt, nur den Leuten mal gesagt, wie

man eine Maschine bedient. Ich mußte total umdenken.
Zuerst hatte ich ziemlich zu kämpfen, aber allmählich lerne ich, damit zu leben. Das ist jetzt rund zwei Jahre her. Ich kann die Verbesserungen sehen, die wir erreicht haben. Einfach phantastisch – eine Menge guter Maßnahmen und eine Menge Ideen, die Kosten einsparen.
Ich habe nicht mehr soviel Verantwortung, wenn es um Entscheidungen geht. Ich finde das prima. Die Leute sind zufriedener. Und wenn sie zufrieden sind, bin ich es auch. Sie können die kleinen Probleme in eigener Regie lösen, und folglich habe ich mehr Zeit, mich mit Kostensenkungsprojekten zu beschäftigen und die Aufgaben zu erledigen, für die ich eigentlich da bin.

North fügt hinzu, daß zwar nicht jeder im Unternehmen die Umstellung auf Teamarbeit akzeptiert habe, daß aber immer weniger sich dagegen sperren:

Bei uns gibt es noch immer Leute, die so ihre Zweifel haben. Aber wir bemühen uns, alle zu überzeugen; bei einigen ist uns das auch schon gelungen, und sie werden sich ändern. Das braucht seine Zeit, weil es sich um eine radikale Veränderung handelt. Man muß sich völlig umstellen, wenn man von der Einstellung »Genau so und nicht anders will ich es haben« zu »Wie stellen Sie sich das vor?« kommen möchte.

Der zögerliche Firmenchef
Führungskräfte auf allen Unternehmensebenen müssen sich für die Partizipation der Mitarbeiter einsetzen, wenn die Umstrukturierung gelingen soll. Aber noch wichtiger ist, daß der Mann an der Spitze sich von Anfang an dafür stark macht. Manchmal ist ein zögerlicher Firmenvorstand das größte Hindernis auf dem Weg zu voller Arbeitnehmermitbestimmung.

Selbst wenn er die besten Absichten hat und sich die größte Mühe gibt, kann diese Mitarbeiterbeteiligung durch seine tiefverwurzelte, unbewußte Überzeugung untergraben werden, daß der vertraute, autoritäre Führungsstil mit seinen festgefügten Weisungs- und Kontrollstrukturen der bessere ist. Keith Dunn, ein Topmanager, der sich anfangs bewußt für eine festere Einbindung der Mitarbeiter in betriebliche Entscheidungen und Prozesse engagierte, mußte leidvolle Erfahrungen machen, um zu dieser Erkenntnis zu gelangen.

Als Dunn gemeinsam mit zwei Partnern 1983 die McGuffey's Restaurants Inc. eröffnete, war er entschlossen, die Belegschaft gut zu behandeln. Er selbst hatte als Angestellter in mehreren Restaurantketten einiges zu leiden gehabt, und deshalb beabsichtigte er, seinen Leuten die Wertschätzung angedeihen zu lassen, die ihm selbst nie widerfahren war.

Das gelang ihm – zunächst. Neben anderen Lohnnebenleistungen erhielten die McGuffey's-Mitarbeiter am Ende jeder Schicht ein kostenloses Getränk und eine warme Mahlzeit. Sie durften Vor- und Nachspeisen auf Kosten des Hauses servieren und eine Woche bezahlten Urlaub im Jahr nehmen. Schon bald entwickelte sich ein ganz besonderes, kameradschaftliches Verhältnis unter ihnen, und nur wenige wechselten in der Anfangszeit ihre Stellung.

Aber als McGuffey's zwei weitere Restaurants eröffnete, gingen die Umsätze am ursprünglichen Standort in Asheville, North Carolina, zurück. Ohne es zu merken, begann Keith Dunn, den »Draht« zu seinen Mitarbeitern zu verlieren. Sie sagten, um 1985 herum habe es angefangen: Er sei »hochnäsig« geworden, habe sich »für die Banker herausstaffiert« und es nicht einmal mehr für nötig befunden, ihnen einen »guten Tag zu wünschen«. Dunn selbst gab später zu: »Erfolg führt zu Selbstgefälligkeit, und Selbstgefälligkeit dazu, daß man auf andere herabsieht.«

Die Mitarbeiter im ursprünglichen Restaurant klagten, daß die Besitzer sich überhaupt nicht mehr um die Geschäfte zu kümmern schienen. Und die Belegschaft im nahegelegenen Restaurant in Hendersonville, dem zweiten der Kette, war ebenfalls verstimmt. »Die Begeisterung der Anfangszeit war vorbei«, sagt Sharon Morales, die hinter der Bar steht.

Wenn Dunn von Fachmessen oder Besprechungen mit Immobilienmaklern zurückkehrte, befand er sich für gewöhnlich in Hochstimmung. »Ist das nicht aufregend?« fragte er dann seine Mitarbeiter. »Nächstes Jahr eröffnen wir das nächste Restaurant.« Als seine Begeisterung auf verständnislose Blicke stieß, wurde er ärgerlich. Er sah nicht, daß seine Welt zwar expandierte, seine Mitarbeiter dagegen noch immer an den Tischen bedienten oder Burger zubereiteten.

Oder das Weite suchten. Umsatz und Service ließen merklich nach, und viele Mitarbeiter kündigten. Als Tom Valdez, der Küchenchef des Restaurants in Asheville, das Handtuch warf, sagte er voller Bitterkeit zu Dunn: »Keith, langsam stellt sich heraus, daß du keinen Deut besser als alle anderen bist.« Dunn ging achselzuckend darüber hinweg. »Wir sind ein großer Betrieb, und wir müssen das gleiche machen wie die großen Gastronomieunternehmen.« Später gestand er: »Ich habe zugelassen, daß wir genauso wurden wie die Firmen, die wir nicht mochten, weil ich meinte, das sei unvermeidlich.«

Gegen Ende 1986 wurde Sneakers, das dritte Restaurant in der inzwischen schwer angeschlagenen Kette, ausgegliedert und an David Lynn verkauft, einen der ursprünglichen Partner. Aber die unvermutete Finanzspritze konnte die langfristigen Aussichten des Unternehmens auch nicht verbessern. Umsatz und Dienstleistungsqualität in den beiden verbliebenen Restaurants gingen weiter zurück.

Die voll mit sich selbst beschäftigten Inhaber konnten nicht begreifen, warum sich ihr Unternehmen in Schwierigkeiten befand. Deshalb gab Dunn in der Hoffnung, dem Problem auf die Spur zu kommen, an die Mitarbeiter Fragebögen aus, die anonym beantwortet werden sollten. Unter anderem wurde die Belegschaft gebeten, die Führungsleistungen der Besitzer auf einer Skala von 1 bis 10 zu bewerten. Die Antworten waren in der Mehrzahl Nuller und Zweier. »Ziemlich viele Leute schienen mich zu hassen wie die Pest«, erinnert sich Dunn.

Zuerst war er wütend, dann von den Ergebnissen am Boden zerstört und zum Schluß verblüfft: »Da sitzt du rum und fragst dich: ›Was habe ich bloß gemacht, daß sie mich so furchtbar finden?‹«

Dunn engagierte einen Unternehmensberater, der ihm helfen sollte, das Engagement seiner Mitarbeiter zu fördern. Mit seiner Unterstützung führte er ein Leistungsprämienprogramm ein und führte einen Wettbewerb durch, bei dem ein Preis von 1000 Dollar zu gewinnen war. Er sollte der Arbeitsgruppe zuerkannt werden, die es am besten verstand, die Restaurants auf Hochglanz zu bringen, mit den Gästen zu kommunizieren und die Servicequalität auf andere Weise zu verbessern. Er startete sogar eine Werbekampagne, um »die Begeisterung der Anfangszeit wiederaufleben zu lassen«: Die Barkeeper mußten nicht nur Drinks mixen, sondern auch Zauberkunststücke vorführen können.

Nichts half. Die Anforderungen, die mit den Prämien verbunden waren, ließen sich nur schwer erfüllen, und die meisten Belegschaftsmitglieder gaben einfach auf. Eine Handvoll Mitarbeiter kämpfte verbissen, um den Wettbewerb zu gewinnen, aber die meisten waren angesichts der Aussicht, trotz Leistungsverbesserungen leer auszugehen, demoralisiert. Und nur wenige Barmixer waren bereit, sich auf die Zaubertricks einzulassen. »Wenn jemand nach einem Drink brüllt«, erklärte Bruce Ladd, der im Asheville-Restaurant hinter der Bar steht, »dann will er keine Zauberkunststücke sehen.«

Zum Schluß fragte Dunn seine Geschäftsführer, ob sie nicht irgendwelche Hinweise hätten, warum bei McGuffey's nichts mehr klappte. Sobald er begann, aufmerksam zuzuhören, wurde ihm schnell eines klar: Alles, was er unternommen hatte, um die Beteiligung seiner Mitarbeiter zu fördern, war paradoxerweise ohne die *Beteiligung seiner Mitarbeiter* in die Wege geleitet worden.

Nun, da er das Problem erkannt hatte, hörte Dunn seinen Mitarbeitern wirklich aufmerksam zu. Er gründete einen Ausschuß, in dem Mitarbeiter aus jedem Restaurant vertreten waren; er sollte sich künftig einmal im Monat mit den Inhabern zusammensetzen. Er stellte Gruppen zusammen, um zu gewährleisten, daß jeder Mitarbeiter wenigstens alle sechs Monate einen der Besitzer zu Gesicht bekam.

Um das Engagement noch mehr zu fördern, wandelte Dunn das Restaurant in Asheville drei Monate lang zur Probe in einen autonom geführten Betrieb um. Damit hatten die Mitarbeiter einen Anreiz, bestimmte Gewinnziele zu erreichen, und freie Hand bei der Einstellung von Personal und der Menüplanung.

Das neue System bewirkte eine Veränderung in der Belegschaft »bezüglich der Motivation; sie fühlen sich stärker einbezogen«, sagt Dunn. »Es ist kein weltbewegendes Ereignis. Aber es ist der nächste Schritt, so daß irgendwann – vielleicht in drei bis fünf Jahren – McGuffey's ein Unternehmen sein wird, in dem die Mitarbeiter wirklich voll beteiligte Partner sind.«

Die Geschichte der McGuffey's-Restaurants veranschaulicht, wie zäh und langlebig die alten Denkweisen sind und wie zerstörerisch sie sich auf Engagement und Beteiligung der Mitarbeiter auswirken. Wie konnte Keith Dunn in die Falle tappen und seine Belegschaft auf ebendiese Weise behandeln, die ihn veranlaßt hatte, mehrmals seinen Arbeitsplatz zu wechseln und sich schließlich selbständig zu machen?

Die Antwort lautet: Dunn hatte den autoritären, auf Weisung und Kontrolle basierenden Führungsstil nie abgelegt, der ihn als Angestellter in verschiedenen Restaurants zermürbt hatte. Nun war er nicht Opfer, sondern Täter geworden, hatte anderen auf die Finger gesehen, statt sich auf die Finger sehen zu lassen. Er behandelte seine Belegschaft trotz gegenteiliger Absichten schlecht, weil es ihm nicht gelungen war, einen *Persönlichkeitswandel* bei sich selbst einzuleiten, und weil er ein volles Mitspracherecht seiner Mitarbeiter innerlich nicht akzeptiert hatte.

Keith Dunns Geschichte ist kein Einzelfall. Alte Konzepte und die auf strikter Trennung zwischen »oben« und »unten« basierende Führungsphilosophie sind immer noch fest in uns verwurzelt. Und eine tiefe, unumstößliche Überzeugung, daß Mitarbeiter vollwertige Partner sein können, läßt sich nicht ohne grundlegende Änderung der Persönlichkeit erreichen.

Viele Führungskräfte, denen die Philosophie von Weisung und Kontrolle jahrelang eingebleut wurde, reagieren mit stillschweigender Skepsis oder offener Empörung auf die Vorstellung, Mitarbeitern mehr Befugnisse und Verantwortung zu übertragen. 1986 schwor sich Frank

Borman, damals Vorstandsvorsitzender der Fluggesellschaft Eastern Airlines: »Ich werde nie zulassen, daß die Affen den Zoo leiten.« Seine Einstellung mag extrem gewesen sein, aber sie ist in weniger boshafter Form noch immer sehr häufig anzutreffen.

Noch weiter verbreitet ist die Einstellung des »zwiespältigen Managers«, der die Theorie der vollen Arbeitnehmermitbestimmung zwar gutheißt, aber davor zurückschreckt, sie praktisch umzusetzen. Peter Kizillis erklärt, daß solche Führungskräfte »die Vorstellung einer Befugniserweiterung der Mitarbeiter reizvoll, die Wirklichkeit indessen abschreckend finden«.

Kizillis hat diesen Zwiespalt, in dem sich zögerliche Führungskräfte befinden, auf den Punkt gebracht:

> Wie schön, wenn man tatkräftige, einsatzfreudige Mitarbeiter hat, die stets die Initiative ergreifen (aber nur, wenn »angemessen«), die risikofreudig sind (aber nur, wenn's nicht riskant ist), die freiwillig ihre Ideen äußern (aber nur brillante), die ihre Probleme eigenständig lösen (aber keine Fehler dabei machen), die keine Angst haben, ihre Meinung zu sagen (damit aber niemandem auf den Schlips treten), und stets ihr Bestes für die Firma geben (aber keine unliebsamen Fragen darüber stellen, was die Firma ihnen im Gegenzug bietet). Wie herrlich wäre es, kurz gesagt, Arbeitnehmer zu all diesen Dingen zu ermächtigen, ohne ihnen wirkliche Macht zu überlassen.

Der Firmenchef als voll beteiligter Partner

In Firmen, denen der Wandel gelungen ist, findet man eine Führungskraft an der Spitze, die ihren inneren Zwiespalt hinsichtlich der Macht einer voll einbezogenen und engagierten Belegschaft überwunden hat. Solche Topmanager haben sich das Konzept der Partizipation ohne Vorbehalt zu eigen gemacht. Sie bekunden in Worten und Taten, daß sie sich als Schrittmacher verstehen und ein Unternehmensklima gewährleisten wollen, das die Arbeitnehmermitbestimmung begünstigt. Sie haben eine Vision, die dafür sorgt, daß die volle Partnerschaft als Zielvorstellung lebendig bleibt, selbst wenn der Weg quälend langsam bewältigt wird und entmutigende Rückschläge hingenommen werden müssen.

Topmanager von diesem Schlag scheinen nach meiner Beobachtung allesamt ein wesentliches Persönlichkeitsmerkmal zu besitzen: Sie können sich in ihre Mitarbeiter hineinversetzen. Dieses Einfühlungsvermögen stammt oft aus der Zeit früherer Arbeitserfahrungen als Führungskraft, wo sie die Verlockungen der Macht kennenlernten und die Frustrationen, wenn es darum ging, Kontrolle auszuüben. Oder sie haben wie Keith Dunn in untergeordneter Funktion gearbeitet und nicht vergessen, was sie dabei empfanden.

Ed Beauvais ist ein solcher Firmenchef. Auf die Gründung von America West zurückblickend, erinnert sich Mike Conway:

> Wir [Conway und Ed Beauvais] hatten die Gelegenheit, die wirklich die große Chance unseres Lebens war, eine Firma buchstäblich aus dem Nichts zu gründen. Wie viele Menschen bekommen schon eine solche Gelegenheit geboten? Alles, was man auf die Beine stellt, ist selbsterarbeitetes Geld. Kein Pfifferling geerbt.
> Unserem Vorsatz getreu, wollten wir gemeinsam eine Firma eröffnen, in der wir selbst gerne unsere berufliche Laufbahn begonnen hätten. Alles, was nach unserer Beobachtung beitrug zur Entwicklung eines Arbeitsumfelds, in dem Loyalität gedeihen kann, in dem die Belegschaft jeden Tag gerne arbeitet, ein gutes Selbstgefühl und ein hohes Maß an Selbstachtung hat, alles das wollten wir verwirklichen.

Clay Mathile, Firmenchef des Tiernahrungsmittelherstellers IAMS Pet Foods, hat sich von der Pike auf hochgearbeitet und kann sich deshalb besonders gut in die Lage der Belegschaftsangehörigen versetzen. Wie Mike Conway hatte auch er sich unausgelastet und unterfordert gefühlt, als er für andere Firmen arbeitete:

> Mein ganzes Leben lang hatte ich keine besonders positiven Arbeitserfahrungen gemacht, bis 1970, als ich bei IAMS anfing. Und ehrlich gestanden, lag das wohl daran, daß mir Paul Iams einfach freie Hand ließ. Er hat mich immer vor Herausforderungen gestellt. Meine früheren Erfahrungen waren deshalb so unangenehm, weil ich nie in einem Unternehmen gearbeitet hatte, das mir vertraute, das glaubte, ich verrichtete sinnvolle Aufgaben, oder der Meinung war, meine Ideen wären es wert, in Betracht gezogen zu werden.
> Als ich bei IAMS anfing, habe ich einen LKW gefahren, Kunden besucht und bei der Herstellung unseres Produkts mitgearbeitet. Und als wir unsere erste Fertigungsstätte eröffneten, habe ich dort als Vorarbeiter begonnen. Also habe ich die meisten dieser Leute hautnah kennengelernt. Und sie haben mich in verschiedenen Umgebungen und Rollen gesehen; für sie bin ich ein Mensch aus

Fleisch und Blut. Nicht irgendeine unwirkliche Gestalt. Und nicht so ein geschniegelter Typ von der Harvard Business School, der sich hier mit Hilfe irgendwelcher Mauscheleien eingeschlichen hat. Ich bin ganz schön rumgekommen, und ich glaube, die meisten Leute erkennen, daß ich ihnen die Wahrheit sage, zumindest so, wie ich sie sehe. Und ich bin bereit, einen Fehler zuzugeben, wenn mir einer unterlaufen sollte ... Ich denke, sie haben einen guten Draht zu mir.

Will Potter war Vorstandsvorsitzender der Preston Corporation, als das Unternehmen Anfang der 80er Jahre einen Wandel durchmachte und ein partizipatives Arbeitsumfeld schuf. Seine persönliche Führungsphilosophie ist einer der Hauptgründe dafür, daß Prestons Umstrukturierungsbemühungen bisher von Erfolg gekrönt waren. Potter: »Die Leute kommen zur Arbeit und wünschen sich nichts mehr, als ihr Bestes zu geben. Sie möchten ein gewisses Maß an Freiraum haben und imstande sein zu lernen, wie sie ihre Tätigkeit besser verrichten können. Wenn sie ihre Kenntnisse nur ein bißchen erweitern und damit ihre persönlichen Leistungen am Arbeitsplatz verbessern können, ist das für sie ein großer Anreiz, sich noch mehr Mühe zu geben. Ich schaffe es nicht, jeden zu motivieren. Ich kann nur eines tun: ein Umfeld schaffen, in dem sich die Leute selbst motivieren, in dem sie sich sagen: ›Halt, ich habe eine gute Idee, wie wir Kosten einsparen oder uns die Arbeit erleichtern können, und ich bin imstande, sie umzusetzen, etwas auszuprobieren.‹ Die Holzhammermethode taugt nicht. Man kann so etwas nicht erzwingen.«

Ein weiterer Grund dafür, daß Potter sein Unternehmen sicher durch den Umwandlungsprozeß geleiten konnte, ist seine Bereitschaft, partnerschaftlich mit der Gewerkschaft seiner Angestellten zusammenzuarbeiten. So konnte er sich einen ehemals erbitterten Gegner zum verläßlichen Verbündeten machen.

Potter beschreibt seine Einstellung zur Gewerkschaft:

Ich kann mich erinnern, und das ist jetzt vielleicht sechs Jahre her – es war zwei Uhr morgens, kurz bevor das Abstimmungsergebnis über die Verträge bekanntgegeben werden sollte –, daß einige meiner Mitarbeiter, die gerade Schicht hatten, fragten: »Will, was machen wir bloß mit der Gewerkschaft?« Ich erwiderte: »Hört mal zu, eins kann ich euch sagen: Wir werden immer eine Gewerkschaft haben, die in dieser Firma mitmischt, und das ist gut so, weil sie dafür sorgt, daß ich meine Integrität bewahre.« Ich betrachte die Gewerkschaft als Partner. Ich verlange nur eines, daß sich unsere Leute aktiv daran beteiligen, so daß wir eine starke, verantwortungsbewußte Führung haben.

Das Problem der »ungebremsten Begeisterung«

Oft findet man in Firmen mit einem hohen Maß an Arbeitnehmermitbestimmung eine »besonders gute Arbeitsatmosphäre«. Denn beides hängt zusammen: Unternehmen, die es als innere Verpflichtung betrachten, den Menschen allerhöchste Priorität beizumessen, die danach streben, ihnen das Gefühl von Zugehörigkeit und Fürsorge zu vermitteln, haben die größten Chancen, Loyalität aufzubauen und das volle Engagement, das daraus folgt.

Derryl Cox benutzt den Begriff »Familie«, um die Atmosphäre bei America West zu beschreiben: »Was mir an dieser Firma wirklich gut gefällt, ist nicht nur die Partnerschaft, sondern das Gefühl, daß man zu einer großen Familie gehört, wenn man hier arbeitet. Ich meine die Geschäftsleitung, Mr. Beauvais und Mr. Conway – beide nehmen wirklich ernst, was die America-West-Mitarbeiter empfinden, vor allem ihre Kundenrepräsentanten, weil wir ja in all den verschiedenen Bereichen täglich mit Passagieren zu tun haben. Sie können sich sehr gut auf unsere Gefühle und Gedanken einstellen.«

Jack Kahl von der Firma Manco, in der die Belegschaft ebenfalls sehr stark in Entscheidungen einbezogen und engagiert ist, sieht das gesamte Unternehmen als eine einzige große Familie und erklärte, diese »familiäre Bindung« käme sogar in der Architektur des Hauptsitzes von Manco zum Ausdruck: »Wir hatten vor zwei Jahren die Gelegenheit, unser erstes brandneues Bürogebäude zu errichten und unsere Träume im Design zu verwirklichen. Ich stellte mir dieses Bauwerk so vor, daß sich draußen ein Park und drinnen ein riesiges Wohnzimmer befand. Das ganze Haus konnte ich mir nicht ausmalen. In meiner Phantasie war es ein Wohnzimmer, mit allem, was die Atmosphäre eines Wohnzimmers in einem Haus ausmacht, eine Kombination aus Wärme und Disziplin. Man muß Regeln haben, aber auch diese Wärme.«

In Firmen wie America West, Steelcase, Preston und Manco, in deren Unternehmenskultur das Wort Fürsorge großgeschrieben wird und das Gefühl der Familienzugehörigkeit vorherrscht, entwickelt die Belegschaft merklich andere Einstellungen und Verhaltensmuster. Gemeinsame Zielvorstellungen schweißen Unternehmen und Mitarbeiter zusammen. Wenn man das Gebäude betritt, spürt man sehr bald, daß zwischen der Firma und ihrer Belegschaft Gleichklang herrscht, daß sie gemeinsam als vollwertige Partner wachsen und gedeihen.

Ruth Thomson hat dieses Gefühl der Eintracht und Zusammengehörigkeit in Worte gefaßt und den Unterschied zwischen America West und den anderen Firmen, für die sie gearbeitet hat, beschrieben:

> Ich fühle mich ganz anders. Bei meinen früheren Jobs hing es mir bald zum Hals raus, immer nur die gleichen Aufgaben zu erledigen. Sicher, die Landschaftsgärtnerei hat mir Spaß gemacht, und ich war viel im Freien. Als Bedienung zu arbeiten fand ich auch ganz prima – man hat gut verdient, und ich bin gerne mit Leuten zusammen. Aber ich war nie in einer Firma, die mir wirklich hundertprozentig gefiel, in der ich selbst etwas ändern konnte, wo ich mir im Rahmen meines ganz regulären Arbeitsplans fünf oder zehn Tage am Stück frei nehmen oder eine Woche nur rumsitzen konnte, falls ich es gewollt hätte. Ich persönlich habe das Gefühl, daß unsere Stimme hier Gewicht hat und die Firma auch daran interessiert ist, was außerhalb des Arbeitsplatzes mit uns passiert.
> Ich gehe nicht einfach zur Arbeit und komme irgendwann nach Hause, und das war's dann. Die Firma ist ein Teil meines Lebens. Ich war nie zuvor in einer Stellung tätig, die sich mit dieser vergleichen ließ, und das, obwohl ich seit 20 Jahren im Berufsleben stehe, alle möglichen Jobs gemacht habe in verschiedenen Bundesstaaten und verschiedenen Firmen, so gut wie heute ist es mir noch nie gegangen.«

Mike Conway bemerkt dazu: »Leute aus Firmen in anderen Branchen kommen zu uns, sehen sich unsere Arbeitsweise an und fragen: ›Wie schaffen Sie das nur, eine solche Begeisterung bei Ihren Mitarbeitern zu wecken?‹ Das ist gar nicht so schwer. Als erstes muß man der Belegschaft Aufmerksamkeit widmen, und dann muß man diese Aufmerksamkeit im eigenen Verhalten zum Ausdruck bringen, um die natürliche Skepsis zu überwinden, die diesbezüglich herrscht. Es ist gar nicht so kompliziert, vorausgesetzt, daß man sich wirklich um echtes Interesse an jedem einzelnen bemüht.«

Das bedeutet auch, daß dieses Interesse nicht erlahmen darf, wenn die Firma wächst. Conway dazu:

> Wenn ein Unternehmen größer wird, benutzt man oft die Expansion als Entschuldigung und sagt: »Nun, dafür habe ich jetzt keine Zeit mehr« oder »Das haben wir früher mal so gemacht, aber seit wir gewachsen sind, kann nicht mehr jeder einfach so in mein Büro hineinmarschieren, wenn er mich sprechen will«. Tatsache ist: Je größer das Unternehmen wird, desto mehr Erfolg hat es norma-

lerweise auch, und da sollte man mehr Zeit und Mittel für die Belegschaft zur Verfügung haben, die es dahin gebracht hat.

Was wir unseren Mitarbeitern weiterhin vermitteln müssen, ist, daß wir jetzt, da wir größer und erfolgreicher sind, *mehr* Zeit und *mehr* Mittel für den einzelnen und seine »menschlichen Belange« aufwenden sollten. Auf diesen Punkt müssen wir immer wieder aufmerksam machen. Man muß imstande sein, seinen Leuten mehr Zeit zu widmen und sie stärker zu unterstützen. Wenn man dazu nicht bereit ist, was bedeuten dann Wachstum und Erfolg? Was für einen Sinn könnten sie haben, wenn sie nicht den Menschen zugute kommen, die das Unternehmen auf Ihre Bitte hin an diesen Punkt gebracht haben?

Conway gibt zu, daß die Begeisterung, die durch seinen Führungsansatz entstanden ist, das Unternehmen vor ein einzigartiges »Problem« stellt:

Bei uns besteht immer noch die Tendenz, daß zu viele Leute aufgrund ihrer Begeisterung alles in eigener Regie machen wollen. Das größte Problem, dem wir uns gegenübersehen, ist eines, das viele gerne hätten. Ein Problem, das mit ungebremstem Enthusiasmus verknüpft ist und darin besteht, die Leute zu veranlassen, zuerst zu denken und dann zu handeln.

Ich meine, wir könnten mehr Sicherheit draußen an der Rampe gebrauchen, obwohl wir bisher ganz gute Ergebnisse hatten, und bessere als die meisten. Unsere Leute sehen, daß eine Maschine hereinrollt, und wollen die Bremsklötze ein bißchen zu schnell unterschieben, noch bevor das Licht ausgeht. Diese Art von Enthusiasmus meine ich. Die Begeisterung, die von dem Wissen herrührt, daß man ein Stück vom Kuchen haben kann, wenn man will, und die dazu beitragen sollte, daß die mentalen Aktivitäten den motorischen vorausgehen – in dieser Beziehung könnten wir noch besser sein. Aber ein solches Problem zu haben ist schön.

Die Luftfahrtgesellschaft geriet Anfang der 90er Jahre in die Krise und stellte im Juni 1991 einen Antrag auf Vergleich; man geht davon aus, daß sie sich bis Ende 1993 konsolidiert haben wird.

Einige Monate bevor der Antrag gestellt wurde, wurden die Gehälter der Topmanager um zehn bis 25 Prozent gekürzt. Im gleichen Jahr leitete man zusätzliche Maßnahmen ein, um das Unternehmen zu verkleinern und sich stärker auf das Kerngeschäft zu konzentrieren. Zu diesen Maßnahmen zählten eine allgemeine Gehaltskürzung von zehn

Prozent, die Freisetzung von Belegschaftsmitgliedern und die Reduzierung der Flugzeugflotte sowie die Straffung der Flugrouten.

America West war eine von zwei Luftlinien, die im ersten Quartal 1993 Gewinn erwirtschafteten. Auch für das zweite Quartal 1993 erwartet man eine positive Bilanz. Diese Ergebnisse sind die besten seit zweieinhalb Jahren. Mike Conway meint dazu: »Unsere geschäftlichen Ergebnisse sind sehr ermutigend. Natürlich sind dafür zum Teil die bessere allgemeine Wirtschaftslage und die starke Unterstützung verantwortlich, die wir ständig von Einzelkunden und Reisebüros bekommen. Aber vor allem gehen sie auf das Konto unserer engagierten und begeisterten Mitarbeiter.«

Teil IV

Das Gebot der Innovation

1982 investierten Patricia Gallup und David Hall 8000 Dollar aus eigener Tasche, um die Firma PC Connection Inc. zu gründen, einen Versandhandel, der eine breitgefächerte Softwarepalette und Zubehör für IBM-Personal-Computer anbietet. 1984 fügte das Unternehmen einen weiteren Bereich namens MacConnection hinzu, um den Benutzern von Apple-Macintosh-Rechnern ähnliche Produkte und Dienstleistungen zur Verfügung zu stellen.

PC Connection mit Standort in dem winzigen Dörfchen Marlow, New Hampshire, erzielte schon im ersten Geschäftsjahr einen Umsatz von 233 000 Dollar. 1990 waren die Jahreserträge auf mehr als 100 Millionen Dollar und die Belegschaft auf rund 250 Mitarbeiter angewachsen. In der 1989 durchgeführten Umfrage einer bekannten Personal-Computer-Zeitschrift konnte PC Connection aufgrund seines erstklassigen Kundendienstes den ersten Platz unter den Computer-Versandhäusern erobern – und mehr Punkte erzielen als die vier nächstplazierten Rivalen zusammen.

Die Erfolgsaussichten im Versandhandel, der sich durch einen dichten und äußerst harten Wettbewerb auszeichnet, sind äußerst gering. Aber die Firma PC Connection gedieh entgegen allen Erwartungen, nicht zuletzt dank ihrer innovativen, unorthodoxen Geschäftsmethoden. Ich sprach mit der Mitgründerin Patricia Gallup, um mehr über die Umstände zu erfahren, die zum verblüffenden Erfolg ihres Unternehmens geführt haben. Entsprechend der bei PC Connection herrschenden Einstellung gab sie mir großzügig und bereitwillig die gewünschten Informationen:

Patricia Gallup von PC Connection

Als mein Partner David Hall und ich die Firma gründeten, haben wir uns gefragt: »Wie würden wir gerne behandelt werden, wenn wir etwas bei einem Versandhaus bestellen?« Wir hatten beide schlechte Erfahrungen mit dem Kauf im Versandhandel gemacht, und wir wußten, uns würde etwas Besseres einfallen, um ein Unternehmen dieser Art zu führen.

David hatte einmal ein Stereogerät für sein Auto per Post bestellt, und als es kaputtging, setzte er sich mit den Leuten in Verbindung. Man teilte ihm mit, er müsse das Gerät an den Hersteller einschicken, aber der saß in Japan. Es gab niemanden in der Firma, der ihm helfen konnte oder wollte: Er hatte wenig bezahlt und im Gegenzug dafür auf Kundendienstleistungen und Unterstützung verzichtet.

Aufgrund dieser Erfahrung stand eines unserer Ziele fest: Wir wollten Software und Computerperipherie zu günstigen Preisen anbieten, dazu erstklassige Kundendienstleistungen und Anwenderhilfen. Seit unsere Firma besteht, sind wir sofort zur Stelle, um zu helfen – es sei denn, der Kunde zieht es vor, sich direkt an den Hersteller zu wenden –, und wir verlangen dafür keinen Aufpreis.

David und ich haben beide schon per Versandhandel bestellt, und unsere Kreditkarten wurden eine Woche, bevor der Anbieter die Ware lieferte, belastet. Auf diese Weise konnten sie natürlich mit unserem Geld arbeiten, bis genügend Aufträge eingegangen waren, daß es sich lohnte, die Artikel ihrerseits zu ordern und aufgrund der großen Bestellmenge einen niedrigen Preis auszuhandeln. Angesichts dieser Erfahrung haben wir zwei Leitlinien eingeführt, die für ein Unternehmen im Versandhandel ziemlich revolutionär sind. Wir beschlossen, die Kreditkarten unserer Kunden nicht zu belasten, bis wir die Ware wirklich abgeschickt hatten, und alle Produkte, für die wir in unseren Anzeigen warben, in unseren Lagerbestand aufzunehmen.

MacConnection, der Bereich, der sich auf Apple-Macintosh-Computer spezialisiert hat, ist das erste Unternehmen, das eine echte Umtausch- oder Rückgabegarantie bietet; hier erhält der Kunde bei Nichtgefallen sein Geld hundertprozentig zurück. Es gibt andere, die mit dieser Rücknahmegarantie geworben haben, aber man mußte das Kleingedruckte lesen. Die meisten erstatteten das Geld nur zurück, wenn die Software ungeöffnet war. In unserer Garantieerklärung heißt es, daß unsere Kunden die Produkte kaufen, öffnen, benutzen und zurückschicken können, wobei der Grund für ihre Unzufriedenheit keine Rolle spielt. MacConnections Übernachtzustellung, die drei Dollar kostet, war ein großer Schritt vorwärts und ein echter Vorteil für unsere Kunden.

Unser Ziel besteht darin, fortlaufend nach besseren und wirksameren Möglichkeiten zu suchen, unseren Kunden und der breiten Öffentlichkeit Produkte und Produktinformationen anzubieten. Aber auch wenn man sich einmal dieses Ziel gesetzt und die dafür notwendigen Abläufe eingeführt hat, muß man sie ständig überwachen, verbessern und sehen, ob man sie nicht effizienter gestalten kann.

Wir betreiben sehr viel Marktforschung. Wir sprechen mit unseren Kontaktleuten in der Branche und hören ihnen aufmerksam zu – unseren Konkurrenten, unseren Lieferfirmen und unseren Kunden. Wir fragen ständig: »Wie können wir uns positiv von allen anderen Wettbewerbern abheben?«, und »Was würde den Leuten wirklich helfen, oder welche Dienstleistung hätten sie nie im Leben erwartet?« Wenn man diese Antworten als Ausgangspunkt nimmt und sich in der Branche auf dem laufenden hält, dann entstehen daraus kreative Ideen und neue Dienstleistungen, die nie zuvor angeboten wurden.

Viele Einsichten, zu denen ich gelangt bin, wurzeln in den Arbeitserfahrungen, die ich machte, bevor wir die Firma gründeten. Als ich noch Anthropologie studierte, war ich fasziniert vom Lern- und Innovationsprozeß und neugierig darauf, was Menschen veranlaßt, sich neue Arbeitsmethoden anzueignen. Meine Forschungstechnik bestand darin, die Prozesse nachzuahmen, die Angehörige primitiver Kulturen durchlaufen, wenn sie lernen, bestimmte Aufgaben zu bewältigen. Das war nicht nur aufschlußreich, sondern auch notwendig.

Viele Methoden der Urvölker waren, wenn überhaupt, geschichtlich nur mangelhaft dokumentiert.

Alles fing an, als mein Interesse für die steinzeitliche Technologie erwachte und ich mit einer Gruppe von Archäologiedoktoranden zusammenzuarbeiten begann. Im Laboratorium stellten wir richtiges Steinwerkzeug her, benutzten es und befaßten uns dann intensiv mit den Verschleißmustern. Das half uns zu bestimmen, wie das Werkzeug, das wir an den Ausgrabungsstätten gefunden hatten, von den Menschen in vorgeschichtlicher Zeit benutzt worden war. Wir konnten die Abnutzungsmuster mit denen vergleichen, die sich an unseren im Labor gefertigten und benutzten Werkzeugen zeigten. Diese Untersuchungen brachten mich auf einen Weg, der mich zur Erforschung des technologischen Fortschritts führte; ich wollte herausfinden, wie Menschen lernen, Werkzeuge und Methoden zu entwickeln und anzuwenden, die ihnen helfen, ihre Arbeit leichter und effizienter zu bewältigen.

In der Computerbranche muß man sein Augenmerk auf Dinge wie die demographische Entwicklung und Veränderungen in der Bevölkerung richten und darauf, wie sich beides möglicherweise auf den Kundenbestand auswirkt. Man muß stets darüber nachdenken, welche Wünsche und Bedürfnisse der Kunde in Zukunft wohl haben könnte. Wir sind zu der Schlußfolgerung gelangt, daß vielen Leuten am bequemen und möglichst schnellen Zugang zu Produkten und Informationen gelegen ist. Man kann nicht genug betonen, wie wichtig es ist, sich auf die eigene Branche zu konzentrieren und sie wie die eigene Westentasche zu kennen.

Wir messen unseren Erfolg an der Anzahl der positiven Zuschriften, die wir von unseren Kunden erhalten, und nicht daran, wieviel Geld sich in unserer Branche verdienen läßt. Bei uns gehen jede Woche eine Menge Briefe ein, und sie sind fast immer ermutigend – sogar diejenigen, in denen es um die Styroporkügelchen geht.

Wir haben etliche Briefe erhalten, und in der Regel waren sie positiv, aber dann hieß es: »Leider benutzen Sie diese Styroporkugeln. Haben Sie mal daran gedacht, eine andere Verpackung zu verwenden?«, oder »Ich werde mich nach einem anderen Lieferanten umsehen müssen, wenn Sie die Styroporkugeln nicht weglassen.« Die Leute würden ihre Produkte gerne weiterhin bei uns bestellen, und ihnen gefällt der Service, den wir bieten, aber sie haben etwas gegen die Verwendung von Styropor. Und ich dachte mir, wenn sich so viele Kunden die Mühe machen, uns ihre Bedenken mitzuteilen, dann gibt es vermutlich noch zahlreiche andere, die genauso denken, uns aber nicht schreiben. Deshalb haben wir die Styroporkugeln weggelassen und benutzen jetzt ein Verpackungsmaterial, das aus hundertprozentig wiederverwertetem Altpapier besteht.

Viele Leute haben inzwischen eine Menge Geld in ihre Computerausrüstung investiert, aber ich glaube, sie sind längst nicht so produktiv, wie sie sein könnten. Es ist nicht nur unsere Aufgabe, sondern in Wirklichkeit unsere Pflicht, dafür zu sorgen, daß sie mit ihrer Ausrüstung so produktiv wie möglich sind.

Am Anfang haben wir viele der Gebrauchsanweisungen, die vom Hersteller der Produkte mitgeliefert wurden, neu geschrieben. Wir stellten nämlich fest, daß die Käufer trotzdem noch Fragen hatten, und deshalb bieten wir ihnen technische Unterstützung an; sie können gebührenfrei bei uns anrufen und erhalten technische Hilfestellung und Informationen über alle Produkte, die wir führen, gleichgültig, ob sie bei uns gekauft worden sind oder nicht. Solange sie die Ware nicht zurückgeben wollen, spielt es keine Rolle, von wem sie erworben wurde. Wir sind immer bereit, ihnen zu helfen.

Und dann sind wir noch einen Schritt weiter gegangen und haben uns gesagt: Es muß doch eine bessere Möglichkeit geben, als jedem einzelnen nach dem Verkauf Informationen und Unterstützung zu geben, wenn beispielsweise jemand Probleme mit der Installation hat. Da kam uns die Idee mit den Anleitungen auf Videoband. Wir haben unser eigenes Studio aufgemacht, in dem wir die Videos herstellen. Es heißt PCTV und wird als eigenständiger Unternehmensbereich geführt.

Diese Video-Anleitungen führten zur nächsten Überlegung: Es gab mit Sicherheit einen besseren Weg, potentiellen Kunden, die den Kauf von Computerausrüstung in Betracht zogen, Informationen zukommen zu lassen. Da der PCTV-Bereich über eine Satellitenanbindung verfügt, entwickeln wir nun Fernsehprogramme, die ihnen die Kaufentscheidung erleichtern und dafür sorgen, daß sie die vorhandene Ausrüstung besser nutzen.

Das ist nur ein Beispiel von vielen. David und ich waren immer der Überzeugung, daß der Erfolg unserer Firma der Tatsache zu verdanken ist, daß wir uns in die Lage unserer Kunden und Zulieferer hineinversetzen können. Wir sehen, daß heute viele unserer Mitarbeiter genauso handeln, und darüber sind wir sehr glücklich.

Ich glaube, wir haben ein Arbeitsumfeld geschaffen, das Innovationen zuträglich ist. Das haben wir bewirkt, indem wir unserer Führungsmannschaft den Freiraum gaben, den Dingen auf den Grund zu gehen, zu experimentieren und auf eigene Faust zu entdecken, wie sie am besten die Ziele erreichen, die sie für ihre Abteilungen gesetzt haben.

Patricia Gallup ist verständlicherweise optimistisch, was den Erfolg ihrer Firma angeht. Dasselbe gilt für ihre Lieferanten. Ich fragte den Vizepräsidenten von Merisel, einer in New Jersey angesiedelten Firma, nach seiner Meinung über den Versandriesen in der winzigen Ortschaft Marlow; Elliott Levine ist zwar kein Firmenmitglied, aber als Lieferant von PC Connection bestens mit den Vorgängen vertraut. Er erzählte mir: »Ich glaube, PC Connection ist das einzige Unternehmen, das beinahe im Alleingang mit den Vorurteilen über den Versandhandel und all seine negativen, mittelalterlichen Begleiterscheinungen aufgeräumt hat. Wenn man den Namen erwähnt, dann hört man immer wieder, daß PC Connection zu den Firmen mit der besten Kundenberatung zählt und außerdem über das beste Vertriebsnetz in der Branche verfügt. Sie haben bewirkt, daß die gesamte Industrie das Versandgeschäft inzwischen mit anderen Augen betrachtet.«

Der überwältigende Erfolg von PC Connection läßt sich weitgehend durch die Entschlossenheit und nachgewiesene Fähigkeit des Unternehmens erklären, ständig Innovationen in jedem Bereich einzuführen. Und was vielleicht noch wichtiger ist: PCC hat den Sprung an die Spitze geschafft, weil die Firma eine althergebrachte Überzeugung der Branche ignorierte, daß ein niedriger Preis die einzige »Neuerung« sei, die den Versandhandel für Kunden reizvoll mache.

Im Gespräch mit Patricia Gallup wurde klar, daß der eigentliche Motor von PCCs Erfolg darin besteht, *den Kunden allerhöchste Priorität beizumessen.* Das ist eine erstaunliche Leistung in einer Branche, die von der Bereitschaft des Kunden ausgeht, sich mit allem zufriedenzugeben, wenn nur der Preis stimmt! In vielen Fällen ist PCC *nicht* der preisgünstigste Anbieter. Aber da man hier das Augenmerk nicht auf die Branche und ihren »einzig richtigen Weg«, sondern auf die Wünsche und Bedürfnisse des Kunden konzentrierte, hat PCC ganz an die Spitze kommen können, während viele ihrer kostenbewußten Konkurrenten in Konkurs gegangen sind.

Ein Blick auf die wachsende Liste der Innovationen, die inzwischen auf PCCs Konto gehen, zeigt das klare Bestreben, den Kunden zufriedenzustellen. PCC war das erste Unternehmen in der Branche, das Anrufern kostenlose Beratung erteilte. Und dieser Dienst wird nicht von unerfahrenen Bürokräften versehen, sondern von technischen Beratern, die von der Firma gründlich geschult worden sind, bevor sie ans Telefon gesetzt wurden.

PCC hat es sich zum Ziel gesetzt, sämtliche Produkte, für die es in Anzeigen wirbt, auf Lager zu haben. Sollte ein bestimmter Artikel aus irgendeinem Grund nicht vorrätig sein, wird der Preis zum Zeitpunkt der Bestellung auf der Kundenrechnung vermerkt. Falls die neue Warenlieferung mit einem niedrigeren Preis ausgezeichnet ist, erstattet die Firma dem Kunden den Differenzbetrag zurück.

Um sicherzugehen, daß alle Kunden den bestmöglichen Service erhalten, beschäftigt PCC Außendienstmitarbeiter, die keine Provision, sondern ein Festgehalt bekommen. Auf diese Weise widmet man dem Kunden, der nur einen Ablagekasten für seine Disketten kauft, die gleiche Aufmerksamkeit wie jemandem, der einen teuren Drucker erwirbt.

Um das Vertriebssystem zu verbessern – eine andere Möglichkeit, dem Kunden zu dienen –, benutzt PCC ein Strichcodesystem, das dem neuesten Stand der Technik entspricht, und ein elektronisches Datenaustauschsystem. Damit kann PCC feststellen, an welcher Stelle des Vertriebsnetzes sich ein bestimmter Artikel zu einem bestimmten Zeitpunkt befindet. Solche Methoden sind im Versandhandel eine Seltenheit, was einmal mehr beweist, daß PCC der Konkurrenz um Längen voraus ist.

Patricia Gallup hat zweifellos eine höchst wirksame Formel entwickelt, um fortlaufende, bahnbrechende Neuerungen zu fördern. Sie empfiehlt allen, die PCCs Beispiel folgen wollen: »Sie müssen lernen,

Ihren Kunden aufmerksam zuzuhören. Finden Sie heraus, welche Wünsche und Bedürfnisse sie wirklich haben, und ziehen Sie keine voreiligen Schlußfolgerungen. Geben Sie ihnen das, was sie erwarten – und einiges mehr.«

Innovation fördern – die Bedeutung des Betriebsklimas

Da sich die technologischen, geographischen und politischen Barrieren im Wettbewerb der Unternehmen zunehmend auflösen, sehen wir uns heute einem ungeheuer erweiterten Käufermarkt gegenüber. In diesem Umfeld können nur Firmen, die bedürfnisspezifische neue Produkte und Dienstleistungen entwickeln, darauf hoffen, sich die Gunst der Kunden – und ihr Geld – zu sichern.

Alwin Toffler glaubt, daß sich inzwischen alle Firmen mit einer Herausforderung konfrontiert sehen, die er als »Innovationsimperativ« bezeichnet. Er meint: »Kein bestehender Markt ist heute absolut sicher, kein Produkt hält sich ewig. Nicht nur in der Computer- und Bekleidungsbranche, sondern überall, angefangen bei den Versicherungspolicen über die medizinische Versorgung bis hin zu den Pauschalreisen, reißt der Wettbewerb mit der Waffe der Innovation kleine Teile und ganze Brocken aus dem angestammten Geschäft heraus. Firmen schrumpfen und gehen unter, wenn sie nicht imstande sind, ständig neue Produkte zu entwickeln.«

PC Connection beherrscht fraglos diese Kunst. Und das ist der Firma dadurch gelungen, daß sie ein Arbeitsumfeld geschaffen hat, das Innovationen fördert. Sie läßt den Mitarbeitern freie Hand, mit neuen Ideen zu experimentieren, solange sich diese mit den übergeordneten Zielen des Unternehmens vereinbaren lassen.

Ein Klima zu schaffen, das aufgeschlossen auf Neuerungen reagiert, ist von entscheidender Bedeutung, wenn man die Innovation fördern will. Es stimmt zwar, daß neuartige Produkte und Dienstleistungen sogar in einem streng kontrollierten Umfeld entwickelt werden, wie es auch Blumen gibt, die sich ihren Weg durch die Risse im Asphalt eines Gehwegs bahnen. Damit Innovationen *gedeihen,* also fortlaufend und konsequent erfolgen können, muß jedoch ein Unternehmensklima vorhanden sein, das den entsprechenden Nährboden bietet.

Innovation ist das Ergebnis von *Wissen* (über Kundenbedürfnisse, Markttrends, Angebote der Konkurrenz, Probleme des Vertriebs und technologischen Wandel) und *Kompetenz,* einer Kombination aus Eigenständigkeit und Verantwortung. Ein Klima, das Innovationen in ganz besonderem Maß entgegenkommt, spornt Mitarbeiter an, ihr Wissen ständig zu erweitern, wie bei PC Connection der Fall. In einer solchen Arbeitsatmosphäre ist eine offene Kommunikation, die Mitarbeiter leichten und uneingeschränkten Zugang zu Informationen bietet, die Norm. Hier sind alle Belegschaftsmitglieder befähigt und aufgefordert, eigenständig auf der Grundlage ihrer bisher gesammelten Kenntnisse zu handeln, um einen stetigen Innovationsfluß zu gewährleisten.

Innovation auf unfruchtbarem Boden – die Geschichte von General Electric

Was passiert, wenn das Klima für Innovationen ungünstig ist? Die Einführung neuartiger Produkte und Dienstleistungen gelingt selten in einem Arbeitsumfeld, das unterschwellig schöpferische Leistungen sabotiert. Genau das mußte General Electric entdecken, als das Unternehmen sich anschickte, einen neuen Kompressor für Kühlschränke zu bauen. Das Projekt brachte nicht den erhofften Innovationserfolg, sondern endete vielmehr in einem finanziellen Alptraum.

Im Herbst 1981 engagierte die GE-Abteilung für Haushaltsgeräte in Louisville, Kentucky, einen Unternehmensberater, der das Kühlschrankgeschäft eingehend unter die Lupe nehmen sollte. Seine Empfehlung lautete: Sie sollten sich im Ausland einen besseren Kompressor beschaffen oder im heimischen Werk einen neuen konstruieren. Das Unternehmen entschied sich für letzteres.

Im darauffolgenden Frühjahr einigte sich die Projektgruppe, die mit der Entwicklung betraut worden war, auf eine Kreiselverdichter-Variante. Im Herbst 1983 war der Bau einer Fabrik genehmigt, die 120 Millionen Dollar kostete; hier sollten die neuen Kompressoren gefertigt werden. Ein Jahr später fand die Geschäftsleitung die Testdaten annehmbar und segnete den Beginn der Produktion ab, die im Frühjahr 1986 anlief.

Im Sommer 1987 wurde von einem Kunden in Philadelphia erstmals gemeldet, daß der Kompressor versagt habe. Darauf folgte eine Vielzahl ähnlicher Reklamationen. Im Dezember 1987 nahm General Electric den Kreiselverdichter aus dem Programm und begann, die defekten Einheiten durch gekaufte, zumeist im Ausland hergestellte Fabrikate zu ersetzen. Im Sommer 1988 stießen die Techniker, die den Pannen auf den Grund gegangen waren, auf die Ursache des Problems: Der außerordentlich große Verschleiß bei zwei metallbeschichteten Bausteinen verhinderte letztlich, daß kalte Luft in den Kühlschrank eindringen konnte. Das Endergebnis: 1988 mußte GE 450 Millionen Dollar vor Steuern hinblättern, um die Kompressoren zu reparieren.

Was war passiert? Zahlreiche Probleme und Warnsignale waren während des Produktentwicklungsprozesses ignoriert oder übersehen worden. Der Mißerfolg ließ sich jedoch im wesentlichen auf zwei miteinander verknüpfte Faktoren zurückführen: schlechte Kommunikation und Mangel an partnerschaftlicher Zusammenarbeit.

Die Techniker und Ingenieure, die an diesem Projekt beteiligt waren, hatten keine Erfahrung mit der Konstruktion von Kreiselverdichtern. Trotzdem weigerten sie sich, die Hilfe »alter Hasen« oder auch eines GE-Ingenieurs im Ruhestand anzunehmen, die ihnen vielleicht zur Vorsicht geraten und sie darüber aufgeklärt hätten, daß der Kompressor bei Wärmeeinwirkung vermutlich kaputtgehen würde.

Die Führungskräfte waren bestrebt, die Kosten zu senken, also drängten sie darauf, die Tests zu beschleunigen, damit man endlich mit der Serienproduktion beginnen konnte. Dabei wurden die wichtigen Gebietstests (auf regional abgegrenzten Teilmärkten), bei denen sich das Problem schnell gezeigt hätte, auf ein Mindestmaß beschränkt. Dazu kam, daß auch noch die Warnsignale mißachtet wurden, die sich schon in der Frühphase gezeigt hatten. Mehrere Techniker aus den »niedrigen Gehaltsgruppen«, die mit der Durchführung der Tests vor der Serienproduktion befaßt waren, vermuteten, daß mit dem Kompressor etwas nicht stimme. Sie teilten ihren Vorgesetzten mit, daß einige der Prototypen extreme Abnutzungserscheinungen aufwiesen. Aber die Information versandete auf dieser Weisungsebene und wurde nie nach oben weitergegeben.

Das Projekt scheiterte letztlich, weil die Beteiligten unterschiedliche Ziele anstrebten, statt gemeinsam eine übergeordnete Vision zu verfolgen. Das Innovationsbemühen war aufrichtig, aber das Innovationsklima denkbar ungünstig. Wissen wurde zurückgehalten und der freie Informationsfluß eingeschränkt. Statt Kompetenz gab es Kämpfe zwischen den Führungskräften, die das Projekt mit allen Mitteln durchziehen wollten, und den Mitarbeitern in den »Schützengräben«, die davor warnten. Die Projektgruppe hatte nicht wie ein lebendes, vernetztes System reagiert, sondern war den Weisungs- und Kontrollstrukturen der herkömmlichen Art verhaftet geblieben.

General Electric kann inzwischen viele erfolgreiche Innovationsbemühungen vorweisen. Firmenchef Jack Welsh, jahrelang fest im Sattel der alten Denkweise, hat sich inzwischen zu einem glühenden Befürworter des Informationsaustauschs und der partnerschaftlichen Beteiligung der Belegschaft entwickelt. Das zuvor geschilderte, fehlgeschlagene Innovationsvorhaben zeigt, wie tief verwurzelt die alten Ansätze in solchen Unternehmen sind, die Veränderung auf ihre Fahnen geschrieben haben. Es veranschaulicht auch die Bedeutung, die der Entwicklung eines partnerschaftlichen Arbeitsumfelds zukommt, wenn man sich um bahnbrechende Neuerungen bemüht.

Die Förderung von Innovationsnischen – Hewlett-Packard

Daß sich ein Unternehmen für Innovationen so stark macht wie PCC kommt verhältnismäßig selten vor. General Electric bietet in dieser Hinsicht ein Erscheinungsbild, das weiter verbreitet ist: ein Unternehmen alten Zuschnitts, das sich verzweifelt bemüht, sich in einen Schrittmacher zu verwandeln, und mit seinen Innovationen manchmal Erfolg hat und manchmal scheitert.

Man kann nicht behaupten, daß PCC keine Fehler unterliefen. Die Firma begrüßt »schnelle Fehlgriffe« sogar. Die Fähigkeit, den eingeschlagenen Kurs unverzüglich zu ändern, hat es ihr ermöglicht, einen stetigen Innovationsfluß in Gang zu halten. Diese positive Einstellung zu Fehlern wurzelt im unerschütterlichen Engagement für das neue Unternehmenskonzept, in dem Innovationen als absolut unerläßlich gelten. GE befindet sich im Gegensatz dazu noch im Entwicklungsprozeß; es hat den Übergang von der alten zur neuen Denkweise noch nicht ganz geschafft. Infolgedessen steht die erklärte Innovationsbereitschaft manchmal im Widerspruch zu den alten Systemen und Einstellungen, die das Scheitern von Neuerungen geradezu vorprogrammieren.

Viele große Firmen befinden sich in der gleichen Lage wie GE. Sie haben schwer zu kämpfen, um angesichts der eingefahrenen alten Einstellungen und Verhaltensweisen eine Unternehmenskultur zu entwickeln, die Innovationen zuträglich ist. Manche gehen dieses Problem an, indem sie innerhalb der Organisationsstrukturen eigenständige »Innovationsnischen« schaffen, ein Biotop im Miniaturformat, in dem Neuerungen gedeihen und sich im gesamten Unternehmen ausbreiten können.

Chuck House, Leiter des technischen Bereichs von Hewlett-Packard, hat während seiner beruflichen Laufbahn viel Zeit darauf verwendet, Innovationen in seiner Firma zu fördern. House steht bei HP seit langem in dem Ruf, ein Querdenker zu sein. Er ist ein Teamspieler, aber er hat keine Hemmungen, fünf gerade sein zu lassen, wenn feststeht, daß der »Coach« die falsche Entscheidung getroffen hat. Als er beispielsweise von »Coach« (und Mitgründer) David Packard vor Jahren die Anweisung erhielt, die Arbeit an einem hochauflösenden, großformatigen Videobildschirm einzustellen, hörte er höflich zu – und entwickelte das neue Produkt unbeirrt weiter. Der neue Monitor erzielte Rekordumsätze, und 1982 zeichnete die Geschäftsleitung Chuck House mit einer Medaille aus, verliehen für »außergewöhnliche Mißachtung und Widerstand gegen Vorschriften mit einer Hartnäckigkeit, die weit über die herkömmlichen Pflichten eines Entwicklungsexperten hinausgeht«.

Im Laufe der Jahre hat House solche »Innovationsnischen« im gesamten Unternehmen geschaffen und Arbeitsgruppen mit geringer Arbeitsmoral und Leistungsbereitschaft in »Innovationskanonen« verwandelt. Er ist ein Meister der Kunst, das richtige Klima für kreative Neuerungen zu schaffen.

Ein Beispiel: 1974 nahm House vorübergehend die Stellung des Leiters der demoralisierten New-Ventures-Projektgruppe im Forschungsbereich von HP in Colorado Springs an. Sie hatte seit Jahren keine nennenswerte Innovation mehr hervorgebracht, und die vielversprechendsten und produktivsten Mitglieder waren längst zu anderen Firmen abgewandert, wo sie bessere Möglichkeiten sahen.

Als House in Colorado ankam, bot sich ihm ein niederschmetterndes Bild. Die New-Ventures-Gruppe arbeitete von anderen HP-Bereichen isoliert, die mit ähnlichen Projekten befaßt waren; von einem Informationsaustausch konnte kaum die Rede sein. Die Gruppe hatte nicht die leiseste Ahnung, was die Konkurrenz gerade ausbrütete, und sie führte überhaupt nur wenige Forschungsprojekte durch. Die Einstellung der Mitarbeiter spiegelte die allgemeine Trostlosigkeit der Zustände wider.

Chuck House gelang es, die Gruppe innerhalb von drei Jahren auf Vordermann zu bringen. Das erste Jahr konzentrierte er sich ausschließlich auf die Erweiterung ihrer Wissensbasis. Die Ingenieure und Techniker verbrachten ihre Zeit damit, Fachzeitschriften zu wälzen, Messen und Ausstellungen zu besuchen und an Tagungen teilzunehmen. House forderte von seinen Leuten, mindestens eine Woche in einer anderen Abteilung des Unternehmens zu arbeiten und eine Woche in einer Kundenfirma, um wertvolle Informationen und Erkenntnisse zu sammeln.

Nach und nach entwickelte die Gruppe, die ehemals so wenig Arbeitsmoral gezeigt hatte, aufgrund neugewonnener Kenntnisse Dutzende von Ideen für neue Produkte. Außerdem wurde die Zusammenarbeit mit Kunden und anderen HP-Projektgruppen enger. Während dieser Zeit schirmte Chuck House seine Gruppe vor dem Topmanagement ab und sorgte dafür, daß sie Autonomie und sämtliche Befugnisse erhielt, um ihre innovativen Ideen umzusetzen.

Weniger als drei Jahre, nachdem House die Leitung übernommen hatte, wurde die New-Venture-Gruppe – früher als »Bodensatz des Unternehmens« verhöhnt – von der Zeitschrift *Electronics* für die Innovation des Jahres ausgezeichnet. Die Neuerung, die diesen Ehrentitel erhielt, ging später in die »Ruhmeshalle des Computerdesigns« ein.

Die Wende in Colorado Springs ist typisch für die Arbeit, die Chuck House als Schrittmacher innovativer Bemühungen bei Hewlett-Packard leistet. Ich fragte ihn, was aus der Gruppe wurde, nachdem er in einen neuen Aufgabenbereich versetzt worden war. Er erzählte mir:

Meistens entwickeln solche Gruppen ein Eigenleben. Fast immer passiert folgendes: Entweder löst sich das Team auf, bevor ich gehe – mit anderen Worten, wir haben ein Experiment durchgeführt, entschieden, daß es nicht sinnvoll ist, und die Arbeit eingestellt. Oder die Gruppe erweist sich als so unverwüstlich, daß ihr Weiterbestand sich für das Unternehmen lohnt; in diesem Fall erhält sie einen Leiter mit einem orthodoxeren Führungsstil.
Entweder bleibt man lange genug, um zu sehen, daß ein Projekt scheitert, und man schreibt es in den Wind, oder man bleibt lange genug, um zu erkennen, daß es Erfolg haben könnte und jeder begeistert mitmacht und davon profitiert. Dann stellt sich die Frage, wie man diese Antriebskraft erhält. Bei einem erfolgreichen Team ist es ziemlich schwer, die Begeisterung niederzuknüppeln. Es braucht mich nicht mehr, und das ist schön.

Partnerschaft fördert Innovation

Innovation kann nur in einem entsprechenden Klima gedeihen. Wenn Mitarbeiter freien Zugang zu allen erforderlichen Informationen erhalten, wenn man ihnen gestattet und sie ermutigt, Teams zu bilden und gemeinsam mit anderen Gruppen innerhalb wie außerhalb des Unternehmens zu lernen, dann vermehren sich die innovativen Ideen um ein Vielfaches. Die wichtigsten Neuerungen eines Unternehmens haben ihre Wurzeln oft in solchen Bündnissen – mit anderen Mitarbeitern, Kunden, Lieferanten, Händlern und den Bewohnern der Stadt, wo sich die Firma befindet.

Innovation und Partnerschaft bei PC Connection

Die Firma PC Connection entwickelt viele innovative Ideen im Rahmen der partnerschaftlichen Beziehungen zu ihren Kunden. Man hört ihnen aufmerksam zu, spornt sie zu Rückmeldungen an und sucht stets nach neuen Möglichkeiten, sie zufriedenzustellen. Die positiven Reaktionen der Kunden haben PCC veranlaßt, sich um noch kürzere Lieferzeiten zu bemühen und letztlich die Möglichkeit einer Übernachtzustellung einzuführen. Die Firma hat einen telefonischen Beratungsdienst ins Leben gerufen und Videokassetten mit Benutzeranleitungen entwickelt, um den offenkundigen Bedürfnissen der Kunden gerecht zu werden. Die Entscheidung, die Styroporverpackung gegen ein umweltverträgliches Material auszutauschen, ist ein weiteres Beispiel für Verbesserungsvorschläge, die von Kunden stammen.

Elliott Levine von der Firma Merisel sagte über PCCs partnerschaftlichen Ansatz bei der Kundengewinnung: »Statt sich mit einem üppigen Werbeetat Marktanteile zu verschaffen, richten sie ihre Aufmerksamkeit darauf, Produkte mit einem Zusatznutzen zu verkaufen. Auf diese Weise entwickeln sie ihr Kerngeschäft.« PC Connection hört Kunden aufmerksam zu, ermutigt sie zu Rückmeldungen und Vorschlägen und gewährleistet somit einen fortwährenden Ideenfluß, der sich in Neuerungen auf dem Dienstleistungssektor übersetzt.

PC Connection unterhält nicht nur mit Kunden, sondern auch mit Lieferfirmen partnerschaftliche Beziehungen. Im Gegensatz zu vielen Unternehmen, die ihre Lieferanten ignorieren, geringschätzen oder sogar Mißbrauch mit ihnen treiben, betrachtet PC sie als unentbehrliche Verbündete.

Diese Einstellung stellt an sich schon eine Revolution dar, und sie bietet weitere Innovationschancen. Dadurch, daß PC die Bedürfnisse der Zulieferfirmen berücksichtigt, konnte das Unternehmen wichtige Neuerungen einleiten, die nun beiden Partnern zugute kommen.

Eine der interessantesten ist die Gepflogenheit, viele Firmen am Tag nach Lieferung der Ware zu bezahlen – im Versandhandel etwas nie Dagewesenes (und auch in anderen Branchen äußerst selten). Aus dem partnerschaftlichen Verhältnis zu ihren Lieferanten und der Berücksichtigung von deren Bedürfnissen erwachsen auch der PC Connection Vorteile, wie Patricia Gallup bestätigt: »Genau wie bei unseren Kunden versuchen wir auch, ihnen mehr zu bieten, als sie erwarten. Da wir unsere Lieferanten so prompt bezahlen, erinnern sie sich spontan an uns, und einen so bevorzugten Platz in ihrem Gedächtnis einzunehmen ist wirklich eine gute Sache. Wenn sie aus irgendeinem Grund Lieferschwierigkeiten haben und nur über begrenzte Mengen einer Ware verfügen, müssen sie entscheiden, wer sie erhalten soll. Wenn wir in ihrer Erinnerung an erster Stelle stehen, denken sie zuerst an uns.«

Die partnerschaftliche Beziehung zu den Mitarbeitern ist eine der Triebkräfte, die hinter vielen Neuerungen steht, und erklärt, warum die Firma ständig innovativ ist. Charles Hampden-Turner weist darauf hin: »Man muß einfach zu der Auffassung gelangen, daß ein Produkt oder eine Dienstleistung nicht besser, einfühlsamer, subtiler, ästhetischer, logischer oder intelligenter sein kann als die Beziehungen und die Kommunikation zwischen jenen, die das Produkt geschaffen haben.« Mitarbeiter müssen das Gefühl haben, daß innerhalb der Belegschaft und zum Unternehmen, für das sie arbeiten, ein partnerschaftliches Verhältnis besteht, sonst läßt sich auch die Dienstleistungs- und Produktqualität langfristig nicht auf hohem Niveau halten, genausowenig wie die Innovationsfreudigkeit.

PCCs partnerschaftliche Beziehungen zur Belegschaft haben zu einer weiteren, einmaligen Neuerung geführt: Das Unternehmen stellt seinen Mitarbeitern Wohnraum zur Verfügung. Vor kurzem hat es rund 36 Hektar Bauland in Marlow gekauft, wo Wohnungsknappheit herrscht, und begonnen, Häuser darauf zu bauen. Patricia Gallup meint dazu:

> Einige unserer Mitarbeiter haben uns in den 80er Jahren, während des Booms in der Immobilienbranche, darauf angesprochen. Bei uns gibt es viele, die am Anfang ihrer beruflichen Karriere stehen, junge Leute, die gerade geheiratet haben, eine Familie gründen wollen und jetzt überlegen, ob sie sich nicht ein eigenes Haus kaufen sollen.
> In Marlow oder den umliegenden Ortschaften haben sie kein Haus oder Grundstück gefunden. Was angeboten wurde, waren große Parzellen Bauland, die unterteilt werden mußten. Die Teilung erfordert jedoch eine Menge Spezialwissen und Verwaltungsarbeit. Einige unserer Leute kamen zu uns und sagten: »Ein paar von uns würden sich gerne zusammentun, Bauland kaufen und es aufteilen. Hat die Firma mal in Erwägung gezogen, so etwas in die Wege zu leiten? Oder einer Gruppe von Mitarbeitern dabei zu helfen?« Mit Grundstückserschließungen kenne ich mich nicht aus. Aber wir haben firmeneigene Rechtsberater und einen Wirtschaftsprüfer in der Belegschaft; also kam ich zu der Schlußfolgerung, daß wir durchaus imstande sein würden, diese administrativen Aufgaben zu lösen. Ich habe damals ein Grundstück gesehen, das zum Verkauf stand und an einer Hauptstraße von Marlow gelegen war. Es war ein ziemlich flaches, schönes Stück Land, und ich dachte: »Vielleicht wäre es an der Zeit, etwas in der Richtung zu unternehmen.«
> Wir kauften also schließlich das Bauland und unterteilten es in zehn Parzellen; jede ist ungefähr zwischen drei und sechs Hektar groß. Die Erschließung entspricht nicht dem typischen Muster. Jedes Baugrundstück ist ziemlich groß, stark bewaldet und schön. Bisher haben wir vier Häuser errichtet; wir hatten geplant, sie unseren Mitarbeitern zum Selbstkostenpreis zu verkaufen. Innerhalb weniger Wochen nach der Fertigstellung waren die Kaufverträge für alle vier unterschrieben.

Patricia Gallup hat erkannt, daß die Firma PC Connection nur dann ihr Wachstum aufrechterhalten kann, wenn es zu einem maßvollen Wachstum von Marlow beiträgt, dem Standort der Firma. Die Verantwortung eines Unternehmens gegenüber seinem Firmenstandort muß mit seiner eigenen Entwicklung in Einklang gebracht werden, wenn beide langfristig überleben und gedeihen wollen.

Aus dieser Partnerschaft mit Marlow sind ebenfalls viele umwälzende Neuerungen hervorgegangen. Das Engagement des Unternehmens spiegelt sich auch in dem Bestreben wider, den historischen Stadtkern zu bewahren. PCC hat gleich nach der Gründung die Firmenzentrale in einer alten Marlower Mühle untergebracht und das Bauwerk restauriert. Nun investiert das Unternehmen fünf Millionen Dollar in den Bau eines neuen Hauptsitzes, der ganz in der Nähe entstehen soll. Das rund 11000 Quadratmeter große Gebäude soll so unauffällig wie möglich sein. Das Grundstück liegt in einiger Entfernung von der Straße, und die geplanten Grünanlagen werden es vor den Blicken der Öffentlichkeit abschirmen. PCC ist bemüht, das Gebäude auf die Architektur von Marlow abzustimmen.

Preston Trucking – Partnerschaft als Überlebensstrategie

Preston Trucking ist ein weiteres Unternehmen, das Innovationen durch Partnerschaft erzielt. Diese an sich schon revolutionäre Idee rettete die Firma gegen Ende der 70er Jahre vor dem drohenden Untergang. Als die Geschäftsleitung ihre Beziehung zu den Gewerkschaften veränderte und aus den ehemaligen Gegnern Verbündete machte, konnte sie das gefährdete Unternehmen »wiederbeleben«.

Preston floriert inzwischen, weil die Firma unaufhörlich danach strebt, die qualitativ besten Dienstleistungen in ihrer Branche anzubieten. Sie unterhält enge, partnerschaftliche Beziehungen zu allen Kunden. Um die Aufrichtigkeit dieses Engagements zu unterstreichen, hat Preston eigens einen Manager abgestellt, der für die Kundenbeziehungen zuständig ist.

Diese Partnerschaft bildet den Kern der Produkt- und Dienstleistungsinnovationen bei Preston. Die Kunden spielen eine unverzichtbare Rolle im firmeninternen Entwicklungsprozeß; mit Hilfe ihrer Rückmeldungen werden die Serviceverbesserungen definiert und gemessen. Das Unternehmen und seine Kunden arbeiten eng zusammen, um Neuerungen auf den Weg zu bringen. Beispielsweise hat Preston gemeinsam mit der in Tamaqua, Pennsylvania, beheimateten Firma Air Products and Chemicals einen Videofilm produziert, in dem die angemessenen Techniken zur Handhabung von Vulkanisiertrommeln erklärt werden. Es ist eine Partnerschaft mit J. C. Penney eingegangen, um ein spezielles Computer-Abtastverfahren zu entwickeln, das die Lagerhaltung der von Preston angelieferten Waren verbessern soll. Und die Anregung für den Bau einer erstklassigen Video-Einrichtung erhielt es, als es sich eingehend mit dem Verfahren befaßte, das J. C. Penney bereits benutzte.

Preston gibt sich die allergrößte Mühe, um einen ungehinderten

Ideenfluß zu gewährleisten, der zu Innovationen führen kann. Es ist Mitbegründer des Quality Round Table, eines Qualitätszirkels, dessen Mitglieder sich regelmäßig zum Ideenaustausch treffen. Es hat ein sogenanntes Quality College gegründet, in dem Kunden und Nichtkunden ihre Erfahrungen austauschen und voneinander lernen. Kunden werden nachhaltig aufgefordert, dem Unternehmen einen Besuch abzustatten und die Aktivitäten vor Ort in Augenschein zu nehmen; während dieser Besichtigungen werden sie ermutigt, Vorschläge zu äußern, mit denen sich die Bedürfnisse des Kunden noch besser befriedigen lassen. Prestons Engagement für ein partnerschaftliches Verhältnis zu den Kunden hat es dem Unternehmen ermöglicht, in einer Branche zu gedeihen, die dramatisch geschrumpft ist.

Manco – gemeinsame Innovationen zusammen mit anderen Firmen

Manco Inc., ein Unternehmen, das in Teil VI eingehend beschrieben wird, hat systematisch innovative Firmen untersucht, um den Gründen für ihren Erfolg auf die Spur zu kommen. Manco ist ein Meister der Kunst, die Erkenntnisse aus seinen Nachforschungen in eigene Innovationen umzusetzen.

Firmenchef Jack Kahl sagt beispielsweise, daß er das A und O der »Basisforschung« von Wal-Mart gelernt habe, einem der besten Kunden von Manco. Wal-Mart hält jeden Samstagmorgen Verkaufsbesprechungen ab; hier diskutieren die Mitarbeiter über Neuerungsideen, die von den Filialen realisiert werden können. Kahl sagt: »Jede gute und außergewöhnliche Idee, die ein Wal-Mart-Belegschaftsmitglied während einer x-beliebigen Woche hat, wird durch die Bezirks- und Bereichsleitungen geschleust und am Samstagmorgen zur Sprache gebracht. Damit besteht die Möglichkeit, den Vorschlag in der nachfolgenden Woche zu erproben und zwei Wochen später in buchstäblich allen Geschäften umzusetzen.«

Kahl hat diese Methode kopiert: »Wir haben also ein Kommunikationssystem aufgebaut, das uns gestattet, unsere Antennen genauso auszufahren wie sie, und Wal-Mart als Vorbild für die Entwicklung unserer eigenen Kommunikationstechniken benutzt. Ein hervorragendes Unternehmen, von dem man nur lernen kann.«

Manco geht Innovationen sehr forsch an. Und wie PC Connection und Preston Trucking bezieht es viele seiner Neuerungsimpulse aus der Partnerschaft mit anderen Firmen, einschließlich solcher Kunden wie Wal-Mart.

Jack Kahl berichtete von einer Innovation, die aus der engen Zusammenarbeit mit Federal Express rührte:

Ich lernte Fred Smith [Firmenchef von Federal Express] während eines Seminars kennen, das im Rahmen einer Marketingtagung stattfand. Wir zeigten ihm, was wir mit unserer Produktlinie von Verpackungsmaterialien machen. Wir haben gesagt: »Fred, es müßte doch eine Möglichkeit geben, die Sache gemeinsam anzugehen und unsere beiden Firmen zusammenzuschmieden.«
Das ging über die Bühne, nachdem wir seinen Vortrag gehört hatten, und er sagte: »Lassen Sie mich mal die Werbeanzeige sehen.« Wir zeigten ihm also das Keksschachtel-Inserat und erklärten ihm: »Kekse, vor allem solche mit Schokosplittern, werden von amerikanischen Haushalten am meisten verschickt.« Und wir sagten, es sei doch eine prima Idee, das Firmenlogo von Fed Ex auf der Schachtel anzubringen, damit jeder weiß, daß sie blitzschnell befördert werden und bei der Ankunft frisch sind.
Nun, er fand die Idee gut, und sechs Monate später, nachdem die Juristen alles abgeklärt hatten, sprachen sie uns darauf an. Und nun können Sie bei Wal-Mart, Kmart, Walgreen's und in jedem Verkaufsladen der amerikanischen Armee oder Marine überall auf der Welt mit Wachs ausgekleidete Manco-Keksschachteln nebst Noppen-Klarsichthülle kaufen. Sie brauchen dann nur noch die 800er-Nummer zu wählen, die Sie im Federal-Express-Logo auf unserer Schachtel finden. Wir haben diese beiden erstklassigen Namen, Federal Express und Care Mail, gekoppelt.

Die Partnerschaft mit Wal-Mart führte zur Entwicklung des gewinnträchtigen Programms von Verpackungsmaterialien der Firma Manco – einschließlich der Keksschachteln. Kahl erzählt, wie alles anfing:

Nachdem wir rund acht Jahre lang an Wal-Mart verkauft und die Leute sehr gut kennengelernt hatten, erhielten wir einen Anruf von einem ihrer Schreibwareneinkäufer, Bob Thomas, dem wir ein paar Rollen Klebeband verkauften – für Kartons. Bob bat uns, mal bei ihm vorbeizuschauen. Wir setzten uns mit ihm zusammen, und er sagte: »Jack, die Marktforschungen, die in unseren Besprechungen am Samstagmorgen auf der Tagesordnung stehen, haben gezeigt, daß die Leute wattierte Umschläge, Schachteln und Versandzubehör in unseren Läden kaufen wollen. Wir möchten, daß Sie das übernehmen. Ich denke, daß Ihre Leute eine Menge Ahnung von Verpackungen haben und erstklassige Arbeit leisten. Wenn nicht, dann laufen Sie Gefahr, daß derjenige, der's schafft und den Auftrag letztlich erhält, das ganze Geschäft an Land ziehen wird, einschließlich Ihres Klebebands.«

Mit dieser Information kehrten wir also nach Cleveland zurück (wo die Manco-Zentrale angesiedelt ist); wir haben darüber geredet und in einer Brainstorming-Sitzung unsere Ideen zusammengetragen. Während der Heimfahrt kam einer der Teilnehmer auf den Namen »Care Mail«. Er rief mich an und sagte: »Jack, ich glaube, ich habe den Namen für diese ganze Produktgruppe gefunden.«

Als wir den Namen Care Mail prägten, war die ganze Firma vor Aufregung aus dem Häuschen. Wir teilten den Namen den Wal-Mart-Leuten mit. Innerhalb von drei Monaten hatten wir die Produkte beschafft, uns ein Bild über die Größenordnung der restlichen Anbieter im Markt gemacht und klargestellt, daß wir bei Wal-Marts Preisstellung ein Wörtchen mitreden würden. Wir wollten die beste Stellfläche, die den Kunden ins Auge fiel, und zwar zu einem Vorzugspreis. Innerhalb von 90 Tagen hatten wir mehr als 30 Produkte beschafft, zu einem Sortiment zusammengestellt und zu einem Produktpaket geschnürt, das wir Wal-Mart noch vor den Feiertagen, rechtzeitig fürs Weihnachtsgeschäft 1986, liefern konnten.

Von dem Punkt an begann die Feinarbeit. Wir haben die Verpackungen mit einer Farbkennung versehen, alles auf der Grundlage der Rückmeldungen, die wir von den Wal-Mart-Filialleitern infolge ihrer »Basisforschung« erhielten. Wir haben Spezialregale entworfen, um mehr Produkte in einem optisch reizvolleren Umfeld anbieten zu können. Heute finden Sie unsere Care-Mail-Produkte in jeder Wal-Mart-Filiale in Amerika auf einer Verkaufsfläche mit rund 1,50 Metern Länge. Auch in Haushaltswarengeschäften, Einrichtungszentren, Drugstores, Lebensmittelgeschäften und anderen Warenhäusern, die einen Massenmarkt bedienen, einschließlich Kmart, sind wir mit einem Marktanteil von mehr als 70 Prozent führend.

Die Partnerschaften zwischen den Unternehmen sind ein klar erkennbares Zeichen für die wechselseitige Abhängigkeit, die sich entwickelt, wenn Firmen vom Maschinenmodell zum Ökosystem-Konzept überwechseln. Der Widerspruch, der im Wettbewerb durch Kooperation liegt, wurde 1991 deutlich: Die beiden Erzrivalen IBM und Apple gaben bekannt, daß man ein Gemeinschaftsunternehmen plane zur Entwicklung von Betriebsprogrammen, die mit der Ausrüstung beider Firmen kompatibel sein würden.

Innovation und das lernorientierte Unternehmen

Manco, PC Connection, Preston Trucking und andere innovative Firmen lernen ständig – von ihren Kunden, Konkurrenten, Mitarbeitern, Lieferanten, Händlern und anderen, die auf irgendeine Weise mit ihrer Geschäftstätigkeit in Verbindung stehen. Das innovative Unternehmen kennzeichnet sich durch kontinuierliche Lernprozesse, es ist ein gigantisches »Lernlabor«, in dem man fortlaufend Informationen sammelt und Wissen erwirbt als unerläßlicher Bestandteil der Arbeitsaufgaben jedes einzelnen Mitarbeiters.

Bei PC Connection ist die stetige Erweiterung des Wissens zweifellos eine der wichtigsten Aufgaben jedes Belegschaftsmitglieds. Die Mitarbeiter stehen in ständigem Kontakt mit Kunden, Lieferfirmen und anderen Außenstehenden. Sie sammeln Informationen über Marktentwicklungen, Kundenbedürfnisse und die Aktivitäten der Konkurrenz. Um den Finger am Puls des Geschehens in der eigenen Branche zu halten, durchforstet PC Connection regelmäßig Hunderte von Versandhauskatalogen auf der Suche nach Anregungen und in dem Bemühen, Markttrends schon in der Entstehungsphase aufzuspüren.

Patricia Gallup, die fest davon überzeugt ist, daß zwischen Lernen und Innovation eine Verbindung besteht, empfiehlt Firmen, die innovativer werden wollen: »Machen Sie Ihre Hausaufgaben. Erforschen Sie die Entwicklungstendenzen in der Gesellschaft, und analysieren Sie, wie sich die Bedürfnisse und Erwartungen der Menschen ändern. Denken Sie über Ihre Branche nach und darüber, wie sich dieser Wandel auf Ihr Geschäft auswirken, oder besser gesagt, welchen Einfluß Ihr Unternehmen auf die veränderten Bedürfnisse und Erwartungen der Verbraucher nehmen könnte.«

Eine neue Denkweise

Innovationen erfordern eine Denkweise, die auf die Zukunft gerichtet ist und sie vorherzusehen trachtet. William Wiggenhorn, stellvertretender Geschäftsführer von Motorola, sagt über die Denkweise, die erforderlich ist, um Kundenbedürfnisse vorauszusehen und zu befriedigen:

> Mitte der 80er Jahre haben wir gesagt, der Kunde ist zufrieden, wenn wir seinen Erwartungen gerecht werden. Und dann haben wir unsere Ansicht geändert und glaubten, mehr bieten zu müssen, als der Kunde erwartet. Nun geht es darum, daß wir die Bedürfnisse unserer Kunden voraussehen und, sobald sie erkannt sind, schnellstmöglich darauf reagieren.
> Wenn man sich eingehend mit diesem ganzen Prognosebereich be-

faßt, dann sagt man sich: »Welche neuen Fähigkeiten muß ich erwerben, um voraussehen zu können, welche Bedürfnisse der Kunde haben wird, damit ich sie in dem Augenblick, wo er sich darüber im klaren ist, schneller und zu besseren Bedingungen als jeder andere Anbieter befriedigen kann?« ... Man beginnt, sich mit dem ganzen Thema von Intuition und Kreativität, Veränderungen der Verhaltens- und Entscheidungsmuster usw. intensiver als früher zu beschäftigen.

Die ForeSight Group, eine schwedische Unternehmensberatungsfirma, die Rekorde aufgestellt und die Saat der Innovation in europäischen und amerikanischen Firmen zum Keimen gebracht hat, empfiehlt ihren Klienten: »Sie sollten als erstes ihre Denk- und Verhaltensmuster in puncto Innovation in den Griff bekommen. Sie müssen neue Verhaltensweisen erlernen, weil innovative Entwicklungen – definitionsgemäß – unvorhersehbar, zwiespältig und mit Unsicherheit befrachtet sind.«

Der Erfolg von PC Connection ist zum großen Teil auf die Tatsache zurückzuführen, daß die Firma über eine außerordentlich flexible Denkweise verfügt und stets bereit ist, sich der Unwägbarkeit der neuen Welt anzupassen. Patricia Gallup dazu: »Ich glaube, daß jeder in unserer Firma daran gewöhnt ist, flexibel zu reagieren, und schon aufgrund der neuen Technologien imstande ist, sich zu ändern, und zwar schnell. Wir waren immer in einem dynamischen Umfeld tätig; wenn irgend etwas nicht so lief, wie wir es uns vorgestellt hatten, dann sagten wir uns: ›Na gut, wir müssen den Kurs ändern – mit dieser Methode kommen wir nicht weiter, also probieren wir etwas anderes aus.‹ Unsere Leute sind so flexibel, daß dieser Richtungswechsel ein Kinderspiel ist.«

In der Geschäftswelt alten Zuschnitts wurde die Unternehmensstrategie von den ranghöchsten Führungskräften bestimmt. Aber ein Unternehmensplan, der auf zehn Jahre, fünf Jahre oder auch nur ein einziges Jahr festgelegt ist – und mag er noch so fein ausgearbeitet sein –, ist wenig sinnvoll und noch weniger wirksam in einer Welt, die sich tagtäglich ein zweites Mal »erfindet«. In dieser neuen Welt, erklärte Andy Grove, Chef der Firma Intel, »formulieren die Leute ihre Strategie mit den Fingerspitzen. Tagaus, tagein reagieren sie auf alle möglichen Dinge, die mit den Produkten, für die sie werben, den Preiszugeständnissen, die sie machen, und den Vertriebskanälen, die sie wählen, zusammenhängen.« Die strategische Planung der alten Art ist in einer Welt des rapiden Wandels nicht mehr angemessen; hier ist *strategisches Denken* auf seiten jedes einzelnen Belegschaftsmitglieds gefordert. Die federführende Rolle von Mitarbeitern bei Planungsprozessen, die sich auf die Fähigkeit eines Unternehmens konzentrieren, Strategien schnell und flexibel umzusetzen, wird in der Welt von morgen die Norm sein. Zweifellos werden Führungskräfte noch in den Planungsprozeß einbezogen sein; doch sie führen einen echten Dialog mit ihren Mitarbeitern, um sicherzugehen, daß die Strategien und die Verfahren zu deren Umsetzung in Einklang mit der übergeordneten Mission und den Zielsetzungen des Unternehmens stehen. Statt die Strategie vorzuschreiben, arbeiten Führungskräfte sie partnerschaftlich mit den Mitarbeitern aus, die im strategischen Planungsprozeß eine maßgebliche Rolle spielen.

In Unternehmen neuen Formats ist kaum noch Platz für den typischen Arbeitnehmer der alten Schule, der »wie eine Marionette« seinen klar umrissenen Aufgaben nachging. Für ihn beinhaltete »Denken« nicht mehr als das sture Auswendiglernen von Fakten und Zahlen, Verhaltensmustern und Verfahren. Selbst der Blick in die Zukunft baute lediglich auf den Gegebenheiten einer bekannten Vergangenheit auf.

Aber keine Voraussage kann die rasanten und unwägbaren Veränderungen berücksichtigen, die derzeit stattfinden. Und das Auswendiglernen von Fakten spielt eine immer geringere Rolle in einer Welt, in der nur wenige Dinge auf ewig festgeschrieben sind.

Die Steuerung und die Handhabung von Daten und Dingen, Fähigkeiten, die in der Maschinenkultur der Unternehmen alter Art als erstrebenswertes Lernziel erachtet wurden, sind durch Lernprozesse ersetzt worden, die sich auf fließende Beziehungen und Prozesse konzentrieren. Das erfordert Intuition, Kreativität und Voraussicht – also kein entschieden *reaktives* Denken wie früher, sondern *aktives* Denken. Aktives Denken setzt die Fähigkeit voraus, systematisch zu denken, zu verstehen und vorauszusehen, wie sich die einzelnen Entscheidungen und Handlungsweisen auf das gesamte Unternehmen auswirken. Hier geht es um mehr, als die emotionale Intensität zu erhöhen oder die Aktivitäten anzukurbeln, um »der Konkurrenz ein Schnippchen zu schlagen« oder »unsere Leistungsvorgaben zu übertreffen«.

In den Unternehmen herrscht ganz offenkundig ein Bedarf an Fachwissen der alten Art, das sich auf Präzision, Analyse und treffsichere Entscheidungen konzentriert, aber es steht nicht mehr im Mittelpunkt. Es ist vorteilhaft, wenn man sich darauf versteht, einen präzise funktionierenden Computer zu entwickeln, aber das allein kann noch nicht die Frage klären, welche Art von Rechner oder ob man überhaupt Rechner bauen soll.

Die neue Denkweise ist ausgerichtet auf das Bestreben, Verfahren zu kombinieren und Gegensätze in Einklang zu bringen. Sie stellt höhere Anforderungen als die bloße Handhabung von Fakten. Aber trotz der damit verbundenen Schwierigkeiten kann sie in jedem Unternehmen Fuß fassen, wie PC Connection lebhaft bezeugt.

In allen betrieblichen Prozessen von PCC sind Anzeichen dieser neuen Denkweise zu erkennen. Patricia Gallup bezeichnet sie als »Yankee-Schläue«. Welchen Namen man dem Kind auch immer geben mag, diese Denkweise beinhaltet die Bereitschaft, ständig mit neuen Problemlösungsmethoden und Arbeitsverfahren zu experimentieren.

PCC hat es meisterhaft verstanden, Gegensätze zu integrieren. Viele Schlüsselinnovationen des Unternehmens zeichnen sich durch scheinbare Unvereinbarkeit wie niedrige Kosten, überlegene technische Kundendienstleistungen und fachkundige Beratung aus. Die Lehrbuchweisheiten über den Versandhandel halten dagegen, daß miserable Serviceleistungen und Mangel an Beratung der Preis wären, den Kunden zahlen müßten, wenn sie niedrigen Anschaffungskosten den Vorzug gäben. Aber PC Connection hat sich über diese landläufigen Auffassungen hinweggesetzt und zahlreiche Möglichkeiten entdeckt, um einen günstigen Preis (nicht zwangsläufig den niedrigsten) mit überlegenen Serviceleistungen und erstklassiger Beratung zu kombinieren.

Es kann beispielsweise eine schnelle und trotzdem kostengünstige Warenlieferung anbieten, weil es sich mit Airborne zusammenschloß und einen Übernachtzustelldienst zum Preis von drei Dollar aufbaute. Patricia Gallup erklärt:

> Wir hatten anfangs gemeint, daß es reicht, wenn alle bei uns bestellten Waren innerhalb von zwei Tagen am Bestimmungsort ankommen. Ich glaube, damals lautete unser Werbespruch: »Zwei Tage von Haus zu Haus.« Wir erhielten so positive Rückmeldungen von unseren Kunden, daß uns bewußt wurde, dieses Thema war für die Leute wichtig. Dann haben wir uns eingehender damit befaßt und uns gefragt: »Was können wir tun? Wir müßten ein bißchen mehr bieten.«
>
> Unsere Idealvorstellung war, einen einzigen Zustelldienst zu finden, der uns einen Dollar pro Pfund Gewicht berechnen und die Ware weltweit ausliefern würde. Wir sind auf den Werbespruch gekommen: »Für einen Dollar pro Pfund rund um die Welt.« Das ist genau das, womit sich unsere Leute wirklich identifizieren können. Wir haben mit allen marktführenden Kurierdiensten gesprochen und schließlich fünf getestet. Alle erhielten zwei Wochen Probezeit, damit wir sehen konnten, wie es um ihre Garantiezusagen für die Auslieferung am nächsten Tag bestellt war. Wir haben es mit UPS, Federal Express, Emery, Purolator und Airborne probiert und uns für Airborne entschieden, weil sie außergewöhnliche Leistungen und einen unvergleichlichen Preis bieten. Sie konnten die Ware zwar nicht weltweit für einen Dollar je Pfund Gewicht aus-

liefern, aber sie kamen diesem Preis näher als alle anderen. Der Werbespruch hat die Leute bei Laune gehalten, während die Verhandlungen liefen.

PC Connection unterstützte Airborne mit Vorschlägen, die der Kostenverringerung dienten. Beispielsweise verpackt PCC die Kartons in gewölbte Container, die der Innenseite der Frachtflugzeuge angepaßt sind. Die Container können vom Lagerhaus direkt zu den Airborne-Maschinen transportiert werden.

Patricia Gallup sagt, PC Connection hätte die Übernachtzustellung für drei Dollar nicht anbieten können, wenn Airborne nicht gegenüber allem Neuen aufgeschlossen gewesen wäre: »Wir haben uns für diese Firma entschieden, weil sie so innovativ ist, ihren Kunden wirklich zuhört und die Bereitschaft zeigt, sich auf ganz neue Dinge einzulassen. Schon deshalb konnten wir uns mit ihnen identifizieren. Manchmal bittet man die Lieferanten um etwas Ungewöhnliches, und sie sagen: ›So geht das aber nicht. Das hat noch nie jemand auf diese Weise gemacht.‹ Ich glaube nicht, daß Firmen heute noch erfolgreich sein können, wenn sie so denken.«

Den Innovationsprozeß formalisieren

Ein hohes Maß an Flexibilität und Freiheit von äußeren Zwängen ist erforderlich, um Gelegenheiten zu schaffen, die Glücksgriffe und spontane Entdeckungen fördern und zu Innovationen führen. Wenn ein Unternehmen dagegen zu flexibel und unkonventionell ist, hat es keine Möglichkeit zu lernen, auf allen Organisationsebenen innovativ zu sein. Das mußte auch Sun Microsystems entdecken.

Während der 80er Jahre zählte die Firma zu den Senkrechtstartern im Sun Valley, die zu den größten Hoffnungen berechtigten. 1982 gegründet, stand sie in dem Ruf, nur die besten, gewieftesten, zielstrebigsten und kreativsten Technik- und Führungsexperten einzustellen. Diese begabte und kompetente Mannschaft schuf während des ersten Geschäftsjahrs von Sun Microsystems zahllose Innovationen. Im Frühjahr 1989 war das Unternehmen jedoch aus dem Ruder gelaufen: Sun wies für das vierte Rechnungsquartal einen Verlust in Höhe von 20 Millionen Dollar aus. Manager in Schlüsselpositionen verließen das sinkende Schiff, und viele Mitarbeiter folgten ihnen auf dem Fuß.

Ein großer Teil der Probleme ließ sich auf Suns zwanghaftes Unabhängigkeitsstreben zurückführen. Ein aufschlußreicher Spruch, der in den Anfangsjahren in der Firma kursierte, als ihr Stern noch im Aufsteigen begriffen war, lautete: »Wer fragt, riskiert eine Abfuhr.«

Das Unternehmen hatte noch ein anderes Motto: »Kämpfen und siegen«. Die technischen Arbeitsgruppen lieferten sich heiße Schlachten um die begehrten Projekte. Der firmeninterne Konkurrenzkampf war beinhart. »In der Unternehmenskultur wurde eine wirklich aggressive Einstellung als die richtige bestätigt«, sagte Jim Moore, ein Managementberater, der mit Sun zusammengearbeitet hat. »Auch wenn sie die Produkte nicht zum versprochenen Termin lieferten, gelang es ihnen, dem Rest der Branche ein Schnippchen zu schlagen.« Aber diese Strategie programmierte das Scheitern großangelegter Projekte geradezu vor, denn diese erforderten eine enge Zusammenarbeit verschiedener Gruppen innerhalb des Unternehmens.

Scott McNealy, Vorstandsvorsitzender und einer der Sun-Gründer, schaffte es, das Unternehmen wieder auf Kurs zu bringen: Er vereinfachte die unübersichtliche Produktlinie (ein Resultat ungezügelten Innovationsdrangs) und führte mehr Koordination und Kontrollprozesse ein. »Wir haben eine Menge gelernt«, sagt Edward J. Zander, der bei Sun Microsystems für den Marketingbereich zuständig ist. »Man kann nicht zulassen, daß 10000 Leute ungehemmt loslegen und machen, was sie wollen. Jetzt versuchen wir, unsere Innovationsbestrebungen in einem klar definierten Rahmen zu halten.«

Die Flexibilität muß von einer Struktur gestützt werden. Paradoxerweise ist im Unternehmen neuen Stils beides erforderlich: ein Sinn für informelles Handeln, um Neuerungen auf den Weg zu bringen, und ein hohes Maß an Formalität, um die Bemühungen einzelner aufeinander abzustimmen und Lektionen zu »institutionalisieren«, die sich aus den verschiedenen Erfahrungen ableiten lassen.

Keith Pavitt meint: »Wenn Firmen Innovationen hervorbringen oder von anderen übernehmen, dann besteht wenigstens die *Chance* zu lernen. Mit anderen Worten: Der Innovationsprozeß hat zwei voneinander getrennte Ergebnisse – die Neuerung selbst und den Erwerb von Wissen um die Innovation und den Innovationsprozeß. Mit erfolgreichen Neuentwicklungen geht die wachsende Fähigkeit einher, kreativ zu sein und Innovationen in den Griff zu bekommen.«

Sun Microsystems lernte nichts über den Innovationsprozeß. Der eigenbrötlerische Arbeitsstil verhinderte, daß die Mitarbeiter ihre Erfahrungen und Erkenntnisse austauschten, so daß Einzelpersonen oder Gruppen, die mit der Entwicklung neuer Produkte befaßt waren, das Rad buchstäblich ein zweites Mal erfinden mußten. Erfolgreiche Neuerungen trugen nicht zur Verbesserung der Fähigkeit bei, den Innovationsprozeß zu steuern, sondern hatten verpaßte Lernchancen und allgemeine Orientierungslosigkeit zur Folge.

Die Formalisierung des Innovationsprozesses ist ein Weg, um den mechanischen Arbeitsstil der alten und den fließenden der neuen Welt miteinander zu verbinden. Flexibilität und Bereitschaft zu stetiger Veränderung, die das neue Organisationsmuster kennzeichnen, sind kein *Ersatz* für die festgelegten Strukturen und die Vorhersehbarkeit des alten Modells, sondern vielmehr eine logische *Ergänzung*.

Die ForeSight-Gruppe und firmeninterne unternehmerische Kreativität

Sven Atterhed, Mitbegründer der ForeSight-Gruppe, ist der Ansicht, daß es ungeheuer wichtig ist, den Innovationsgeist innerhalb des gesamten Unternehmens zu fördern, statt sich auf einige wenige »Kreative« zu verlassen. Er meint:

> Es hat immer Leute gegeben, die etwas auf ganz neue Weise gemacht haben, oft im Widerspruch zur bestehenden Unternehmenskultur. Sie mußten über große innere Stärke verfügen, weil sie sich auf Kollisionskurs mit der Unternehmenskultur befanden. Menschen von diesem Schlag sind ausführlich beschrieben worden, von Ihnen, von Tom Peters, Gifford Pinchot und anderen – Art Fry von der Firma 3M, Chuck House von Hewlett-Packard usw. Sie haben vielleicht 80 Prozent ihrer Energie darauf verwendet, die Unternehmenskultur, das System oder die Leute in maßgeblichen Funktionen zu bekämpfen. Die übrigen 20 Prozent waren ausreichend, um die Projekte durchzuziehen.
> Aber solche Mitarbeiter sind sehr, sehr selten. Ein Unternehmen muß unter Umständen viele Jahre warten, bis es auch nur einen findet. Wir sollen dieses Problem systematisch angehen, und wir wissen, daß wir ein System haben, um an eine ganze Reihe dieser Leute, »normale Menschen«, heranzukommen und sie einzusetzen. Das wird nie leicht sein, aber man findet sie in jedem Unternehmen.

ForeSight hat ein wirksames Verfahren entwickelt, um solche Mitarbeiter ausfindig zu machen. Ray Smith, Firmenchef von Bell Atlantic, ist begeistert von ForeSights Programm, das 1988 eingeführt wurde, um den Unternehmergeist auf allen Ebenen zu fördern. Dieses sogenannte »Champion-Programm« hat 300 initiativefreudige Mitarbeiter ans Tageslicht befördert; sie erhalten von ForeSight während eines Zeitraums von sechs bis acht Monaten eine intensive Betreuung und Schulung.

Im Rahmen dieses Programms entwickeln Mitarbeiter Vorschläge für bestimmte Projekte. Wenn die Vorschläge angenommen werden, bewilligt man ihnen das nötige Geld, um sie zu realisieren. Als Leistungsanreiz bietet man ihnen die Möglichkeit, sich mit fünf Prozent an den Gewinnen zu beteiligen, die das Produkt nach seiner Einführung in den Handel erzielt, und dafür eine Gehaltskürzung von zehn Prozent in Kauf zu nehmen.

Teil V

Spitzenteams – Autonomie in der Praxis

Ricardo Semler, dessen Bekanntschaft Sie bereits in Teil I gemacht haben, übernahm 1980 den Vorsitz von Semco S/A, als das Unternehmen kurz vor dem Bankrott stand. Heute zählt Semco, Hersteller von Ausrüstungen für die Schiffahrt und die lebensmittelverarbeitenden Branchen, zu den gewinnstärksten und meistbewunderten Unternehmen Brasiliens.

Ich habe mit Ricardo Semler gesprochen über seine persönliche Geschäftsphilosophie und Semcos Umwandlung in ein Unternehmen, das sich in erster Linie auf das Konzept der Arbeitsgruppe stützt. Er gewährte mir Einblick in seinen Arbeitsalltag.

Ricardo Semler von Semco

Ich bin schon immer gerne gereist. Seit ich den Vorsitz von Semco übernommen habe – das war vor etwa zehn oder elf Jahren –, und ganz besonders in den letzten sieben oder acht Jahren, habe ich jedes Jahr eine längere Reise unternommen, die mindestens 45 und höchstens 80 Tage dauerte. Wenn ich unterwegs bin, rufe ich nie im Büro an, und auch meine Mitarbeiter wissen nicht, wie sie mich erreichen können. Das war für mich ein Weg, um herauszufinden, in welchem Maß wir das Unternehmen brauchen, in welchem Maß das Unternehmen auf uns angewiesen ist und in welchem Maß die Rangfolge aller unserer Grundsätze von diesen beidseitigen Bedürfnissen bestimmt wird.

Beispielsweise habe ich letztes Jahr im Oktober Syrien, den Irak, Iran, Aserbaidschan und Kurdistan bereist. Im Jahr zuvor bin ich Marco Polos Spuren durch den Iran, Afghanistan, den Himalaja, die Mongolei usw. gefolgt. Vor drei Jahren war ich mit dem Zelt kreuz und quer in Ruanda und Südafrika unterwegs. Und vor vier Jahren habe ich im Hundeschlitten den geomagnetischen Nordpol überquert.

Wie Sie sehen, habe ich auch außerhalb des Unternehmens viele Interessen. Wichtig ist dabei vor allem, daß mir diese Dinge nicht nur großen Spaß bereiten, sondern daß die Firma während meiner Abwesenheit gewaltige Fortschritte macht. Jetzt denken Sie vermutlich, wenn ich noch häufiger als bisher verreisen würde, könnte sie sich möglicherweise noch ungestörter weiterentwickeln. Das ist jedoch nicht der springende Punkt; in Wirklichkeit kommt es nur darauf an, wie ein Unternehmen organisiert ist und daß mich das Unternehmen im Grunde nicht braucht. Aber dazu trage ich aktiv bei. Das muß ich auch, weil es bei uns ein System gibt, das dem Unternehmen gestattet, mich zu entlassen, wenn es das möchte.

Bei meiner Rückkehr von dieser eben erwähnten Reise – Sie wissen schon, auf den Spuren von Marco Polo –, als ich also zurückgekehrt war und gerade in mein Büro gehen wollte, da teilte man mir mit: »Ihr Büro ist nicht mehr auf dieser Etage.« Natürlich fragte ich: »Aha, und wo finde ich es jetzt?« Es war nun im ersten Stock, letzte Tür rechts. Sie hatten es auf ein Drittel seiner früheren Ausmaße verkleinert, und bis heute konnte ich keine Spur von dem Perserteppich entdecken, der früher unter meinem Sofa lag.

Was bedeutet das? Es bedeutet, daß die Leute so viel Achtung und Respekt vor fachlicher Kompetenz haben, daß sie keine geschlossenen Büros, Perserteppiche und Scharen von Sekretärinnen mehr brauchen und daß sie auch nicht unbedingt direkt neben dem Eingang parken müssen. Das alles ist nicht mehr so wichtig, wie es früher einmal war.

Unsere Leute haben festgestellt, daß sie durchaus auf die persönlichen Freiräume und Pfründe verzichten können, die sie sich innerhalb des Unternehmens geschaffen haben; diese Privilegien stützten sich früher auf die gehorteten und eifrig gehüteten Informationen und folglich auf Macht. Firmeninterne Macht wird sich künftig aus dem Zusatznutzen ableiten, den Mitarbeiter dem Unternehmen zu bieten haben.

Die Unternehmenshierarchie löst sich gewöhnlich in Luft auf, wenn Mitarbeiter dieselbe Informationsbasis besitzen. Heute geben wir unsere Bilanz, unsere gesamte Finanzlage und alle unsere Zahlen einmal im Monat am Schwarzen Brett bekannt. Das hat zur Folge, daß jeder weiß, wie es um unsere Ertragslage bestellt ist, auf welche Summen sich unsere Personalkosten belaufen, wie die Rohmaterialien zu Buche schlagen, welche Strategien wir fahren und welche Preiserhöhungen unumgänglich sind.

Wir gehören weltweit zu den wenigen Produktionsbetrieben, in denen jede ungelernte Arbeitskraft flexible Arbeitszeiten hat. Alle Mitglieder der Arbeitsgruppen, die am Fließband stehen, können kommen und gehen, wann sie wollen, und sie legen ihre Arbeitspläne in Eigenregie fest.

Als das Gleitzeitsystem eingeführt wurde, haben unsere Leute gesagt: »Das ist ja alles schön und gut, wenn jeder morgens kommen kann, wann es ihm beliebt; aber ich bin doch aufgeschmissen, wenn mein Kumpel, der neben mir am Fließband arbeitet, nicht erscheint!« Und wir haben ihnen erklärt: »Das weiß er genauso wie Sie.«

Wir sind dabei von einigen wenigen grundlegenden Voraussetzungen ausgegangen. Erstens stellen wir nur verantwortungsbewußte, reife Erwachsene ein, Leute, die jede Menge häuslicher, familiärer Pflichten haben. Wir gehen nicht davon aus, daß wir jemanden anstellen, der nur erscheint, um seinen Lohn zu kassieren, und ansonsten sämtliche Tricks ausspielt, um sich vor der Arbeit zu drücken. Deshalb sagen wir uns: »Er wird das Problem schon irgendwie lösen.«

Als wir dieses System eingeführt haben, erklärte unser Vorstand: »In Ordnung; aber wir sollten einen Ausschuß gründen, der den Ablauf überwacht. Der Ausschuß wird anfangs alle 14 Tage, danach wöchentlich usw. tagen, bis das Verfahren reibungslos läuft. Außerdem soll er sich mit allen Arbeitsbereichen befassen, in denen die Produktion aufgrund von Personalmangel oder Fehlzeiten gestoppt werden mußte, und er wird den Stand der Dinge überwachen und darüber beraten.«

Dieser Ausschuß ist nicht ein einziges Mal zusammengetreten. Warum? Weil sich der Mitarbeiter am Montageband schon am ersten Tag zu seinem Nachbarn umgedreht und ihn gefragt hat: »Wann kommst du morgen früh?« Er wußte nämlich, daß das Fließband abgestellt werden muß, wenn weder er noch sein Nebenmann zur Arbeit erscheinen. Deshalb hatten wir damit nie ein echtes Problem. Wir gehen davon aus, daß unsere Leute keinen Mißbrauch damit treiben, daß sie nicht darauf bedacht sind, uns zu bestehlen.

Bei mir kommt es sehr häufig vor, daß ich einen Mitarbeiter anspreche und frage: »Ich muß mit X oder Y reden. Wo finde ich ihn?« Und oft bekomme ich zur Antwort: »Der ist gerade in Deutschland.« Und ich sage: »Was zum Teufel macht er in Deutschland?« Und dann heißt es: »Oh, der ist schon seit zwei Monaten drüben.« Wir gehen davon aus, daß er in irgendeiner Form Vorsorge getroffen hat, so daß während seiner zweimonatigen Abwesenheit alles reibungslos läuft.

Der Mann, den wir als Partner bezeichnen – in der Regel wird er Bereichsleiter genannt –, ist für Ressorts wie Marketing, Finanzwesen, Personalwesen, Fertigung, Verkauf usw. verantwortlich. Alle Mitarbeiter, die ihm unterstellt sind, haben wiederum 15, 20 oder 35 Leute unter sich, und das ist auch schon alles, was sie bei uns an Führungsebenen finden. Wenn sich der Partner also jeden Montag morgen mit diesen zehn, zwölf oder 14 Leuten, die eine leitende Position bekleiden, zur Besprechung trifft, hat er jeden zu Gesicht bekommen, der in puncto Führung irgend etwas zu entscheiden hat.

Bei dieser Konferenz kommt alles mögliche zur Sprache – zum Beispiel Preise, Gehälter, Strategien, was Sie nur wollen. Die Angehörigen dieser Gruppe treffen darüber hinaus eigenständig Entscheidungen. Sie müssen nicht erst Rücksprache mit der obersten Geschäftsleitung nehmen, die ohnehin nur aus 14 Mitgliedern besteht. Zwei oder drei sind genauso häufig außer Haus wie ich. Also macht es gar keinen Sinn, einen Angehörigen des Topmanagements zu konsultieren; man trifft selten jemanden von ihnen an.

Als wir diesen ganzen Prozeß in Gang gesetzt haben, gab es bei uns zuerst elf, danach acht und schließlich sechs Führungsebenen. Heute beschränkt sich ihre Anzahl auf insgesamt drei.

Eigentlich kann man nicht von »Ebenen« sprechen. Wir benutzen lieber ein zutreffenderes Bild, nämlich das der konzentrischen Kreise. Die Idee, daß ein großer Teil der firmeninternen Interaktionen kreisförmig verläuft, weil sie ihre Bahnen durch alle Bereiche des Unternehmens ziehen und die Entscheidungen auf dem gleichen Weg erfolgen, ist uns sehr wichtig. Dieser Gedanke unterscheidet sich beträchtlich von der Vorstellung, daß Entscheidungen von irgend jemandem auf höherer Ebene getroffen und Anordnungen von oben nach unten weitergegeben werden. Die konzentrischen Kreise lassen das Bild von der vertikal strukturierten Hierarchie verblassen.

Der Kreis in der Mitte umfaßt die Berater. Zum nächstgrößeren Kreis gehören die Partner, die den acht Unternehmensbereichen vorstehen. Und im ausgedehntesten Kreis sind alle anderen angesiedelt, die Mitglieder der Arbeitsgruppen und die Koordinatoren.

Wir haben den Begriff Berater für die fünf Angehörigen des kleinsten Kreises absichtlich gewählt. Wir waren nämlich bestrebt, unseren Leuten den Gedanken nahezubringen, daß die Mitglieder der Unternehmensspitze imstande sein müssen, Erfahrungen auszutauschen und miteinander zu verknüpfen, die Verwirklichung ihrer Ideen zu beschleunigen, daß sie aber keine absolute Befehlsgewalt haben. In unseren Augen ähneln sie ein kleines bißchen einem Coach, und sie sind bis zu einem gewissen Grad einfach »Schrittmacher«.

Die Führungskräfte bei Semco sind sich ihrer eigenen Position nie ganz sicher. Wenn sie nämlich auf die Idee kämen, wieder auf den althergebrachten, autoritären Befehls- und Kontrollstil zurückzugreifen, müßten sie unter Umständen entdecken, daß ihre Mitarbeiter nicht zwangsläufig mitspielen. Unsere Leute wissen, daß ihr täglich Brot nicht von diesem einen Manager abhängt, und deshalb sind sie in der Lage, sich gegen Befehle und Kontrollen vehement zur Wehr zu setzen. Sie sind sich der Tatsache bewußt, daß die Gefahr, entlassen zu werden, sehr gering ist, weil es bei uns Ausschüsse gibt, die ein Wörtchen mitzureden haben, bevor irgend jemand gefeuert wird.

Erst kürzlich hatten wir den Fall, daß sämtliche Mitarbeiter im Büro die Ausstattung ihres Arbeitsbereichs ändern wollten. Also nahm der Manager die Sache in die Hand und engagierte eine Beratungsfirma, und die kümmerte sich um die Neugestaltung.

Das neue Design sah prächtig aus. Aber in dem Augenblick, als der Manager die Anweisung zum Umrüsten gab, hörten alle mit der Arbeit auf. Und sie sagten: »He, Moment mal. Wir müssen uns hier wohl fühlen, und laut unserer Unternehmensphilosophie haben wir das Recht, ein Wörtchen mitzureden.« Der Manager machte ein völlig verdattertes Gesicht, weil ihm einfach nicht in den Sinn gekommen war, daß seine Leute darauf bestehen könnten, ihr Mitspracherecht geltend zu machen.

Es war keine große Sache. Sie setzten sich zusammen und sahen sich die gesamte Ausstattung an. Sie nahmen sich mehr als eine Woche Zeit, um sie in allen Einzelheiten unter die Lupe zu nehmen, und sämtliche Mitarbeiter trugen ihre Wünsche vor. Dann einigten sie sich auf beinahe haargenau denselben Entwurf, den die Firma vorgelegt hatte, aber nun war jeder damit zufrieden.

Wir legen Wert auf Demokratie, was unsere Führung betrifft. Jeder von uns ist doch, ganz allgemein gesprochen, auf der Hut, wenn es um die Wahl unserer politischen Führer geht. Aber auf Unternehmensebene haben wir nichts dagegen, daß Leute lebenslang in ein Amt berufen werden. So werden die meisten Unternehmen geführt – man sucht sich jemanden aus, der einem gefällt, und sagt sich, der Mann wird eine hervorragende Führungskraft abgeben, und dann besetzt man die Position mit ihm. So ist das System eben beschaffen.

Also haben wir uns gesagt: »Nun, wir sollten hier ein bißchen demokratischer vorgehen und herausfinden, ob die Leute, die für diesen Mann arbeiten, der gleichen Meinung sind wie wir.« Wir haben einen Fragebogen entwickelt – ein Formular mit 55 Fragen und Antworten zum Ankreuzen. Es wird anonym von allen Mitarbeitern eines bestimmten Managers ausgefüllt, und zwar zweimal im Jahr. Die Daten geben uns Aufschluß darüber, wieviel Achtung die Leute dem Manager entgegenbringen, ob sie ihn für kompetent halten, wie er mit Geld umgeht und wie er eine ganze Reihe anderer Aufgaben handhabt. Die Mitarbeiter erhalten eine Kopie, und er erhält eine Kopie.

Und dann setzt er sich mit seinen Leuten zusammen, vielleicht wieder insgesamt 15 an der Zahl, und sagt: »Nun, ich habe keine Ahnung, von wem die Behauptung stammt, aber ich weiß, daß 72 Prozent von euch meinen, ich ginge nicht besonders sorgfältig mit unserem Etat um.« Er hat also etwas zu diesem Thema zu sagen, und wir sind sicher, daß er den Mund aufmachen wird, denn jeder besitzt eine Kopie.

Im Verlauf der Jahre kann er seine Stellung im Unternehmen nur dann halten und sich auch nur dann eine Chance auf Beförderung ausrechnen, wenn dieser ganze Prozeß erwiesen hat, daß er ein fähiger Mann ist.

Wenn eine Beförderung oder die Besetzung einer Führungsposition mit einem firmenfremden Kandidaten ins Haus steht, läuft der gleiche Prozeß ab: Jeder Anwärter auf eine Beförderung oder Führungsposition muß mit allen seinen künftigen Mitarbeitern und seinem künftigen Vorgesetzten eine Art Bewerbungsgespräch führen, und er bedarf ihrer Zustimmung. Dieses Verfahren nimmt mehr Zeit in Anspruch; es zieht sich zumindest ein paar Wochen länger hin als die herkömmliche Methode. Aber eines ist sicher: Wenn der Mann am Montagmorgen seine Stellung antritt, dann kennt ihn jedermann, weiß jeder alles Wichtige über ihn, und jeder hat dazu beigetragen, daß er ausgewählt oder befördert wurde. Wir müssen uns nicht mehr den Kopf zerbrechen; eine ganze Menge anderer Leute machen sich jetzt Gedanken darüber, weil es ihre Entscheidung war.

Unsere Führungskräfte stellen im Laufe der Zeit fest, daß es eine ungeheure Erleichterung ist, zu wissen, daß die Firma sehr wohl ohne sie zurechtkommen würde und daß ihre Mitarbeiter ihnen alle sechs Monate gleichwohl bescheinigen, daß sie noch immer gebraucht werden. Früher wußte man nicht, ob man fehl am Platze war oder nicht. Jetzt ist uns bewußt, daß wir erwünscht sind, weil wir es jedes halbe Jahr schwarz auf weiß bekommen. Natürlich müssen sich einige wenige anhören, daß man sie am liebsten »absägen« würde, und das ist für sie ganz offensichtlich ein Problem. Aber für das Unternehmen insgesamt hat dieses Verfahren eine wichtige Funktion.

Die Leute können das Unternehmen auf jeden gewünschten Kurs trimmen, und die einzigen, die firmenintern eine Aufstiegschance haben, sind diejenigen, die Tag für Tag Führungsentscheidungen treffen. Sie sind es, die neue Produkte ins Programm nehmen, Preiserhöhungen festsetzen, Produktionsausrüstung kaufen. Diese Beschlüsse werden tagtäglich gefaßt, und nur echte Führungspersönlichkeiten werden im Rahmen dieses Systems immer wieder in ihrer Funktion bestätigt.

Praktisch niemand, und das ist eine persönliche Entscheidung, bleibt länger als zwei oder drei Jahre in ein und derselben Position. Wir versuchen die Leute zu motivieren, von Zeit zu Zeit in einen anderen Tätigkeitsbereich überzuwechseln, damit sie nicht Gefahr laufen, sich an die rein technischen Lösungen zu klammern, in den Geleisen der gewohnten Arbeitsmethoden steckenzubleiben. Wir haben im Lauf der Zeit gemerkt, daß Führungskräfte weit mehr lernen, wenn sie sich einer neuen Situation stellen müssen, wenn sie in neue Bereiche vordringen und mit neuen Leuten zusammenarbeiten.

Also tauschen unsere Mitarbeiter nach dem Rotationsprinzip alle zwei oder drei Jahre ihre Funktionen ziemlich rigoros untereinander aus. Wir fragen beispielsweise an: »Sie sind als Verkaufsleiter für die Meßgeräte zuständig. Hätten Sie nicht Lust, die Raketentreibstoff-Abteilung zu übernehmen?« Der Mann wirft vielleicht ein: »Von Raketentreibstoff verstehe ich aber nicht viel!« Und wir sagen: »Aber Sie verstehen etwas von Menschen und von Führungsarbeit, und deshalb möchten wir mal sehen, wie Sie Ihre Sache dort machen.« Normalerweise bitten die Leute um ein neues Arbeitsgebiet. Sie sagen: »Also, bis zum Ende des Jahres habe ich das geleistet, was meiner Ansicht nach zu meinen Aufgaben in dieser Abteilung gehört. Jetzt bin ich soweit, etwas Neues in Angriff zu nehmen.«

Wir müssen darauf achten, daß wir den Leuten die Möglichkeit bieten, gutes Geld zu verdienen, auch wenn sie keine Führungsposition bekleiden, und zwar ohne sie zu einem Wechsel ins Management zu zwingen, was möglicherweise nicht gerade zu ihren Stärken zählt.

Folglich gibt es bei uns etliche Mitarbeiter, die mehr als ihre Vorgesetzten verdienen. Warum? Weil sie vielleicht zu den Softwareexperten gehören oder über eine besondere Qualifikation verfügen, die schwer zu finden ist.

Führungsarbeit ist bei uns etwas ziemlich Alltägliches, eine völlig normale Angelegenheit im Vergleich zu fundierten Softwarekenntnissen oder zum Bau von Raketen. Zu unseren Produktlinien gehört auch ein Raketentreibstoff für die Raumfährensysteme der NASA. Eine ganz schön komplizierte Sache, kniffliger jedenfalls, als sich mit 15 Leuten zusammenzusetzen und zu sagen: »Also, Leute, das müssen wir auf die Reihe kriegen.« Deshalb zahlen wir dem Mann, der zu verhindern weiß, daß die Raumfähre explodiert, mehr Geld als jemandem, der zu verhindern weiß, daß die Belegschaft jeden Morgen zu spät zur Arbeit erscheint.

Neben der angemessenen Vergütung sind wir bemüht, sinnvolle, befriedigende Arbeitsaufgaben zu schaffen. Wir möchten Arbeitsplätze bereitstellen, die unseren Mitarbeitern ermöglichen, nach langer Firmenzugehörigkeit zurückzublicken und sich zu sagen: »Meine Tätigkeit war lohnend, angesehen und zufriedenstellend.«

Also haben wir uns gefragt: »Was machen wir mit unserer Empfangsdame, mit unseren Büroboten oder mit einigen unserer Sekretärinnen?« Und die Antwort lautete: »Wir können versuchen, ohne sie auszukommen, und ihnen anspruchsvollere Aufgaben übertragen.«

Zum gegenwärtigen Zeitpunkt beschäftigt unsere Firma keine Schreibkräfte. Am Anfang hatte ich drei, dann zwei Sekretärinnen und zuletzt nur noch eine Schreibkraft. Niemand hat heute mehr Sekretärinnen. Auch das Empfangspersonal ist abgeschafft worden. Es gibt überhaupt keine Hilfskräfte mehr. Es gibt keinen einzigen Assistenten mehr; die Leute verrichten ihre Arbeit selbst.

Ich glaube, keiner unserer Mitarbeiter könnte sich über einen Mangel an Autonomie beklagen. Sie würden sich vermutlich eher über die Einsamkeit beschweren, die ein übermäßig hohes Ausmaß an Eigenständigkeit mit sich bringt, oder sich fester gefügte Unternehmensstrukturen und damit einen unmittelbaren Ansprechpartner wünschen. Andererseits haben sie aber auch keine Lust, den Preis dafür zu zahlen, was sie jedesmal bekunden, wenn sie ihre Zustimmung zum Jahresbudget geben. Das Unternehmensbudget ist von Jahr zu Jahr weiter beschnitten worden.

Obwohl ich der Firmenchef bin, ist es mindestens zehn Jahre her, seit ich zuletzt einen Scheck oder eine Bestellung abgezeichnet habe. Ich kann mich nicht daran erinnern, daß ich – seit ich in der Firma bin – irgendeine wichtige Entscheidung im Alleingang getroffen hätte. Ich bin sicher, daß so etwas nicht ein einziges Mal vorgekommen ist. Ich war an Entscheidungen beteiligt, und ich habe mir eine Lobby aufgebaut, die meine Interessen teilt.

Das System läßt sich mit einem Staat vergleichen, der entweder einen Präsidenten oder im Gegensatz dazu ein Parlament als oberste Instanz hat. Ich kann tausendmal Premierminister sein, aber ohne die Beeinflussung von Abgeordneten durch Interessenverbände geht nichts. Ich muß meine Leute mitten in der Nacht anrufen und fragen können: »Sagen Sie mal, was halten Sie eigentlich von dieser neuen Maschine?« Manchmal werde ich überstimmt – und ich mußte schon oft, sogar sehr oft, eine Niederlage einstecken.

Ich bin kein Spielverderber oder ein Mensch, der das Geschehene bereut. Es kommt häufig vor, daß ich ein Thema nochmals zur Sprache bringe und sage: »Na ja, wenn ich die Möglichkeit gehabt hätte, meine Vorstellungen zu verwirklichen, dann wäre dieses Projekt ein Bombenerfolg geworden; aber mit absoluter Sicherheit weiß das keiner.« Aber ich kann rückblickend auch viele Entscheidungen aufzählen, die mit Sicherheit ins Auge gegangen wären, wenn ich darauf bestanden hätte.«

Man kann nicht direkt sagen, daß es sich hier um eine Art zivilen Ungehorsams handelt, aber unsere Leute zeigen ganz offen, daß sie nicht gewillt sind, bestimmte Dinge bei Semco widerspruchslos hinzunehmen. Vor kurzem haben wir beispielsweise ein Memo unserer Berater in Umlauf gebracht; es ging dabei um ein spezifisches Marketingprogramm, das wir für besonders vielversprechend hielten. Ein paar Wochen später hatte sich noch immer nichts gerührt.

Also brachten wir das Thema in einem Meeting zur Sprache: »Wir haben schon vor Wochen diese Aktennotiz vorgelegt. Was ist damit passiert?« Und wir erfuhren: »Wir haben uns den Bericht angesehen, mit der Belegschaft darüber diskutiert, und wir sind zu der Schlußfolgerung gelangt, daß dieses Programm nichts taugt; also haben wir es nicht weiter verfolgt.« Und das war's. Unsere Reaktion? Wir haben gesagt: »Na gut. Gehen wir zum nächsten Punkt auf der Tagesordnung über.«

Ricardo Semler hat das Konzept der Teamarbeit mit Leib und Seele akzeptiert und umgesetzt. Dadurch ist es ihm gelungen, Semco S/A von einem Betrieb, der am Rande des Bankrotts stand, in ein gesundes, gewinnstarkes Unternehmen mit voller Arbeitnehmermitbestimmung umzuwandeln. Semco ist ein Beispiel für die Firmen der neuen Art, bei denen Teamarbeit im Mittelpunkt steht und in denen Gruppenentscheidungen in jeden Aspekt der geschäftlichen Tätigkeit einfließen.

Von diesem Teamgeist ist das gesamte Unternehmen durchdrungen. Die Arbeitsgruppen haben bei Semco »das Sagen«; sie sind die eigentlichen »Drahtzieher«. Sie legen ihre eigenen Arbeitspläne und Produktionsziele fest, teilen Informationen und Gewinne, bestimmen, wie die Erträge verteilt werden, stimmen über die Einstellung neuer Mitarbeiter ab, entscheiden, wer befördert werden soll, stellen das Unternehmensbudget auf und treffen strategisch wichtige Entscheidungen, beispielsweise über den Standort neuer Produktionsanlagen. Viele Semco-Mitarbeiter setzen sogar ihre eigenen Gehälter fest. Die Tatsache, daß Ricardo Semler dem Unternehmen monatelang ohne nachteilige Wirkung fernbleiben kann und diese Gelegenheit auch wahrnimmt, zeugt von der Effektivität der Teamarbeit bei Semco.

Ricardo Semler betrachtet es als innere Verpflichtung, Semcos Unternehmensbereiche klein genug zu halten, damit der wahre Geist von Teamarbeit und Partnerschaft bewahrt werden kann. Er erklärt: »Wir wollen in jeder Unternehmenseinheit nur so viele Mitarbeiter beschäftigen, daß jeder jeden kennt, daß alle imstande sind, zu den von ihnen gewünschten Zeiten zur Arbeit zu erscheinen und die Verantwortung für die Produktivität des Unternehmens zu übernehmen, ohne daß wir ihnen ständig auf die Finger schauen müssen.

Semler beschloß, die Größe der Arbeitsgruppen zu beschränken, obwohl andere, die in ihrer Denkweise konservativer waren, darauf beharrten, größer sei besser. Semler erinnert sich:

> Als wir angefangen haben, die Bereiche jedesmal dann aufzusplittern, wenn sie mehr als etwa 100 Mitarbeiter umfaßten, bekamen wir zu hören: »Halt, das könnt ihr nicht machen; dadurch würden sich unsere Größenvorteile in Luft auflösen.« Also habe ich gesagt: »Dann laßt uns diese Größenvorteile mal unter die Lupe nehmen, einen nach dem anderen.« Und dann stellten wir fest, daß viele dieser Vorteile überhaupt nicht das brachten, was man sich ursprünglich davon erhofft hatte, weil eine Menge firmenexterner Faktoren im Unternehmensumfeld sich ständig verändern und unsere Fähigkeit übersteigen, sie in den Griff zu bekommen.
> Aber selbst dann, wenn man imstande wäre, sie zu steuern, stellt sich eine zweite Frage: Wie groß sind die Einbußen, die darauf zurückzuführen sind, daß man sich nicht hundertprozentig auf seine Leute verlassen kann? Was entgeht dem Unternehmen, weil Mitarbeiter zu einer bestimmten Zeit an der Stechuhr sein müssen, weil sie nur eine untergeordnete Funktion haben und weil sie bei Erreichen des Rentenalters denken, sie hätten eigentlich einen wesentlich größeren Beitrag leisten können, wenn jemand ihnen mehr Fragen gestellt oder mehr Freiraum gelassen hätte in all den Jahren ihrer Betriebszugehörigkeit?

Bei Semco gibt es keine bürokratischen Hemmschuhe. Die einzelnen Funktionen und Führungspositionen werden nach dem Rotationsprinzip regelmäßig ausgetauscht, um einer »Arterienverkalkung« des Unternehmens vorzubeugen. Semcos ringförmige Struktur und die »menschliche«, überschaubare Größe der Bereiche bieten eine Gewähr dafür, daß die Hierarchie auf ein Mindestmaß beschränkt bleibt, daß die Demokratie gedeiht und die Informationsströme ungehindert durch das gesamte Unternehmen fließen. Die Belegschaft wird zu persönlichen Bestleistungen angespornt und großzügig dafür entlohnt. Und Stechuhren gibt es nicht.

Die wenigen Führungspositionen, die bei Semco tatsächlich existieren, gehören nicht zur althergebrachten Sorte. Semco-Manager (Berater, Partner, Koordinatoren) sind Betreuer und Ratgeber, keine »Wachhunde«. Wie Ricardo Semler schon zu Beginn des Kapitels betonte, muß jeder Möchtegern-Manager, der versucht, im Alleingang Entscheidungen zu treffen und anderen kraft seines Amtes seinen Willen aufzuzwingen, bald erkennen, daß die wahre Macht im Unternehmen nicht beim einzelnen, sondern beim Team liegt.

Die Notwendigkeit der Teamarbeit

Semco hat entdeckt, was den meisten Unternehmen gerade erst bewußt wird: Wenn wir das Potential jedes einzelnen Mitarbeiters voll ausschöpfen wollen – eine unerläßliche Voraussetzung, um sich im Wettbewerb der 90er Jahre zu behaupten –, müssen wir Teams zusammenstellen. Die fortlaufende Innovation, eine zentrale Aufgabe des Unternehmens von neuem Zuschnitt, erfordert stetigen Kommunikationsfluß, Ideenaustausch und die Koordination bestimmter Aktivitäten, und das setzt wiederum enge und gute Beziehungen innerhalb der Belegschaft voraus. Solche hautnahen Kontakte können sich nicht zwischen Leuten entwickeln, die isoliert in ihren winzigen Bürozellen oder Abteilungen ihren jeweiligen Tätigkeiten nachgehen. Sie werden nur im Rahmen der Teamarbeit gepflegt, wie die Geschichte von Semco zeigt.

Ein Team setzt sich normalerweise aus fünf bis 30 Mitgliedern zusammen, die eng zusammenarbeiten, um gemeinsam die Ziele der Gruppe zu erreichen. In manchen Firmen werden diese Teams zum wichtigsten Stützpfeiler der Organisation; sie repräsentieren die vorherrschende Arbeitseinheit des Unternehmens. In anderen werden sie nur für spezifische Projekte zusammengestellt, beispielsweise die Entwicklung eines neuen Produkts; sobald das Ziel erreicht ist, lösen sie sich wieder auf.

Teams können funktionsübergreifend gebildet werden, also Angehörige verschiedener Abteilungen und Mitarbeiter mit unterschiedlicher betrieblicher Aufgabenstellung umfassen. Manche werden von einem Manager geführt, während andere völlig »autonom« sind. Ungeachtet der Form, die sich letztendlich herauskristallisiert, ist die Gruppe das Fundament einer partnerschaftlich ausgerichteten Organisation, der entscheidende *Prozeß* in der Unternehmenslandschaft der Zukunft. Ich benutze den Begriff Prozeß, weil das Team in diesen innovativen Firmen keine festumrissene Arbeitseinheit darstellt, keine starre, monolithische Struktur hat, sondern vielmehr ein fließendes, flexibles Bewegungsmuster von Menschen und Ressourcen darstellt, das seine Gestalt im Laufe der Zeit immer wieder ändert.

Teamarbeit ist von entscheidender Bedeutung in der Geschäftswelt von morgen, in der Reaktionsschnelligkeit, Kreativität und Anpassungsfähigkeit zu den Grundvoraussetzungen zählen und der stetige Wandel das Umfeld prägt, in dem sich ein Unternehmen behaupten muß. Autonome, funktionsübergreifende Teams sind imstande, sich wie ein Stoßtrupp blitzschnell, flexibel und effektiv »in Marsch zu setzen«, um Innovationen zu erzielen. Solche Arbeits- oder Projektgruppen können im Handumdrehen zusammengestellt und wieder aufgelöst werden. Die Teammitglieder werfen ihre Ideen »in einen Topf« und erfahren etwas über die Aufgabenstellungen der anderen. Sie lenken die schöpferischen Kräfte, die in jedem einzelnen stecken, in sinnvolle Bahnen und verstärken sie um ein Vielfaches. Wenn sie wirklich über Befähigung und entsprechende Befugnisse verfügen, dann schaffen sie es, sogar apathische, »roboterähnliche« Mitarbeiter mit gebrochenem Leistungswillen aus ihrer Lethargie herauszureißen und in findige, produktive Partner zu verwandeln, die sich aktiv an allen betrieblichen Entscheidungen beteiligen.

Das Vorhandensein solcher autonomer Gruppen ist ein klares Zeichen dafür, daß sich ein Unternehmen auf dem Weg der Umwandlung befindet und den neuen Kurs ansteuert. Echte Teamarbeit kann nämlich nur auf dem Fundament von gemeinsamen Werten, Demokratie am Arbeitsplatz und dem Engagement für Partnerschaft und volle Arbeitnehmermitbestimmung entstehen.

Teamarbeit bei Volvo

Der Autohersteller Volvo führt ein wichtiges Experiment im Bereich Teamarbeit durch. 1974 musterte der Konzern das Montageband in seinem Werk in Kalmar (Schweden) aus und ersetzte es durch kleine, dezentral geführte Arbeitsgruppen. Inzwischen wurde der Versuch auch auf die neue Betriebsstätte in Uddevalla erweitert.

Volvo möchte im Rahmen dieses Experiments herausfinden, ob die Fließbandproduktion in einer Welt, in der es keine Massenmärkte mehr gibt, veraltet ist. Das Unternehmen setzt darauf, daß die Rückkehr zu den handwerklichen Fähigkeiten des einzelnen die Produktqualität verbessern, die Innovationskraft stärken und die Belegschaft veranlassen wird, mit mehr Stolz auf ihre Tätigkeit zu blicken.

Das Werk in Uddevalla, das 1990 in Betrieb genommen wurde, fertigt die 740er- und die 940er-Serie von Volvo. Bei voller Kapazitätsauslastung kann es 1000 Arbeiter beschäftigen und pro Schicht rund 40000 Fahrzeuge im Jahr produzieren.

Die Einführung des Arbeitsgruppenkonzepts brachte im ersten Jahr nicht den durchschlagenden Erfolg, den die Befürworter sich erhofft hatten. Es gibt Anzeichen dafür, daß sich die Arbeitsmoral nachhaltig gebessert hat und die Fehlzeiten sich verringert haben (in Schweden ist eine Quote von 20 bis 30 Prozent die Norm). Aber die Produktivität kann sich bei weitem nicht mit der in der Volvo-Betriebsstätte in Gent (Belgien) messen: Dort wird ein Fahrzeug in der Hälfte der Zeit zusammengebaut, und zwar am Fließband. Lennert Ericsson, Vorsitzender der Metallarbeiter-Gewerkschaft, der im Uddevalla-Werk beschäftigt ist, sagt: »Ich bin überzeugt, daß unser Weg (Arbeitsgruppen) erfolgreich und wettbewerbsfähig sein wird. Unser nächstes Ziel besteht darin, Kalmar den Rang abzulaufen, und wenn wir das geschafft haben, wollen wir die Produktivität des Werks in Gent erreichen.« Er fügt hinzu, daß die Einführung eines völlig neuartigen Arbeitssystems »große Anforderungen an die Leute stellt, und denen ist nicht jeder gewachsen«.

Eine Studie des Massachusetts Institute of Technology über die weltweite Automobilindustrie mit dem Titel »Die Maschine, die die Welt veränderte« sagt voraus, daß die Fließbandproduktion japanischen Stils in den Automobilfabriken vorherrschen wird. Volvo-Präsident Christer Zetterberg erklärte, es sei verfrüht, ein endgültiges Urteil über das Experiment in Uddevalla zu fällen; er sei jedoch darauf vorbereitet, Änderungen vorzunehmen, wenn sich die Produktivität nicht verbessere.

Im Kalmarer Werk sind Arbeitsgruppen für die Fertigung von Teilbereichen der Automodelle zuständig. In Uddevalla bauen autonome Teams die Fahrzeuge komplett zusammen, vom ersten bis zum letzten Arbeitsgang.

In Uddevalla umfassen die Montagegruppen acht bis zehn Mitglieder. Es gibt kein Fließband. Die Autos laufen nicht auf dem Band von einem Arbeiter zum nächsten, sondern werden stationär zusammengebaut. Ein Spezialgerät sorgt für verschiedene Neigungswinkel der Karosserie, so daß die Arbeiter leichten Zugang haben.

Firmenexterne Zulieferer versorgen das Materiallager des Werks mit Bauteilen. Die im Lager beschäftigten Mitarbeiter liefern den Teams das benötigte Material einsatzsynchron mit Hilfe von Transportschlitten, die auf Magnetschienen im Boden laufen. Der Materialfluß wird von einem Computer überwacht, kann jedoch von den Mitgliedern der Montagegruppen angepaßt werden, wenn Veränderungen im Arbeitsrhythmus eintreten.

Zwischen den Volvo- und den Semco-Teams gibt es viele Parallelen. Bei Volvo verfügen die Montagegruppen über ein hohes Maß an Autonomie und Verantwortung. Sie legen ihre Arbeitspausen und Urlaubspläne in eigener Regie fest. Falls ein Mitglied wegen Krankheit oder aus anderen Gründen fehlt, werden die Arbeitsaufgaben einfach umverteilt.

Wie bei Semco bestimmen auch die Volvo-Teams das Gruppengeschehen selbst. Sie sind aktiv an unternehmenspolitischen Entscheidungen beteiligt und für eine breitgefächerte Palette von Aufgaben zuständig, zum Beispiel für Qualitätskontrolle, Produktions- und Konstruktionsplanung, Gestaltung der Arbeitsplätze, Entwicklung von Arbeitsverfahren, Wartung der Betriebsausrüstung und Materialbestellung.

Die Arbeiter in Uddevalla werden wie die Semco-Belegschaft nach Leistung bezahlt. Zusätzlich zum Grundlohn haben sie die Möglichkeit, sich Leistungszulagen zu verdienen, wenn sie beispielsweise für den Erhalt von Qualität und Produktivität sorgen oder die wöchentlichen Lieferziele erreichen.

Im Uddevalla-Werk gibt es keine Vorgesetzten oder Vorarbeiter. Die einzigen »Chefs« sind die Leiter der sechs Produktions-Workshops, Arbeitsgemeinschaften mit je 80 bis 100 Mitgliedern, die in Montagegruppen unterteilt sind. Die Workshop-Leiter haben direkten Kontakt zu den Gruppenleitern, Koordinatoren genannt, die wie bei Semco im Rotationsverfahren gewählt werden.

Damit das System reibungslos läuft, ist Volvo bestrebt, den ungehinderten Informationsfluß innerhalb des Werks zu sichern. Das Unternehmen versorgt seine Belegschaft mit einer Fülle von Informationen und gibt sich die größte Mühe zu gewährleisten, daß alle Mitarbeiter fundierte Kenntnisse hinsichtlich Strategie, Geschichte und Traditionen des Unternehmens besitzen. Wie Semco spornt auch Volvo die Belegschaft an, sich aktiv am betrieblichen Geschehen zu beteiligen, von der Entwicklung neuartiger Arbeitsverfahren bis hin zur Suche nach zündenden Produktideen.

Volvo hat kräftig in die Ausbildung der Arbeiter in Uddevalla investiert. Ein Einführungskurs, der 16 Wochen dauert, steht am Anfang des 16monatigen Trainingsprogramms, in dem die Belegschaftsmitglieder die »Hohe Schule« der Automontage erlernen. Seminare und informelle Kommunikationsnetzwerke fördern den Erfahrungs- und Ideenaustausch. Die Konzernleitung hofft, daß sich die Erkenntnisse aus dem Uddevalla-Experiment auch auf andere Volvo-Betriebsabteilungen übertragen lassen, so daß der Innovationsprozeß im gesamten Unternehmen formalisiert werden kann.

Auch die Architektur des Werks spiegelt die Philosophie des Unternehmens wider, den Menschen an allererste Stelle zu setzen. Die schlichte, elegante und freundliche Struktur wurde von Romaldo Giurgola entworfen, einem bekannten Innenarchitekten italienisch-amerikanischer Abstammung. In den Montagehallen ist der Geräuschpegel niedrig, die Beleuchtung besteht aus natürlichem Tageslicht, die Farbgebung wirkt beruhigend, und Be- und Entlüftung sind ausgezeichnet.

Wie bereits erwähnt, erzielte man hier bereits eine merkliche Verbesserung der Arbeitsmoral und eine Verringerung der Fehlzeiten. Und Uddevalla kann sich in puncto Qualitätsniveau schon jetzt mit denjenigen Werken messen, die bei Volvo als Spitzenreiter gelten. Es wäre jedoch zu früh, etwas über den Ausgang des Experiments zu sagen.

Sowohl die Gewerkschaft als auch das Topmanagement scheinen zuversichtlich zu sein, daß dieses neue Konzept, in dem Verbesserung der Arbeitsqualität, volle Arbeitnehmermitbestimmung, Flexibilität und Autonomie im Mittelpunkt stehen, der Gesundheit des Unternehmens zuträglich sein wird. Goran Carstedt, ehemals Präsident von Volvo/Schweden, erklärt: »Je mehr Befugnisse man [den Belegschaftsmitgliedern] überträgt, desto mehr Initiativen und Ideen, auf die man selbst nicht gekommen wäre, erhält man im Austausch dafür zurück.«

Interessant ist, daß die Firma General Motors 1984 – volle zehn Jahre, nachdem Volvo das Fließband im Kalmarer Werk ausgemustert hatte – ihre »99er-Gruppe« ins Leben rief. Diese funktionsübergreifende Gruppe, zusammengesetzt aus Führungskräften, Belegschaftsmitgliedern und Repräsentanten der Automobilarbeitergewerkschaft UAW, reiste gemeinsam rund drei Millionen Kilometer weit, um sich über neue Möglichkeiten in der Kleinwagenproduktion zu informieren. Sie gelangte unter anderem zu der Schlußfolgerung, daß Mitarbeiter vor allem dann persönliche Bestleistungen erzielen, wenn sie am Entscheidungsfindungsprozeß beteiligt sind.

Cincinnati Milacron – Teamarbeit als Wettbewerbsstrategie

Einen weiteren Nachweis für die ungeheure Schlagkraft der Teamarbeit liefert Cincinnati Milacron, ein führender amerikanischer Hersteller von kunststoffverarbeitenden Maschinen. Anfang der 80er Jahre, als die Branche ein jährliches Wachstum von rund zehn Prozent verzeichnete, drangen japanische Wettbewerber mit ihren Ausrüstungen in den US-Markt ein. Doch aufgrund der gesunden branchenweiten Zuwachsraten machten sich die meisten amerikanischen Hersteller ob dieser Invasion keine großen Sorgen.

1985 hatten die ausländischen Anbieter indessen die Hälfte des US-Marktes erobert. Zwei Drittel der 15 amerikanischen Hersteller wurden während der 80er Jahre von ihren weltweiten Konkurrenten vom Markt gefegt. Cincinnati Milacron ist eine der fünf Firmen, die den Kahlschlag überlebten, weil man sich hier das Arbeitsgruppenkonzept zu eigen machte.

1983 wurde den Arbeitern der Produktionsstätte in Ohio bewußt, daß sie ihr Werk und ihre Arbeitsplätze angesichts des harten internationalen Wettbewerbs nur dann retten konnten, wenn sie die Geschäftsmethoden und vor allem den Produktentwicklungsprozeß von Grund auf änderten.

Die Produktentwicklung bei Cincinnati Milacron entsprach der althergebrachten Schema-F-Methode. Im Verlauf des Entwicklungszyklus wurden die Produkte von einer Abteilung zur nächsten weitergereicht.

Als Harold Faig damit betraut wurde, die Entwicklung einer verbesserten Maschine zu leiten, stellte er eine funktionsübergreifende Gruppe zusammen, deren Mitglieder sich gleichzeitig mit dem Projekt befaßten. Das bunt zusammengewürfelte Team bestand aus neun Mitgliedern, die aus den Bereichen Marketing, Konstruktion, Herstellung, Einkauf und Lagerwirtschaft stammten. Bei der Maschine handelte es sich um ein Spritzgußwerkzeug. Da Faig für die Entwicklung neun Monate zur Verfügung hatte, wurde die Arbeitsaufgabe Projekt 270 getauft.

Die Gruppenmitglieder begannen, eingehende Gespräche mit Kunden zu führen, die Konkurrenz zu erkunden, die Marktbedürfnisse zu analysieren und zu untersuchen, was Cincinnati Milacron fehlte. Die Informationen, die man dabei sammelte, waren ernüchternd. Die Kunden beschwerten sich über die langen Lieferzeiten und wiesen darauf hin, daß die Konkurrenz qualitativ bessere und billigere Maschinen anbot.

Faig kam zu der Schlußfolgerung: Wenn die Projektgruppe ein wettbewerbsfähiges Produkt entwickeln soll, dann müssen die Entwicklungskosten um 40 Prozent gesenkt und die übliche zweijährige Entwicklungszeit um mehr als die Hälfte verkürzt werden. Außerdem galt es eine Maschine herzustellen, die schneller war und mehr Anwendungsmöglichkeiten bot als frühere Modelle des Unternehmens.

Um dieses ehrgeizige Ziel zu erreichen, hielt Faig nach Wegen Ausschau, die Bürokratie zu straffen und die Effizienz zu verbessern. Er sorgte dafür, daß die Projektgruppe unmittelbar dem Leiter des Bereichs der kunststoffverarbeitenden Maschinen unterstellt wurde; damit reduzierte er die Hierarchie auf ein Mindestmaß und gewährleistete die Autonomie des Teams. Er hielt nur einmal in der Woche Gruppenbesprechungen ab und drängte darauf, daß Entscheidungen unverzüglich und genau dort getroffen wurden, wo Probleme entstanden, und nicht erst während der offiziellen Zusammenkünfte, wenn man bereits vor vollendeten Tatsachen stand. Er verwarf das firmenübliche, auf Konkurrenz gerichtete Submissionsverfahren und wählte einige wenige Schlüssellieferanten aus, mit denen er eine enge, partnerschaftliche Beziehung aufbaute.

Um die Wettbewerbsfähigkeit der Maschine auf globaler Ebene zu sichern, brachte Faig sein Team dazu, mit einer geheiligten Tradition des Unternehmens zu brechen und bei der Bemessung der Maschinenbauteile das englische durch das metrische System zu ersetzen. Diese Veränderung – von entscheidender Bedeutung für den Wettbewerb im Weltmarkt, in dem das metrische System »das Maß aller Dinge« ist – wurde trotz des vehementen Einspruchs der alten Führungsgarde durchgesetzt.

Harold Faig und seine Projektgruppe entwickelten Vista, das neue Spritzgießwerkzeug, termingerecht und im Rahmen des Budgets. Im ersten Jahr nach der Markteinführung erzielte Vista im Vergleich zu seinem Vorläufermodell mehr als den doppelten Umsatz.

Der überzeugendste Beweis für den Erfolg der Projektgruppe stammte indessen aus Japan, wo die Bedrohung für Cincinnati Milacrons Wettbewerbsposition ihren Ausgang genommen hatte: Toyota bestellte drei der neuesten und größten Vista-Modelle für seine amerikanischen Autoproduktionsstätten.

Die Geburt des Flex-Teams

Der Begriff *Team* wird in vielen Unternehmen sehr locker verwendet und ausgelegt. Dieses Schildchen hängt man oft unterschiedslos jeder x-beliebigen Gruppe von Mitarbeitern an, die sich zusammentun, um ein Projekt über die Bühne zu bringen, oder in der gleichen Abteilung beschäftigt sind.

Aber nur deshalb, weil eine Gruppe dieses Etikett trägt, muß sie noch lange nicht wie ein echtes Team arbeiten. Obwohl die tonangebenden Unternehmen und Manager den Wert des »Teamgeists« betonen, sind funktionsübergreifende, autonome Arbeitsgruppen wie bei Semco, Volvo und Cincinnati Milacron eine relativ neue und noch immer verhältnismäßig seltene Erscheinung.

Was in den Unternehmen der alten Art als »Team« bezeichnet wurde, hat wenig Ähnlichkeit mit den Teams, die man bei Semco und in anderen Firmen neuen Zuschnitts findet. Die Arbeitsgruppen alten Stils waren ein Mikrokosmos, der das maschinenorientierte Unternehmen spiegelte, das sie hervorgebracht hatte: starr, mit starken hierarchischen Strukturen, bestimmt von kleinkariertem Denken und Machtkämpfen, gefangen in einer unbeweglichen Bürokratie und Hierarchie, abhängig vom größeren Unternehmen, wenn es um Entscheidungen ging, die sich auf die Auswahl der Mitglieder, die Struktur der Gruppe, deren Ziele und deren Führung bezogen.

Das Team der neuen Art ist im Gegensatz dazu ein organisches, lebendes System, das sich nicht durch Machtkämpfe, sondern Partnerschaft auszeichnet. Die verhaltensbestimmenden Normen werden von der Gruppe selbst aufgestellt. Es besteht zwar eine wechselseitige Abhängigkeit zwischen der Gruppe und dem Unternehmen, in das sie eingebettet ist, aber keine Abhängigkeit bei der Festlegung ihrer Ziele, bei der Bestimmung ihrer Führer oder bei der Wahl ihrer Mitglieder. Sie stellt eine autonome Handlungseinheit dar, die ganz bestimmte gruppeninterne Lern- und Kommunikationsprozesse entwickelt, ein »intelligentes«, flexibles Team mit eigener Dynamik.

Semco ist ein anschauliches Beispiel für die organische Struktur von Flex-Teams. Sie »wachsen« bei Semco auf natürliche Weise zusammen; sie werden nicht auf Kommando zusammengestellt oder aufgelöst. Struktur und Mitgliedschaft in den einzelnen Gruppen werden von den Erfordernissen der anstehenden Aufgabe bestimmt. Ihre Größe reguliert sich von alleine; sie wird von dem gruppeninternen Bedürfnis bestimmt, die Arbeitsaufgabe zu bewältigen, und von dem Wunsch der Mitglieder, ihren Anteil an den Unternehmensgewinnen zu maximieren. Und im Gegensatz zu den mechanisch-starren Arbeitsgruppen gibt es bei den Flex-Teams von Semco keine im voraus festgelegten Verhaltensmuster, keine auf ewig festgeschriebene Mitgliedschaft und keine festumrissenen Beziehungen. Die Funktionen und Positionen werden regelmäßig nach dem Rotationsprinzip ausgetauscht, und die Mitarbeiter wechseln frei und häufig zwischen den verschiedenen Teams hin und her.

Grundprinzipien des Flex-Teams

Weil das Flex-Team der neuen Art ein lebendes System ist, folgt es den Gesetzmäßigkeiten, die allen lebenden Organismen zugrunde liegen und deren Strukturen und Prozesse bestimmen. Es weist folgende Merkmale auf:

- **Selbstbestimmung.** Es erhält keine Befehle von höherer Ebene. Es handelt in Einklang mit dem Unternehmen und erhält vielleicht Hilfe von der übergeordneten Holarchie, aber es trifft seine eigenen Entscheidungen und entwickelt Strukturen, die auf seine spezifischen Bedürfnisse abgestimmt sind.
- **Selbsterneuerung.** Es funktioniert auch dann, wenn sich seine Strukturen oder Mitglieder ändern. Es hat eine innere Handlungseinheit.
- **Selbstvernetzung.** Es grenzt sich nicht aus, sondern nimmt Kontakt mit seiner Umwelt auf. Es vernetzt sich mit Einzelpersonen, anderen

Gruppen oder Unternehmen, um Ideen und Ressourcen auszutauschen und gemeinsame Ziele zu erreichen. Mit anderen Worten, es lernt.

Selbstbestimmung

Um als Innovationsförderer wirksam zu sein, müssen Teams Autonomie besitzen, und zwar aus zwei Gründen. Erstens ist eine unverzügliche Reaktion, die entscheidende Voraussetzung für kontinuierliche Neuerungen, nicht möglich, wenn jede Gruppenentscheidung von Außenstehenden abgesegnet werden muß. Zweitens weiß niemand besser, wie ein Verfahren gehandhabt oder ein Produkt verbessert werden sollte, als die Person, die unmittelbar damit zu tun hat.

Bei Semco ist diese Selbstbestimmung überall sichtbar. Die Flex-Teams verfügen über ein hohes Maß an Autonomie und weitgehende Befugnisse, über Inhalt und Struktur ihrer Arbeit in eigener Regie zu entscheiden. Es gibt keine Handbücher, die der Belegschaft sagen, was wie und wann zu tun ist, keine offizielle Kleiderordnung, keine Firmenvorschriften in puncto Reisespesen, keine Lagerräume mit Vorhängeschloß. Informationen, einschließlich Finanzdaten, die den Besitzstand des Unternehmens betreffen, werden an alle Gruppenmitglieder weitergegeben.

Hand in Hand mit der Selbstbestimmung geht das Konzept der Selbstorganisation. Wie andere lebende Systeme gliedert und ordnet es sich selbst, nicht auf Weisung von oben, sondern organisch, auf die eigenen Bedürfnisse abgestimmt.

Das selbstbestimmte Team weiß, wann es sich gruppieren sollte, wie viele und welche Mitglieder es aufzunehmen gilt, welche Größe optimal ist und selbst, wann es an der Zeit ist, sich aufzulösen. Obwohl eine wechselseitige Abhängigkeit zwischen dem Team und der größeren Holarchie besteht – der Organisation, in der es operiert –, sind seine Struktur und Funktionsweise nicht vom Unternehmen abhängig. Ein Flex-Team kann sich infolge einer bestimmten Aufgabenstellung des Unternehmens bilden, aber seine Struktur und gruppeninterne Dynamik bestimmt es selbst.

Ricardo Semler erinnert sich an eine Begebenheit, die zeigt, wie dieses Prinzip der Selbstorganisation bei Semco umgesetzt und sichtbar wird:

> Wir befaßten uns damals gerade mit der Situation, daß eine unserer acht Unternehmenseinheiten sehr schwer unter der Rezession zu leiden haben würde, die sich in Brasilien für die kommenden Monate abzeichnete. Wir erwarteten in diesem Bereich, der Geschirrspülmaschinen herstellt, einen Umsatzrückgang von 30 bis 40 Prozent.
>
> Also entwickelten wir wie immer einen Plan, der Personalfreiset-

zungen einschloß. Und wie immer sprachen wir über die konkreten Maßnahmen, die in diesem Eventualplan vorgesehen waren, mit unseren Belegschaftsmitgliedern, den Vertretern des Arbeiterausschusses usw. Und irgendwann sagten sie: »Moment mal! Warum versuchen wir nicht mal was Neues? Wir sollten uns mit allen Leuten im Betrieb zusammensetzen und gemeinsam überlegen, ob es nicht einen anderen Weg gibt.«

Eine Woche später, nach sechs Vollversammlungen, an denen die gesamte Belegschaft, rund 150 Leute, teilgenommen hatte, legten sie ein Programm auf den Tisch, das eine Gehaltskürzung von 30 Prozent und als Gegenleistung eine Erhöhung der Gewinnbeteiligung auf 37 Prozent einschloß. Die Kantine sollte nicht mehr von einer Fremdfirma betrieben werden, sondern sie wollten zwei oder drei Arbeiter als Köche abstellen. Zwei Kollegen sollten den Wachdienst übernehmen, weil auch der ausgelagert worden war. Und jeder sollte seinen eigenen Arbeitsbereich sauberhalten, so daß wir keine Reinigungsfirma mehr bezahlen mußten.

Und so ging's weiter, eine endlose Liste. Sie hatten ein komplettes Programm zusammengestellt, mit dem sie zum Ausdruck brachten: »Die eingesparte Summe entspricht derjenigen, auf die ihr mit euren geplanten Entlassungen kommen würdet. Aber im Zuge dieser Maßnahmen können wir noch auf einen weiteren teuren Kostenfaktor im Unternehmen verzichten, nämlich einen Manager, der das Ganze überwacht. Wir planen, die Sache weitgehend in eigener Regie durchzuführen.«

Statt die Weisungen der höheren Ebene ohne Widerspruch hinzunehmen, wozu die Arbeitsgruppen der alten Art gezwungen gewesen wären, entwickelte das Semco-Team seine eigene Strategie, um die bevorstehende Krise zu überwinden. Es hatte aus eigenem Antrieb nach Möglichkeiten gesucht, Arbeitsprozesse neu zu ordnen, Gehälter anzupassen und auf andere Weise Kosten einzudämmen.

Ein weiteres Indiz für die Selbstregulierung ist die Tatsache, daß die Größe der Gruppen von den Teammitgliedern und nicht vom Unternehmen bestimmt wird. Ricardo Semler erklärt: »Es ist uns höllisch schwer gefallen, neue Mitarbeiter einzustellen – wegen des Gewinnbeteiligungssystems und der Art, wie unsere Leute innerhalb der Firma arbeiten. Sie sind nicht darauf erpicht, den Personalbestand zu vergrößern. Sie hätten vielleicht gerne mehr Maschinen oder neue Arbeitsmethoden. Aber sie wollen keine Hilfskraft, keine Rezeptionistin, keine weiteren Kollegen mehr, denn das würde bedeuten, daß sie die Gewinne mit mehr Leuten teilen müßten.«

Mit anderen Worten: Semcos autonome Flex-Teams stellen nur so viel Personal ein, wie für die Bedürfnisse der Teammitglieder *und* das Unternehmen erforderlich ist. Es besteht keine Gefahr, daß sich überflüssige bürokratische Ebenen bilden, weil das nicht im Interesse der Gemeinschaft liegt; mehr Teammitglieder bedeuten weniger Gewinne für jeden einzelnen. Die Arbeitsgruppen haben aber ebensowenig Veranlassung, ihre Größe ungebührlich zu verringern, denn infolgedessen würden vermutlich auch Produktivität und Profit Einbußen erleiden. Die Semco-Teams regulieren sich selbst und handeln eigenständig, um ihre optimale Größe zu erhalten.

Ein wichtiger Punkt, der das Thema Autonomie und Entscheidungsfindung betrifft, soll nicht ausgeklammert werden: Die Vorstellung, daß gruppeninterne Entscheidungen immer *einstimmig* erzielt werden müssen, ist in der Geschäftswelt weit verbreitet. Tatsache ist jedoch, daß Flex-Teams nicht auf Biegen und Brechen versuchen, einen Konsens zu erreichen, sondern vielmehr nach »harmonischer Vielfalt« streben, wie die Japaner es nennen. Es gelingt ihnen, die unterschiedlichen Meinungen der Gruppenmitglieder in eine *von allen getragene Lösung* einzubinden; in den meisten Fällen stellt diese jedoch nicht die Position einer Einzelperson oder Untergruppe dar.

Die Mitglieder von Gruppen der alten Art vermeiden es sehr häufig, aus der Reihe zu tanzen und Entscheidungen zu treffen, mit denen sie sich eine Blöße geben könnten; sie geben statt dessen vor, jeder bevorzuge die Strategie, auf die man sich verständigt hat. Das hat zur Folge, daß die Gruppe nach außen hin wie »aus einem Guß« *erscheint.* Die »einhelligen« Entscheidungen sind letztlich nichts mehr als faule, verwässerte Kompromisse oder spiegeln die Lösung wider, die ein willensstarkes Gruppenmitglied bevorzugt und der Gruppe aufoktroyiert hat. Solche Entscheidungen sind das Ergebnis von Bemühungen, Meinungsverschiedenheiten um jeden Preis abzuwürgen. Soweit Gruppenmitglieder ernsthafte Vorbehalte gegenüber einer bestimmten Entscheidung haben, vermeiden sie es, diese öffentlich zu äußern.

Und falls doch abweichende Meinungen bekundet werden, dann konzentriert man sich in der Regel darauf, herauszufinden, wer recht hat, was zu einer weiteren Polarisierung der Standpunkte führt. Die Gruppen alten Zuschnitts sind nicht imstande, unterschiedliche Sichtweisen und Vorschläge von einzelnen Mitgliedern zu akzeptieren und in Einklang zu bringen. Doch ebendiese Fähigkeit, gegensätzliche Werthaltungen und Perspektiven zu integrieren, ist für Flex-Teams von entscheidender Bedeutung.

Wenn es den Gruppenmitgliedern freisteht, abweichende Standpunkte zu berücksichtigen, wenn sie nicht gezwungen sind, auf »Teufel komm raus« einen Konsens zurechtzuzimmern, dann nehmen Qualität und Häufigkeit der Innovationen zu. Die Meinungsvielfalt vermehrt die Chancen für neuartige integrierte Lösungen um ein Vielfaches. Aus diesem Grund stellen japanische Firmen bewußt Gruppen zusammen, deren Mitglieder stark voneinander abweichende Charaktereigenschaften und berufliche/soziale Vorgeschichten mitbringen.

Unternehmen wie Cincinnati Milacron haben herausgefunden, daß die Autonomie eine wirkungsvolle Strategie darstellt, um Arbeitsprozesse zu beschleunigen, die Produktqualität zu verbessern und die Produktivität zu erhöhen.

Auch Federal Express hat sich umorientiert. Im Rahmen der Umstrukturierung, die das Unternehmen 1988 durchführte, wurden 1000 Büroangestellte in autonome Gruppen mit fünf bis zehn Mitgliedern eingeteilt. Nachdem sie einen speziellen Schulungskurs absolviert hatten, waren sie befugt, eigenverantwortlich zu entscheiden und nach Wegen zu suchen, um die Produktivität zu verbessern.

Die autonomen Teams trugen 1989 unter anderem dazu bei, Dienstleistungsprobleme des Unternehmens, beispielsweise Fehler in der Rechnungsstellung oder verlorengegangene Pakete, um 13 Prozent zu verringern. Ein Team kam einem Fehler in der Abrechnung auf die Spur, der sich auf mehrere Millionen Dollar belief: Je schwerer ein Paket, desto höher ist der Preis, den das Unternehmen für die Auslieferung berechnet. Das Problem war, daß die Mitarbeiter in der Versandabteilung die Pakete nachlässig wogen, wodurch Fed Ex Einkommenseinbußen hinnehmen mußte. Ein neues Abrechnungssystem wurde eingeführt. Allein im Jahr 1989 sparte die in der Gruppe gefundene Lösung Fed Ex mehr als zwei Millionen Dollar ein.

Ein ähnliches Beispiel liefert Levi Strauss; hier wurde die Produktion im Werk des Unternehmens in Roswell, New Mexico, vom Fließband-Konzept auf autonome Teams umgestellt. Sie entscheiden, wer wann welche Aufgaben verrichtet, und sie sind von Anfang bis Ende für die Arbeitsschritte bei der Herstellung der Designer-Jeans verantwortlich. Das hatte zur Folge, daß es jetzt nur noch einen Tag statt sechs Tage dauert, bis ein Bündel mit 60 Paar Jeans fix und fertig ist. Und die Ausschußquote konnte von 3,9 Prozent zu Zeiten der Fließbandproduktion auf 1,9 Prozent gesenkt werden, seit die Fertigung in Händen der Arbeitsgruppen liegt.

Eines ist bei den autonomen Flex-Teams von Federal Express, Levi Strauss und ähnlichen Firmen besonders bemerkenswert: Die Mitglieder setzen sich aus Männern und Frauen zusammen, deren Intelligenz und Findigkeit früher unterbewertet oder ignoriert wurden. Nun, da sie in Gruppen arbeiten, werden ihre Fähigkeiten, kreativ zu denken und

Entscheidungen zu treffen, endlich gewürdigt und bestätigt. Joan Arnold, Ausbildungsleiterin der Levi-Strauss-Teams, spricht von einem »ungeheuren kulturellen Wandel«. »Unsere Mütter und Väter haben uns dazu erzogen, genau das zu tun, was der Chef sagt, und nun fragt uns der Chef, was wir tun würden.«

Selbsterneuerung

Der griechische Philosoph Heraklit schrieb, daß »ein Mensch nicht zweimal in denselben Fluß steigen kann«. Das Flex-Team ähnelt dem Fluß: Es ist keine festgefügte Einheit, sondern vielmehr ein Prozeß, kein greifbarer Gegenstand, sondern eher ein Bewegungsmuster. Und wie der Fluß erneuert es sich fortwährend selbst – es bewahrt seine Form auch dann, wenn sich seine Bestandteile ändern.

Wir können diesen Selbsterneuerungsprozeß bei den Flex-Teams in den Firmen neuen Zuschnitts beobachten. Bei Semco formieren sich die Mitglieder der Gruppen immer wieder neu, und die Führungsposition wird regelmäßig nach dem Rotationsprinzip ausgetauscht. Und trotzdem gelingt es den Gruppen, ihre grundlegende Identität zu bewahren.

Hinzu kommt, daß die Integrität der Gruppenprozesse – das Muster der gemeinsamen Werthaltungen und Organisationsprinzipien, die für die Semco-Teams kennzeichnend sind – trotz der sprunghaften, unberechenbaren Schwankungen in der brasilianischen Wirtschaft unangetastet bleibt. Die Semco-Mitarbeiter halten nicht krampfhaft an ihren Aufgabenstellungen, Positionen oder Gruppenzugehörigkeiten fest. Da man häufig das »Lager« wechselt, besteht keine Gefahr, daß sich einander befehdende Splittergruppen bilden, und kein Anreiz, »Partei zu ergreifen«.

Ricardo Semler dazu:

> Es ist nicht immer derselbe, der eine Unternehmenseinheit repräsentiert. An den [Team-]Besprechungen nehmen unterschiedliche Leute teil. Manche gehören schon ewig dazu, aber es gibt auch immer einige neue Mitglieder, die dazustoßen. Die Zusammensetzung ändert sich laufend.
>
> Bei den Besprechungen gibt es keine Jasager, und auch in der Firma findet man sie selten. Unsere Mitarbeiter stehen zu ihrer Meinung, aber der springende Punkt ist: Manchmal hat man drei, die gegen sechs zu Felde ziehen, und bei einer anderen Besprechung sind es wieder drei gegen sechs, aber nicht dieselben Leute. Kritik und unbeirrbare Überzeugungen werden bei uns nicht persönlich genommen, weil niemand weiß, auf welcher Seite er sich bei der nächsten Besprechung befinden wird.

Selbstvernetzung

Das dritte Organisationsprinzip des Flex-Teams ist die »Selbstvernetzung«. In den Unternehmen neuen Zuschnitts sehen wir viele Beispiele dafür; Arbeitsgruppen oder ganze Firmen bauen partnerschaftliche Beziehungen zu Kunden, Lieferanten und anderen Firmenfremden auf. Steelcase hat ein Kooperationsabkommen im Produktdesign-Bereich geschlossen, um seine Wettbewerbsposition zu stärken. Preston Trucking hat Kontakte zu Gewerkschaftsmitgliedern und Kunden angebahnt, um ein »neues Verhaltensmuster« zu schaffen und in einem deregulierten Umfeld zu überleben und zu gedeihen. PC Connection hat sich mit Airborne zusammengeschlossen (um nur einen ihrer zahlreichen Partner zu nennen), um einen preisgünstigen Zustelldienst zu entwickeln. Die Firma Manco hat sich im Rahmen der Neuproduktentwicklung für den Schulterschluß mit Federal Express und Wal-Mart entschieden. Wie in Teil IV geschildert, sind aus dieser partnerschaftlichen Selbstvernetzung viele wichtige Innovationen hervorgegangen, was im Umfeld autonomer Flex-Teams ein ganz natürliches Vorkommnis ist.

Diese Anbindung an die Außenwelt drückt sich in Lernprozessen aus. Unternehmen neuen Stils, die sich auf das Teamkonzept stützen, wie PC Connection, Motorola und Preston Trucking, lassen klar erkennen, daß sie fortwährend dazulernen. Oft findet diese Erweiterung des Wissens in Verbindung mit Kunden oder anderen Partnern statt und dient dazu, den eigenen Horizont zu erweitern, Arbeitsprozesse zu verbessern und Innovationsmöglichkeiten auf die Spur zu kommen.

Systemexperte Peter Senge bietet wertvolle Erkenntnisse über die Rolle des Dialogs, der die Selbstvernetzung jedes Gruppenmitglieds erleichtert:

> Der Dialog beinhaltet die Fähigkeit von Gruppenmitgliedern, Vermutungen über Bord zu werfen und sich in echte »gemeinsame Denkprozesse« einzulassen. Bei den Griechen bedeutete der Begriff dia-logos, daß ein freier Fluß von Rede und Gegenrede in einer Gruppe herrschte, die somit die Möglichkeit hatte, zu Erkenntnissen zu gelangen, die dem einzelnen verwehrt waren. Interessanterweise hat sich die Dialogfähigkeit in vielen »primitiven« Kulturen erhalten, beispielsweise bei den Indianern Nordamerikas; in modernen Gesellschaften ist sie jedoch nahezu vollständig verlorengegangen. Heute ist man dabei, die Prinzipien und Praktiken des Dialogs wiederzuentdecken und in den heutigen Zusammenhang zu stellen.

Senge vergleicht den *Dialog,* der den Meinungsaustausch, die kreative

Durchleuchtung eines Themas seitens aller Beteiligten und den Verzicht auf individuelle Sichtweisen beinhaltet, mit der *Diskussion,* in der gegensätzliche Standpunkte erläutert und verteidigt werden. Das Ziel des Dialogs besteht darin, spontane Ideen zu sammeln und nach einer Möglichkeit der Verschmelzung unterschiedlicher Perspektiven oder nach einer ganz neuen Position zu suchen. Diskussionen zielen darauf ab, einen Konsens herzustellen.

Gemäß Senge sind Dialog und Diskussion einander ergänzende Aktivitäten. Der Dialog ist jedoch eine größere Herausforderung und in vielen Fällen wirkungsvoller, weil er zum einen die Möglichkeit bietet, individuelle Unterschiede besser zu verstehen und zu würdigen, und zum anderen den Ideenfluß fördert.

Der Aufbau autonomer Flex-Teams als Herausforderung

Trotz der Beispiele von Unternehmen wie Semco, Volvo und Steelcase, die sich das Teamkonzept zu eigen gemacht haben, und trotz solcher Experimente wie dem Projekt 270 bei Cincinnati Milacron sind sie nach wie vor eher die Ausnahme als die Regel, vor allem im amerikanischen Geschäftsleben. Zu Beginn der 90er Jahre waren schätzungsweise weniger als zehn Prozent der amerikanischen Arbeitnehmer in Arbeitsgruppen organisiert.

Ein Grund für den Mangel an echter Teamarbeit ist bei den Führungskräften der alten Garde zu finden. Sie wurden auf den althergebrachten Einzelkämpfer-Ansatz gedrillt und zögern nun, Mitarbeitergruppen so weitreichende Machtbefugnisse zu übertragen. Selbst diejenigen unter ihnen, die Zeuge der erstaunlichen Leistungsfähigkeit solcher Teams geworden sind, wagen sich nicht recht auf das unbekannte Terrain. Infolgedessen haben viele große Unternehmen die Herausforderung ignoriert, Teams aufzubauen, oder die Bedeutung dieser Aufgabe heruntergespielt.

Abgesehen von den Vorbehalten von Führungskräften und potentiellen Teammitgliedern gibt es auch noch praktische Barrieren, die einer Entwicklung von Arbeits- oder Projektgruppen im Wege stehen, insbesondere inmitten großer bürokratischer Strukturen. Chuck House von Hewlett-Packard erzählte mir von den Hürden, die er nehmen mußte, um den Teamgeist in der Software-Sparte seiner Firma zu stärken.

> Ich hatte fast immer mit dem Hardware-Geschäft bei HP zu tun gehabt, und wir mußten kleine Probleme bewältigen, die sich zurückverfolgen und mehr oder weniger auf heimischem, vertrau-

tem Boden lösen ließen. Man mußte sich nicht mit 900 anderen Leuten abstimmen.
Dann bin ich irgendwie in einen Bereich geraten, der bei HP wirklich eine große Sache war, nämlich die Entwicklung von Software für Mikrocomputer. Um ein marktfähiges Produkt in einer Sparte mit sehr intensivem Wettbewerb herauszubringen, mußten wir schließlich im gesamten Unternehmen betteln, borgen und stehlen, um die Technologie auf die Reihe zu kriegen. 14 oder 15 verschiedene Bereiche verfügten über Bausteine, die wir auszuleihen versuchten.
Bei HP hieß es immer, einer der großen Vorteile unserer Firma bestünde darin, daß diese phantastische Technologie überall und für jeden verfügbar sei; sämtliche Systeme seien auf den freien Zugang jedes Mitarbeiters angelegt. Aber die Realität sah ganz anders aus. Man kam weder an das Quellprogramm heran noch an die Dokumentation. Man konnte den Leuten nicht die Zeit stehlen – sie hatten schon genug damit zu tun, ihre eigenen Strategien auszutüfteln, um den Wettbewerbszwängen wirksam zu begegnen.

John Hammitt, stellvertretender Vorsitzender von United Technologies, sprach über die Hürden, denen sich seine Firma gegenübersah und die sie schließlich mit Hilfe autonomer Flex-Teams überwinden konnte:

In einer unserer Sparten gab es ein komplexes Produkt; man brauchte, soweit ich mich erinnern kann, mindestens 150 Tage, um technische Veränderungen daran vorzunehmen. Die Anwendung rechnergestützter Technologien, sozusagen als Schmiermittel zwischen den einzelnen Arbeitsschritten, verkürzte den Zyklus vielleicht um einen Tag, aber nicht mehr. Die Richtlinien der Geschäftsleitung, die forderten: »Ihr *werdet* die Phasen verkürzen«, brachten auch keine nennenswerten Ergebnisse.
Erst als ein Programm zur Sicherung der Gesamtqualität eingeführt worden war und die Belegschaft die damit verbundenen Konzepte beherrschte, konnten wir merkliche Veränderungen feststellen. Es gab Teams, die aus Dutzenden von Mitgliedern bestanden: sie repräsentierten sämtliche Bereiche des Unternehmens, die in die technischen Veränderungen einbezogen waren. Als sie sich zusammensetzten und ihre Aktivitäten unter die Lupe nahmen, wurde offenkundig, daß sich viele Schritte in den Prozeß eingeschlichen hatten, an denen etwas »abgesegnet« werden mußte oder bei denen einer den anderen überprüfte. Das alles war gut gemeint, aber eindeutig überflüssig.

Das Team schlug sich mit diesem Problem herum, und das Endergebnis war eine mehr als 50prozentige Zeitverringerung, wobei Dutzende von Leuten in Dutzenden von Organisationen erkannten, daß sie nur einen geringfügigen oder überhaupt keinen konstruktiven Beitrag zum technischen Veränderungsprozeß leisteten. Obwohl diese Erkenntnis schmerzvoll war, wurde allen bewußt, daß sie nur eine »Kontrollfunktion« ausübten, aber keine Rolle im Wertschöpfungsprozeß spielten.
Ich glaube, hier wurde eine Einsicht gewonnen: Wie effektiv die Führungskräfte im Lauf der Jahre auch gewesen zu sein glaubten, hinsichtlich sowohl der Entwicklung als auch der Verkürzung des Prozesses, erst als sich die Leute, die direkt mit diesem Prozeß befaßt waren – damit lebten, ihn durchführten –, zusammensetzten und sich fragten, was sie da machten, warum sie es machten und wie man es anders machen könnte, wurde der Zyklus merklich verringert, nämlich von 150 auf 30 Tage. Dieses Experiment hatte noch ein anderes Ergebnis: Im gesamten Unternehmen war man danach sicher, daß Mitarbeiter autonom arbeiten und ihre eigenen Probleme lösen können, wenn man ihnen die Gelegenheit dazu gibt.

Steelcase ist seit 1988 unternehmensweit zur Teamstruktur übergegangen und mußte viele Hürden beim Aufbau der Arbeits- und Projektgruppen überwinden. Wayman Britt, Bereichsleiter und für die Mitarbeiterbeziehungen bei Steelcase zuständig, meint:

Die Belegschaft aufzuklären und damit vertraut zu machen braucht Zeit. Wir sind erst seit zwei Jahren damit befaßt, und wir machen Fortschritte. Wir waren in der Lage, Teams in allen Abteilungen des Maschinenbereichs zusammenzustellen.
Nun stellen wir fest, daß mehr erforderlich ist als der Prozeß selbst – das Erlernen von Problemlösungstechniken –, damit das Gruppenkonzept funktioniert. Man muß bereit sein, sich füreinander einzusetzen, einander mit Achtung zu behandeln und ständig nach Möglichkeiten zu suchen, das System zu verbessern. Das System selbst ist neu; wir haben es bisher noch nicht geschafft, allen Mängeln auf die Spur zu kommen und sie abzustellen. Deshalb diskutieren wir ständig darüber und haben einigen Ärger damit.

Hal Berrier, Herstellungsleiter bei Steelcase, erinnert sich an die Hindernisse, mit denen er konfrontiert wurde, als er bei dem Versuch half, sein Werk umzustrukturieren und autonome Arbeitsgruppen zu bilden:

> Von Anfang an habe ich eine partizipative Führung unterstützt, weil es für mich der richtige Kurs war; aber ich machte mir Sorgen, ob die Belegschaft mitspielen würde. Die Organisationsstrukturen des gesamten Werks richten sich inzwischen an Teams aus, aber es war ein langsamer Prozeß.
> Es gibt noch immer viele, die zögern, sich aktiv an Entscheidungsfindungen und betrieblichen Prozessen zu beteiligen. Ein Nachteil ist, daß sich die Leute in der Regel Veränderungen widersetzen. Nicht jeder versteht und unterstützt die Teamarbeit hundertprozentig. Von meiner Warte gesehen, habe ich nach wie vor die Aufgabe, den Vorgesetzten, die für mich arbeiten, die Vision und das Konzept zu vermitteln. Ohne ihre Hilfe kann ich keinen Erfolg erzielen. Die Schulung ist außerordentlich wichtig, um den Leuten das Gefühl zu geben, daß sie imstande sind, das zu bewältigen, worum wir sie bitten.
> Ein weiterer Nachteil ist unser Akkordsystem. Es fördert nicht die Teamarbeit, sondern die Bemühungen des einzelnen.

Beim Akkordsystem erhalten die Mitarbeiter Leistungszulagen, je nach Produktivität des einzelnen. Deshalb zögern sie, sich an der Entwicklung von Gruppenprozessen oder an Gruppenbesprechungen zu beteiligen, die sie von ihrer regulären Tätigkeit abhalten und somit die individuelle Produktion verringern, auf der die Prämien basieren.

Wayman Britt meint ebenfalls, daß ein Akkordsystem die Entwicklung der Teamarbeit behindert:

> Wir suchen jetzt nach neuen Vergütungsmöglichkeiten, seit das Problem zunehmend klarer zutage tritt. Wir müssen darauf abzielen, Mitarbeiter dafür zu entlohnen, daß sie neues Wissen erwerben oder nach Verbesserungsmöglichkeiten suchen. Das könnte zum Beispiel so aussehen, daß wir Formen der Leistungsbeurteilung einführen mit Sondervergütungen, die an das Engagement und die Kooperationsbereitschaft der Mitarbeiter gekoppelt sind.

Die Formalisierung des Gruppenprozesses

Unternehmen alten Zuschnitts sehen sich häufig großen Schwierigkeiten gegenüber, wenn sie sich um eine Formalisierung des Teamprozesses bemühen. Am Beispiel von Ford Motor lassen sich einige der Herausforderungen des Wandels und des Übergangs zu einer gruppenorientierten Unternehmenskultur verdeutlichen.

Richard Pascale ist überzeugt, das Taurus-Team sei »der Prototyp der grundlegenden Veränderungen, die in Fords Unternehmenskultur stattfinden«. Die hocheffektive Arbeit am Taurus-Projekt, mit der eine Gruppe von Mitarbeitern aus den verschiedensten Aufgabenbereichen betraut war, stellt einen scharfen Bruch mit der Vergangenheit des Konzerns dar. Pascale glaubt, daß diese radikale Abkehr ohne ein Umdenken in der Ford-Führungsriege nicht gelungen wäre. »Hier«, behauptet Pascale, »hat die eigentliche Revolution stattgefunden: im aufrichtigen und hartnäckigen Bemühen von Männern, die plötzlich erkannten, daß *sie* sich ändern mußten, wenn sich bei Ford etwas ändern sollte.«

Er spielt unter anderem auf den früheren Ford-Chef Don Peterson an, der Wegbereiter des Wandels war. Während der neun Jahre, die Peterson im Topmanagement des Unternehmens verbrachte, konnte Ford seine Marktanteile in den USA um nahezu sechs Prozent erhöhen und ein halbes Dutzend innovative neue Modelle einführen, die sich als Renner entpuppten, beispielsweise den Taurus und den Mercury Sable.

Während Petersons Amtszeit begann die Teamarbeit bei Ford jene wichtige Triebkraft zu entwickeln, die für ein Unternehmen unerläßlich ist, wenn es Organisationsstrukturen auf Teambasis aufbauen will. Ob der Prozeß des Wandels, der noch in den Kinderschuhen steckt, auch nach Petersons Ausscheiden fortgesetzt wird, steht in den Sternen, denn einige Führungskräfte der Firma schienen über Petersons Ausscheiden erleichtert zu sein und haben vielleicht sogar daran mitgewirkt. Sie gehören offensichtlich zur alten Garde, die an Befehls- und Kontrollstrukturen gewöhnt ist und den Schritt in Richtung Teamarbeit und demokratische Führung weder begrüßt noch unterstützt.

Dazu kommt, daß Ford derzeit schwer zu kämpfen hat. Der Marktanteil in den USA und Europa schrumpft, und in der Autobranche gehen die Geschäfte insgesamt schlecht. Außerdem ist Fords Produktlinie älter als die seiner vier größten Konkurrenten, und der teure Zukauf von Jaguar, Petersons letzte Großtat als Firmenchef, war für das Unternehmen sehr verlustreich. In Krisenzeiten setzen Firmen, die sich um eine Neuausrichtung bemühen, häufig auf »Nummer Sicher« und greifen wieder auf ihre althergebrachten Geschäftsmethoden zurück, und das könnte gewiß auch bei Ford geschehen.

Trotzdem gibt es einige hoffnungsvolle Zeichen. Zwei Dutzend neue Ford-Modelle sollen bis 1995 vom Band gerollt und bei amerikanischen Autohändlern zu besichtigen sein. Und Alex Trotman, Leiter des Nordamerika-Geschäfts, der als Anwärter auf das Amt des Firmenchefs gut im Rennen liegt, ist ein glühender Befürworter der Teamarbeit.

Trotman hat sich vorgenommen, die restlichen Barrieren zwischen den Unternehmensbereichen niederzureißen. Zu diesem Zweck hat er 50 Linienmanager aus allen Funktionsgruppen zu einem Team zusammengefaßt. Er bemüht sich um eine Wiederbelebung der Denk- und Vorgehensweise, die zur Entwicklung des Taurus und des Sable führte, und darum, den Prozeß der Teamarbeit im gesamten Unternehmen zu formalisieren. Außerdem hat er eine funktionsübergreifende Gruppe zusammengestellt, die aus 20 jungen Designern, Ingenieuren und Produktplanern besteht und an der Entwicklung des Mustang Baujahr 1995 arbeitet.

Trotz aller Anstrengungen hinkt Ford der Firma Semco noch meilenweit hinterher. Die funktionsübergreifenden Teams werden bei Ford auf Anordnung von oben statt in eigener Regie zusammengestellt, und Gruppenprojekte fallen nur sporadisch und unregelmäßig an.

Falls Ford etwas aus dem Semco-Experiment lernt, falls es Organisationsstrukturen aufbaut, die Demokratie, Teamarbeit, ein volles Mitspracherecht der Arbeitnehmer und partnerschaftliche Beziehungen fördern, dann könnte das Unternehmen meiner Ansicht nach zu den gesündesten und erfolgreichsten der Welt gehören.

Von der Muskel- zur Kopfarbeit

Ricardo Semler hat vorausgesagt, daß Semco in 20 Jahren in etwa die gleiche Größe, aber wesentlich mehr Geschäftsvolumen aufweisen wird, da sich das Unternehmen viel stärker auf das geistige Potential und die schöpferischen Fähigkeiten seiner Mitarbeiter zu stützen gedenke. Die autonomen Arbeitsgruppen werden laut Semler die Produktivität ankurbeln und dafür sorgen, daß Ausrüstungsinvestitionen und Gemeinkosten auf gleichem Niveau bleiben. Unternehmen mit Organisationsstrukturen, in deren Mittelpunkt Flex-Teams stehen, können gewaltige Leistungsfortschritte erzielen, ohne dem Strukturgerüst weitere bürokratische Schichten hinzuzufügen. Das gelingt ihnen, indem sie die verborgenen Fähigkeiten der Mitarbeiter freisetzen und in die richtigen Bahnen lenken.

William Wiggenhorn erklärt, Motorola habe den gleichen Kurs eingeschlagen; Gewinne und Produktivität stiegen stetig an, seit sich die Firma in zunehmendem Maß auf autonome, flexible Teams stütze. »Die Übertragung von Befugnissen und Verantwortlichkeiten bedeutet nicht, daß Führungskräfte nicht mehr führen. Es ist nur so, daß weniger Manager gebraucht werden, damit der Laden läuft. Wenn wir uns an unseren alten Mustern festklammerten und eine Führungsebene auf die andere türmten, dann wären wir nicht imstande, unser Geschäftsvolumen bei gleicher Unternehmensgröße zu verdoppeln. Mit Hilfe unserer autonomen Teams müßte uns das eigentlich gelingen.«

Teil VI

Der Kunde ist einer von uns

Die Zentrale von Manco Inc. befindet sich in Westlake, Ohio, einem Randbezirk der Stadt Cleveland. Das 60 Millionen Dollar schwere Unternehmen, das Klebeband, Dichtungsstreifen und Versandzubehör herstellt, muß sich im Wettbewerb gegen solche Branchen-Schwergewichtler wie 3M behaupten. Der Firmenchef Jack Kahl führt den Erfolg seiner Firma auf das unerschütterliche Engagement für Spitzendienstleistungen und die engen, partnerschaftlichen Beziehungen zu den Mitarbeitern, Lieferanten und Kunden zurück.

Wal-Mart zählt zu Mancos besten Kunden. Jack Kahl macht kein Geheimnis daraus, daß sein Freund und Mentor Sam Walton, Gründer der Warenhauskette, ihm in puncto Unternehmensführung und vorbildlichen Kundendienstleistungen eine Menge beigebracht hat. In jedem Gespräch mit Kahl taucht unweigerlich der Name Wal-Mart auf.

Und Manco-Duck, eine Ente, die Symbol und Herzstück des Unternehmens darstellt. Der »gefiederte Dale Carnegie«, wie Kahl das Logo nennt, ziert die Verpackungen, Informationsrundschreiben (einschließlich der *Duck Tales*) und das Werbematerial und taucht immer wieder bei Firmenveranstaltungen auf.

Jack Kahl nahm sich die Zeit, um mit mir über seine Beziehung zu Sam Walton, Wal-Mart und die Dienstleistungsphilosophie zu sprechen, die das Fundament von Mancos Erfolg bildet.

Jack Kahl von Manco

Jahrelang habe ich unseren Leuten etwas über Wal-Mart erzählt, aber sie hatten keine Gelegenheit, sich mal dort umzusehen, weil es bei uns in Ohio keine Verkaufsniederlassung gab. In diesem Jahr (1990) wurde eine Filiale in Port Clinton eröffnet, rund 100 Kilometer westlich von hier.

Wir veranstalteten daraufhin eine Lotterie; die Gewinner fuhren hin, um zu helfen und an der Eröffnung teilzunehmen, die wie jedesmal, wenn Wal-Mart eine neue Filiale aufmacht, in großem Stil stattfand. Am Morgen der Eröffnung waren 70 Leute im Bus zusammengepfercht, und wir packten außerdem noch das Duckmobil, unseren Lieferwagen, voll, der rundum mit unserem Firmensymbol bemalt ist, und machten uns auf den Weg nach Clinton.

Wir nahmen gemeinsam mit den Wal-Mart-Leuten an den Eröffnungsfeierlichkeiten teil, stimmten in den Wal-Mart-Spruch (zum Anfeuern der Belegschaft) ein und spürten den Geist der Partnerschaft, die unsere Firmen verbindet. Dann ließen wir unsere Leute von der Leine, damit sie einen Einkaufsbummel machen konnten. Sie kamen mit Körben voller Ware zurück, und Bill Nicholson gab mehr als 500 Dollar aus und mußte am darauffolgenden Wochenende mit einem Lieferwagen noch einmal nach Clinton fahren, um alles abzuholen, was er gekauft hatte. Wir hatten das Glück, daß die gesamte Veranstaltung auf Video aufgezeichnet wurde. Weil Sam Walton krank war, konnte er nicht daran teilnehmen, aber er hat sich den Videofilm angesehen und die Eröffnungszeremonie wirklich genossen.

Genau diese Art von Partnerschaft bildet den Kern unserer Kundendienstphilosophie. Vor Jahren haben wir den Begriff CARE geprägt, ein Kürzel für unser Motto, daß der Kunde stets erstklassige Leistungen verlangen kann. Mir ist das nicht eingefallen; die acht Frauen in unserer Kundendienstabteilung, die jetzt Customer Care Department genannt wird, haben nach einem Wort gesucht, das ihre Einstellung beschreibt, wenn sie jeden Morgen zur Arbeit erscheinen. Ich nenne sie unsere »Intensivstationsschwestern« und erinnere sie immer wieder daran: »Sie haben den engsten Kontakt zum Kunden. Sie überbringen ihm die guten Neuigkeiten, und Sie sind die ersten, die mit ihm reden, wenn er aufgebracht ist.« Sie wissen also, wie wir sie und ihre Kundendienstleistungen einschätzen.

Man kann nicht Tag für Tag erstklassige Dienstleistungen erbringen, wenn die Leute keine Ahnung haben, wie wichtig sie sind. Das geht einfach nicht. Man kann nicht jemanden bitten, einen Kunden aufzusuchen, ein Telefongespräch mit einem Kunden zu führen oder etwas zu verkaufen, wenn dieser jemand nicht weiß, daß er ein geschätztes Mitglied in unserer Familie ist, dem wir voll vertrauen.

Sie würden nicht glauben, wie viele Informationen wir unseren Leuten gegeben haben. Ich kenne nur eine Firma, die strategisch und taktisch wichtige Informationen in solcher Fülle an ihre Belegschaft weitergibt, und das ist Sam Walton und seine Führungsmannschaft.

Ich weiß ganz genau, warum ich in den letzten sechs Jahren jedesmal an den Aktionärsversammlungen von Wal-Mart teilgenommen habe. Es ist fraglos das beste eintägige Führungsseminar in den USA, vielleicht sogar der Welt; hier strömt alles zusammen, und man kann sich aus erster Hand ein Bild vom geistigen Horizont, der Bandbreite, der Begeisterung und dem Wissen dieses Unternehmens machen.

Können Sie sich vorstellen, wie viele Leute an diesen Aktionärsversammlungen teilnehmen? IBM bringt es auf 300, wenn's hoch kommt, 400. Wal-Mart konnte im letzten Jahr am 6. Juni 9500 Aktionäre auf dem Campus der Universität von Arkansas zusammentrommeln, in einem Gebäude, das nur für 6500 Sitzplätze ausgelegt ist. Der Rest mußte stehen.

Sam Walton stand wie gewöhnlich um sechs Uhr morgens auf der Rednertribüne, machte seine Scherzchen, bat verschiedene Mitarbeiter herauf, die großartige Leistungen erbracht hatten, um ihnen öffentlich ein Lob zu erteilen, stellte Fragen oder holte die widerstrebenden Lieferanten auf die Bühne. Das war eine gutgeplante, zirkusreife Vorstellung, die er gab, und man fühlte sich total euphorisch.

Und dann, um Punkt 8.45 Uhr, gibt Sam Walton den Startschuß, und die Versammlung beginnt mit ihrer Arbeit, alles, was hinsichtlich der Zahlen anfällt, und danach werden die Leute motiviert, daß einem Hören und Sehen vergeht.

Genau darüber rede ich, über Teamgeist. Man kann nicht tagtäglich Spitzendienstleistungen in einer Wal-Mart-Filiale oder in einem Unternehmen wie Manco bieten, wenn man nicht hart an sich arbeitet, um dieses Niveau aufrechtzuerhalten.

1977 war Manco noch ein sehr kleiner Betrieb. Unsere Bruttoumsatzerlöse beliefen sich auf vier Millionen Dollar. 1978 haben wir alles über Bord geworfen, was nicht unserem CARE-Standard entsprach. Wir haben ein Buch herausgebracht, in dem unsere Unternehmensmission beschrieben war. Wir erläuterten, wer wir sind, wofür wir einstehen, und wir gaben jedem Kunden ein Exemplar. Wir gingen in die Läden und stellten Nachforschungen an; wir sprachen mit Hunderten von Inhabern – von Haushaltswarengeschäften und anderen. Wir stellten ihnen Fragen über unsere Produktlinien, was ihnen daran gefiel und was nicht. Wir entdeckten viele Dinge, die bei unseren Produkten nicht stimmten, sowohl hinsichtlich der Verpackungsgestaltung als auch der Produktqualität.

Dann haben wir einen Berater engagiert, einen Mann, der jahrelang für Walt Disney gearbeitet hatte. Er klärte uns über die Bedeutung von visuellen Merkmalen, über die Geräusche und das Gefühl auf, das man beim Berühren unserer Verpackung haben sollte. Also entwarfen wir ein bestimmtes »Design« für unsere Verpackung, »Grünes Meer« genannt. Wir haben uns eingehend damit beschäftigt, Qualitätsstandards zu setzen, und am Schluß hatten wir eine Verpackung, die wesentlich besser als die unseres größten Konkurrenten, 3M, war. Wir verwendeten bessere Materialien, dickere Cellophanbeutel; wir verstärkten sie innen mit kleinen Metallösen, damit sie beim Abreißen von der Trommel nicht wie beschädigte Ware aussahen.

In letzter Zeit haben wir etwas gemacht, worauf wir wirklich stolz sind: Wir haben Ace Hardware einen Besuch abgestattet; die Firma war gerade dabei, einen großen Teil ihrer Verpackungen auszumustern. Die Manager meinten, das Design werde langsam ein bißchen alt; aber sie hatten keine genaue Vorstellung, was sie im einzelnen ändern wollten, und deshalb ließ sich die Sache schwer in den Griff kriegen.

Wir sahen, wo das Problem lag, und halfen ihnen dabei, die neuen Normwerte festzulegen, an die sich die Hersteller bei der Gestaltung der Verpackungen für die verschiedenen Produkte im Ace-Sortiment halten sollten. Wir brachten sofort auf eigene Kosten unseren Designer ins Spiel und sagten: »Machen Sie sich keine Sorgen wegen des Geldes; wir werden diese Aufgabe so lösen, daß Sie zufrieden sind. Lassen Sie uns zuerst die grundlegenden Bedingungen schriftlich festlegen, und dann werden wir uns gemeinsam Gedanken über die Gestaltung der Verpackung machen.«

Wir halfen ihnen nicht nur, die Normwerte neu festzulegen, sondern kamen auch noch mal zurück, um mit ihnen das Design auszuarbeiten. Ihnen gefielen unsere Entwürfe unheimlich gut, also schenkten wir sie ihnen. Ich glaube, unsere Kosten für die künstlerische Arbeit beliefen sich auf ungefähr 20000 Dollar; aber das war Teil der Partnerschaft, und diese Summe stellten wir ihnen nicht in Rechnung.

Von da an hatten wir bei Ace einen Stein im Brett. Die Firma hatte so etwas zum erstenmal gemacht, und unter 2000 Wettbewerbern, darunter Stanley, Black & Decker und viele andere, haben sie Manco ausgewählt, und das bei unserem Umsatzvolumen von acht Millionen Dollar. Und es war eine außergewöhnliche Erfahrung, in einer so illustren Gesellschaft mitzumischen und zu gewinnen.

Ich kann Ihnen noch ein weiteres Beispiel dafür nennen, daß Dienstleistungsqualität bei uns an erster Stelle steht: Mein Vater hat seine Laufbahn bei der Firma American Greeting begonnen, und im letzten Semester auf dem College habe ich mich, im Rahmen meiner Marketing-Diplomarbeit, intensiv mit Grußkarten befaßt. Deshalb konnte ich immer ganz gut die Bedeutung verstehen, die dem Gefühl, den Verszeilen und sogar der Farbgebung bei einer Grußkarte zukommt.

Vor ungefähr vier oder fünf Jahren hielt ich nach einer Möglichkeit Ausschau, unseren Kunden eine Grußbotschaft als kleine Aufmunterung zu übermitteln. Statt ihnen irgendwelche nüchternen Informationen aufzutischen, haben wir gesagt: »Wir sollten uns den Leuten zu Beginn jedes Geschäftsquartals mit unserem Enten-Logo in Erinnerung bringen, ihnen den Geist vermitteln, der hinter unseren Zielsetzungen steht, uns bei ihnen bedanken und sie ein bißchen aufmuntern.« Wir beschlossen, diese Botschaft in eine Grußkarte zu verpacken.

Da wir als grünes Unternehmen bekannt sind, eben mancogrün, beschlossen wir, unsere erste Karte am 17. März , dem amerikanischen Sankt-Patricks-Fest, dessen Farbe traditionell grün ist, abzuschicken. Dann folgte eine Karte zum 4. Juli, dem Unabhängigkeitstag. Und danach eine Karte zum Erntedankfest, einem idealen Zeitpunkt im Jahr, um uns bei unseren Kunden zu bedanken. Und natürlich zu Weihnachten. 32 000 Leute erhalten von uns dieses Jahr eine Weihnachtskarte. Und wenn ich weiß, daß jemand Geburtstag hat, liegt die entsprechende Karte auf meinem Schreibtisch, so daß ich ihm einen kurzen persönlichen Gruß schreiben kann. So läuft das bei uns.

Diese Karten zu verschicken ist das Beste, was wir in dieser Firma je gemacht haben. Auf diese Weise bleiben wir in Kontakt mit unseren Kunden und sind in der Lage, auch solche Kunden zu erreichen, bei denen wir uns sonst nie bedanken könnten. Ein echter Knüller. Wissen Sie, wir schränken unsere Händlerwerbung ein, weil das über kurz oder lang Schnee von gestern sein wird, völlig überflüssig. Die beste Werbung ist immer noch diese an jeden einzelnen adressierte Grußkarte, auf der es heißt: »Vielen Dank. Wir wissen Sie als Kunde zu schätzen.«

Diese Karten zu entwerfen macht unglaublich viel Spaß. Sie sind das wichtigste Produkt, das wir hier zusammenstellen. In der ganzen Firma steuern die Leute ihre Ideen bei, und wir erhalten Anregungen aus allen Teilen Amerikas. Wir hatten sogar schon Zuschriften von mehreren Mitgliedern ein und derselben Familie, die unterschiedliche Vorschläge für die Gestaltung machten. Und bei uns gibt es Einkäufer, die die ganze Kartenserie vier oder fünf Jahre lang im Büro aufbewahren.

Die erste Frage, die die Leute stellen, wenn sie uns einen Besuch abstatten, lautet: »Wie wird die nächste Karte aussehen?« Und wir antworten: »Nichts da, darüber lassen wir kein Sterbenswörtchen verlauten.« Das soll ein Geheimnis bleiben. Und bei den Kundenbesuchen herrscht eine so freundschaftliche, lockere Atmosphäre, daß man trotz der Probleme, die man an diesem Tag noch bewältigen muß, genau die enge Beziehung hergestellt hat, von der die meisten Firmen nur träumen können.

Manco hat die Nase vorn in einer Branche, die im letzten Jahrzehnt enormen Erschütterungen ausgesetzt war. Inmitten dieses Ausdünnungsprozesses hat Manco es geschafft, zu wachsen und zu gedeihen; zu seinen Kunden gehören einige der erfolgreichsten amerikanischen Einzelhandelsunternehmen, einschließlich des Branchenführers Wal-Mart. Seine Spitzenposition hat es den hohen Dienstleistungsgrundsätzen zu verdanken, die im gesamten Unternehmen Fuß gefaßt haben und sich laut Firmenchef Jack Kahl vor allem deshalb aufrechterhalten lassen, weil hier den Mitarbeitern allerhöchste Priorität beigemessen wird. Kahl erklärt: »Bei uns kommt nicht der Kunde zuerst, sondern die Belegschaft. Auf lange Sicht spiegelt die Qualität der Dienstleistungen das Ausmaß der Fürsorge, der Unterstützung und des zwischenmenschlichen Interesses wider, das man den eigenen Leuten angedeihen läßt.«

Kahl hat wie nur wenige Führungskräfte verstanden, daß der Dienst am Kunden ebensowenig wie Qualitätsbewußtsein nicht von oben aufoktroyiert werden kann, sondern auf freiwilliger Basis erfolgen muß. Infolgedessen richtet er seine Aufmerksamkeit nicht auf Dienstleistungsrichtlinien und -verfahren, sondern bemüht sich vielmehr um die Entwicklung einer Unternehmenskultur, die von der Fürsorge für die Manco-Mitarbeiter getragen wird und auf ganz *natürlichem* Weg qualitativ hochwertige Serviceleistungen zur Folge hat.

Wie Ricardo Semler, Mike Conway und andere Führungspersönlichkeiten der neuen Art setzt auch Jack Kahl ein hohes Maß an Vertrauen in seine Mitarbeiter (die er »Partner« nennt). Dies beinhaltet unter anderem die Weitergabe der eigenen Informationen an die Belegschaft – eine entscheidende Voraussetzung, wenn man mit dem Sturmschritt der Einzelhandelsbranche mithalten will, in der sich die Trends jeden Tag zu verändern scheinen.

Informationen gibt es bei Manco in Hülle und Fülle, öffentlich zugänglich und für jedermann sichtbar. Kahl sagt:

> In unserer Kantine haben wir ein Diagramm mit den Umsätzen der letzten drei Jahre aufgehängt; die Leute können anhand der Grafik, nach Monaten unterteilt, genau sehen, wo wir damals standen und was wir bis heute erreicht haben. Sie ist für unsere Besucher genauso zugänglich wie für unsere Belegschaftsmitglieder. Daneben hängt eine Tafel mit den Tagesumsätzen, einschließlich der Aufträge, die an diesem Tag hereingeholt wurden, und der Sendungen, die an diesem Tag herausgehen. Die Firma ist ein lebender Organismus, und die Umsätze sind die Lebensader, die für die Gesundheit unseres Unternehmens genauso wichtig ist wie der Sauerstoff im Blut. Das Schaubild zeigt, wie gut unser Herz »pumpt«.

An einem anderen Schwarzen Brett, der sogenannten »Effizienztafel«, werden die Aufwendungen der Firma bekanntgegeben, und die Vertriebskostenentwicklung für die einzelnen Produkte wird miteinander verglichen. Der Zweck besteht laut Kahl darin, Mitarbeiter daran zu erinnern: »Je mehr Umsatzerlöse wir erzielen und je wirtschaftlicher wir arbeiten, desto besser sind die Dienstleistungen, die wir anbieten können.« (Selbst die finanzielle Seite wird von Kahl aus der Dienstleistungsperspektive betrachtet.)

»Um diesen Punkt jeden Monat aufs neue zu betonen, halten wir unten eine Besprechung mit unseren Partnern [Mitarbeitern] ab. Wir haben eine Leinwand für Overhead-Folien, auf der wir jeden Monat die Gewinne, die Verluste und die Bilanz zeigen, und wir befassen uns eingehend damit. Die gesamte Belegschaft nimmt an diesen Besprechungen teil.«

Jack Kahl faßt die Philosophie, die hinter Mancos Erfolg steht, folgendermaßen zusammen: »Ich würde sagen, bei uns hat jeder, von der Spitze bis zur Basis, voll und ganz begriffen, daß der Kunde König ist ... und jeder hat bei uns voll und ganz begriffen, daß es Jahre gedauert hat, bis die Leute in diese Firma Vertrauen gesetzt haben, und daß man Kunden nur dann dienen kann, wenn man sich firmenintern umeinander kümmert.«

Das Dienstleistungsgebot

In den 90er Jahren wird in erster Linie die Dienstleistungsqualität über den Erfolg oder Mißerfolg eines Unternehmens entscheiden. »Service ist in vielen Fällen der *einzige* Weg zu Wettbewerbsfähigkeit und Spitzenleistungen.« Zu dieser Schlußfolgerung kam das Strategic Planning Institute (SPI), eine Organisation ohne Erwerbscharakter, die seit 1972 die maßgeblichen Zahlen und Fakten für die PIMS-Datenbank (die sich mit der Gewinnauswirkung von Marktstrategien befaßt) zusammenstellt. PIMS zeichnet die Erfahrungen von mehr als 2000 Unternehmenseinheiten (Sparten, Produktlinien und Bereichen mit selbständiger Ergebnisrechnung) in über 200 Mitgliedsfirmen in allen Ländern der Welt auf.

Die Wettbewerbsfähigkeit eines Unternehmens ist nicht mehr ausschließlich von der Stärke seiner Produkte abhängig – jedenfalls nicht in einer Welt, in der eine große Schar von Konkurrenten Zugang zu kostengünstigen Technologien hat und sich nicht scheut, Ideen »abzukupfern«. Wodurch sich Firmen heute positiv von anderen abheben, ist die jeweilige Stärke ihrer Serviceleistungen.

Gegen Ende der 80er Jahre führte die Firma Forum in Boston eine

Untersuchung durch, die vielen die Augen öffnete; sie ging der Frage auf den Grund, warum Kunden ihre Geschäftsbeziehungen zu einem Unternehmen abbrechen. In der Regel liegt es nicht daran, daß die Produktqualität zu wünschen übrigläßt oder der Preis zu hoch ist, entdeckten die Forscher. Tatsache ist sogar, daß nur 8,3 Prozent der Befragten als Grund anführten, die Produkte wären »von minderer Qualität« und »zu teuer« gewesen.

Weshalb beschließen Kunden also, abzuspringen und bei einem anderen Anbieter zu kaufen? »Schlechter Service«, lautete die Antwort, die 40 Prozent der Konsumenten in der Forum-Studie gaben.

Da sich die Beschaffenheit der Produkte heute ungeheuer schnell wandelt, rückt das Dienstleistungsgebot immer stärker in den Brennpunkt der Aufmerksamkeit. Charles Hampden-Turner erklärt: »Heute müssen sich selbst Gebrauchsgüter in einem Meer von Informationen behaupten. Wir verkaufen weniger einen Gegenstand als vielmehr ein Gebrauchsmuster, ein Szenario der Bedürfnisbefriedigung.«

Dieser Wechsel hat seine Parallele in dem Paradigmenwechsel, den wir beschreiben: Das Unternehmen wird nicht länger als mechanisches System, sondern als dynamisches Beziehungsgeflecht gesehen. Entsprechend den neuen Denkmustern werden Produkte nicht mehr als isolierte Einheiten, sondern als Bestandteil der Bindungen betrachtet, die zwischen dem Unternehmen, seinen Kunden und seinen Mitarbeitern bestehen. Die Firma PC Connection stellt in dieser Hinsicht ein anschauliches Beispiel dar. PCCs Produkt ist nicht einfach Computerzubehör, das auf der Direktvertriebsschiene verkauft wird. Was PCC Kunden und potentiellen Käufern anbietet, ist ein »Szenario der Bedürfnisbefriedigung«, nicht nur Software und Zubehör, sondern Dienstleistungen mit einem Zusatznutzen, wie kostenlose Informationen, Anwendungshilfen und blitzschnelle Lieferung zu einem niedrigen Preis. Das »harte«, greifbare Produkt ist nicht mehr als ein Teil des Szenarios.

Dieser Dienstleistungszusammenhang verleiht den Produkten, um die er sich rankt, einen Zusatznutzen und trägt dazu bei, daß sie sich – und damit auch ihre Hersteller – positiv von der Konkurrenz abheben.

Das gilt vor allem für die »Massengüter«, Produkte wie die von Manco, die problemlos von anderen kopiert werden können. Was sich nicht nachahmen läßt, sind die Beziehungen, die in diese Erzeugnisse einfließen, sie umgeben und in hohem Maß über ihren Erfolg oder Mißerfolg entscheiden.

Der Kunde als »Mitglied der Familie«

In unseren gewieftesten Firmen – wie Manco, Wal-Mart, PC Connection und Preston Trucking – sind die Beziehungen zwischen Unternehmen und Kunden eng und dauerhaft. Sie betrachten den Kunden als Mitglied der »Familie«. Sie bringen ihn in Kontakt mit dem Kern der Organisation, fordern ihn auf und spornen ihn an, sich an allen unternehmerischen Aktivitäten zu beteiligen, angefangen von der Produktgestaltung bis hin zur Entwicklung von Dienstleistungsmaßstäben und Qualitätsüberwachung. »Den Kunden *einbeziehen*«, lautet die Parole dieser Unternehmen neuen Stils.

Die enge Kundenbindung gestattet Firmen wie Manco, trotz der harten Konkurrenz weit größerer Unternehmen zu überleben und zu wachsen. 3M ist beispielsweise einer der Erzrivalen von Manco. Trotzdem setzt Manco im Schatten dieses Branchenriesen seinen Wachstumskurs ungehindert fort, indem es enge, partnerschaftliche Beziehungen zu seinen Kunden knüpft. Die Wettbewerbsstärke, die in einem solchen Schulterschluß liegt, kann man gar nicht hoch genug bewerten.

Die Entwicklung einer Dienstleistungskultur

Wenn ein Unternehmen einen erstklassigen Ruf genießen will, muß die gesamte Belegschaft sich kontinuierlich dem Dienstleistungsgedanken verpflichtet fühlen. Ein so außergewöhnliches Engagement kann nur geweckt werden im Rahmen einer Unternehmenskultur, die das *menschliche Interesse* an den Mitarbeitern betont und eine Dienstleistungsphilosophie ins Zentrum stellt, die von *allen* geteilt wird, angefangen bei der ranghöchsten Führungskraft.

Dienstleistung beginnt an der Unternehmensspitze

In *The Improvement Process* schreibt H. James Harrington: »Ein Unternehmen nimmt die Persönlichkeit seines Topmanagements an ... Der Verbesserungsprozeß beginnt mit der obersten Leitungsebene, er macht Fortschritte in einer Geschwindigkeit, die das sichtbare Engagement der Führungsriege widerspiegelt, und endet, kurz nachdem die Führungskräfte das Interesse an dem Prozeß verloren haben.«

In dem Buch *At America's Service* bringt Karl Albrecht ähnliche Gedanken zum Ausdruck: »Das Streben nach Spitzendienstleistungen muß unmißverständlich sein. Es verbreitet sich strahlenförmig, von den Angehörigen der Geschäftsleitung ausgehend, die den Dienst am Kunden jederzeit über alles stellen und als Kern ihrer Unternehmenskultur betrachten müssen.«

Bei der Entwicklung einer dienstleistungsorientierten Unternehmenskultur spielen zwar viele Faktoren eine Rolle, aber einer der grundlegendsten ist in der Führungsetage zu finden. Eine Dienstleistungskultur wird weitgehend durch Lernen an *Vorbildern* entwickelt. Und die Führungsmannschaft sollte Vorbild sein und mit gutem Beispiel vorangehen.

Jack Kahl läßt diese vorbildhafte Einstellung zu Dienstleistungen erkennen. Er denkt ständig über neue und bessere Möglichkeiten nach, seinen Mitarbeitern und Kunden zu dienen, liest einschlägige Literatur und stellt Nachforschungen an. Und für ihn gibt es nur ein Thema: Dienstleistungen, in meinen Gesprächen mit ihm konnte er nicht *aufhören,* darüber zu reden.

Kahl sorgt bei Manco für gute Stimmung. Er ist einer der ersten, wenn es gilt, die Erfolge zu feiern, die das Unternehmen seiner Dienstleistungsethik verdankt. Ich besitze beispielsweise eine Videoaufzeichnung von einem Firmenfest, das im Oktober 1990 stattfand und in Manco-Kreisen berühmt ist. Hier machte Kahl das Versprechen wahr, in den Ententeich vor der Firmenzentrale zu springen, wenn das Umsatzziel von 60 Millionen Dollar erreicht sein würde. Manco schoß über die »Ziellinie« hinaus: in den letzten beiden Tagen des Rechnungsjahres 1990 verbuchte man rund 90 000 Dollar mehr, als man zu erreichen gehofft hatte.

Der Videofilm zeigt Kahl – in hellgrünem Manco-Pullover, ein Manco-Badetuch in der Hand, an der Spitze der Westlake High-School-Musikkapelle –, wie er zum Weiher marschiert. Am Rande des Tümpels angekommen, zieht er sich aus bis auf einen schwarzen zweiteiligen Badeanzug, beugt sich vornüber, um den Aufdruck »Der 60-Millionen-Dollar-Sprung« deutlich zu zeigen – und hüpft mit einem Kopfsprung ins Wasser.

Bill Smith ist wesentlich zurückhaltender als Jack Kahl, aber beide fühlen sich dem Dienstleistungsgedanken gleichermaßen verpflichtet und sind bestrebt, im Dienstleistungssektor ein Beispiel zu setzen. Smith beschrieb mir seine Führungsphilosophie:

> Wir sind bemüht, uns mit nicht weniger als absoluten Spitzenleistungen zufriedenzugeben – und derjenige, der den Prozeß leitet, muß das Tempo vorgeben.
> Man kann nicht jemanden bitten, etwas zu tun, was man selbst nicht tun will. Alle von uns müssen gewillt sein, ihr Scherflein beizutragen. Wenn der Boden im Konferenzsaal vor der Besprechung gewischt werden muß, nun gut, dann nehme ich den Schrubber eben selbst in die Hand.
> Ich habe es immer als sehr wichtig empfunden, an vorderster Front zu stehen. Auf diese Weise kann ich mir aus erster Hand ein Bild davon machen, womit unsere Frauen und Männer konfrontiert

sind, und auf ihre Probleme und Sorgen reagieren. Die Leute halten Ausschau nach einem Mentor. Wenn sie sehen, daß jemand eine Aufgabe meistert, versuchen sie, das Verhalten dieser Person nachzuahmen. Ich denke, es ist wichtig, daß der ranghöchste Manager im Unternehmen neben seinen Leuten in der vordersten Linie steht und sich nicht in seinem Elfenbeinturm abkapselt.

Wenn die Geschäftsleitung sowohl in ihren Taten als auch in Worten bekundet, daß die Dienstleistung allerhöchste Priorität besitzt, dann wirkt diese Einstellung »ansteckend«. Genau das haben die Führungskräfte des Marriott in Warschau entdeckt. Es wurde 1989 eröffnet, das erste in westlicher Hand befindliche Hotel in Polen, einem Land, dessen Hotels bislang nicht eben für ihre Gastfreundlichkeit bekannt waren. Die Marriott-Kette sah hier eine Chance, sich durch einen erstklassigen Service positiv von der Masse abzuheben und sich als führendes Dienstleistungsunternehmen zu profilieren.

Das Marriott in Warschau stellte 20 polnische Manager ein, von denen keiner über Erfahrungen in der Branche verfügte. Sie wurden ins Flugzeug gesetzt und erhielten in Boston eine umfassende Ausbildung in den Grundlagen der Hotelführung, angefangen beim reibungslosen Zimmerservice bis hin zur präzisen Annahme von telefonischen Mitteilungen für Gäste. Als sie zurückkehrten, hatten sie sich zu Führungskräften gemausert, die zupacken konnten; sie gaben den »Dienstleistungston« für eine 1000köpfige Belegschaft an, indem sie mit gutem Beispiel vorangingen. Dorota Kowalska, Personalchefin des Warschauer Marriott-Hotels, sagt: »Daß der Leiter des Lebensmittel- und Getränkeeinkaufs eigenhändig die Tische im Frühstücksraum abräumt, hatten unsere Leute nie zuvor erlebt.«

Das machte großen Eindruck. Nun hat die Mannschaft im Warschauer Marriott-Hotel ihren tiefverwurzelten bürokratischen Arbeitsstil abgeschüttelt und eine Einstellung zu Dienstleistungen gewonnen, die das Management durch das eigene Vorbild geprägt hat.

Die Mitarbeiter an erster Stelle

Ich glaube, daß Firmen wie Preston, Manco und Smith, Bucklin deshalb mit Spitzendienstleistungen aufwarten können, weil sie ihre Mitarbeiter wie gleichberechtigte Partner behandeln. Die Belegschaftsmitglieder selbst fühlen sich dem Dienstleistungskonzept verpflichtet, aber sie verhalten sich nicht *unterwürfig* – ein entscheidender Unterschied. Die Mitarbeiter von SBA wissen beispielsweise, daß Bill Smith den Fußboden genauso bereitwillig wie jeder andere aufwischen würde.

Diese egalitäre Haltung, dieses Engagement für partnerschaftliche

Beziehungen, ist der Schlüssel für Spitzendienstleistungen. Es ist eine Haltung, die sich in der Handlungsweise der Geschäftsleitung mitteilt und in den Bezeichnungen ihren Niederschlag findet, die man für die Angestellten wählt. Deshalb werden sie bei vielen Firmen, so zum Beispiel bei Manco, »Partner« genannt.

Es ist wichtig, Mitarbeiter gut zu behandeln, um Kunden gut bedienen zu können. Deshalb sollte man sich ein Unternehmen als Hologramm vorstellen. Jedes seiner Teile ist ein Hologramm, ein Mikrokosmos des gesamten Gefüges. Genauer gesagt: Jede Beziehung innerhalb des Unternehmens wiederholt sich wahrscheinlich an anderer Stelle der Organisation und in der Beziehung zum Kunden. Der Kassierer einer Bank, der Flugbegleiter oder der Verkäufer in einem Einzelhandelsgeschäft, der Kunden bzw. Fluggäste freundlich und sachkundig bedient, wurde vermutlich selbst von anderen in seinem Unternehmen mit Achtung behandelt. Die Empfangssekretärin macht vielleicht ein mürrisches Gesicht, weil ihr Vorgesetzter sofort mit Kritik bei der Hand ist.

Sam Walton, der in der Einzelhandelsbranche Maßstäbe für Dienstleistungsqualität setzt, erzählte mir, daß der Schlüssel für den Erfolg von Wal-Mart die positiven Beziehungen des Unternehmens zu seinen Mitarbeitern sei:

> Es läuft alles darauf hinaus, wie gut die Kommunikation mit den Partnern ist, ob man sich wirklich aufrichtig bemüht, ihnen die grundlegende Philosophie verständlich zu machen, unsere grundlegenden Zielsetzungen, und ob man sie in die Geschäftsvorgänge einbezieht ... Ich schätze, unsere großartigste Technik und unsere großartigste Leistung ist die Bereitschaft, auf jede nur erdenkliche Weise mit ihnen zu kommunizieren und ihnen stets aufmerksam zuzuhören.
>
> Ich denke, daß jedes gute Unternehmen diese Aura ausstrahlen und eine echte partnerschaftliche Beziehung zu seinen Mitarbeitern haben sollte. Man muß in ihrem besten Interesse handeln, ihre Interessen an die erste Stelle setzen; dann erhält die Firma das, was sie zu geben bereit ist, am Ende zurück.

Diese Perspektive steht in krassem Gegensatz zur Einstellung einiger Dienstleistungsunternehmen alten Stils, die Servicequalität auf *Kosten* ihrer Mitarbeiter anstreben. Sie erwarten, daß die Belegschaftsmitglieder lange Arbeitszeiten in Kauf nehmen und ständig streßreiche Situationen bewältigen, bis sie irgendwann die Firma wechseln oder ausgebrannt sind. Diese überholte Sichtweise, die Menschen als entbehrliche oder beliebig austauschbare Rädchen im Getriebe abstempelt, ist eine todsichere Formel, um in der neuen Geschäftswelt zu scheitern.

Einfühlungsvermögen – das wichtigste Element in einer menschenorientierten Kultur

Wal-Mart hat es verstanden, seine Mitarbeiter zu sagenhaften Kundendienstleistungen zu motivieren, weil die Führungsmannschaft ihnen aufmerksam zuhört, sie gut behandelt und partnerschaftliche Beziehungen zu ihnen aufbaut. Da sie sich in die Belegschaftsangehörigen *hineinversetzen* kann, ist das Unternehmen auch imstande, sich in den Kunden hineinzuversetzen.

Die Firma Forum hat in einer Untersuchung verschiedene Kundendienstleistungen unter die Lupe genommen und sie nach ihrer Wichtigkeit für den Kunden geordnet. Ganz oben auf der Liste standen Zuverlässigkeit, Garantieleistungen, Reaktionsbereitschaft und Einfühlungsvermögen.

Keine noch so gründliche Ausbildung kann solchen Mitarbeitern Einfühlungsvermögen vermitteln, die nicht bereit sind, Kunden zu bedienen. Dieses Einfühlungsvermögen läßt sich nicht von oben anordnen, wohl aber fördern und entwickeln. Ein Mitarbeiter neigt eher dazu, sich in die Lage seiner Kunden zu versetzen, wenn andere im Unternehmen bewiesen haben, daß sie sich auch in seine Lage versetzen können.

Ich staune immer wieder, daß Firmen Riesensummen auf den Tisch blättern, um ihre Kundendienstleistungen zu verbessern, während sie ihre Mitarbeiter, die diese Dienstleistungen erbringen müssen, mit schändlicher Mißachtung behandeln. Die Überschrift eines Artikels, der im *Wall Street Journal* erschien, bringt das Problem auf den Punkt: »Mitarbeiter, die schlecht behandelt werden, behandeln ihre Kunden genauso schlecht.« Und weiter heißt es: »Die Beschäftigten im Dienstleistungssektor behandeln ihre Kunden ähnlich, wie sie als Arbeitnehmer von der Geschäftsleitung behandelt werden. In vielen Unternehmen betrachtet das Management die Belegschaft als Arbeitskräfte, denen es an Wert und Intelligenz mangelt. Die Mitarbeiter vermitteln dem Kunden ihrerseits haargenau dieselbe Botschaft.«

Es ist aberwitzig, überlegene Dienstleistungen von Menschen zu erwarten, die mit Gefühllosigkeit und Gleichgültigkeit behandelt werden.

Die Geschichte von Eastern Airlines. Jan Carlzon, Firmenchef der Fluggesellschaft Scandinavian Airlines, benutzte den Ausdruck »Augenblick der Wahrheit«, um den Kontakt zwischen dem Kunden und dem Unternehmen zu beschreiben. Während jeder dieser Begegnungen ist es von ausschlaggebender Bedeutung, daß sich der Dienstleistende in den Kunden – oder in diesem Fall den Fluggast – hineinversetzen kann. Solche Augenblicke der Wahrheit entscheiden letztlich über den guten – oder wie im folgenden Beispiel schlechten – Ruf eines Unternehmens.

Ich reise oft innerhalb Amerikas oder rund um die Welt. Auf einem langen Flug rechne ich damit, daß mir die Fluggesellschaft eine warme Mahlzeit serviert. Deshalb wußte ich nicht recht, wie ich reagieren sollte, als während eines vierstündigen Flugs in der ersten Klasse der Eastern Airlines eine Stewardeß zu mir kam und erklärte, ihr sei die Bordverpflegung ausgegangen – nicht nur das von mir gewählte Gericht, sondern sämtliche Mahlzeiten. Ich hatte einige Stunden, bevor ich an Bord ging, das letzte Mal gegessen und wußte, daß ich erst einige Stunden nach der Landung einen Happen zu mir nehmen können würde. Mir knurrte bereits der Magen vor Hunger.

Entschlossen, das Beste aus der Situation zu machen, vertiefte ich mich in meine Arbeit. Mein Sitznachbar Ralph nahm die Hiobsbotschaft dagegen weniger gelassen auf. Es war unmöglich, mich auf die Bücher zu konzentrieren, die ich vor mir aufgeschlagen hatte. Ralph hielt einen leidenschaftlichen Monolog – eigentlich war es eher eine Schimpfkanonade – über den miserablen Service der Fluggesellschaft. Er war fuchsteufelswild und fest entschlossen, sich bei der obersten Geschäftsleitung von Eastern zu beschweren. Er schwor, nie wieder mit dieser Fluggesellschaft zu fliegen. Außerdem werde er in seinem Bericht die Namen sämtlicher Flugbegleiter nennen und Eastern auf Rückerstattung der Flugkosten verklagen.

Nach einer Weile, als ich merkte, daß Ralph nicht zu bremsen war, beschloß ich, mir die Beine zu vertreten und die Toilette aufzusuchen. Auf dem Weg kam ich an der Kabine vorbei, in der die Flugbegleiter die Mahlzeiten für die Passagiere der ersten Klasse zubereiteten. Der Vorhang war geschlossen. Ich hielt an und überlegte, daß dieses Durcheinander vermutlich nicht der Stewardeß anzulasten und mein Sitznachbar wohl ein bißchen zu barsch gewesen war.

Also zog ich den Vorhang zurück, um den Flugbegleitern zu sagen, ich könne mich in ihre Lage hineinversetzen, und so etwas »passiere nun mal«. Und da saßen sie alle beide und verspeisten unser Essen.

Normalerweise bin ich nicht auf den Mund gefallen, aber ein paar Minuten lang fehlten mir einfach die Worte. Eine der Stewardessen sagte: »Wissen Sie, wir müssen schließlich auch essen.« »Ja«, konterte ich, »aber Sie hätten mit uns teilen können.«

Ich kochte vor Wut, aber es gab anscheinend nichts, was ich hätte tun können. Oder doch? Ich blickte zu meinem wütenden Sitznachbarn hinüber und rief so laut, daß es alle hören konnten: »He, Ralph. Kommen Sie doch mal her und schauen Sie sich das an!«

Vielleicht gab es an diesem Tag andere tüchtige, mitfühlende Flugbegleiter an Bord. Aber das spielte keine Rolle. Für mich repräsentierten diese beiden Stewardessen die Fluggesellschaft, und die hatte mich bei dieser einen Begegnung maßlos enttäuscht. Und zu weiteren kam es nicht, denn Eastern Airlines hat inzwischen das Zeitliche gesegnet.

Schlechte Dienstleistungen sind kostspielig

Ich behaupte nicht, daß diese eine Begebenheit zur »Bruchlandung« der Eastern Airlines führte. Aber man kann sehr wohl vermuten, daß mangelndes Einfühlungsvermögen – angefangen in der Chefetage bei Frank Lorenzo – den Untergang beschleunigte.

Sich Kunden zu entfremden oder sie vor den Kopf zu stoßen ist etwas, das sich keine Firma leisten kann. TARP (Technical Assistance Research Program) ist eine Organisation ohne Erwerbscharakter, die sich auf die Untersuchung von Kundenbeschwerden spezialisiert hat. Hier wurde festgestellt, daß eine Durchschnittsfirma in den USA rund fünfmal mehr dafür ausgibt, einen Neukunden zu gewinnen, als einen alten bei der Stange zu halten.

Dazu kommt, laut TARP, daß unzufriedene Kunden neun oder zehn anderen von ihren mißlichen Erfahrungen mit einer Firma berichten, dem Übeltäter selbst aber höchst selten Mitteilung davon machen. Je nach Größenordnung des Kaufs und der Branche reichen nur vier bis 30 Prozent der unzufriedenen Kunden eine schriftliche Beschwerde ein.

Außerdem kaufen 81 Prozent der Kunden, die sich über ein geringfügiges Problem (fünf Dollar oder weniger) beschweren, aber keine Reaktion oder einen Problemlösungsvorschlag erhalten haben, nie wieder bei einer Firma, von der sie so schlecht behandelt wurden. Bei unbearbeiteten Beschwerden, in denen es um gewichtigere Probleme geht (mehr als 100 Dollar), beläuft sich die Zahl auf 54 Prozent.

Diese Zahlen veranschaulichen, wie wichtig es ist, Kunden bei der Stange zu halten. Manche Firmen unterschätzen bei weitem die Kosten für jeden Kunden, der abspringt, und viele überschätzen ihre Fähigkeit und glauben fälschlicherweise, es sei ein Kinderspiel, Kunden selbst nach einem unliebsamen »Augenblick der Wahrheit« zurückzugewinnen. TARP hat festgestellt, daß bis zu 95 Prozent der Kunden einer Firma die Treue halten, wenn Beschwerden sehr schnell bearbeitet und die Probleme gelöst werden. Kunden scheinen sehr schnell zu vergeben und zu vergessen, sofern sich das Unternehmen die Mühe macht, den Beschwerden auf den Grund zu gehen und für Abhilfe zu sorgen. MBNA America, eine Kreditkartensparte der Firma MNC Financial mit Hauptsitz in Baltimore, kann jedes Jahr 95 Prozent ihrer Kunden halten – das ist ein wesentlich höherer Prozentsatz als der branchenübliche, der bei

88 Prozent liegt. Sie verdankt diesen Erfolg den Bemühungen, ihre Kunden zufriedenzustellen, was nötigenfalls Schadenersatzleistungen einschließt.

Die Aufmerksamkeit, die MBNA Kunden widmet, springt jedem ins Auge, sobald er das Gebäude betritt, in dem die Zentrale untergebracht ist. An allen vier Eingängen ist in den Teppichboden die Botschaft eingewoben: »Der Kunde steht an erster Stelle.« Und über den 350 Türschwellen ist deutlich sichtbar ein Schild mit der Aufschrift angebracht: »Versetzen Sie sich in den Kunden hinein.«

Charles Cawley, Präsident von MBNAs Muttergesellschaft, ist einer der Gründe für diese Konzentration auf den Kunden. Cawley hat einige Nachforschungen angestellt und entdeckt, daß es die MBNA 100 Dollar kostet, einen Neukunden zu werben, die bestehenden Kunden jedoch beträchtliche Gewinne einbringen, wenn sie erst einmal in den Schoß der Familie aufgenommen sind. Er stellte beispielsweise fest, daß ein Kunde, der fünf Jahre lang der Firma die Treue hält, mit rund 100 Dollar zu den Jahresgewinnen von MBNA beiträgt; gehört er zehn Jahre zum Kundenstamm, beläuft sich die Summe im Schnitt auf 300 Dollar.

Kein Wunder also, daß Charles Cawley sich nach besten Kräften bemüht, seine langjährigen Kreditkarteninhaber zufriedenzustellen. Zu diesem Zweck hat er eine eigene Abteilung mit 68 Verkaufsvertretern ins Leben gerufen; ihre Aufgabe besteht darin, Kunden anzurufen, die ihre Mitgliedschaft aufkündigen wollen, und sie zu bitten, sich ihre Entscheidung noch einmal durch den Kopf gehen zu lassen. Auf diese Weise kann jeder zweite Kunde gehalten werden.

Die Zweigniederlassungen des Konzerns, die sich ausnehmend gut darauf verstehen, Kunden zu halten, tun alles Erdenkliche, um jedem einzelnen Aufmerksamkeit zu widmen. Die Kunden werden ermutigt, ihre Beschwerden persönlich vorzutragen, statt die Hotline – den »heißen Draht« – zu benutzen, die eigens dafür eingerichtet wurde. Leslie Joy, Leiterin der Filiale mit der höchsten Zahl von festen Kunden, vergewissert sich, daß kein Kunde seine Mitgliedschaft beendet, bevor er nicht persönlich mit ihr gesprochen hat. Bei dieser Unterredung ändern viele ihre Meinung.

Den Kunden angenehm überraschen

Tom Peters schreibt: »Bedauerlicherweise können wir es uns nicht länger leisten, den Kunden lediglich zufriedenzustellen. Um heutzutage zu gewinnen, müssen Sie Ihre Kunden in Entzücken und Erstaunen versetzen – mit Produkten und Dienstleistungen, die ihre Erwartungen *weit* übertreffen.« Ein Unternehmen, das nicht nur die absolut unerläßlichen

Dienste, sondern wirklich außergewöhnliche Serviceleistungen mit *breiten Wertschöpfungsmöglichkeiten* anbietet, das eine breitgefächerte Skala von Kundenbedürfnissen und -wünschen vorhersieht und befriedigt, zieht allen anderen Wettbewerbern weit davon.

Solche Dienstleistungen erbrachte Ruth Thomson, als sie dem Passagier ihrer Fluggesellschaft half, der sein Flugzeug verpaßt hatte (Teil III). Sie zeigen sich auch in dem geradezu fanatischen Streben von PC Connection, ein immer höheres Dienstleistungsniveau zu erreichen, und in Mancos Gepflogenheit, mehrmals im Jahr an 32000 Kunden Grußkarten zu verschicken. Viele der darin enthaltenen Botschaften sind auf den Empfänger persönlich zugeschnitten. Jack Kahl: »Unsere Leute nehmen sich die Zeit, Tausende von Karten individuell zu gestalten. Und unsere Außendienstmitarbeiter nehmen manchmal einen ganzen Karton voller Karten mit ins Flugzeug. Und sie sitzen dort und schreiben eine persönliche Bemerkung auf diese Karten, bringen die Schachtel zurück und geben sie an unsere Postversandabteilung weiter, die sie dann verschickt.«

Eines meiner Lieblingsbeispiele für wirklich erstaunliche Dienstleistungen ist die Firma Westport Transportation. Sie bietet am Flughafen von Kansas City, Missouri, Limousinen mit Chauffeur an. Sie gibt sich die allergrößte Mühe, ihre Kunden zufriedenzustellen und zu unterstützen, und das zu einem Preis, der weit unter dem ihrer Konkurrenten mit schlechterem Service liegt.

Wenn ein neuer Kunde Westport Transportation anruft und einen Leihwagen bestellt, wird er nicht nur nach seinem Namen, der Adresse und der Ankunftszeit seines Fluges gefragt, sondern auch, welche Zeitung er bevorzugt und welches Getränk er möchte – bis hin zur Zuckermenge für den Kaffee.

Chuck und Stella Bean, die Inhaber von Westport, haben eine Datenbank angelegt, die mit persönlichen Informationen über rund 5000 Kunden angefüllt ist. Wenn ein Kunde einen Mietwagen bestellt, wird die Datenbank zu Rate gezogen, und der Fahrer ist in der Lage, das Fahrzeug mit dem bevorzugten Getränk und dem richtigen Lesestoff auszurüsten. Stella Bean überwacht am Monitor die Ankunftszeit der Passagiere und gibt sie den acht Fahrern durch, die den Kunden dann am Flugsteig oder am Gepäckband erwarten.

Der Preis für dieses hohe Maß an persönlicher Aufmerksamkeit liegt um 35 Prozent *niedriger* als der für ein gewöhnliches Taxi. »Wir können unsere Tarife niedrig halten, weil wir wissen, daß wir auch die Rückfahrt machen«, erklärt Chuck Beans. »Bei uns setzt sich das Geschäft vermutlich zu 90 Prozent aus Wiederholungs- oder Anschlußgeschäften zusammen ... Wir sehen den Kunden selbst vielleicht nicht wieder, aber irgendwo weiter unten in der Kette empfiehlt er uns an jemand anderen weiter.«

Solche Mund-zu-Mund-Propaganda hat Westport Transportation geholfen, zahlungskräftige Kunden an Land zu ziehen, beispielsweise mehrere große Arbeitgeber vor Ort, einschließlich der Federal Deposit Insurance Corporation und Hallmark Cards. Reisebüros, die ihren Sitz außerhalb der Stadt haben, schicken ihre Kunden zu dieser Leihwagenfirma.

Ein neuer Kunde war verblüfft, aber vermutlich nicht erfreut über Westports Dienste. Chuck Beans erklärte: »Einer unserer Neukunden erzählte uns, er wolle ein koffeinfreies Diät-Pepsi mit Eis in einem blauen Glas. Er hatte mit seiner Sekretärin um 20 Dollar gewettet, daß wir da nicht mithalten könnten ... und verlor die Wette.«

Die Entwicklung von Partnerschaften im Dienstleistungssektor

Wie schon erwähnt, knüpfen die gewieftesten der in diesem Buch dargestellten Firmen partnerschaftliche Beziehungen zu ihren Kunden; sie machen sie mit den Aktivitäten und Strategien vertraut, die den Kern der Organisation darstellen. Immer mehr Unternehmen bemühen sich inzwischen, solche Partnerschaften aufzubauen, um sowohl die eigene Dienstleistungsqualität und Wettbewerbsposition als auch die ihrer Kunden zu verbessern. Das heißt, man möchte mit den Kunden nicht nur Transaktionen tätigen, sondern zu ihnen eine enge Beziehung aufbauen.

David Ulrich, Professor an der Wirtschaftshochschule, die der Universität von Michigan angeschlossen ist, schreibt, daß »Firmen ihre partnerschaftlichen Beziehungen zu Kunden heute umfassender definieren und betriebliche Verfahren, Schulung, ja sogar die Einstellung von Mitarbeitern mit einbeziehen. Wenn man davon ausgeht, daß das Ziel von Mitarbeitereinstellung, Schulung und anderen firmeninternen Prozessen darin besteht, besser auf die Kundenbedürfnisse zu reagieren, dann ist es nur logisch, den Kunden an solchen Prozessen zu beteiligen.«

Dazu kommt, daß dadurch die Bindung zwischen einem Unternehmen und seinen Kunden gefestigt wird. Ulrich erklärt: »Zufriedene Kunden bleiben unabhängig von der Firma. Bei engagierten Kunden entwickelt sich durch gemeinsame Ressourcen und Werte eine Interessenverflechtung.« Smith, Bucklin bezieht Kunden nachhaltig in den Programmentwicklungsprozeß ein. Bill Smith: »Wir spornen den Kunden an, so kreativ wie möglich zu sein. Unsere Arbeit ist eine Teamleistung. Die Leute sagen beispielsweise: ›Tolles Programm, das Smith, Bucklin sich da für unsere Firma ausgedacht hat.‹ Tatsache ist, daß 75 Prozent dieses Programms von findigen Denkern aus ebendieser Branche stammen.«

Die Firma Manco bemüht sich eifrig, partnerschaftliche Beziehungen zu Kunden und Nichtkunden aufzubauen. Sie festigte die Bindung zu Ace Hardware, als sie dem Unternehmen half, ein neues Logo und ein neues »Gesicht« für Ace-Verpackungen zu entwickeln. Sie verbündete sich mit Federal Express, um den Versand von Keksen in der Manco-Noppenfolie anzukurbeln. Und aus der Geschichte am Anfang dieses Teils geht klar hervor, daß sie alles tut, um die Partnerschaft zu ihrem führenden Kunden, Wal-Mart, zu pflegen.

Jack Kahl erzählt, wie sich Manco auf eine Strategiesitzung mit Wal-Mart vorbereitet: »Wenn wir ihnen einen Besuch abstatten, verbringen wir einen Tag in den Filialen, um Marktforschung zu treiben. Es ist ähnlich wie bei einem Spitzenspiel im Profifußball. Sie sehen eines der besten und schnellsten Einzelhandelsteams der Welt. Wir sind gut vorbereitet, wenn wir dorthin kommen, und es gibt einiges mehr zu tun, als nur den Einkäufern guten Tag zu sagen. Die Einkäufer sind sich darüber im klaren. Sie wissen, daß es zu Mancos Gepflogenheiten gehört, daß wir vor einem Besuch unsere ›Hausaufgaben‹ gründlich gemacht haben.«

Dieses Ausmaß an Engagement und Begeisterung reicht weit über die herkömmlichen Kunden-Lieferanten-Beziehungen hinaus. Jack Kahl sagt, Manco sei faktisch in der »Beraterbranche« tätig und damit befaßt, Bündnisse zu schließen, statt Klebeband der Marke Duck zu verkaufen.

Er nennt ein Beispiel:

> Unsere Wirtschaftsprüfungsgesellschaft ist Arthur Andersen. Sie ist mit Abstand branchenführend, nicht nur was Revisionsdienste und Rechnungswesen angeht, sondern auch als Berater. Sie hat seit neuestem in Chicago etwas auf die Beine gestellt, daß sie »Smart Store 2000« nennt. Das ist ein 600 Quadratmeter großer Elektronik-Modelladen, wo junge Leute die Geräte vorführen. Sie haben ein ähnliches Geschäft, »Logistics 2000«, im Info-Mart in Atlanta eröffnet und eines in Dallas, »The Retail Place« genannt. Nun, wir charterten ein Flugzeug, um unseren Leuten eine Besichtigung des Smart Store 2000 zu ermöglichen. Wir waren verblüfft über das, was wir dort zu sehen bekamen. Ich wollte wissen: »Wieviel von dieser Technologie ist heute schon verfügbar?« Und sie erzählten mir: »Alles, was Sie hier sehen. Die Möglichkeiten wer-

den nur deshalb nicht ausgeschöpft, weil die Leute nicht ausreichend informiert sind, kein Geld dafür haben oder nicht fähig sind, die Geräte mit einer gewissen Geschwindigkeit zu benutzen.« Was bedeutet, daß der Wettbewerbsvorteil darin liegen wird, als erster diese Bedürfnisse zu befriedigen, oder im Klartext: Wer zuerst kommt, mahlt zuerst.

Also haben wir die Firma Arthur Andersen eingeladen, sich als Partner an einer Fachmesse in Chicago (McCormick Place) zu beteiligen, wo wir gemeinsam einen Stand hatten. Und drei von den Spitzenkräften der Gesellschaft – Berater für 300 Dollar pro Stunde – kamen zur Messe und stellten kostenlos ihre Zeit zur Verfügung, um mit den Chefs aller Firmen zu sprechen, die wir anregen konnten, sich das Modell einmal anzusehen.

Und wir haben im Vorfeld einiges an Arbeit geleistet, um den Absatz zu fördern. Wir haben unsere beiden größten Kunden, Wal-Mart und Ace Hardware, eingeladen, einen Blick auf das Modell zu werfen. Es gab eine Privatvorführung für Wal-Mart, die von 6.30 Uhr bis 8.30 Uhr dauerte. Wal-Mart holte Arthur Andersen anschließend nach Bentonville und schickte eine andere Mannschaft nach Chicago, um sich den Smart Store anzusehen.

Das ist die Art von Partnerschaft, die wir mit unseren Kunden pflegen. Unsere Hauptaufgabe besteht nicht einmal darin, Klebeband zu verkaufen. Eigentlich sind wir in der Beraterbranche tätig und halten nach Möglichkeiten Ausschau, unseren Kunden zu helfen. Und sie zahlen es uns buchstäblich mit Zins und Zinseszins zurück; sie helfen uns auf die gleiche Weise.

Wie man das »KVU«-Syndrom überwindet

Der Erfolg von Manco, Preston, PC Connection und anderen Firmen der neuen Art zeugt von der Macht der Partnerschaft. Die Bündnisse, die diese Unternehmen schließen, stehen in krassem Gegensatz zu den Kunden- und Lieferantenbeziehungen der Firmen von gestern. Statt einen partnerschaftlichen Ansatz zu entwickeln, versteiften letztere sich oft darauf, »Außenstehende« als Gegner zu betrachten, selbst wenn diese Gegner die gleichen Ziele anstreben und den Schlüssel zum Erfolg in Händen halten.

Man braucht sich nur die Geschichte des fehlgeschlagenen Experiments mit dem Kompressor vor Augen zu halten, den General Electric entwickeln wollte (Teil IV). Ein wichtiger Faktor bei diesem Mißerfolg und dem daraus resultierenden Verlust einiger Millionen Dollar war die Weigerung der technischen Mannschaft, auf den Rat erfahrener Leute zu hören, weil man diese als »Außenstehende« betrachtete (obwohl einer von ihnen ein ehemaliger GE-Mitarbeiter war). Dieses »Keiner-von-uns«-Syndrom ist eine der häufigsten Ursachen für Dienstleistungsmängel und ein zwingendes Argument für den Aufbau enger partnerschaftlicher Beziehungen, um allen Beteiligten die Verwirklichung ihrer Dienstleistungsziele zu ermöglichen.

Das GE-Fiasko erinnert mich an eine ähnliche Begebenheit, von der mir mein Vater Ed Garfield erzählt hat. Mein Vater war technischer Berater im Außendienst der Firma Kester Solder.

Während der 50er Jahre hatte einer von Kesters Kunden, ein Toilettenartikel-Hersteller aus New Jersey, gerade einen der ersten Druckbehälter für Rasierschaum entwickelt. Kester zog eine beachtliche Bestellung an Land und lieferte das Lötzinn, mit dem Ventilgehäuse und Schaumdose verbunden wurden.

Eine Zeitlang gingen zahlreiche Aufträge von der Firma in New Jersey ein. Dann riß der Strom auf einmal ab, und Kester erhielt einen Notruf aus New Jersey: »Ihr Lötzinn taugt nichts. Schicken Sie sofort jemanden her.«

Zwei oder drei Wochen nachdem Tausende von Rasierschaumspendern an Supermärkte, Drogerien und Kaufhäuser ausgeliefert worden waren, wurde die Firma Kester mit Anrufen von Abteilungsleitern und Geschäftsführern aus allen amerikanischen Bundesstaaten überschwemmt. Sie alle sagten in etwa das gleiche: »Ihre Behälter sind in den Regalen explodiert! Der Rasierschaum hat sich über unsere gesamte Ware ausgebreitet; unsere Mitarbeiter und Kunden waren voll davon. Unternehmen Sie schnellstmöglich etwas!«

Mein Vater wurde in die Zentrale des Kunden geschickt, um dem Problem auf den Grund zu gehen. Die Firma muß den Eindruck gehabt haben, als wären alle amerikanische Geschäfte unter Rasierschaum begraben. Als er den Konferenzraum betrat, hatten sich dort bereits sieben Ingenieure und Manager der wichtigsten Kunden versammelt, und die Stimmung war so geladen, daß er beinahe tätlich angegriffen wurde.

Und dann kamen die verbalen Attacken: »Ihre Firma hat uns das falsche Lötzinn geliefert«, brüllte einer der Anwesenden. »Wir werden Sie verklagen«, drohte ein anderer.

Zum Glück hatte mein Vater gelernt, in hochexplosiven Situationen die Nerven zu bewahren. Er begann, in aller Ruhe Fragen zu stellen.

Die erste war einfach und lautete: »Könnte ich bitte die Konstruktionszeichnung für das Ventilgehäuse sehen?« Mein Vater wußte, daß die Firma eine Reihe von Ingenieuren hinzugezogen hatte, um beim Entwurf zu helfen. Ihm war auch bekannt, daß diese Leute, genauso wie das Team, das den GE-Kompressor entwickelte, wenig einschlägige Erfahrungen mit einem solchen Projekt besaßen. Und wie ihre Kollegen bei General Electric hatten auch sie es strikt abgelehnt, Hilfe von einem Experten – in diesem Fall der Firma Kester – anzunehmen.

Kurz nachdem die Ingenieure widerstrebend eine Blaupause herbeigeschafft hatten, lagen für meinen Vater Ursache und Lösung des Problems auf der Hand. Das vertikale Ventil des Behälters wurde nur von dem weichen Lötzinn an Ort und Stelle gehalten, einem Material, das nie für große Belastungen gedacht war. Der Druck innerhalb des Behältnisses hatte die Lötnaht gelockert und schließlich die Explosion verursacht.

Die Lösung bestand darin, eine Flanschverbindung am Hals des Behälters anzubringen, um den Druck am Boden des Ventilgehäuses zu verringern und das Lötzinn als das zu benutzen, wozu es von Anfang an hätte benutzt werden sollen – zum Versiegeln der Öffnung rund um die Kante.

Die Gruppe im Konferenzraum sträubte sich gegen die Empfehlung meines Vaters, sämtliche Rasierschaumspender zurückzurufen und das Ventilproblem zu beseitigen. Die Aufregung schlug hohe Wellen, Streitereien folgten, und mein Vater marschierte in aller Ruhe zur Tür hinaus.

Einige Wochen später bat die Firma meinen Vater erneut um einen Besuch. Nun schlug man einen gemäßigten Ton an. »Würden Sie Ihre Empfehlungen bitte noch einmal prüfen?« Dieses Mal wurde die Bitte akzeptiert. Man arbeitete einen neuen Entwurf für das Ventilgehäuse aus, die Rasierschaumdosen wurden zurückgerufen und ersetzt, und das Produkt und Kesters guter Ruf waren gerettet.

Ein Vorkommnis dieser Art hätte es in einem partnerschaftlich geführten Unternehmen neuen Stils nie gegeben. Man kann sich unmöglich vorstellen, daß Wal-Mart oder Ace Hardware mit Manco auf die gleiche Weise umspringen würden wie der Toilettenartikel-Hersteller mit der Firma Kester.

Selbst die Unternehmen alten Musters erkennen allmählich, daß partnerschaftliche Beziehungen unerläßlich sind. Jack Kahl führt ein Beispiel an: »Es gibt nur wenige Firmen, die ihre Nase im Bereich des internen elektronischen Datenaustauschs wirklich vorne haben. Die schnellste, die am meisten investiert und sich im Einzelhandel am weitesten vorgewagt hat, ist Wal-Mart. Und bei dieser Pionierarbeit hat ihr Procter & Gamble geholfen, früher einmal die arroganteste Firma im Konsumgütermarketing, die heute einen erstklassigen Ruf aufgrund ihrer phantastischen partnerschaftlichen Beziehungen genießt. Sie hat 43 Vollzeitmitarbeiter, die in Bentonville am Standort der Wal-Mart-Zentrale leben und ausschließlich Wal-Mart betreuen, und ich glaube, bei Kmart sind es 30.« Selbst solche Branchenriesen wie Procter & Gamble, die an Alleingänge gewöhnt sind, haben inzwischen begriffen, daß sie sich den partnerschaftlichen Ansatz zu eigen machen müssen, wenn sie ihre Führungsposition halten wollen.

Marktführung im Dienstleistungsbereich

Führung im Dienstleistungssektor setzt das uneingeschränkte Engagement sowohl für die gegenwärtigen Bedürfnisse als auch für die Zukunftsvisionen der Kunden voraus. Manco zum Beispiel gibt sich nie mit seiner derzeitigen Dienstleistungsrolle zufrieden. Die Firma ist ständig bestrebt, mit allen nur verfügbaren Mitteln ihre Leistungen zu verbessern. Jack Kahl: »Wir suchen nach Maßstäben, die es uns noch schwerer machen, ein hohes Qualitätsniveau aufrechtzuerhalten, weil wir wissen, daß wir um so besser sein werden, je höher die Leistungsziele sind, die wir uns setzen.«

Manco studiert gewissenhaft führende Dienstleistungsunternehmen, um ihren Geheimnissen auf die Spur zu kommen und die gleichen Erfolge zu erzielen. Eine Firma, die Manco scharf ins Visier nimmt, ist 3M, der größte Konkurrent.

Kahl sagt:

> 3M ist nicht nur unser größter Konkurrent, sondern auch unser bester Lehrer. Er liefert die aufschlußreichsten Vergleichsdaten, mit denen ich mich je befaßt habe. Ich sage unseren Leuten immer, das ist einer der besten Partner, die wir haben. So knallhart er auch sein mag, er genießt hohes Ansehen, hat sich hohe Ziele gesetzt und hat hohe Gewinnspannen; und was die Gewinne nach Steuern angeht, so wird er in Wall Street an dritter Stelle gehandelt.
>
> Wir treten im Konkurrenzkampf gegen den Unternehmensbereich mit den höchsten Liquiditätsreserven an. In der Technologiesparte verdient 3M nur wenig Geld; Sony und Toshiba zwingen sie hier im Markt für Videobänder und Filme in die Knie. Das Unternehmen weist einen Umsatz von rund zwölf Milliarden Dollar aus, holt aber wenig aus diesem 2,3-Milliarden-Dollar-Geschäftsfeld heraus. Es braucht die fortlaufenden Erträge, die die gewinnstarke Klebeband- und Schmirgelpapiersparte abwirft, der älteste und stärkste Unternehmensbereich.
>
> Wir haben uns also einen wunderbaren, geachteten und gewinnstarken Rivalen ausgesucht, der die Erfolge in der Ergebnisrechnung braucht, die wir erzielen. Er muß eine gewisse Gewinnspanne einhalten, und das trägt dazu bei, daß wir unseren Umsatz entwickeln können.

Kahl überwacht nicht nur die Schachzüge von Mancos größtem Konkurrenten, sondern befaßt sich auch mit Einzelpersonen, die im Dienstleistungssektor Führungskompetenz bewiesen haben. Er hält Sam Walton für eines der herausragenden Vorbilder: »Sam Walton ist das beste Vorbild, das man finden kann. Ich habe ihn einmal gefragt: ›Was gibt Ihnen ein gutes Gefühl, was ist für Sie das Wichtigste?‹, und er erwiderte: ›Helfen. Dazu beitragen, das Selbstwertgefühl anderer Menschen zu stärken. Zu beobachten, wie sie mehr aus sich machen, als sie glaubten erreichen zu können.‹ Er versteht sich wie kein anderer darauf, Menschen aufzubauen.«

Technologie im Dienst des Menschen

Die Technologie spielt oft eine entscheidende Rolle für die Fähigkeit eines Unternehmens, die Führung im Dienstleistungsbereich zu halten. Ein Beispiel ist der überlegene Service, den der Bereich Otis -Fahrstühle der Firma United Technologies über die OTISLINE bietet.

John Hammitt, der Stellvertretende Geschäftsführer von United Technologies, erklärt: »Früher pflegten wir die Technologie als Möglichkeit zu benutzen, eine Strategie *auszuweiten;* im Fall des Bereichs Fahrstühle wurde die *Technologie zu einer neuen Strategie.* George Davis sah vor wenigen Jahren in der Technologie ein wirksames Mittel, um die Art, wie unsere Leute den Markt bedienen, neu zu definieren.«

George Davis ist Vorstandsvorsitzender und Firmenchef von Otis. Er gab Studien in Auftrag, die zeigten, daß Anrufe beim technischen Kundendienst, vor allem nach Geschäftsschluß, nur unregelmäßig beantwortet wurden. Otis wartete damals die Fahrstuhlausrüstung mit Hilfe von Arbeitskräften, die vor Ort rekrutiert wurden. Es gab Servicezentren in verschiedenen Städten, die ein gewisses Maß an Eigenständigkeit im Umgang mit Kunden besaßen und sich an die üblichen Geschäftszeiten hielten. Wenn mitten in der Nacht ein Fahrstuhl streikte, konnte es Stunden dauern, bis ein Mechaniker eintraf.

Otis hatte sich ein »Nullfehlerprogramm« zum Ziel gesetzt: Man wollte Fahrstühle so perfekt warten, daß keine Reparaturen mehr anfielen. Um diese Vision zu verwirklichen, schuf die Firma ein Informationssystem, das den Kunden rund um die Uhr, an 365 Tagen im Jahr, Zugang zur technischen Mannschaft bot.

Mit Hilfe von kombinierten Technologien und Hochgeschwindigkeitsnetzwerken gelangte das Unternehmen schließlich zu einer Lösung, die man OTISLINE nannte. Heute kann jeder Kunde der Firma, der in den USA wohnt, eine gebührenfreie Nummer wählen, das Problem beschreiben und sicher sein, daß die Reaktion auf dem Fuß folgt – im Schnitt innerhalb von 76 Minuten, wenn es um einen Routinefall geht. 2600 Mechaniker versehen in mehr als 350 Servicezentren den telefonischen Notdienst. Sie sind an eine zentrale Datenbank angeschlossen; hier werden die Serviceberichte über die Ausrüstung der Kunden gespeichert, die der Mechaniker erhält, noch bevor er sich auf den Weg zum Kunden macht. Der Anruf wird in der OTISLINE-Datenbank aufgezeichnet, so daß die Kundendienstleiter künftige Wartungsbedürfnisse voraussehen und Betriebsstörungen verhindern können.

Das System funktioniert so reibungslos, daß die Index Group, eine Unternehmensberatungsfirma, OTISLINE als »ein wettbewerbsfähiges System, das in der Erinnerung des Volkes weiterleben wird« bezeichnete. Der Grund? 1987 waren bei einem Erdbeben in Los Angeles 17 Menschen in Otis-Fahrstühlen eingeschlossen. Die meisten konnten innerhalb einer halben Stunde nach Eingang des Notrufs bei OTISLINE befreit werden.

Federal Express ist ein weiteres Unternehmen, das sich mit Hilfe der Technologie eine Führungsposition im Dienstleistungsmetier verschafft hat. Fed Ex benutzt diese Technologie, um Mitarbeitern, die direkten Kundenkontakt haben, Informationen an die Hand zu geben. Ein Grund für den ausgezeichneten Ruf von Fed Ex liegt darin, daß die Belegschaftsmitglieder, die an vorderster Front im Einsatz stehen, unverzüglich per Computer feststellen können, an welcher Stelle des Lieferzyklus sich ein Paket gerade befindet, und Kunden, die anrufen und eine Auskunft haben möchten, Spitzendienste bieten können.

Jack Kahl hat sich, wie könnte es anders sein, eingehend mit Federal Express befaßt. Die Anregung für Mancos eigenes Lieferkontrollsystem stammte aus den Geschichten, die er über das Fed-Ex-Verfahren gelesen hatte. Kahl:

> Unser McFix-System haben wir gemeinsam mit einer Firma entwickelt, die unsere Frachtrechnungen zahlt. Wir stellten fest, daß wir die ganze Verantwortung für das Produkt übernehmen und es den ganzen Weg bis zur Laderampe des Kunden verfolgen konnten, wenn wir technologisch nur einen kleinen Schritt weiter gingen.
>
> Wir haben also mit der Firma zusammengearbeitet, die in Atlanta sitzt, und nun können wir mit Hilfe unserer Kundendienstabteilung den Kunden informieren, an welcher Stelle der Lieferroute sich sein Produkt gerade befindet. Bis es an ihn ausgeliefert ist, fühlen wir uns dafür verantwortlich.
>
> Die Idee ist uns gekommen, als wir Geschichten über Fred Smith

und Federal Express gelesen haben; dort gibt es ein unglaublich leistungsfähiges Satellitensystem, mit dem sie bis auf eine halbe Meile genau jeden ihrer Lieferwagen orten können. Aus solchen Dingen lernen wir hier eine ganze Menge; wir lesen ständig und nehmen jede Gelegenheit wahr, zuzuhören, uns zu informieren und Seminare zu besuchen.

Paradoxerweise trägt die effektive Anwendung einer »unpersönlichen Technologie« dazu bei, Dienstleistungen um ein Vielfaches persönlicher zu gestalten. Datenbanken im Computer gestatten den Firmen beispielsweise, einer großen Anzahl von Kunden »maßgeschneiderte« Aufmerksamkeit zu widmen. Stan Rapp und Tom Collins schreiben in *Maximarketing:* »Der Computer hat die Kostenwirksamkeit bei Speicherung, Zugriff und Aktualisierung von Kundendateien auf spektakuläre Weise erhöht und die Regeln des Marketingspiels geändert ... Eine [rechnergestützte] Kundendatei ist die wirksamste neue Marketingkraft seit der Geburtsstunde des Fernsehens, wie manche sagen.«

Preston Trucking entwickelt derzeit ein Datenbanksystem, um Kunden individuellere Dienste anbieten zu können. Will Potter sagt: »Der Einsatz von Computern wird es uns ermöglichen, die spezifischen Bedürfnisse jedes einzelnen Kunden zu ermitteln, so daß jeder Mitarbeiter in jedem Servicezentrum jede x-beliebige Firma abrufen und sich vergewissern kann, daß er die Bedürfnisse dieses Kunden genau verstanden hat.«

Die Technologie kann dafür sorgen, daß ein Unternehmen Dienstleistungen von höherer Qualität anbietet, während die Mitarbeiter gleichzeitig mehr Zeit für die Kunden haben. Ein Beispiel ist Frito-Lay, eine Tochterfirma der Firma Pepsi. 20000 Frito-Lay-Außendienstmitarbeiter statten pro Woche 400000 Läden einen Verkaufsbesuch ab. Wenn sie ein Geschäft betreten, geben sie ihre Daten bezüglich Umsatz und Lagerbeständen in einen tragbaren Computer ein. Noch am selben Abend werden die Informationen an das Rechnerzentrum von Frito-Lay in Plano, Texas, weitergegeben und analysiert, um die Absatzentwicklungen zu verfolgen. Der Außendienstmitarbeiter erhält die Analyse aus Plano und ist folglich in der Lage, den Einzelhändlern zu empfehlen, welche Produkte sie ins Sortiment aufnehmen oder in die Regale stellen sollten.

Die Kunden sind von diesem System begeistert, weil es ihnen dabei hilft, sich mit den richtigen Produkten in der richtigen Menge einzudecken. Und die Frito-Lay-Außendienstmitarbeiter sind gleichermaßen davon angetan, weil es ihnen eine Menge Zeit spart und außerdem dazu beiträgt, die Kundentreue zu festigen.

Ein echter Beweis für die Fähigkeit eines Unternehmens, Technologie vernünftig einzusetzen, ist die Frage, wie gut es damit seinen Kunden dient. Und ein Maßstab dafür ist die Mühelosigkeit, mit der die Belegschaft diese Technologie anwendet. Ein System, das dem Kunden bessere und schnellere Dienstleistungen verschaffen soll, muß von den Menschen, die diese Dienste erbringen, schnell und effizient benutzt werden können.

Aber diese Technologie sollte nicht abschrecken. John Hammitt erinnert sich an ein unerwartetes Problem, das bei der Einführung der OTISLINE auftauchte:

> Wie Sie sich vorstellen können, waren die Veränderungen, die mit diesen neuen Technologien einhergingen, für unsere technische Mannschaft schwer zu verkraften, weil sie nicht mehr so unabhängig wie bisher war. Die Prioritäten und Ergebnisse ihrer Arbeit wurden kontinuierlicher überprüft.
> Unsere technischen Mitarbeiter erhielten die Möglichkeit, tragbare Computer zu ihren Einsätzen mitzunehmen; auf diese Weise konnten sie mit dem zentralen Rechnersystem kommunizieren und umgekehrt. Es ist erstaunlich und aufschlußreich, wie viele dieser Geräte während der Anfangsphase des Pilotprojekts versehentlich in die Aufzugsschächte fielen. Viele unserer Leute sahen in ihnen nur ein Mittel, mit dem sie problemlos überwacht werden sollten, anstatt einer Möglichkeit, sie für die Unterstützung des Kunden bestmöglich auszurüsten.
> Unsere Techniker brauchten zwei oder drei Jahre, um zu erkennen, daß diese Geräte ihnen die Arbeit nicht nur erleichterten und sie befähigten, die Kundenbedürfnisse besser zu befriedigen, sondern daß sie auch dazu beitrugen, die Beziehung zwischen ihnen und den Kunden vor Ort zu festigen und natürlich Otis' Marktposition zu stärken.

Aus dieser Erfahrung leitete Hammitt eine wertvolle Lektion über die erfolgreiche Einführung einer neuen Technologie ab:

> Traditionellerweise denken Führungskräfte, daß Veränderungen von oben angeordnet werden, daß sie mit einer Neuregelung der Strukturen und Verantwortlichkeiten beginnen und sich auf der Ebene der zwischenmenschlichen Beziehungen fortsetzen und daß sich letztlich im Zuge dieser stufenweise von oben nach unten verlaufenden Veränderungen die Einstellungen und Verhaltensweisen des einzelnen herausbilden.

Inzwischen haben wir erkannt, daß man den Wandel fördern und dabei mit den individuellen Einstellungen und Verhaltensmustern beginnen muß, statt Veränderungen durch Strukturen zu steuern. Die Technologie spielt erst eine Rolle, wenn sich Einstellungen, Werte und zwischenmenschlichen Beziehungen der Menschen geändert haben. Dann wird die Technologie zu einem Mittel, mit dessen Hilfe sie neue, produktivere Prozesse und Strukturen schaffen können.

Dienstleistung ohne Grenzen

In allen Unternehmen neuen Stils, die wir untersucht haben, ist eines offenkundig: Ihre Dienstleistungsgrundsätze reichen auf ganz natürliche Weise über die eigene Organisation hinaus und beziehen die Bevölkerung am Firmenstandort mit ein. Eine Dienstleistungskultur, die diesen Namen verdient, kennt keine Grenzen. Dienstleistung ist mehr als ein »gutes Geschäft« für diese Wegbereiter der Welt von morgen; sie ist ebenso eine Lebensphilosophie wie eine Arbeitsweise.

Ricardo Semler, der Firmenchef von Semco, setzt sich persönlich für die Rettung der brasilianischen Regenwälder ein. Preston verstärkt seine Umweltschutzbemühungen: Die Firma hat eine striktere Überwachung der Abwasser-Steuersysteme durchgesetzt und investiert Millionen, um Treibstofftanks von Grund auf zu überholen oder zu ersetzen. Die Firma Motorola, um die es im nächsten Teil gehen wird, arbeitet eng mit den Schulen an den Firmenstandorten zusammen und hat eine Freiwilligengruppe von Mitarbeitern zusammengestellt, die Kurse leitet und plant oder dabei hilft, das vermittelte Wissen in branchenspezifische Programme umzusetzen. Digital Equipment (siehe Teil VIII) ist weltweit zum Vorbild geworden, weil es die multikulturelle Vielfalt am Arbeitsplatz fördert. Die Body-Shop-Kette (Teil IX) macht sich für Umweltthemen stark und setzt sich nachhaltig für Organisationen wie Amnesty International ein.

In manchen Unternehmen neuen Zuschnitts wird das Dienstleistungsengagement von Einzelpersonen getragen, wie im Fall von Bill Smith oder Ricardo Semler. In anderen steht die Belegschaft geschlossen dahinter, oft angespornt oder inspiriert durch den Firmenchef, wie bei Preston. In den meisten Fällen findet man eine Kombination aus beidem. Die soziale Verantwortung der Body-Shop-Kette wurzelt in der Persönlichkeit der Gründerin Anita Roddick, die in sozialen Belangen eine persönliche Verpflichtung sieht.

Sowohl Jack Kahl als auch Manco setzen sich aktiv für ökologische und soziale Projekte ein. Das sogenannte »Green Team« bemüht sich, Mancos Umweltbewußtsein wachzuhalten. Sämtliche Verpackungsmaterialien der Firma wurden bereits ausgetauscht; man ist zu wiederverwertbarem Karton und ungebleichter Pappe übergegangen.

Das bemerkenswerteste soziale Engagement ist jedoch der aktive Beitrag, den Manco leistet, um das Providence House in Westlake, Ohio, zu unterstützen. Diese gemeinnützige Organisation beherbergt ein Heim für mißhandelte Kinder.

Jack Kahl erklärt, wie Manco dazu kam:

> 1981 lernte ich Schwester Hope Greener kennen; sie liebte Kinder sehr und sah die Probleme in den Elendsvierteln der Innenstadt und die Kindesmißhandlungen, die für sie unerträglich waren. Sie öffnete buchstäblich ihre Tür und nahm ein Baby nach dem anderen auf. Und schließlich stellte ihr die Stadt ein verlassenes, verfallenes Gebäude zur Verfügung. Etwa zu der Zeit lernte ich sie rein zufällig kennen.
>
> Sie glaubte an die Vorsehung. Sie war der Überzeugung, daß sich alles zum Guten wenden würde, wenn sie die Geldangelegenheiten Gott überließ und sich der Kinder annahm. Und jemanden, der so unerschütterlich in seinem Glauben ist, kann man nicht enttäuschen. Sie hat mich gelehrt, daß man manchmal dieses unglaubliche Vertrauen braucht, auch wenn man es in sich selbst gar nicht verspürt.
>
> Also hat Manco eine Patenschaft übernommen und sie zu einem offiziellen Mitglied der Manco-Familie gemacht. Sie brauchte organisatorische Hilfe und Leute mit Fähigkeiten, über die ich nicht verfüge. Also bin ich zu meinem Bereichsleiter Finanzen gegangen und habe Greg [Klein] gebeten, sich die Sache doch mal anzusehen. Das hat er gemacht, und er ist in ihren Vorstand eingetreten. Seit sechs Jahren ist er Vorstandsvorsitzender.
>
> Viele unserer Leute haben sich zur Verfügung gestellt, um die Babys in Providence House zu betreuen. Das ist inzwischen eine große Sache geworden. Wir haben uns dort um mehr als 6000 Kleinkinder gekümmert; das Haus beschäftigt inzwischen 29 festangestellte Mitarbeiter, und die Organisation hat bis zum heutigen Tag noch keinen Pfennig Geld vom Staat angenommen. Sie verläßt sich auf die göttliche Vorsehung und die Mildtätigkeit vieler Menschen.

Kahl ist wie seine Partnerin Schwester Hope Greener der Meinung, daß Vertrauen das eigentliche Erfolgsgeheimnis ist. Manco ist im Verlauf der Zeit gewachsen und erfolgreich gewesen, weil es Vertrauen in seine Mitarbeiter und die zahlreichen Firmen gesetzt hat, mit denen es in Geschäftsverbindung steht: »Wir haben uns einfach unseren Weg gebahnt und einander und den Firmen vertraut, mit denen wir Geschäfte machen. Ich weiß nicht, wie man dieses Vertrauen messen könnte, und ich möchte mich auch gar nicht festlegen. Ich will es nicht einmal voll und ganz verstehen. Es funktioniert einfach.«

Teil VII

Den Menschen an erste Stelle setzen – Einstellung, Ausbildung und Leistungsanreize im »lernorientierten« Unternehmen

Zu Beginn der 80er Jahre leitete Motorola umfassende Maßnahmen ein, um die Produktqualität zu verbessern. Um diese Bemühungen zu unterstützen, entwickelte die Firma eine breitgefächerte Palette technischer Schulungskurse. Sie mußte jedoch entdecken, daß der Belegschaft die erforderlichen grundlegenden Kenntnisse im Rechnen und Lesen fehlten, um das Unterrichtsmaterial zu verstehen. Und so startete man ein großangelegtes, für Motorola neuartiges Ausbildungsprojekt, das während der 80er Jahre zielstrebig verfolgt wurde. Es gipfelte in der Gründung der Motorola University, eines firmeneigenen Lehrinstituts, in dem für die Motorola-Mitarbeiter auf weltweiter Ebene einheitliche Trainingsprogramme entworfen, ständig weiterentwickelt und durchgeführt werden. Hier werden außerdem anwendungsbezogene Beratungen für die wichtigsten Motorola-Lieferanten und Kunden in allen Ländern der Welt ausgearbeitet.

Die Tatsache, daß Motorola 1988 der begehrte »Malcolm Baldridge Preis für Qualität« zuerkannt wurde, tat dem Bemühen, nach immer höheren Qualitätsebenen zu streben, indem man systematisch die Fähigkeiten und Fertigkeiten der Belegschaft verbesserte, keinen Abbruch. William Wiggenhorn, Leiter des Bereichs Training und Ausbildung und Rektor der Motorola-University, erzählte mir von der schrittweisen Entwicklung des Unternehmens, in dem Lernen großgeschrieben wird.

William Wiggenhorn von Motorola

1980 sollten die meisten Mitarbeiter, die Motorola einstellte, lediglich eine Reihe spezifischer Arbeitsaufgaben durchführen. Wir verlangten nicht, daß sie viel nach- oder mitdachten. Und die Einstellung der Belegschaft war: »Ich werde genau das tun, was ihr mir sagt; aber es ist Sache der Geschäftsleitung, sich den Kopf zu zerbrechen, wie wir den Überlebenskampf bestehen.«

Heute sind alle bestens mit der Forderung vertraut, daß kontinuierliche Verbesserungen eine Aufgabe sind, die in der Verantwortung aller Mitarbeiter liegt. Unsere firmeninternen Umfragen, mit deren Hilfe wir uns ein Bild über die Einstellungen machen, sagen uns, daß wir »über den Berg sind«, weil unsere Belegschaft darin übereinstimmt, daß »kontinuierliche Verbesserungen sich auf das Produkt, die Dienstleistungen und die eigene Person beziehen«. Ich würde sagen, 90 Prozent unserer Mitarbeiter im In- und Ausland haben dieses Prinzip akzeptiert und verstanden.

1980 hätten Ihnen meiner Ansicht nach nur wenige Mitarbeiter sagen können, welche mittel- und langfristigen Ziele sich das Unternehmen gesetzt hatte. Heute sind die meisten imstande, Ihnen etwas über unsere Zielvorstellungen und Initiativen zu erzählen, zum Beispiel über unsere Fünfjahrespläne und über die Rolle, die jeder einzelne bei deren Umsetzung spielt. In diesen zehn Jahren hat sich viel verändert.

Der Trick besteht darin, zu gewährleisten, daß sie über die nötigen Qualifikationen verfügen, um diese Ziele zu erreichen. Die Bürde liegt auf den Schultern des Unternehmens, das seine Mitarbeiter schulen und ihnen das Rüstzeug an die Hand geben muß, damit sie mit der Entwicklung Schritt halten können.

Anfang der 80er Jahre haben wir erstmals begonnen, zielstrebig Qualitätsstrategien aufzustellen, wobei unser Augenmerk vornehmlich der Verbesserung der Produktqualität galt. Wir haben also Schulungskurse abgehalten, in denen statistische Qualitätskontrolle, Anordnung von Versuchen und Experimente mit betrieblichen Prozessen gelehrt wurden. Diese Kurse setzen jedoch voraus, daß die Teilnehmer ein solides mathematisches Wissen und einige grundlegende Kenntnisse in Statistik mitbringen.

Es wurden damals keine Tests geschrieben, aber wir hatten bald das Gefühl, daß vermutlich 40 bis 50 Prozent der Kursteilnehmer den Lehrstoff nicht begriffen, weil ihnen die Grundlagen fehlten. Da inzwischen immer mehr Leute mit Computerterminals arbeiten, erhielten sie die Anweisungen nicht mündlich, sondern über Bildschirm. Wir stellten fest, daß die Leute nicht verstanden, was ihnen auf dem Monitor präsentiert wurde.

Damals, das war ungefähr 1984 oder 1985, hatten wir noch keine Vorstellung vom Ausmaß des Problems. Uns war lediglich bewußt, daß es da ein Problem gab, und es wurde erst sichtbar, als wir uns intensiv um die Qualitätsverbesserung im Produktbereich bemühten.

Wir hatten bis zu diesem Zeitpunkt eine Reihe von Schulungskursen entwickelt und durchgeführt. Viele unserer Leute hatten daran teilgenommen und waren an ihren Arbeitsplatz zurückgekehrt, ohne daß sich etwas änderte. Die Skeptiker schienen recht zu behalten: Wir verschwendeten damit nur unser Geld.

Kritisch wurde es erst, als wir 1985 beschlossen, unser neues Werk für die Fertigung von Speicherzellen nicht in Übersee, sondern in Arlington Heights, Illinois, zu bauen. Die Leute dort sollten wesentlich mehr Verantwortung und Entscheidungsbefugnis als früher erhalten, auch in den Bereichen Qualitätskontrolle und flexible Fertigung. Mit der Radiotechnologie waren sie bereits vertraut; deshalb dachten wir, daß sie nach all den Schulungsmaßnahmen, die wir bis zu diesem Zeitpunkt durchgeführt hatten, den Übergang zur Speicherzellen-Produktion eigentlich bewältigen müßten.

Wir waren daher entsetzt, als nur 40 Prozent der Belegschaft den Test bestanden, in dem es um ganz einfache Prozentrechnungen ging. Zu unserem Erstaunen stellten wir fest, daß viele unserer hiesigen Arbeitskräfte Analphabeten waren und unfähig, die einfachsten Rechenprobleme zu lösen. Wir erkannten, daß von unseren 25 000 Mitarbeitern in Herstellung und technischer Mannschaft rund die Hälfte den Anforderungen nicht gewachsen wäre, die man im Lesen und Rechnen an Grundschüler stellt.

Wir wußten, daß wir die Erweiterung der Kenntnisse, das kontinuierliche Lernen, in der Unternehmenskultur von Motorola verankern mußten. Wir führten Gespräche und leiteten partnerschaftliche Lernprozesse ein, die uns schließlich zur Gründung der Motorola University bewogen.

Die Universität diente nach ihrer Eröffnung anfangs als firmeneigenes Trainingszentrum. Wir hatten dort einen Vorstand, und im Verlauf von drei Jahren änderten die Mitglieder ihre Einstellung: Sie standen dem Experiment nicht mehr neutral, sondern sehr positiv gegenüber. Sie sahen, daß die Investition eine sehr gute Rendite abwarf. Der Vorstand konnte das Trainingszentrum innerhalb des Unternehmens bestens »verkaufen«, denn er setzte sich aus hochkarätigen Führungskräften zusammen.

Anfangs stießen wir im gesamten Unternehmen auf Widerstand. Die Leute, die an vorderster Front im Einsatz waren, fragten beispielsweise: »Was soll dieser ganze theoretische Quatsch bringen? Ich bin seit 30 oder 40 Jahren in der Firma, und ich hab' nur noch fünf oder zehn Jahre bis zur Rente. Wozu muß ich jetzt noch meinen Kopf mit allen diesen Dingen belasten?« Oder: »Soll ich Minderwertigkeitskomplexe bekommen, weil ich nicht gescheit lesen oder mit einem Computer umgehen kann?« Und eine andere Reaktion: »Ich war in einem eurer Kurse. Ich hab' dort etwas gelernt, aber ich mußte meine neuen Kenntnisse nie anwenden. Warum holt ihr mich jetzt von meiner Arbeit weg, um mir Dinge beizubringen, die ich nie brauchen werde?«

Und auf mittlerer Firmenebene hieß es: »Na toll, schon wieder ein Programm, das sich Motorola ausgeknobelt hat. Das kostet Geld und Zeit, und ich habe beides nicht. Ich bin sicher, daß es mir nicht dabei helfen wird, die Ziele meiner Abteilung zu erreichen.« Es gab überall in der Firma Leute, die nicht an den Erfolg des Projekts glaubten.

Wir mußten ein umfangreiches Kommunikationsprogramm auf die Beine stellen, damit unsere Mitarbeiter verstanden, daß wir sie mit unserem Vorhaben nicht bloßstellen wollten. Es war notwendig, weil unsere Wettbewerbsposition sonst bedroht gewesen wäre. Wir hatten keine Existenzberechtigung als Unternehmen, wenn wir uns nicht auf globaler Ebene im Wettbewerb behaupten und den Anforderungen unserer Kunden in allen Ländern der Welt gerecht werden konnten.

Also haben wir viel Zeit darauf verwendet, unsere Mitarbeiter darüber aufzuklären, was die Belegschaftsmitglieder unserer Konkurrenten zustande brachten und zu welchen Kosten. Wir haben den Unterschied zwischen den Qualifikationen unserer Leute und den Fähigkeiten, über die diese verfügten, klar herausgestellt.

Wir baten ältere Mitarbeiter, ihren Kollegen mittels Videofilmen klarzumachen, daß wir schon vorher massive Umbrüche überlebt hatten. So war Motorola zum Zeitpunkt der Unternehmensgründung zum Beispiel im Röhrengeschäft tätig. Dann kam die Umstellung auf Transistoren. Von den Transistoren ging's weiter zu den Halbleitern und von den Halbleitern zur Software. Leute, die 60 Jahre alt sind, haben drei dieser umwälzenden Veränderungen miterlebt. Jetzt steht die vierte bevor, und es ist an der Zeit, es wieder mal anzupacken, also laßt uns gemeinsam daran arbeiten.

Für mich veranschaulicht diese Einstellung unsere Strategie: »Wir wollen mit vereinten Kräften vorgehen. Wir wollen eine schlagkräftige Mannschaft aufbauen, ihre Leistungen ständig an ein höheres Niveau anpassen und weltweit zusammenarbeiten.« Dieser Ansatz ist Tradition in der Firma Motorola, die vor mehr als 60 Jahren gegründet wurde. Viele der ursprünglichen Mitarbeiter waren Einwanderer, die gerade erst ins Land gekommen waren. Sie lebten im selben Stadtviertel, besuchten dieselben Bars, aßen in denselben Restaurants, kegelten in ihrer Freizeit auf denselben Bahnen. Sie hielten zusammen wie Pech und Schwefel, um zu überleben, und diese Einstellung hat sich bei uns noch weitgehend erhalten. Die Leute erledigen hier ihre Arbeit, weil sie fest daran glauben, daß wir alle am selben Strang ziehen.

Heute haben wir einen Vollzeitmitarbeiter, der unser firmenexternes Ausbildungsprogramm leitet, vom Kindergarten bis zum High-School-Abschluß. Wir haben beschlossen, 100 Schulbezirke in diesem Land, die uns die Mehrheit unserer Arbeitskräfte liefern, als Zielgruppe anzusprechen.

Wir bringen Verwaltungsangestellte und Lehrer als Interne in unsere Laboratorien und Fertigungsstätten. Wir nehmen sie in unsere Managementkurse auf. Wir arbeiten mit ihnen an der Entwicklung eines Lehrplans. Wir versuchen junge Leute anzuspornen, auch weiterhin Mathematik zu lernen oder wissenschaftliche Fächer ein weiteres Jahr zu belegen, indem wir ihnen zeigen, wie sich diese Kenntnisse anwenden lassen.

1980 wären wir nie auf eine solche Idee gekommen. Wir hätten gesagt, daß wir nur für unsere Mitarbeiter verantwortlich sind. Nun, heute glauben wir, daß wir eine Verantwortung gegenüber dem gesamten Schulsystem haben, das uns die Arbeitskräfte »liefert«.

Unsere Vision sieht so aus, daß es heute in zehn Jahren eine Föderation von Motorola-Universitäten in allen Ländern der Welt geben soll. Im Augenblick wird die Universität ziemlich zentral geführt, zumindest was die Mittel angeht; in zehn Jahren möchten wir sie dezentralisieren, so daß jede Einrichtung über die Ressourcen verfügt, um den jeweiligen Lernbedürfnissen der Motorola-Mitarbeiter, unserer Lieferanten und unserer Kunden in einer bestimmten geographischen Region zu entsprechen. Und jede Universität wird ihren eigenen Vorstand haben, der sich darüber Gedanken macht, was die Leute wissen müssen und wie sie ihnen am besten helfen, diese Kenntnisse zu erwerben. Die Universitäten sollen durch einen gemeinsamen Lehrplan und ein einheitliches Verfahren zur Überprüfung der Lernqualität zu einem Verbundsystem zusammengeschlossen sein.

Ich glaube auch, daß wir Leute, die sich im Ruhestand befinden, als außerordentliche Professoren an den Universitäten verpflichten werden. Wir haben bereits viele ehemalige Mitarbeiter von Motorola und anderen Firmen einbezogen, aber ich denke, daß es noch mehr werden.

Heute finden 90 Prozent der Lernprozesse im Unternehmen in irgendeinem Klassenzimmer statt. Was Lesen und Schreiben angeht, so wird die Aus- und Weiterbildung hier in zunehmendem Maß der Verantwortung des einzelnen übertragen – mittels Einzelunterricht und -betreuung, Computerkommunikation und Video- oder Audiokassetten. Wir würden diese Richtung gerne beibehalten und Weiterbildung in zusätzlichen technischen Wissensgebieten und zu Fragen der Produktkenntnis und des Managements anbieten.

Derzeit haben wir einen übergreifenden Trainingsplan für die Firma, der sich auf drei Jahre erstreckt. Unser Ziel ist die Entwicklung eines Ausbildungsplans, der auf jeden einzelnen Mitarbeiter zugeschnitten ist. Wir wissen, daß dieses Jahr mehr als 70 Prozent unserer Mitarbeiter individuell geschult wurden, und wir sind zuversichtlich, daß wir diese Zahl in den 90er Jahren auf 90 Prozent erhöhen können.

Die Universität wird in diesem Jahrzehnt viel Zeit darauf verwenden, herauszufinden, wie man jeden einzelnen zum besten Zeitpunkt weiterbilden kann. Außerdem wollen wir wissen, was die Schulung jedem einzelnen Mitarbeiter gebracht hat, so daß wir an Verbesserungen arbeiten können, wenn sie seinen Erwartungen nicht gerecht geworden ist.

Unser Ziel besteht darin, die richtigen Personen zum richtigen Zeitpunkt in der richtigen Weise zu schulen und sie in das richtige Arbeitsumfeld zurückzubringen, so daß die erworbenen Kenntnisse und Fähigkeiten unverzüglich angewendet werden können. Davon sind wir noch weit entfernt, aber wir halten nach Methoden Ausschau, die uns an unser Ziel bringen.

Motorola ist bestrebt, lebenslanges Lernen bei sämtlichen Belegschaftsangehörigen zu fördern, um in den 90er Jahren seine Position als Wettbewerbsteilnehmer von Weltformat halten zu können. Schon in einer frühen Phase der Entwicklung zum »lernorientierten Unternehmen« mußte die Firma selbst einige harte Rückschläge einstecken. Die Motorola-Führungskräfte machten mehrere Versuche, die notwendige Ausbildung nach und nach zu verabreichen, bevor sie erkannten, daß größere Anstrengungen erforderlich waren, um ihre ehrgeizigen Qualitätsverbesserungsziele zu erreichen.

Die Geschäftsleitung hatte angenommen, daß Mitarbeiter, bei denen ein Aus- und Weiterbildungsbedarf herrschte, die von Motorola entwickelten Schulungskurse nur zu gerne besuchen würden; aber das war nicht der Fall. Sie benutzten auch die Lernhilfen für zu Hause nicht, die die Firma ihrem Trainingsprogramm beigepackt hatte. William Wiggenhorn erinnert sich: »Die Schulung konnte man allem Anschein nach nicht wie Milch anbieten, in der Erwartung, daß die Leute sie spontan konsumieren würden. Es ging nicht einfach darum, ihnen etwas beizubringen oder ihnen zu zeigen, wie man sich selbst weiterbildet. Wir mußten sie motivieren, aus eigenem Antrieb zu lernen, und das bedeutete, Trägheit und Sattheit zu überwinden.«

Ein Grund für diese Sattheit war Motorolas Politik, Mitarbeiter mit der Aussicht auf eine lebenslange Beschäftigung einzustellen. Wiggenhorn beschreibt diese Gepflogenheit: »Sobald man zehn Jahre und länger hier arbeitet, gehört man zum sogenannten ›Service Club‹; das bedeutet, man wird nicht freigesetzt, wenn es mit der Wirtschaft bergab geht. Man kann wegen mangelhafter Leistungen entlassen werden, aber nicht wegen einer Konjunkturkrise.«

Leider hatte diese gutgemeinte Politik zur Folge, daß einige Mitarbeiter sich sträubten oder unverblümt weigerten, neue Fähigkeiten und Verhaltensweisen zu erwerben. Um diesen Schwachpunkt zu überwinden, erweiterte Motorola den Begriff »mangelhafte Leistung«: Er schloß nun auch die mangelnde Bereitschaft ein, sich Veränderungen anzupassen. Wiggenhorn:

> Wir sind zu einer neuen Verfahrensweise übergegangen, nach der jeder ein Anrecht auf einen Arbeitsplatz in der Firma hat, wenn sich die Technologie ändert. Sollte der Versuch scheitern, sich die neuen Kenntnisse anzueignen, wird sich eine Lösung für die Mitarbeiter finden. Aber wenn sie sich weigern, es überhaupt zu versuchen, müssen sie mit fristloser Kündigung rechnen.
> Wir wissen, daß wir in zehn Jahren, von heute an gerechnet, unser Geschäftsvolumen und unsere Umsätze buchstäblich verdoppeln müssen, um die gleiche Anzahl von Mitarbeitern halten zu können, die heute auf unserer Lohnliste steht. Wir rechnen fest damit, daß die Leute eher bereit sind, Ausbildungschancen wahrzunehmen, wenn wir sagen: »Wir werden alles daransetzen, Sie so lange zu behalten, wie unser Unternehmen wirtschaftlich gesund ist«, als wenn wir ankündigten: »Heute können wir 10000 Mitarbeiter beschäftigen, morgen 5000 und danach 8000.«
> Außerdem wären unsere Ausbildungsinvestitionen sinnlos, wenn wir nur auf eine kurzfristige Beschäftigung abzielten. Dann würden wir nur Leute mit den besten Qualifikationen einstellen, ihnen erstklassige Gehälter zahlen, sie so lange halten, wie sie Spitzenleistungen erbringen, und sie dann entlassen. Ich denke, andere Firmen neigen zu dieser Methode, aber wir halten nichts davon.

Motorolas gewaltige finanzielle Aufwendungen für Schulung und Weiterbildung beweisen sein starkes Engagement für kontinuierliches Weiterbilden. Als 1980 das »Motorola Training and Education Center« gegründet wurde, schätzten die Topmanager des Unternehmens, daß eine Summe von 35 Millionen Dollar in einem Zeitrahmen von fünf Jahren angemessen sein würde, um das neue Ausbildungsprojekt finanziell abzudecken. Im Endeffekt mußte die Firma 60 Millionen Dollar *im Jahr* für das Training bezahlen und weitere 60 Millionen für die Arbeitszeit, die durch den Besuch der Kurse verlorenging. Ein großer Teil des Geldes wurde zur Behebung der unmittelbaren Lese- und Rechtschreibprobleme verwendet. Motorola ist der Ansicht, daß sich die Investition gelohnt hat. Die Firma hat zwischen 1988 und 1991 nicht weniger als 1,5 Milliarden Dollar eingespart durch Produktivitätsverbesserungen der Belegschaft, die der Schulung zu verdanken sind.

In Untersuchungen wurde bestätigt, daß sich das nachhaltige Engagement für fortwährendes Lernen langfristig auszahlt. Amerikanische Arbeitgeber geben mehr als zehn Prozent der Anschaffungskosten ihrer Betriebsausrüstungen aus, um die Maschinen instand zu halten, aber nicht mehr als zwei Prozent, um die Fähigkeiten und Fertigkeiten ihrer Mitarbeiter auf dem neuesten Stand zu halten. Laut Curtis Plott, Vizepräsident der American Society for Training and Development, war ein großer Teil der Produktivitätszuwächse amerikanischer Arbeitnehmer zwischen 1935 und 1985 nicht auf Investitionsaufwendungen, sondern auf die berufsbezogene Ausbildung von Mitarbeitern zurückzuführen. Obwohl amerikanische Unternehmen während dieser Zeit 15mal soviel Geld in neue Fabriken und Ausrüstungen investierten, war die Rendite, die man mit der Schulung der Belegschaften erzielte, doppelt so hoch. Dessenungeachtet ist das Ausbildungsbudget amerikanischer Firmen noch immer geringer als das ihrer ausländischen Konkurrenten. Und 68 Prozent der Summen, die sie tatsächlich ausgeben, fließen in die Weiterbildung von College-Absolventen.

In Büros und Fabriken sind nicht nur amerikanische, sondern alle Arbeitnehmer aufgefordert, neue Aufgaben zu übernehmen und neue Techniken zu beherrschen. Viele sind schlecht dafür gerüstet. Infolgedessen suchen die Firmen verzweifelt nach Möglichkeiten, Mitarbeiter schnell, effektiv und kontinuierlich zu schulen. Jere Jacobs, Assistent des stellvertretenden Geschäftsführers bei Pacific Telesis, sagt: »Es geht um mehr als um Erziehung und Ausbildung vom Kindergarten bis zum College. Es geht darum, vom Kindergarten an lebenslang zu lernen.«

Motorola erkennt allmählich die Früchte des Geldes, das die Firma in die Aus- und Weiterbildung der Belegschaft investiert. William Wiggenhorn:

> Seit diese Programme vor neun Jahren ins Leben gerufen wurden, hat sich die Einstellung unserer Führungsriege merklich geändert; sie betrachtet Motorolas Bildungsaufwendungen inzwischen als Investition und nicht mehr als Kostenfaktor. Sie hat gesehen, daß sie sich auszahlen; das gleiche gilt für unsere Mitarbeiter, die Fähigkeiten erwerben, die auf dem Arbeitsmarkt gefragt sind.
>
> Das erste Anzeichen, daß die neuen Schulungsmethoden greifen würden und wir recht daran getan hatten, diesen neuen Schwerpunkt zu setzen, erhielten wir 1985, in einem für uns sehr schwierigen Geschäftsjahr. 1984 war ein gutes Jahr, aber '85 wehte uns ein zeimlich rauher Wind ins Gesicht. Jeder dachte, daß die Schulungsbudgets in den verschiedenen Geschäftsfeldern vermutlich gekürzt würden. Aber genau das Gegenteil geschah. Das mittlere Management investierte mehr als je zuvor in Trainingsprogramme.

Tatsache ist, daß sich die Aufwendungen um mehrere Millionen Dollar erhöhten. In diesem Jahr besuchten mehr Leute als jemals zuvor unsere Schulungskurse. Und ich habe das Gefühl, daß die neuen Kenntnisse schneller als je zuvor in die Praxis umgesetzt wurden.

Motorolas Investitionen, sowohl in die technische als auch in die nichttechnische Aus- und Weiterbildung von Mitarbeitern, sollen vor allem eines der ehrgeizigen Ziele des Unternehmens bewußt machen: ein »Sechs-Sigma-Qualitätsniveau«. Ein »Sigma« ist eine Standardabweichung vom arithmetischen Mittel, und ein Qualitätsniveau von sechs Sigma bedeutet, daß 99,9999998 Prozent aller Produkte im Schnitt fehlerlos sind. Das heißt, nur 3,4 von einer Million Produkte weisen Qualitätsmängel auf.

Kim Fudge, der Motorolas größte Fertigungsstätte leitet, zählt zu den glühenden Befürwortern des Sechs-Sigma-Programms. Er erklärt, warum ein so hochgestecktes Qualitätsniveau unerläßlich ist: »Vor fünf Jahren haben wir all die anderen, weithin bekannten und benutzten Konzepte der Qualitätskontrolle angewendet. Bei uns gab es so viele Mängel, daß wir sie nicht einmal mehr messen konnten.« Eine Qualitätsebene von drei Sigma – also zu 99,7 Prozent fehlerfreie Leistungen – sei nicht annehmbar gewesen, sagt Fudge. »Wir haben hier einige große Datenkommunikationssysteme, die aus Zehntausenden von Bausteinen bestehen. Sie sehen also, wie nachlässig es wäre, sich mit drei Sigma zufriedenzugeben.«

Bei einem Qualitätsniveau von drei Sigma müßte man im Schnitt mit 2700 Fehlern auf eine Million Bausteine rechnen. Um diese Zahl in die richtige Perspektive zu rücken: Ein Produkt mit 1200 Bauteilen hätte im Schnitt 3,2 Fehler, und nur 40 von 1000 Produkten wären ohne Mängel.

Das Streben nach »technischer Perfektion« hat Motorola zu der Entdeckung geführt, daß Erfolg nicht nur die Konzentration auf Wissensgebiete wie Mathematik und Naturwissenschaften erfordert, sondern vor allem auf den Menschen. Nachdem die Firma die Belegschaft der Produktionsstätte in Arlington Heights einem Test unterzogen und ihr Allgemeinwissen überprüft hatte, erwachte sie aus ihrem Dornröschenschlaf. Sie erkannte schlagartig, daß Mitarbeiter, denen das Rechnen und das Lesen schwerfällt, außerstande sind, sich als Schrittmacher auf dem Weg in eine High-Tech-Zukunft zu erweisen, so engagiert sie auch sein mögen. Um Produkte von hoher Qualität herzustellen, braucht das Unternehmen eine hochqualifizierte Belegschaft.

Motorola hat gelernt, daß es bei sechs Sigma weniger um Präzision geht als vielmehr um den menschlichen Aspekt – um die Wertschätzung, die man Mitarbeitern entgegenbringt, die Ermutigung, sich zu engagieren, und das theoretische und praktische Rüstzeug, das man ihnen an die Hand geben muß, damit sie sich wirksam um Qualität bemühen können. Das Unternehmen befindet sich im Umbruch und verändert seine althergebrachten Denk- und Verhaltensmuster: Qualität wird nicht mehr als technisches Konzept gesehen, sondern als natürliches Resultat einer Belegschaft, die bestens ausgebildet und motiviert ist und für ihre Leistungen belohnt wird. Dieser Umbruch offenbart sich auch im Informationsmaterial über die Motorola University: Hier wird betont, daß der Schwerpunkt der Universität in den 90er Jahren nicht auf der Verwirklichung der Sechs-Sigma-Qualitätsebene im Produktbereich liegen wird, sondern auf Programmen und Dienstleistungen, die »eine Anhebung des Qualifikationsniveaus unserer Belegschaftsmitglieder auf eine Sechs-Sigma-Ebene zur Folge haben«.

Das lernorientierte Unternehmen

Das Unternehmen der alten Art stellte Standardprodukte für einen beständigen, vorhersehbaren Massenmarkt her. Lernen bedeutete in diesem Umfeld in erster Linie, Fakten auswendig zu lernen und für Routineaufgaben erforderliche Fähigkeiten zu erwerben. Die Betonung lag auf Vorhersehbarkeit, Einheitlichkeit und Stetigkeit – sowohl bei Menschen als auch bei Erzeugnissen.

Vorgesetzte brachten ihren Mitarbeitern in vorderster Linie des Geschehens die »richtigen« Methoden zur Bewältigung der Arbeitsprozesse bei und hatten die »korrekten« Antworten parat auf vorhersehbare Probleme, die in der Fertigungslinie auftauchten. Lernen beinhaltete lediglich, die Vergangenheit zu verinnerlichen und die Gegenwart nach diesem Muster zu gestalten. Die Aufgabe der Belegschaftsmitglieder, die an vorderster Front im Einsatz standen, bestand nicht darin zu denken (das löste große Mißbilligung aus), sondern gemäß den Anweisungen von oben auf Knopfdruck zu *reagieren* wie ein Pawlowscher Hund.

Ein Lernsystem dieser Art kann nur in einem gleichbleibenden und berechenbaren Umfeld funktionieren. Eine solche Beständigkeit und Berechenbarkeit gibt es heute nicht mehr. Unternehmen, die im wirtschaftlichen Wettbewerb der 90er Jahre Erfolge erzielen und gedeihen wollen, müssen den Schwerpunkt ihrer Schulungs- und Ausbildungsbemühungen drastisch verlagern, ja sogar das Lernkonzept selbst überdenken.

Das heißt nicht, daß die Lernmuster der alten Art völlig über Bord geworfen werden sollten. Mitarbeiter müssen nach wie vor ein routinemäßiges, schematisches Training erhalten, damit sie bestimmte Aufgaben beherrschen, beispielsweise die Wartung der Betriebsausrüstung. Aber solche Weiterbildungsmaßnahmen sollten in ein anspruchsvolleres Lernkonzept eingebettet sein, das eigenständiges Denken und Experimentieren betont. Hier ist die *aktive Anpassung* an ein Umfeld gefordert, das sich stetig verändert, und nicht die *passive Reaktion* auf vorhersehbare Umstände.

Diese Verlagerung erfordert eine völlig neue Ausrichtung der Schulungs- und Ausbildungsbemühungen, die nicht mehr das Auswendiglernen, sondern schöpferisches Denken in den Vordergrund stellen sollten. Statt die »richtigen Antworten« auf vorhersehbare Fragen zu lernen, besteht die Aufgabe der Mitarbeiter im Unternehmen neuen Formats darin, die richtigen Fragen zu stellen, ständig neue Ideen zu skizzieren, zu erproben und genauer auszuarbeiten. Das erfordert wiederum eine Verlagerung des Lernens vom einzelnen auf die Gruppe, auf den »Gedankenaustausch« (siehe Teil V) und fortlaufende Interaktionen mit Firmenangehörigen und Außenstehenden.

Daß der einzelne sich fortbildet, wie effektiv auch immer, gewährleistet nicht, daß ein Unternehmen als Ganzes lernt. Häufig sind Firmen nur zögernd bereit, neue Erkenntnisse zu gewinnen und umzusetzen, während viele einzelne Mitarbeiter ständig neues Wissen erwerben. Wenn ein Unternehmen als Ganzes etwas dazulernen will, wenn es das Wissen jedes einzelnen zum eigenen Nutzen in die richtigen Bahnen lenken und vervielfachen möchte, dann sollte sich sein Augenmerk auf die Aus- und Weiterbildung in der Gruppe richten, das grundlegende Holon der Firmen neuen Zuschnitts.

Obwohl sich Motorola um die Entwicklung eines Schulungsprogramms bemüht, das auf den einzelnen Mitarbeiter zugeschnitten ist, liegt die Betonung klar auf den Lernprozessen des gesamten Unternehmens. William Wiggenhorn sagt:

> Wir haben ein Pilotprogramm für institutionelles Lernen auf den Weg gebracht, das von der Boston University entwickelt und von der American Society for Training and Development erworben wurde. Es handelt sich um einen Versuch, das Lernen von Gruppen zu verstärken, statt sich einfach auf die Weiterbildung von Einzelpersonen zu beschränken.
>
> Das Programm ist bei uns gerade erst angelaufen, aber wir haben bereits Verschiedenes entdeckt: erstens, wie man im Team lernt; zweitens, wie man die Gruppe mit anderen vernetzt, die mit den gleichen Problemen befaßt sind; und drittens, wie man diese Lernprozesse auf Geschäftsfelder überträgt, die außerhalb des eigenen,

individuellen Aufgabenbereichs liegen. Schließlich haben wir gelernt, verschiedene Methodologien zu benutzen, um dieselbe Information an verschiedene Gruppen weiterzugeben, zum Beispiel mittels abstrakter Modelle von Konfliktsituationen oder anderer Technologien. Aber auch hier liegt der Schwerpunkt mehr auf den Lernprozessen der Gruppen als nur auf denen des einzelnen.

Wiggenhorn stellt fest, daß dieses Lernen in Gruppen für Motorola eine wichtige Kursänderung darstellt: »In unserer Firmengeschichte wurde immer der Beitrag des einzelnen und weniger der der Gruppe betont. Deshalb muß die Schulung den Aufbau von Teams in den Mittelpunkt stellen und von der ›Einzelkämpferkultur‹ abrücken, auf die wir in den 50er und 60er Jahren großen Wert gelegt haben.«

Die Aus- und Weiterbildung im lernorientierten Unternehmen, das sich auf Arbeitsgruppen stützt, muß sich auf den Aufbau zwischenmenschlicher Beziehungen und die Entwicklung von Arbeitsprozessen konzentrieren, statt auf das Memorieren von Fakten und das Erlernen festumrissener Arbeitsverfahren. Die Beherrschung spezifischer Aufgaben ist für ein lernorientiertes Unternehmen zweitrangig; an erster Stelle steht hier die Entwicklung der Teamarbeit und der kreativen Denkfähigkeit, um lohnende Arbeitsaufgaben und entsprechende Ansätze für deren Bewältigung zu ermitteln.

Motorola beginnt zu begreifen, daß der Schlüssel zur Lösung praktischer Probleme paradoxerweise darin liegt, zwischenmenschlichen Beziehungen mehr Aufmerksamkeit zu widmen als technischen Fertigkeiten. William Wiggenhorn sagt:

Der wichtigste Nutzen des gesamten Lernprozesses ist der Aufbau eines weltweiten Netzes, in das sämtliche Motorola-Mitarbeiter eingebunden sind, und die Entwicklung persönlicher Beziehungen zwischen ihnen.

Anfang der 80er Jahre haben wir über Fax und Telex miteinander kommuniziert, ziemlich unfreundliche Geräte, wenn man die Person nie zu Gesicht bekommen hat. Normalerweise heißt es: »Halt, Sie haben einen Fehler gemacht.« Oder: »Ich brauche diese Information bis morgen.« Wir verschwenden nicht viel Zeit damit, Fragen über die Person zu stellen, die das Gerät bedient.

Durch unsere Schulung bauen wir eine Art Netz auf. Die Leute kennen einander, oder sie kennen das Land, in dem die Person lebt, oder den Geschäftsbereich, in dem sie tätig ist. Wir werden diese Technologie auch weiterhin benutzen, aber stärker auf persönlicher Basis kommunizieren als von Maschine zu Maschine.

> Wir haben 14 firmeninterne Fallstudien durchgeführt und festgestellt, daß die Leute, wenn sie die Person am anderen Ende des Faxgeräts kennen und irgendwann einmal positive Erfahrungen mit ihr gemacht haben, alles tun, um einer Anfrage oder Bitte zu entsprechen. In einem Fall fuhr jemand sogar nachts quer durch die Alpen, um sicherzugehen, daß ein Ersatzteil pünktlich ankam. Vorher hätte er einfach gesagt: »Ich habe das Fax nie bekommen, da bin ich mir absolut sicher.« Wir hatten 13 ähnliche Fälle, wo Mitarbeiter mehr getan haben, als nur den Vorschriften zu genügen, weil sie die Leute am anderen Ende kannten.

Diese Konzentration auf die Entwicklung zwischenmenschlicher Beziehungen stellt einen revolutionär neuen Lernansatz dar. Im Unternehmen alten Musters pflegte man bekannte Fakten zu lernen und sie bei Bedarf wieder »auszuspucken«. Dabei wurden zwischenmenschliche Kontakte und Prozesse, die dazu dienen, Fakten zu benutzen und in effektives Handeln umzusetzen, ignoriert. Die Aufmerksamkeit, die Motorola dem Aufbau persönlicher Kontakte widmet, entspricht mehr der Art, wie lebende Organismen lernen und wachsen – nicht isoliert, sondern »eingebunden in das Umfeld« und um Anpassung bemüht.

Motorola hilft seinen Mitarbeitern bei dieser Einbindung, indem es sie beispielsweise in alle Länder der Welt schickt, um sich dort aus erster Hand über neue Geschäftspraktiken und Techniken zu informieren. William Wiggenhorn:

> Anfang der 80er Jahre waren die Mitglieder der Geschäftsleitung die einzigen, die ins Ausland reisten. Sie konnten sich also persönlich ein Bild von den Vorgängen machen. Heute besuchen alle möglichen Gruppen – Angehörige des mittleren Managements, Mitarbeiter, die an vorderster Front im Einsatz stehen usw. – verschiedene Länder der Welt, um zu sehen, wie man dort arbeitet. Und dann kehren sie in ihren angestammten Aufgabenbereich zurück und erstatten den anderen Bericht.
>
> Das ist ein Privileg, das verschiedene Vorteile bietet: Erstens bietet sich unseren Mitarbeitern dadurch die Möglichkeit, Land und Leute kennenzulernen; zweitens sehen sie, daß andere vielleicht etwas schaffen, was sie für unmöglich gehalten hatten; und drittens können sie ihren Kollegen nach der Rückkehr etwas beibringen ... nicht der Chef kommt von einer Auslandsreise zurück und sagt ihnen, was sie zu tun haben, sondern es sind die Kollegen, die ihr Wissen mit ihnen teilen. Ich denke, daß wir diese Aktivitäten in den 90er Jahren verstärken werden.

Was an dieser neuen Vorgehensweise von Motorola so beeindruckt, ist die Partnerschaft zwischen allen Belegschaftsmitgliedern, die sich hier offenbart. Das ist nicht nur eine nette Geste, sondern eine vernünftige wirtschaftliche Entscheidung, da die Motorola-Arbeiter eine wichtige Rolle spielen bei der praktischen Umsetzung der Lektionen, die sie über die »Einbindung in das Umfeld« lernen. Diese Umsetzung von mehr Demokratie hat grundlegende Bedeutung für ein Unternehmen, das sein Wissen als Ganzes zu erweitern hofft.

Fortwährendes Lernen in der Firma Levi Strauss

Levi Strauss & Co. ist ein weiteres Unternehmen, das es sich zur Aufgabe gemacht hat, seine Kenntnisse stetig zu erweitern, um angesichts einer ungewissen Zukunft wettbewerbsfähig zu bleiben. Sue Thompson, Leiterin der Personalabteilung, sagt: »Die Bedeutung der Ausbildung ist merklich gewachsen, und die Erkenntnis, daß Schulung unabdingbar ist, setzt sich durch. Wir haben folgendes festgestellt: Je mehr Schulungen wir durchführen, desto größer ist der Weiterbildungsbedarf in anderen Bereichen, dem wir auf die Spur kommen. Da sich am Arbeitsplatz so viel ändert, müssen Mitarbeiter heute über eine breitgefächerte Palette von Fähigkeiten und Fertigkeiten verfügen.«

Wie Motorola hat auch Levi Strauss sein Augenmerk vom individuellen auf das Gruppenlernen verlagert. Sue Thompson:

> Früher waren unsere Mitarbeiter darauf bedacht, jeder für sich einen Beitrag zu leisten; heute arbeiten sie in vielen Fällen in Teams oder Arbeitsgruppen. Das sehen wir deutlich in unserer Zentrale und sogar in unseren Produktionsstätten. Die Arbeitsgruppen bilden sich von ganz alleine. Wir können auch den Übergang zu autonomen Teams beobachten und müssen daher zum einen unser Vergütungssystem überprüfen und die Leute zum anderen intensiv schulen, damit sie lernen, wie man in Gruppen zusammenarbeitet, miteinander kooperiert und gemeinsam Probleme löst. Die Veränderungen sind verblüffend, und der Schulungsbedarf, der mit diesen Veränderungen einhergeht, ist außergewöhnlich groß.
> Unser Ziel ist es, daß die Ausbildung stärker in die tatsächliche Arbeitsweise der Abteilungen einzubinden ist. Wir schulen einige Gruppen, und dann arbeiten wir mit ihnen in der Praxis, um ihnen dabei zu helfen, diese Konzepte am Arbeitsplatz umzusetzen.
> Wir haben festgestellt, daß es nicht kostengünstig ist, wenn man die Leute ins Klassenzimmer verfrachtet, ihnen dort etwas beibringt und sie dann ohne nachfassende Hilfestellung in ihr Arbeitsumfeld zurückkehren läßt, ohne sie später in einem Folgekurs zu schulen.

Folglich hat unsere Personalentwicklungsabteilung zwei Stützpfeiler: die Entwicklung und Durchführung der Trainingsprogramme und eine firmeninterne Beratungsgruppe. Die Rolle der Berater besteht darin, den Führungskräften und ihren Arbeitsgruppen dabei zu helfen, die in den Schulungskursen erworbenen Kenntnisse in das Arbeitsumfeld zu integrieren und die Fähigkeiten im Rahmen der jeweiligen Tätigkeiten zu nutzen.

Die Abteilung ist derzeit intensiv damit befaßt, Führungskräften und ihren Arbeitsgruppen dabei zu helfen, unsere Vision und die unternehmerischen Zielvorstellungen der Abteilungsleiter besser zu verstehen. Darüber hinaus möchte sie die Mitarbeiter anspornen, einen Blick zu werfen auf die Zukunft, die sie sich für die Firma oder ihre Abteilung wünschen, sich Gedanken darüber zu machen, welche Merkmale sie als Gruppe aufweisen und welche Veränderungen sie als Gruppe einleiten müssen, um dieses Ziel zu erreichen.

In den nächsten fünf Jahren wird unsere Strategie darin bestehen, dafür zu sorgen, daß jedes Belegschaftsmitglied über wichtige und ausreichende Erfahrungen verfügt, um unseren Zielsetzungskatalog (siehe Teil II) zu verstehen, die Fähigkeiten erwirbt, die für die praktische Umsetzung notwendig sind, und sowohl die Schulung als auch die beratende Unterstützung erhält, um die Zielvorstellungen am Arbeitsplatz zu realisieren.

Wie Preston Trucking und andere Firmen neuen Stils hat auch Levi Strauss erkannt, daß diejenige Person, die eine Tätigkeit ausübt, am besten darüber informiert ist und weiß, welche Fähigkeiten erforderlich sind, um mit der Konkurrenz Schritt zu halten. Infolgedessen hat man hier die Verantwortung für die berufliche Aus- und Weiterbildung dem einzelnen Mitarbeiter übertragen. Sue Thompson:

Mit der zunehmenden Nutzung der Technologie und dem Einsatz neuer Datenverarbeitungssysteme ändern sich die Arbeitsaufgaben beträchtlich. Wir versuchen Mitarbeiter zu ermutigen, Verantwortung für die eigene Weiterbildung und berufliche Entwicklung zu übernehmen, sich mit ihren Vorgesetzten oder Vorarbeitern abzustimmen und dann aus eigenem Antrieb sicherzustellen, daß sie Fähigkeiten erwerben, mit denen sie für die Zukunft gerüstet sind.

In manchen Fällen wissen wir nicht, wie diese Fähigkeiten aussehen. Wir wissen nur, daß sich die Arbeitsaufgaben nachhaltig verändern. Wir spornen unsere Mitarbeiter an, ihre Computerkenntnisse zu vertiefen, Kontakt zu Kollegen zu suchen und das Umfeld zu durchforsten, um sich über Veränderungen in betrieblichen Prozessen und Geschäftsmethoden auf dem laufenden zu halten. Wir versuchen, den Mitarbeiterstab in unserer Schulungs- und Personalentwicklungsorganisation aufzustocken, so daß wir dem Ausbildungsbedarf, der sich nach und nach offenbart, immer einen Schritt voraus sind.

Führung im lernorientierten Unternehmen

William Wiggenhorn glaubt, daß eine engagierte Führungsmannschaft von entscheidender Bedeutung ist, wenn ein Unternehmen bestrebt ist, sich in eine lernorientierte Organisation zu verwandeln: »Es muß jemanden auf der Geschäftsleitungsebene geben, der sich eine Weile intensiv darum kümmert. Nach meiner Ansicht fünf Jahre oder länger. Jemand, der fest daran glaubt, daß Ausbildung und Schulung zur Bereicherung des Unternehmens beitragen, beispielsweise auf dem Gebiet der Neuproduktentwicklung, der Wahrnehmung neuer Marktchancen oder wo auch immer. Wenn es diese Person nicht gibt, dann hat man das Spiel von vornherein verloren.«

In jedem lernorientierten Unternehmen steht eine Führungspersönlichkeit an der Spitze, die sich für die Entwicklung einer auf kontinuierlichen Lernprozessen basierenden Kultur einsetzt. Als Robert Galvin Firmenchef bei Motorola war, übernahm er die Rolle des Wegbereiters bei den Bemühungen, die in der Gründung der Motorola-Universität gipfelten und von George Fisher, dem derzeitigen Firmenchef des Unternehmens, weiterhin gefördert werden. Will Potter, Vorstandsvorsitzender der Firma Preston, spielte eine federführende Rolle, als er das Unternehmen radikal umstrukturierte und Mitarbeitern, Gewerkschaft und Kunden ermöglichte, gemeinsam zu lernen, wie man in einem deregulierten Umfeld überlebt. Ricardo Semler war verantwortlich für die Einführung autonomer Teams bei Semco, die gemeinsam lernen und das Unternehmen im wahrsten Sinn des Wortes leiten. Patricia Gallup schuf bei PC Connection eine Atmosphäre, die Mitarbeitern und Kunden gestattet, voneinander zu lernen. Und ohne die Einsatzbereitschaft eines Frank Merlotti wäre es Steelcase vielleicht nicht gelungen, die Umwandlung in ein Unternehmen zu vollziehen, das sich auf Arbeitsgruppen stützt und stetiges Lernen auf allen Ebenen fördert.

Manco gehört ebenfalls zu den Firmen, die sich dem Prozeß des kontinuierlichen Lernens verpflichtet fühlen, und dahinter steht der Mann an der Spitze, Jack Kahl. Kahl studiert mit großem Eifer herausragende Einzelpersönlichkeiten, Kunden, Konkurrenten und erfolgreiche Firmen gleich welcher Art, stets auf der Suche nach Möglichkeiten, Verbesserungen in seiner eigenen Organisation einzuleiten. Und er drängt die Manco-Mitarbeiter, seinem Beispiel zu folgen. Es ist ihm gelungen, eine Unternehmenskultur zu schaffen, die fortwährendes Lernen nicht nur fördert, sondern geradezu verlangt.

Kahl unternimmt alles in seiner Macht Stehende, um das Konzept des fortwährenden Lernens bei Manco zu festigen. Er sorgt dafür, daß Informationen über das Unternehmen uneingeschränkt und in allen Einzelheiten an sämtliche Belegschaftsangehörigen weitergegeben werden. Strebsame Nachwuchskräfte im Außendienst werden zu Besuchen bei wichtigen Kunden mitgenommen, so daß sie das Einmaleins ihres Handwerks so schnell wie möglich beherrschen. Und die Firma vergibt einen eigenen Preis an Mitarbeiter, die ein hohes Maß an beruflicher Neugierde an den Tag gelegt haben.

Selbst das physische Arbeitsumfeld wurde mit Blick auf die Lernprozesse gestaltet. Ein großer Teil der Aktivitäten findet in der Zentrale statt, so daß der problemlose Zugang zu Informationen, die sich rapide ändern können, gewährleistet ist. »Um etwas Neues zu erfahren oder zu lernen, muß man sich nur ins Herzstück unseres Unternehmens begeben«, sagt Kahl.

Die Wände des Manco-Gebäudes sind mit den Gedanken von Philosophen geschmückt; manche sind Klassiker und haben es zu Ruhm gebracht, andere zählen zu den Mitarbeitern des Unternehmens. Jede Führungskraft sucht sich ein Zitat aus, das über ihre Bürotür gehängt wird. Kahls Ausspruch stammt von Sokrates und lautet: »Ich weiß, daß ich nichts weiß.«

Kahl nimmt Anregungen von Kunden begierig auf, vor allem von Wal-Mart, dem wichtigsten Kunden des Unternehmens. Und er befaßt sich eingehend mit erfolgreichen Konkurrenten wie dem Branchenriesen 3M. Er konzentriert sich darauf, »von den Besten zu lernen« – für die Firma Manco eine Möglichkeit, Branchenführer zu werden. Zu den »Besten«, denen er über die Schulter geschaut hat, gehören Unternehmerpersönlichkeiten wie Walt Disney und Sam Walton.

Walt Disney hat ihn nachhaltig inspiriert. Aus einem Buch erfuhr Kahl, wie wichtig Farben für Disney waren. Das brachte ihn auf die Idee, von einem Designer die Verpackung mit der Bezeichnung »Grünes Meer« gestalten zu lassen, die sich deutlich von anderen abhebt und die Manco-Produkte als eine Familie kennzeichnet. (Sie stach so sehr von anderen ab, daß Procter & Gamble einen Designer engagierte, um den eigenen Produkten ein genauso einheitliches Aussehen zu geben, siehe Teil VI.)

Jack Kahl und die Manco-Mitarbeiter sammeln ständig Ideen, schmieden daraus konkrete Pläne und wenden sie vor allem an, um die Dienstleistungsqualität des Unternehmens zu verbessern. Kahl: »Dienstleistung ist für mich nicht mehr als eine Schulbuchweisheit. Die Menschen sind es, die im Geschäftsleben eine Rolle spielen. Ich werde hier manchmal richtig wütend, wenn ich sagen muß: ›Hört auf, über Theorien zu faseln. Fallstudien sind eine wundervolle Sache, aber sie dürfen keine Theorie bleiben, sondern müssen in etwas Handfestes verwandelt werden, das unseren Kunden helfen wird.‹«

Um sicherzustellen, daß sich diese Lernprozesse in neuen unternehmerischen Verhaltensweisen niederschlagen, hat Kahl offene Diskussionsveranstaltungen an der »Manco University« eingeführt, einem firmeneigenen Konferenzsaal, in dem die verschiedensten Kurse abgehalten werden und wo jeden Donnerstagabend eine lebhafte Debatte über unternehmens- und branchenbezogene Ideen stattfindet. Die Mitglieder der Geschäftsleitung treffen sich dort am Nachmittag; der Rest der Belegschaft ist eingeladen, sich am Abend am Meinungsaustausch zu beteiligen.

Kahl betont die Bedeutung der Führungsarbeit bei der Entwicklung einer Lernkultur in einer neueren Ausgabe der Firmenzeitschrift, in der er seine Ansichten mit Hilfe der Manco-Ente zur Kenntnis bringt: »Wir haben den Schwerpunkt unseres Engagements verlagert und investieren nun viel Zeit und Geld in die Verbesserung des Wissensniveaus aller Manco-Partner. Eines der größten Hindernisse auf dem Weg zu einem Wandel der Unternehmenskultur einer Organisation liegt darin, daß ranghohe Führungskräfte sich nur widerstrebend eingestehen, nicht alles zu wissen.«

Kahl empfiehlt Topmanagern, »sich dieser Realität zu stellen, ihr Wissen aufzufrischen und den Manco-Partnern, mit denen sie zusammenarbeiten, mit gutem Beispiel voranzugehen«. Er fügt hinzu: »Niemand in unserer Firma muß angefeuert und zu lebenslangem Lernen ermahnt werden. Wir brauchen unsere Führungskräfte als Vorbild für ein Lernverhalten, das sie sich vermutlich von allen anderen in der Firma wünschen.«

Kahl schreibt: »Der Kern echter Führungskompetenz liegt darin, Mitarbeitern die Möglichkeit zu geben, sich mit eigenen Augen davon zu überzeugen, daß Lernen erforderlich und erwünscht ist. Taten sprechen mehr als Worte. Heute müssen Führungskräfte Veränderungen studieren, bevor sie andere diese Veränderung lehren.«

Erwerb von Führungsfähigkeiten. Ein Unternehmen, das nach Wissenserweiterung strebt, braucht nicht nur eine engagierte Führungspersönlichkeit an der Spitze, sondern muß auch anderen Firmenangehörigen die Gelegenheit bieten, Führungsqualitäten zu entwickeln.

Viele Firmen investieren große Summen für wirksame Schulungsprogramme auf der technischen Ebene; was fehlt, sind indessen Möglichkeiten, Führungsqualitäten und zwischenmenschliche Kommunikationsfähigkeiten zu erwerben, damit die technischen Konzepte umgesetzt und auf das gesamte Unternehmen ausgeweitet werden können.

Perry Pascarella hat von einer Studie über berufsbezogene Ausbildungswege berichtet, in der er mehr als 1000 Führungskräfte und Qualitätsverbesserungsexperten befragte. Es stellte sich heraus, daß in den Firmen 80 Prozent der Finanzmittel für firmenexterne Schulungsprogramme aufgewendet wurden, die sich auf technische Themen und die Einführung neuer Managementsysteme bezogen. Weniger als 20 Prozent der Budgets flossen in die Entwicklung von Führungsfähigkeiten.

Als die Teilnehmer jedoch gebeten wurden zu benennen, was der Verbesserung der Dienstleistungsqualität im Wege steht, war das Verhältnis fast genau umgekehrt. Ihren Antworten zufolge ließen sich 80 Prozent der Dienstleistungsprobleme auf einen Mangel an Kompetenz, Unterstützung und Engagement der Führungskräfte und nur 20 Prozent auf mangelnde technische Fähigkeiten zurückführen.

Pascarella schloß: »Wir haben wiederholt festgestellt, daß es grundlegende Fähigkeiten im Führungs- und zwischenmenschlichen Bereich gibt, die entscheiden über Erfolg oder Scheitern der Bemühungen, dic Produktivität, die persönlichen Leistungen, das Dienstleistungsniveau und die Produktqualität zu verbessern. Wenn man das Problem genauer einkreist, bleibt als entscheidender Faktor mangelnde Führungskompetenz. Die Einführung neuer Systeme und Technologien, ohne daß die Mitarbeiter über die grundlegenden [Führungs- und zwischenmenschlichen] Qualitäten verfügen, ist ein todsicheres Rezept, um eine Katastrophe heraufzubeschwören.«

Der Stellenwert, der Führungsqualitäten bei der Übermittlung von Wissen an sämtliche Unternehmensbereiche zukommt, wird in der nachfolgenden Geschichte unterstrichen. Im Mittelpunkt steht eine führende Bank, die sich bemühte, ihr Vermögen durch die Gewinnung neuer Einlagenkunden zu erhöhen. Der Vorstand des Finanzinstituts hatte sich überlegt, daß die Schulung der Angestellten, die direkten Kontakt zu Kunden hatten, der Schlüssel zum Erfolg dieses Unterfangens sein würde, und das leuchtet ja auch ein. Schließlich machen viele potentielle Kunden ihre Entscheidung für eine bestimmte Bank vom Kontakt mit dem Schalterpersonal abhängig.

Der Vorstand unterzog diese Theorie in 18 Zweigstellen einem Test: In der Hälfte der Zweigstellen erhielten die Angestellten am Schalter und andere Belegschaftsmitglieder an vorderster Front eine intensive Kundendienstschulung, während dies bei der Vergleichsgruppe unterblieb. Und tatsächlich erhöhten sich in sieben der Zweigstellen, in denen Trainings durchgeführt worden waren, die Einlagen merklich. Aber die Zahlen schnellten auch in die Höhe bei weiteren sechs Zweigstellen, deren Mitarbeiter keine Schulung mitgemacht hatten.

Nach sorgfältiger Auswertung der Ergebnisse kam der Vorstand zu der Schlußfolgerung, die Erhöhung der Einlagen sei nicht in erster Linie auf die Schulung des Personals zurückzuführen. Sie war vor allem den außergewöhnlichen Führungsqualitäten der Vorgesetzten in den erfolgreichen Zweigstellen zu verdanken.

Die Einstellung neuer Mitarbeiter im lernorientierten Unternehmen

Es leuchtet ein, daß lernorientierte Unternehmen Mitarbeiter einstellen, die befähigt und gewillt sind, ihren Horizont ständig zu erweitern. Wie die Erfahrung von Motorola zeigt, ist das Bemühen, ausschließlich hochqualifiziertes Personal zu finden, nicht immer von Erfolg gekrönt, vor allem in einem Zeitalter, in dem es an Fachkräften mangelt. Aber es *ist* möglich und wichtig, Mitarbeiter einzustellen, die die Fähigkeit und die Bereitschaft mitbringen, wie das Unternehmen auch, ständig etwas dazuzulernen.

Firmen, die Lernen und Wachstum auf ihre Fahnen geschrieben haben, geben sich große Mühe, die richtigen Leute zu finden. In vielen Unternehmen der neuen Art nimmt der Auswahlprozeß viel Zeit in Anspruch; fünf bis zehn Einstellungsgespräche, selbst bei Berufsanfängern, sind keineswegs ungewöhnlich. Die Firmenangehörigen, die für und mit den neuen Belegschaftsmitgliedern arbeiten werden, haben ein aktives Mitspracherecht im Auswahlverfahren. Diese Beteiligung ist vor allem in lernorientierten Unternehmen wichtig, in denen der Schwerpunkt auf Teamarbeit und Kooperation liegt.

Bei Levi Strauss fühlen verschiedene Leute innerhalb wie außerhalb des Unternehmens den Stellenanwärtern auf den Zahn. Sue Thompson sagt: »Früher wurden die Kandidaten vom unmittelbaren Vorgesetzten und der Personalberatungsfirma begutachtet. Heute müssen sie, dem Wunsch vieler Abteilungen entsprechend, sechs bis neun Einstellungsgespräche über sich ergehen lassen. In manchen Fällen werden sie von Kunden oder gleichrangigen Kollegen unter die Lupe genommen. Auf diese Weise versuchen wir uns zu vergewissern, daß jemand hundertprozentig zu uns paßt und genau die Fähigkeiten und fachlichen Kompetenzen einbringt, die wir brauchen.«

Vergleichen wir diesen bewußten, umsichtigen und zeitaufwendigen

Ansatz mit der Gepflogenheit, Mitarbeiter aufs Geratewohl einzustellen und die »leidige Angelegenheit schnellstmöglich hinter sich zu bringen«, wie es für die Unternehmen der alten Art charakteristisch war und ist. Laut Robert Half, einem bekannten Personalvermittler, fällt die Entscheidung meistens innerhalb der ersten 15 Minuten eines Vorstellungsgesprächs und stützt sich dabei auf den ersten Eindruck, den man von einem Kandidaten gewonnen hat. Solche intuitiven Beurteilungen, sagt Half, können nützlich sein, aber sie sind alles andere als ausreichend:

> Jemanden nach dem Augenschein zu »beurteilen« ist nur eines der Instrumente einer effektiven Personalbeschaffungsstrategie ... hier geht es nicht nur darum, Gespräche mit einer Reihe von Stellenanwärtern zu führen und zu entscheiden, wer die besten Qualifikationen mitbringt. Die Einstellung neuer Mitarbeiter ist ein vielschichtiger Prozeß und das Gespräch mit dem Kandidaten dabei nur ein Aspekt ... Man muß die Erfordernisse der Arbeitsaufgaben analysieren, die besten Personalbeschaffungsquellen nutzen, eine umsichtige Vorauswahl treffen, sich sorgfältig auf das Einstellungsgespräch vorbereiten und die Referenzen gewissenhaft prüfen – auch diese Umstände gilt es zu berücksichtigen ... Ein Großteil der Fehlgriffe bei der Einstellung neuer Mitarbeiter wäre vermeidbar gewesen, wenn die Leute, denen diese Aufgabe obliegt, sich vor Beginn der Suche genauer überlegt hätten, nach was sie eigentlich Ausschau halten.

Die Bedeutung übereinstimmender Profile

Lernorientierte Unternehmen der neuen Art haben genaue Vorstellungen, wonach sie suchen, wenn ein Stellenanwärter zur Tür hereinkommt. Sie sind nach besten Kräften bemüht, sich zu vergewissern, daß zwischen dem Profil des Stellenanwärters, das heißt seinen Fähigkeiten, seinem beruflichen Hintergrund und seinen Bestrebungen, und dem Profil des Unternehmens – seiner Unternehmensphilosophie, seinen Werthaltungen und dem unmittelbaren Arbeitsumfeld des Kandidaten – ein Höchstmaß an Übereinstimmung besteht.

Um diese »Übereinstimmung« zu erzielen, führt America West Airlines Gruppengespräche mit den Stellenanwärtern; auf diese Weise sieht man, wie sich der einzelne im Kontakt mit anderen Menschen verhält, ein wichtiges Kriterium für ein Unternehmen, das seine Mitarbeiter in sämtlichen Aufgabenbereichen einsetzt. Rod Cox, für Einstellung und Schulung bei der AWA verantwortlich, sagt: »Wir suchen in der Regel Mitarbeiter, die sich sehr gut in die Gruppe einpassen; keine

Duckmäuser, aber auch keine Leute, die glauben, sie müßten in jeder Situation den Ton angeben. Wenn jemand ›Starallüren‹ hat, ist er bei uns an der falschen Adresse. Primadonnen finden hier keinen Beifall.«

Levi Strauss legt ebenfalls großen Wert darauf, daß neue Mitarbeiter ins Unternehmen passen. Sue Thompson: »Bei dem Wort ›Übereinstimmung‹ fallen mir auf Anhieb zwei Dinge ein: Erstens, die Wertnormen der Stellenanwärter müssen unserem Zielsetzungskatalog entsprechen; und zweitens, der persönliche Stil muß Flexibilität widerspiegeln, um die Anpassung an die nachhaltigen Veränderungen, die wir heute am Arbeitsplatz erleben, zu gewährleisten.«

In ihrem Bemühen, ausschließlich Mitarbeiter mit »maßgeschneidertem« Persönlichkeitsprofil einzustellen, scheinen einige Firmen Stellenanwärter bewußt abzuschrecken. »Wir wollen, daß die Leute, bei denen es Zweifel gibt, ob ihnen diese Arbeit wirklich Spaß machen wird, aus dem Einstellungsprozeß aussteigen, bevor sie auch nur einen Besucher zu Gesicht bekommen«, erklärte Deede Sharp, der für die Entwicklung der Ausbildungsprogramme des Freizeitparks Disney World zuständig ist. Joe Lee, Präsident der General-Mills-Restaurantkette meint: »Wir sind bemüht, nur solche Leute zu einem Vorstellungsgespräch einzuladen, die unsere Zielvorstellungen teilen. Wir machen keinen Hehl daraus, wie das Unternehmen beschaffen sein soll, das wir führen wollen.«

In dem Maße, wie Firmen sich stärker auf Arbeitsgruppen verlegen, werden diese intensiver in den Einstellungsprozeß einbezogen und manchmal von Anfang bis Ende damit betraut. Bei Semco haben beispielsweise die Teams die volle Verantwortung für die Auswahl ihrer neuen Kollegen.

Dieser Ansatz ist auch sinnvoll, denn die Gruppe kann am besten beurteilen, welche fachlichen Qualifikationen ein bestimmtes Projekt erfordert und welche persönlichen Kommunikations- und Verhaltensmerkmale eine reibungslose Integration in die Gruppe gestatten würden. Daryl Lev, Bereichsleiter bei Com Systems, der das Konzept der Einstellung neuer Mitarbeiter durch Arbeitsgruppen in seiner Firma durchsetzte, sagt, das Bild geeigneter Stellenanwärter habe vor Einführung dieses Systems nur »im Kopf ihrer Vorgesetzten« existiert. Ob die Leute letztlich miteinander auskamen, habe vorher in den Sternen gestanden; nun könne man sich im vorhinein sicher sein.

Der Stellenwert persönlicher Einstellungen

Wenn ein lernorientiertes Unternehmen potentielle neue Mitarbeiter unter die Lupe nimmt, sucht es nach einer Reihe nachweislicher Erfolge, um die Spreu vom Weizen zu trennen und Kandidaten mit Spitzenleistungen herauszupicken. Aber es hält auch nach Bewerbern Ausschau, die eine positive Einstellung zu Fehlern und Mißerfolgen mitbringen. Sue Thompson: »Ich bin an Leuten interessiert, die aus ihren Erfahrungen gelernt haben, denn Lernen ist das wichtigste Schlüsselmerkmal des neuen Unternehmens. Ich suche nach Leuten, die in der Lage sind, über ihre Rückschläge und Fehlgriffe zu sprechen, und die fähig waren, daraus zu lernen.«

In einem Zeitalter, das kontinuierliche Innovations- und Lernprozesse erfordert, ist es von entscheidender Bedeutung, die persönliche Einstellung eines Stellenanwärters zu Fehlschlägen einzuschätzen, denn solche gehen unweigerlich mit dem fortlaufenden Experimentieren und Erproben einher. Kandidaten mit Spitzenleistungen heben sich nicht nur aufgrund ihrer beeindruckenden Ergebnisse in früheren Beschäftigungsverhältnissen positiv von anderen ab; sie zeichnen sich auch aus durch ihre Fähigkeit, den Kurs zu ändern, wenn sie sich auf dem Holzweg befinden, und durch die Bereitschaft, Fehler einzugestehen und aus ihnen zu lernen.

Die Führungskräfte in Unternehmen neuen Stils stimmen darin überein, daß persönliche Einstellungen und die Art, wie jemand eine Arbeitsaufgabe anpackt, die technischen Fähigkeiten bei weitem aufwiegen. AWA mußte die leidvolle Erfahrung machen, daß technisches Wissen allein wenig über das Leistungsniveau aussagt. Red Cox erklärt:

> Ich werde Ihnen erzählen, was bei uns nicht gut funktioniert hat. Was die Einstellung neuer Mitarbeiter anging, da saßen wir wirklich in der Klemme. Wir expandierten damals ungeheuer schnell und stellten genauso zügig Personal ein. Zu dem Zeitpunkt war gerade eine kleine amerikanische Fluggesellschaft von einer anderen Fluglinie aufgekauft worden; man hatte viele Belegschaftsmitglieder freigesetzt, vor allem solche, die als Flugbegleiter, in der Flugscheinreservierung und in der Passage gearbeitet hatten. Für uns schien das eine wahre Goldgrube zu sein. Deshalb haben wir uns, aus heutiger Sicht, vielleicht ein bißchen zu sehr für den Weg des geringsten Widerstandes entschieden, um auf den benötigten Personalbestand zu kommen.
>
> Das war ein Fehler. Wir nahmen an, daß eine Gemeinsamkeit zwischen Angebots- und Nachfrageprofil bestand, nämlich die Erfahrung im Airline-Geschäft. Das hätte nicht der gemeinsame Nenner sein dürfen. Hier war etwas ganz anderes wichtig, und das hatte nicht das geringste mit Linienfluggesellschaften zu tun. Die Frage war: Wie geht jemand an eine Arbeitsaufgabe heran? Zielt sein Verhältnis zum Arbeitgeber auf Konfrontation oder auf Zusammenarbeit ab? Steht hier das Gruppenkonzept im Vordergrund,

> oder heißt es: »Die anderen gegen uns«, »Führungsmannschaft gegen den Rest der Belegschaft« usw.? Solche Fragen hätten wir stellen sollen.
> Statt dessen haben wir uns gesagt: »Das sind Leute, die Erfahrungen mit der Aufgabe von Fluggesellschaften besitzen. Die werden wir leicht schulen können; mit denen kommen wir bestens zurecht; sie werden innerhalb kürzester Zeit voll einsatzfähig und produktiv sein.« Was wir uns in Wirklichkeit an Land gezogen hatten, waren Probleme über Probleme. Die meisten Leute arbeiten heute nicht mehr für uns. Wir hatten mit dieser speziellen Gruppe drei- bis viermal soviel Schwierigkeiten wie mit allen anderen.

Sue Thompson von der Firma Levi Strauss ist ebenfalls der Auffassung, daß Erfolg bei Auswahl und Einstellung von Mitarbeitern in wesentlich stärkerem Maß von den zwischenmenschlichen als von den technischen Fähigkeiten eines Stellenanwärters abhängt:

> Die Fehler haben wir bei der Einstellung von Mitarbeitern gemacht, die beeindruckendes technisches Fachwissen mitbrachten. Oft fehlten ihnen zwischenmenschliche Fähigkeiten oder die Flexibilität, sich auf andere einzustellen. Oder sie verstanden es nicht, ihre Fachkenntnisse in eine Arbeitsgruppe einzubringen. Andererseits sind wir mit Leuten, die – auf dem Papier – keine technische Qualifikation für eine bestimmte Tätigkeit vorweisen konnten, bewußt ein Risiko eingegangen. Wir haben es mit ihnen versucht und ihnen Arbeitsaufgaben überantwortet, für die sie vielleicht nicht die allerbesten Voraussetzungen mitbrachten. Und in fast allen Fällen, an die ich mich erinnern kann, haben sie diese mit Bravour gemeistert.

Die Entwicklung von Leistungsanreizsystemen

Eine der größten Schwachstellen des kapitalistischen Systems besteht darin, daß seine Segnungen auf einige wenige Privilegierte beschränkt sind. Obwohl die Arbeitnehmer zur Gewinnschöpfung eines Unternehmens beitragen, werden diese Gewinne herkömmlicherweise an jene verteilt, die Geld in die Firma investiert haben oder zur engbegrenzten Gruppe der Topmanager zählen.

Dieser Ansatz untergräbt die Fähigkeit eines Unternehmens, als Organisation zu lernen und zu wachsen. Wenn die Belegschaftsmitglieder nicht an den Früchten ihrer Arbeit teilhaben dürfen, sind sie weniger motiviert, sich auf fortlaufende Lern- und Innovationsprozesse einzulassen. Durch das Horten der Gewinne hemmen Investoren und Topmanager ungewollt den Gewinnstrom.

Motivation und Belohnung

Alex Mironoff beschreibt die Kurzsichtigkeit dieser Methode:

> Freiheit wurzelt im Konzept des Besitztums oder ... der Kontrolle. Wenn wir glauben, daß uns ein bestimmtes Ergebnis direkt oder indirekt zugute kommt, verwenden wir mehr Energie darauf, es zu erzielen. Firmenvorstände, Managercliquen und Abteilungsleiterriegen der traditionellen Art machen diese Energie zunichte. Statt das Streben nach Besitztum und Einflußnahme auf allen Ebenen des Unternehmens zu fördern, gelingt es solchen Gruppen, jeden Gedanken an Besitztum, Interesse oder Beteiligung an den Unternehmenszielen auf den unteren Hierarchieebenen abzublocken. Der Vorstand ist auf eine hohe Eigenkapitalrendite bedacht – je höher, desto besser. Halten die Vorstandsmitglieder einen Augenblick inne, um darüber nachzudenken, ob die Verkäuferin hinter der Ladentheke nicht das gleiche Interesse an einer Rendite haben könnte und bereit wäre, aus eigenem Antrieb alles zu tun, um ihren Beitrag zur Verwirklichung dieses Ziel zu leisten? Nein. Normalerweise schmiedet der Vorstand verborgene Pläne, um die Gehaltserhöhung der Verkäuferin so niedrig wie möglich zu halten und auf diesem Weg das Renditeziel zu erreichen.

Es gibt einige Untersuchungen, die Mironoffs Analyse stützen. In einer Studie der Public Agenda Foundation wurde festgestellt, daß rund zwei Drittel aller Arbeitnehmer eine leistungsgebundene Vergütung bevorzugen. Mehr als 70 Prozent der Befragten meinten, ihre Arbeitsergebnisse hätten nachgelassen, weil der Bezug zwischen beiden fehle. Und in einer kürzlich in allen amerikanischen Bundesstaaten durchgeführten Umfrage antworteten von mehreren tausend Beschäftigten nur 22 Prozent mit Ja auf die Frage: »Würde man es finanziell honorieren, wenn es Ihnen gelänge, die Dienstleistungsqualität und die Produktivität zu verbessern?« Rund 75 Prozent der Befragten erklärten, daß sie sich aufgrund des Ausschlusses von den Belohnungen bewußt jeder zusätzlichen Mühen am Arbeitsplatz enthielten.

Da die Verbindung zwischen Arbeitsentgelt und Leistung eigentlich auf der Hand liegen sollte, ist das einzig Überraschende an diesen Untersuchungsergebnissen, daß viele Führungskräfte tatsächlich davon überrascht sind. Doch statt Leistung zu belohnen, hält das Management vergebens nach Möglichkeiten Ausschau, die Produktivität zu steigern. Auf der Suche nach uralten (oder modernen) fernöstlichen Weisheiten, die eine magische Verwandlung in der Leistungsbereitschaft der Belegschaft bewirken könnten, richtet es den Blick häufig auf die Japaner.

Robert Reich weist jedoch darauf hin:

> Im japanischen Führungsstil liegt keine Kunst. Es gibt kein Geheimnis, das es zu enthüllen gilt, um sich der japanischen Herausforderung gewachsen zu zeigen. Obwohl wir viele Merkmale japanischer Firmen erschreckend fänden, wenn wir sie in unsere Strukturen übernähmen, können wir von den Japanern auch vieles über die effiziente Organisation von Fertigungsprozessen lernen. Einfacher gesagt: Wir können lernen, daß Menschen nicht deshalb leistungsmotiviert sind, weil man sie gut im Griff hat, sondern weil sie ein unmittelbares Interesse an der Produktivität besitzen.

Leider ziehen es die meisten Firmen vor, sich auf die japanischen Ergebnisse zu konzentrieren und dabei einen wichtigen Faktor in eben jenen Ergebnissen zu vertuschen: Die japanischen Vergütungssysteme sind wesentlich gerechter als die der meisten amerikanischen Unternehmen. Beispielsweise ist es für einen Firmenchef in den USA keineswegs ungewöhnlich, 100mal mehr zu verdienen als der Durchschnittsarbeiter – ein Gefälle, das die meisten japanischen Führungskräfte schockierend finden. Es wäre naiv zu glauben, daß der typische Arbeitnehmer motiviert sein könnte, angesichts solcher Unterschiede im Einkommen neue Fähigkeiten zu erwerben und seine Leistungen zu steigern.

Und was dem Faß den Boden ausschlägt: In der Regel ist es genau dieser »Durchschnitts-Arbeitnehmer« in amerikanischen Firmen, den die ganze Wucht der Entlassungswellen trifft, während die hochdotierten Führungskräfte bei Flauten in der Branche oder Übernahmen durch Konkurrenzunternehmen abgesichert sind – durch Prämiengarantien und satte Abfindungen. (Eine der himmelschreiendsten Ungerechtigkeiten dieser Art machte vor ein paar Jahren Schlagzeilen, als GM am selben Tag die Entlassung mehrerer tausend Mitarbeiter und die Zahlung von Sondervergütungen an die Führungskräfte ankündigte.) Man braucht keinen Unternehmenspsychologen, um die Auswirkung solcher Diskrepanzen auf die Leistung der Belegschaft zu erklären.

Leistungsgerechte Bezahlung

In der Geschäftswelt von gestern waren Löhne und Gehälter an die Position in der Unternehmenshierarchie gekoppelt. Mit Ausnahme des Außendienstes war es undenkbar, daß ein Untergebener mehr als sein Chef verdiente.

Das Konzept der leistungsgerechten Vergütung ist verständlicherweise ein Schreckgespenst für Manager, denen das alte System behagte, in dem die Gehälter an Dienstalter und Größe des Personalstabes statt an meßbare Beiträge gebunden waren. Aber es kann ein Segen für die unterbezahlten Mitarbeiter an vorderster Front und leistungsbewußte Führungskräfte sein.

Als die »National Science Foundation« 300 Studien überprüfte, in deren Mittelpunkt Produktivität, Arbeitsentgelt und die Zufriedenheit mit der beruflichen Tätigkeit standen, fand man zwingende Beweise dafür, daß eine leistungsorientierte Vergütung die Motivation, Leistungsbereitschaft und Zufriedenheit von Mitarbeitern erhöht. In einer Studie, die 400 Firmen umfaßte, stellte man fest, daß die Produktivität im Schnitt um 43 Prozent erhöht werden konnte, als man »Arbeitsbewertungsmaßstäbe und Rückmeldungen über die Leistungen« einführte. Die Kombination aus Leistung, Rückmeldungen und Anreizen ließ die Produktivität um durchschnittlich 63,8 Prozent ansteigen.

Solche Entdeckungen sind keine Überraschung für unsere gewieften Unternehmen neuen Zuschnitts, die erkannt haben, daß ihre eigenen leistungsorientierten Vergütungssysteme einen wichtigen Einfluß auf die Motivation der Mitarbeiter haben. Bei America West besteht ein solches System seit der Gründung; hier werden 15 Prozent der Gewinne vor Steuern vierteljährlich an sämtliche Mitarbeiter ausgeschüttet. Preston Trucking teilt seine Gewinne mit Belegschaftsmitgliedern, die nicht der Gewerkschaft angehören.

Levi Strauss führte 1989 ein leistungsbezogenes Vergütungssystem ein. Bei Steelcase gibt es das schon seit Jahrzehnten: Hier machen Gewinnanteile und Leistungszulagen im Schnitt 60 Prozent des Grundlohns oder -gehalts aus.

Frank Merlotti, Firmenchef von Steelcase, ist von der Wirksamkeit regelmäßig gezahlter Leistungsprämien zur Erhöhung der Produktivität überzeugt. Er und andere Führungskräfte neuen Profils würden jedoch schnell darauf hinweisen, daß ein Unternehmen an der Verwirklichung seiner langfristigen Ziele gehindert werden kann, wenn es den Prämien allzu großes Gewicht beimißt. Die Konzentration auf finanzielle Leistungsanreize läßt Mitarbeiter davor zurückschrecken, Risiken einzugehen, da sie die kurzfristigen Ergebnisse gefährden könnten, auf denen die meisten Prämien beruhen. Doch ohne diese Risikobereitschaft sind kontinuierliche Innovationen nicht möglich. Der starre Blick auf den »Mammon« untergräbt die Innovationsbereitschaft und die Fähigkeit eines Unternehmens, schnell und flexibel auf Marktchancen zu reagieren.

Gewinnbeteiligung. Die Gewinnbeteiligung ist vermutlich die beliebteste und am weitesten verbreitete Form eines leistungsgerechten

Vergütungssystems. Während einige Führungskräfte dahinter noch immer sozialistische Machenschaften wittern, behauptet Ricardo Semler, daß dieses Konzept das Herzstück des kapitalistischen Systems darstellt oder zumindest darstellen sollte: »Obwohl die Ansicht weit verbreitet ist, die Gewinnbeteiligung sei eine ansteckende sozialistische Krankheit, scheint mir, daß es nur wenige Motivationsinstrumente gibt, die kapitalistischer sein könnten. Jeder wird mit mir übereinstimmen, daß die Gewinne denen gehören sollten, die ihr Kapital aufs Spiel setzen, daß unternehmerischer Wagemut eine Belohnung verdient, daß Wohlstand demjenigen zugute kommen sollte, der ihn geschaffen hat. Nun ja, je nachdem, wie man ›Kapital‹ und ›Risiko‹ definiert, treffen alle diese Binsenweisheiten ebenso auf Arbeitnehmer wie auf Aktionäre zu.«

Semler legt nicht nur ein Lippenbekenntnis ab. Jeder der Semco-Arbeitsbereiche verfügt über ein eigenes Gewinnbeteiligungsprogramm. Die Firma übergibt 23 Prozent der Gewinne nach Steuern den drei Sprechern dieser Gruppen, die von den jeweiligen Mitgliedern gewählt wurden. Sie legen das Geld an, bis sich die Angehörigen der Arbeitsbereiche zusammensetzen und durch einfachen Mehrheitsbeschluß entscheiden, was damit geschehen soll. In den meisten Fällen wurde es laut Semler gleichmäßig verteilt: »Wenn eine Arbeitseinheit aus 150 Mitarbeitern besteht, wird die Gesamtsumme durch 150 geteilt und ausgezahlt. So einfach ist das. Der Mann, der den Boden aufwischt, erhält den gleichen Anteil wie der Bereichsleiter.«

Damit dieses System funktioniert, sagt Semler, sei es unter anderem wichtig, die Mitarbeiter über den jeweiligen Leistungsstand des Unternehmens auf dem laufenden zu halten:

> Nichts zählt mehr als diese lebenswichtigen Statistiken – kurze, unverblümte, regelmäßige Berichte über den aktuellen Leistungsstand des Unternehmens. Vollständige Transparenz. Kein Hokuspokus, keine faulen Tricks, keine unzulässigen Vereinfachungen.
> Im Gegenteil, alle Semco-Mitarbeiter besuchen Kurse, um zu lernen, wie man die Zahlen deutet und versteht, und diese Kurse werden von einer ihrer Gewerkschaften durchgeführt. Jeden Monat erhalten sämtliche Belegschaftsmitglieder eine Kopie der Bilanz, eine Gewinn-und-Verlust-Analyse und eine Cashflow-Aufstellung für ihren jeweiligen Arbeitsbereich.
> Jeder kennt den Preis unserer Produkte. Jeder kennt die Kosten. Jeder hat eine monatliche Bilanz, die genau aufschlüsselt, was jeder einzelne verdient, was wir für Rohstoffe wie Bronze hinblättern müssen, wie viele Überstunden wir bezahlt haben und alle

diese Dinge. Und die Mitarbeiter wissen, daß 23 Prozent der Gewinne nach Steuern ihnen gehören.

Produktivitätszuwachs-Beteiligung. Diese jahrzehntealte Spielart der leistungsbezogenen Vergütung erlebt derzeit eine Wiedergeburt. Ein Grund dafür ist darin zu suchen, daß sie die Beiträge von Gruppen statt Einzelleistungen vergütet. Im Rahmen eines solchen Systems werden die Gewinne an verschiedene Arbeitsgruppen verteilt auf der Grundlage ihres Produktivitätsniveaus, das anhand von mehr oder weniger komplexen Formeln bemessen wird.

Scanlon-Pläne zählen vermutlich zu den ältesten und bekanntesten Formen der Produktivitätszuwachs-Beteiligung. Hier werden in der Regel 75 Prozent der Gewinne an die Mitarbeiter verteilt und 25 Prozent vom Unternehmen einbehalten. Mit Hilfe komplizierter Mechanismen und Verfahren bestimmt man den Leistungsbeitrag der Belegschaftsmitglieder und den Bezug zwischen Produktivitätsverbesserungen und Prämien. Eine der Firmen, die einen Scanlon-Plan eingeführt haben, ist der bekannte amerikanische Möbelhersteller Herman Miller.

Obwohl das Konzept zunehmend an Beliebtheit gewinnt, findet man in der Praxis nur wenige Programme, die eine Produktivitätszuwachs-Beteiligung vorsehen. Ein Grund ist, daß es ein hohes Maß an Koordination und Kommunikation erfordert, sich auf die Einzelheiten solcher Pläne zu verständigen und eine Formel für die Berechnung der Anteile an den möglichen Gewinnen auszuarbeiten, die von allen als gerecht empfunden wird. Ein weiterer Grund ist, daß der Schwerpunkt derartiger Pläne auf der Gruppenleistung und einer engeren Zusammenarbeit zwischen den Mitarbeitern liegt, was einige Belegschaftsmitglieder demotivieren kann, die gewohnt sind, direkt für ihre individuellen Bemühungen belohnt zu werden.

Firmeninterne Venture-Programme. Eine ganz neue Art, den Wohlstand zu teilen, sind die sogenannten »firmeninternen Ventures«. Rosabeth Moss Kanter von der Harvard Business School sagt: »Die Vorstellung, einen Teil des Großunternehmens zu führen, als wäre er ein eigenständiges Geschäft, ist eine der ›heißesten alten Ideen, die in der amerikanischen Industrielandschaft eine neue Blüte erleben‹. Firmeninterne Venture-Programme führen das Konzept der leistungsgerechten Vergütung an seine Grenzen: Die Beteiligten handeln wie Unternehmer, deren Einkommen sich nach dem Markterfolg ihrer Produkte und Dienstleistungen richtet.

In der Mehrzahl erhalten die Venture-Teilnehmer ein Grundgehalt zuzüglich Prämien in einer Höhe, die vom Ausmaß ihrer finanziellen Investition in das Venture-Projekt abhängt. Es gibt jedoch kein festumrissenes Schema für die Vergütung. Beispielsweise bietet William Stritzler, der für die Venture-Entwicklung bei AT & T verantwortlich ist, firmeninternen Teilnehmern die unterschiedlichsten Vergütungsoptionen an: Sie reichen von der Möglichkeit, das Grundgehalt unangetastet zu lassen, bis hin zur Investition eines Teils dieser Summe in der Hoffnung auf eine Rendite, die das Achtfache beträgt. 1987 hatten bereits mehrere AT & T-Mitarbeiter Summen erzielt, die knapp unter dieser Höchstgrenze lagen.

Firmeninterne Ventures sind ein gewaltiger Anreiz für Mitarbeiter, die nach mehr Unabhängigkeit streben. Das von AT & T eingeführte Programm schlug von Anfang an wie eine Bombe ein, genauer gesagt, schon *vor* dem Start. Ideen für neue Projekte dieser Art hatten Stritzler und sein Stab bereits, bevor das Programm offiziell angekündigt wurde – denn 300 zukünftige Unternehmer hatten Stritzler ihre Geistesblitze vorgetragen. Im Rahmen dieses Programms erhielten Führungskräfte der oberen und mittleren Leitungsebenen das benötigte Startkapital. Im Prinzip ist AT & T bereit, das Programm auch Nichtmanagern anzubieten.

Kapitalbeteiligung

Kapitalbeteiligungsprogramme geben den Belegschaftsmitgliedern einen Anteil am Unternehmen und nicht nur einen Anteil an den Gewinnen. Das am weitesten verbreitete System dieser Art ist vermutlich das ESOP-Programm, das eine Aktienbeteiligung der Mitarbeiter vorsieht. (Die Abkürzung leitet sich ab von der amerikanischen Bezeichnung: *e*mployee *s*tock *o*wnership *p*lan.) Gegen Ende 1989 gab es in den USA 10200 ESOPs, 50 Prozent mehr als Mitte der 80er Jahre. Inzwischen werden rund 800 bis 1000 neue ESOPs pro Jahr aus der Taufe gehoben.

Aktienbeteiligungs-Programme (ESOPs). In einem Artikel, der in der Zeitschrift *America West* erschien, beschrieb Steve Salerno die Philosophie, die hinter den ESOPs steht, treffend mit einem Mark-Twain-Zitat: »Jeder Mann, der etwas taugt, würde kämpfen, um Haus und Hof zu verteidigen – doch nur ein Narr würde kämpfen, um seine Mietwohnung zu verteidigen.« Die motivierende Kraft der ESOP-Programme liegt auf der Hand: Mitarbeiter, die Anteile an einem Unternehmen besitzen, haben ein angestammtes Interesse daran, dessen Wachstum zu fördern.

Im Rahmen des ESOP-Programms können Belegschaftsangehörige von Finanzinstituten Kredite erhalten, um Aktien ihrer Firma zu erwerben. Die Kreditkonditionen entsprechen den branchenüblichen: Der Kreditgeber behält die Wertpapiere als Sicherheit in seinem Besitz und gibt sie mit Rückzahlung des Darlehens Zug um Zug frei.

Wenn ein Mitarbeiter aus seiner Firma ausscheidet, erhält er die Summe ausgezahlt, die dem Marktwert seines jeweiligen Aktienpakets entspricht. Bei Quad/Graphics, einer Druckerei in Wisconsin, hatten die Aktien bei fünfjähriger Laufzeit des ESOP-Programms einen Marktwert von mehr als 250000 Dollar *je Mitarbeiter.*

ESOPs weisen trotz unterschiedlichster Merkmale einige Gemeinsamkeiten auf: Sie bieten den Belegschaftsmitgliedern eine beachtliche Eigenkapitalbeteiligung (in der Regel allerdings keine Aktienmehrheit), ein direktes Mitspracherecht bei Unternehmensentscheidungen beispielsweise auf dem Weg über Arbeitnehmervertretungen und Stimmrechte, umfassende Informationen über die Finanzlage und die Aktivitäten des Unternehmens, und in vielen Fällen erhalten selbst Mitarbeiter an der Basis zusätzlich noch die Befugnis, die Firmenpolitik und den Ablauf betrieblicher Prozesse mitzugestalten.

Manco hat ein ESOP-Programm eingeführt, das den üblichen Maßstäben der Fremdfinanzierung entspricht. Das Geld wurde von einer Bank ausgeliehen, und die am Programm beteiligten Mitarbeiter kauften von Jack Kahl 30 Prozent des Unternehmens. Nach Ablauf eines Zeitraums von zehn Jahren, 1995, werden den Belegschaftsangehörigen volle 30 Prozent der Firma gehören.

Über den Motivationsschub, den ESOPs bewirken, gibt es keinen Zweifel. Untersuchungen haben ergeben, daß Firmen mit einem stabilen Aktienbeteiligungsprogramm eine Produktivitätssteigerung verbuchen können und daß die Firmentreue der Mitarbeiter um sage und schreibe 17 Prozent höher ist als in Konkurrenzunternehmen.

Firmen, die zu ESOP-Programmen übergehen, stellen oft in kürzester Zeit spektakuläre Rentabilitätserhöhungen fest. Bei Avis schnellten die Gewinne vor Steuern im ersten Jahr nach der Einführung des ESOP von 14,8 Millionen auf 41 Millionen Dollar. Und der Wert der Avis-Aktien – und der Mitarbeiteranteile – verdreifachte sich.

Der Produktivitätsanstieg, der sich nach Einführung eines solchen Programms bemerkbar macht, ist teilweise auf die merklich geringeren Fehlzeiten und Fluktuationsraten zurückzuführen. Außerdem geht die »Wertminderung durch Schwund«, sprich Diebstahl, zurück, weil es sich die meisten Mitarbeiter zweimal überlegen, ob sie lange Finger machen und dadurch ihre eigenen Gewinne schmälern.

Alternative Kapitalbeteiligungen. ESOPs sind zwar die am weitesten verbreitete Form der Kapitalbeteiligung, aber es gibt auch noch viele andere Spielarten. Die Firma Captive Aire Systems hat ihren Belegschaftsmitgliedern beispielsweise die Möglichkeit gegeben, Kapital in Produktionseinrichtungen, Immobilien und Bürogebäude zu investieren statt in die Firma selbst. Auf diese Weise hat die Geschäftsführung

Mitarbeiter beteiligt, ohne die Kontrolle wesentlich aus der Hand zu geben. Gleichzeitig hat die Belegschaft einen Anreiz, ein höheres Produktivitätsniveau zu erreichen, wodurch auch der Wert der Vermögensgegenstände, die für den Erfolg des Unternehmens von entscheidender Bedeutung sind, wächst.

Der Kapitalbeteiligungsplan von Light & Power Productions, Inc. geht noch einen Schritt über ein ESOP-Programm hinaus. Die Gründer des Unternehmens, das in Scotia, New York, seinen Sitz hat und Veranstaltungen für Führungskräfte und audiovisuelle Dienste anbietet, schufen von Anfang an die Voraussetzungen für eine spätere Übernahme durch die Mitarbeiter. Bevor Charles Hanley und George Schubert 1977 ihre Firma eröffneten, unterzeichneten sie eine rechtsverbindliche Vereinbarung, »Plan für '88« genannt. Hier heißt es, daß Hanley und Schubert der Belegschaft am 1. Oktober 1988 die Möglichkeit bieten würden, das gesamte Unternehmen zu kaufen. »Wir wollten eine engagierte Mannschaft, die bereit war, langfristig zu denken«, sagt Hanley über den Vertrag. »Deshalb beschlossen wir, nicht Mitarbeiter einzustellen, sondern Geschäftsleute heranzuziehen.«

Der »Plan für '88« bot der Belegschaft die Chance, die Firma mittels eines fremdfinanzierten Übernahmeangebots in eigener Regie zu leiten, wobei Hanley und Schubert die Rolle der Geldgeber spielten. Der Vertrag war nur für die beiden Gründer rechtsverbindlich; die Mitarbeiter hatten die Möglichkeit zu kaufen, waren aber nicht dazu verpflichtet.

Als Verkaufspreis setzten Hanley und Schubert die doppelte Summe der einbehaltenen Gewinne minus 300000 Dollar als eiserne Reserve fest; die Summe sollte für eine Übernahme durch die Belegschaft realistisch sein. Damit diese die nötigen Mittel für den Kauf zusammenbringen konnte, arbeiteten sie einen großzügigen Gewinnbeteiligungs- und Pensionsplan mit einer Übertragungszeit von fünf Jahren aus. Außerdem gestatteten sie den Mitarbeitern, 50 Prozent des Kaufpreises zuzüglich Zinsen in Raten zu zahlen, die von den Gewinnen des Unternehmens während der ersten sieben Jahre nach der Übernahme finanziert werden konnten.

Die motivierende Kraft des Plans war genauso stark, wie die Gründer von Light & Power gehofft hatten, als sie ihn entwarfen. Das Unternehmen war vor der Übernahme elf Jahre im Geschäft, und in dieser Zeitspanne kündigte nur ein einziger Mitarbeiter. 1980, als die Betriebsaufwendungen sprunghaft anstiegen, erklärten sich die Belegschaftsmitglieder einstimmig bereit, eine zehnprozentige Gehaltskürzung in Kauf zu nehmen. Der »Plan für '88« hat, gemeinsam mit dem Gewinnbeteiligungs- und Pensionsplan, laut Hanley eine Truppe geschaffen, die wie Pech und Schwefel zusammenhält.

Was ist aus den Gründern geworden? Als sie im Mai 1988 für einen Artikel in der Zeitschrift *Inc.* interviewt wurden, sagten sie, sie würden abwarten, ob die Firma ihnen nach der Übernahme durch die Belegschaft eine Stellung anbieten werde. »Ob wir die Angebote annehmen, hängt davon ab, wie gut sie sind«, sagte Hanley. »Falls wir zusagen, haben wir die Gelegenheit, uns einzukaufen und ebenfalls Eigner zu werden.«

Die Übernahme fand 1988 wie geplant statt, und die Firma hat nichts von ihrer Schlagkraft eingebüßt. Chuck Hanley ist weiterhin für Light & Power tätig, und zwar als Verkaufsberater. George Schubert blieb ihr noch zwei Jahre nach dem Besitzerwechsel als künstlerischer Leiter der Werbeabteilung erhalten; er arbeitet nun freiberuflich. Elf Mitarbeiter kauften sich ein, als der Plan ausgearbeitet war; inzwischen gibt es 16 Firmenbesitzer.

Die Schaffung eines wirksamen Vergütungssystems

Nicht alle Belohnungen sind gleich. Bedauerlicherweise entwickeln viele Firmen mit nachtwandlerischer Sicherheit Vergütungsstrukturen, die das genaue Gegenteil dessen bewirken, was damit beabsichtigt war. Hier sind einige Leitlinien für die Einführung eines wirksamen Vergütungssystems.

Vergüten Sie großzügig

Unternehmen der neuen Art, die darauf bedacht sind, daß ihre Mitarbeiter kontinuierlich lernen und mit ihnen gemeinsam wachsen, vergüten die Belegschaft großzügig, oft weit großzügiger als ihre Konkurrenten der alten Schule. Ob die Gehälter letztlich niedriger oder höher sind, ist nicht das Wichtigste. Der springende Punkt ist, daß ein ganzes Bündel von Maßnahmen ergriffen wird, zu denen nicht nur das Gehalt, sondern auch Prämien, die Möglichkeit der Kapitalbeteiligung und freiwillige Nebenleistungen gehören.

Die Gehälter bei America West Airlines gehören beispielsweise nicht zu den höchsten in der Branche; aber dieses Manko wird mehr als ausgeglichen durch die Möglichkeit, Aktien des Unternehmens zu erwerben, durch großzügige Sozialleistungen wie Kinderbetreuung rund um die Uhr und eine Fülle von Karrierechancen. Das gleiche gilt für Steelcase; hier bilden Prämien für Akkordarbeiter, flexible Arbeitszeit und andere Leistungen ein ansehnliches Vergütungspaket, obwohl Löhne und Gehälter leicht unter dem Branchendurchschnitt liegen.

Viele kostenbewußte Firmen zucken zurück angesichts des Gedankens, ihre kostbaren Mittel in großzügige Vergütungssysteme zu investieren, weil sie befürchten, das könne die Bilanzen beeinträchtigen. Aber paradoxerweise stärken solche Systeme häufig das Gewinnbild eines Unternehmens. Die Formel sei ganz einfach, meint Joe Lee, Präsident der General-Mills-Restaurants: »Man schafft es, Mitarbeiter zu gewinnen und einzustellen, die besser sind als die Norm, man bezahlt sie besser als die Norm, und sie bringen bessere Leistungen als die Norm – sie kochen und servieren besser, und sie produzieren mehr als die zusätzliche Summe, die erforderlich ist, um sie zu bezahlen: genug, um eine bessere Rendite für die Investoren zu erzielen.«

Firmen, in denen die Gehälter die vorrangige Vergütung darstellen, können Mitarbeitern beispielsweise gestatten, ihre eigenen Gehälter festzusetzen; auf diese Weise haben sie die Gewißheit, daß diese hoch genug sind, um als Motivationsfaktor zu wirken. Das ist bei Semco der Fall (mit Ausnahme der Gewerkschaftsangehörigen, die ihre Arbeitsverträge kollektiv aushandeln). Ricardo Semler erklärt:

> Ein- oder zweimal im Jahr geben wir Marktumfragen über die Gehälter in unserer Branche in Auftrag und verteilen sie an alle Mitarbeiter. Wir sagen ihnen: »Versuchen Sie, sich entsprechend dieser Vorlage einzuordnen. Sie wissen, was Sie selbst leisten, was alle anderen in der Firma und was Ihre Freunde in anderen Firmen machen. Sie wissen, was Sie brauchen und was fair ist. Kommen Sie Montag zurück und sagen Sie uns, was wir Ihnen zahlen sollen …« Mit einem halben Dutzend Ausnahmen haben unsere Leute immer Gehälter vorgeschlagen, mit denen wir leben können.

Jeden belohnen

Auf allen meinen Reisen ist mir noch kein einziger Hotelpage begegnet, den die Wahl zum »Mitarbeiter des Monats« angespornt hätte. Selbst wenn die Belegschaft eines Unternehmens geschlossen zur Wahl schreitet, was sicher besser ist, als wenn die Geschäftsleitung den Sieger kürt, lassen sich nur wenige Beschäftigte durch die Aussicht motivieren, einer von Dutzenden oder sogar Hunderten von Gewinnern zu sein.

Angesichts unserer auf Individualität ausgerichteten Kultur überrascht es nicht, daß die Belohnungen am Arbeitsplatz nur allzuhäufig einigen wenigen »Gewinnern« vorbehalten sind, was bei dem Großteil der Belegschaft das Gefühl hinterläßt, »Verlierer auf der ganzen Linie« zu sein. Belohnungen auf eine handverlesene Gruppe Privilegierter zu beschränken ist wahrscheinlich der größte Fehler, den Firmen bei der Entwicklung eines Vergütungssystems machen können – vor allem in einem Zeitalter, das Teamarbeit und den uneingeschränkten Beitrag jedes einzelnen erfordert.

Wenn ein Unternehmen einen oder einige wenige Mitarbeiter aussondert und ihnen beträchtliche »Siegestrophäen« zukommen läßt, weckt es Groll in allen, die bei der Siegesfeier leer ausgehen – oder sogar aus dem Rennen ausscheiden. Die Verkaufskanonen lassen sich vielleicht durch einen Urlaub auf Hawaii motivieren, den die Firma stiftet, aber diejenigen, die zu Hause bleiben müssen, sind vermutlich weniger begeistert. Und wenn diese Sonderleistungen ausschließlich der Führungsriege vorbehalten sind, teilt sich das sehr schnell dem »unterprivilegierten Fußvolk« mit, das seine Bemühungen dann entsprechend einschränkt. Es zahlt sich nicht aus, einige wenige Gewinner nach unklaren und unfairen Kriterien herauszupicken, wenn das Umfeld ohnehin nur ein Mindestmaß an Belohnungen bietet. Im umgekehrten Fall können solche Sonderleistungen jedoch eine nützliche Beigabe für ein umfassendes Vergütungspaket sein.

Man sollte so viele Belegschaftsmitglieder wie möglich in das Belohnungssystem einbeziehen – Führungskräfte und Mitarbeiter außerhalb der Managementriege, Linien- und Stabspersonal. Solche umfassenden Systeme müssen nicht unerschwinglich sein. Das Geld, das man für die Reise der Führungskräfte nach Hawaii hätte bezahlen müssen, kann gleichmäßig auf die Belegschaft verteilt werden: Die Auswirkungen auf die Produktivität sind so mit Sicherheit größer.

Haben Sie keine Angst, mit mehreren Systemen gleichzeitig zu experimentieren. Die Betonung der Gruppenarbeit bedeutet beispielsweise nicht zwangsläufig, daß man die Bemühungen des einzelnen ignoriert. Hier geht es in erster Linie darum, beides harmonisch aufeinander abzustimmen. Sobald alle Teammitglieder belohnt worden sind, können sie nach Wunsch selbst entscheiden, welche herausragenden Einzelbeiträge eine Sondervergütung verdienen.

Selbst ein ernstgemeintes und zur rechten Zeit ausgesprochenes Dankeschön wird von Arbeitnehmern geschätzt, die daran gewöhnt sind, nur selten Rückmeldungen und Anerkennung außerhalb der vorgeschriebenen Leistungsbeurteilungen zu erhalten. Bei Levi Strauss & Co. sind beispielsweise handgeschriebene Dankschreiben der Führungskräfte an ihre Mitarbeiter und andere Formen der Anerkennung sowie eine nominelle Leistungszulage an der Tagesordnung.

Ziehen Sie die »Schraube« nicht immer weiter an

Viele Außendienstmitarbeiter haben mir erzählt: Wenn wir unsere Umsatzvorgaben erreichen oder überschreiten, dann ist die offenkundigste Folge, daß im darauffolgenden Jahr unsere Leistungsziele angehoben oder unsere Verkaufsgebiete beschnitten werden. Ich selbst habe häufig beobachtet, wie Führungskräfte Plaketten, Geld oder andere Formen der Anerkennung an Mitarbeiter mit Spitzenleistungen verteilen, um dann nach der Gratulationsfloskel eine markige Rede vom Stapel zu lassen über die »Realität des nächsten Jahres« und höhere Ziele, die das Topmanagement zu erreichen hofft.

Diese Pokerrunden mit immer höheren Einsätzen werden für gewöhnlich in der Absicht gespielt, Mitarbeiter zur Verwirklichung fortlaufend höher geschraubter Leistungsziele zu motivieren. Oft erreicht man damit aber das genaue Gegenteil. Es ist demotivierend, wenn man Mitarbeiter lobt und ihre Leistungen im gleichen Atemzug abwertet, indem man sie ermahnt, sich »im nächsten Jahr noch mehr ranzuhalten«. Damit würdigt man die Bemühungen des Belobigten stillschweigend herab und verändert zwangsläufig die Atmosphäre der Zusammenkunft, bei der solche Auszeichnungen erfolgen.

Es ist nichts dagegen einzuwenden, die »Leistungsschraube anzuziehen«, wenn 1) Außendienstmitarbeiter ehrlich ihre Meinung darüber äußern dürfen, welche Ziele realistisch sind und im kommenden Jahr erreicht werden können; 2) die Möglichkeit besteht, ständig etwas dazuzulernen, so daß die Leute effektiver statt härter arbeiten können (nachdem man eine Arbeitswoche von sechs oder sieben Tagen eingeführt hat, ist »härter« einfach nicht mehr drin); und 3) es ein Netzwerk für den Austausch von Informationen oder ein Unterstützungssystem gibt, das den Verkaufsfähigkeiten den »letzten Schliff« gibt. Eine solche Zusammenarbeit ist wesentlich fruchtbarer, wenn sich die Außendienstmitarbeiter nicht gegenseitig Konkurrenz machen müssen, um an die knappen, kostbaren Ressourcen heranzukommen.

Belohnungen für besondere Fähigkeiten

Wenn der Aufstieg auf der firmeninternen Karriereleiter der einzige Weg ist, Prestige zu gewinnen und mehr zu verdienen, dann streben die meisten Mitarbeiter eine Managementposition an – einschließlich vieler, die glücklicher und produktiver gewesen wären, wenn sie ihre besonderen Fähigkeiten unterhalb der Führungsebene entwickelt hätten. Viele unentschlossene technische Experten und Wissenschaftler wurden in Führungsränge gelockt, obwohl sie es vorgezogen hätten, ihre Spezialkenntnisse im angestammten Aufgabenbereich weiter auszubauen. (Was vielen ihrer Mitarbeiter ebenfalls lieber gewesen wäre.)

Das Management ist keine »heilige Kuh«, und es gibt keine Regel, die besagt, eine Firma könne Prestige und Belohnungen nicht auf andere Weise zuerkennen als mit der herkömmlichen Trophäe der Führungstätigkeit. Bei Semco zum Beispiel verdienen Mitarbeiter mit Spezialkenntnissen oft mehr als ihre Vorgesetzten. Diese oder eine ähnliche Vorgehensweise findet man inzwischen in einer ständig wachsenden

Anzahl von Unternehmen. Sie sind bestrebt, als Organisation zu lernen, statt das Risiko einzugehen, dieses Wissen einzubüßen, wenn Fachleute in Führungspositionen aufrücken.

AT & T experimentiert derzeit mit einem neuartigen Ansatz auf dieser »Schiene«. Der stellvertretende Geschäftsführer Harold Burlingame meint: »Wir haben begonnen, unseren Leuten mehr Möglichkeiten bei der Karriereentwicklung zu bieten. Statt einer Gehaltserhöhung von 10000 Dollar und einer Beförderung können sie wesentlich mehr verdienen, wenn sie sich innerhalb ihres Aufgabenbereichs weiterentwickeln und ihrer Sparte zu Wachstum verhelfen.«

Ein Weg, Arbeitnehmer in Unternehmen des neuen Profils zu belohnen, besteht darin, sie »horizontal« statt »vertikal« zu befördern. William Wiggenhorn von Motorola: »Wir haben nach und nach unsere Einstellung geändert, daß eine Beförderung zwangsläufig ›Aufstieg‹ auf der Karriereleiter bedeuten muß; sie kann auch quer durch alle Unternehmensbereiche verlaufen. Die laterale Strategie wird heute wesentlich mehr akzeptiert als früher.«

Vor fünf Jahren kündigte Anne Pol nach einer beruflichen Laufbahn vornehmlich im Personalbeschaffungsbereich ihre Stellung in der Personalabteilung von Pitney Bowes und übernahm die Leitung eines Pitney-Bowes-Betriebes. Sie wußte, daß sie als Anwärterin auf die höchsten Positionen in ihrer Firma galt, aber ihr war auch klar, daß sie aus erster Hand das A und O betrieblicher Fertigungsprozesse lernen mußte, bevor sie sich der Herausforderung stellen konnte, für eine Spitzenposition zu kandidieren.

Nach der Leitung der Produktionsstätte kehrte Anne Pol in eine Spitzenposition im Personalbereich und im elfköpfigen Führungsausschuß von Pitney Bowes zurück, aber nur unter der Bedingung, daß sie später wieder in die Fertigung überwechseln konnte. Pol kam zu der Schlußfolgerung: »Es liegt klar auf der Hand, daß Versetzungen in andere Firmenbereiche unerläßlich sind, wenn man im Unternehmen aufsteigen will.« In Unternehmen neuen Zuschnitts ist die Herausforderung anders geartet, denn hier gibt es keine Karriereleiter, die man erklimmen muß. In solchen Organisationsstrukturen sind laterale Bewegungen – Arbeitsplatzwechsel nach dem Rotationsprinzip und neue Chancen innerhalb des eigenen Fachbereichs – die Norm, wenn man beruflich »weiterkommen« will.

Ein positives Arbeitsumfeld schaffen

Im allgemeinen gilt zwar die Regel »Was belohnt wird, wird auch getan«, aber eines sollte man dabei bedenken: Damit ein bestimmtes Vergütungssystem spürbare Auswirkungen auf das Leistungsniveau zeitigt, muß es in eine Kultur und ein Arbeitsumfeld eingebettet sein, das insgesamt nicht mit Belohnungen geizt. Falls bestimmte Verhaltensweisen nur sehr unregelmäßig als erwünscht bestätigt werden, ist der Einfluß auf die Motivation in einem Unternehmen, das bei der Verteilung von Belohnungen ungerecht vorgeht, keine klaren Zielvorstellungen hat oder Arbeitsbeziehungen und politische Leitlinien pflegt, die als erniedrigend empfunden werden, wesentlich geringer als in einer Firma, die als fair gilt, eine klar definierte, erstrebenswerte Mission hat und den Menschen den höchsten Stellenwert einräumt.

Das ist der Grund, warum leistungsorientierte Vergütungssysteme so oft scheitern. Im Gegensatz zur landläufigen Meinung werden Mitarbeiter nicht automatisch zu Produktivitätssteigerungen, einem höheren Dienstleistungsniveau und Qualitätsverbesserungen motiviert, wenn man ihnen großzügig bemessene Löhne und Gehälter, hohe Umsatzprovisionen und Gewinnbeteiligungsprämien zahlt. Es gibt eine Fülle von Beispielen für hochdotierte Führungskräfte und Mitarbeiter, die chronisch demotiviert sind. Es ist keineswegs ungewöhnlich, daß Außendienstmitarbeiter die Firma wechseln, in der sie einträgliche Provisionen verdienen. Trotz ihres hohen Einkommens haben viele, wie sich herausstellt, das Gefühl, ihr Unternehmen wisse sie nicht richtig zu schätzen. Mitarbeiter kündigen auch deshalb, weil sie nicht länger für eine Firma arbeiten wollen, deren Produkte, Dienstleistungen oder Wertvorstellungen suspekt sind. Im Gegensatz dazu erhalten Hochleistungssportler, die an einer Olympiade teilnehmen und die zu den bestmotivierten Menschen zählen, die ich kenne, für ihre Einsatzbereitschaft keine Bezahlung. Sie arbeiten, wie auch die Menschen, die ehrenamtliche Aufgaben an ihrem Wohnort übernehmen, und andere, die sich engagiert für bestimmte persönliche Ziele einsetzen, außergewöhnlich hart, und häufig wird nicht einmal ihr Name genannt. Die meisten Olympiateilnehmer haben sehr wenig Aussichten, eine Medaille zu gewinnen, und die freiwilligen Helfer ernten oftmals überhaupt keine Anerkennung. Und trotzdem fühlen sie sich reich belohnt.

Unternehmen der neuen Art, die Mitarbeiter ermutigen, innovativ zu denken, ihr schöpferisches Potential freizusetzen, die sie als vollwertige Partner behandeln, sie gut bezahlen, Vertrauen und Teamgeist innerhalb der Belegschaft fördern und sowohl die familiären Bedürfnisse als auch die beruflichen Ziele berücksichtigen, schaffen eine der stärksten motivierenden Kräfte: ein fruchtbares und positives Arbeitsumfeld.

Teil VIII

Personelle Vielfalt als Herausforderung

Harold Epps leitet die Produktionsstätte der Digital Equipment Corporation in Boston, die Computertastaturen herstellt. Seit 1981, als Epps in das Werk kam, ist die Belegschaft zunehmend vielfältiger geworden und spiegelt die ganze Bandbreite der Bostoner Bevölkerung wider. Das Personal ist so bunt zusammengewürfelt, daß die Mitteilungen hier in Englisch, Chinesisch, Französisch, Spanisch, Portugiesisch, Vietnamesisch und im Kreolischen von Haiti gedruckt werden.

Epps erübrigte trotz seines randvollen Terminkalenders ein wenig Zeit, um mir etwas darüber zu erzählen, wie Digital diese multikulturelle Vielfalt meistert. Er schilderte die Herausforderungen der Aufgabe, 350 Mitarbeiter zu führen, die aus 44 Ländern stammen und 19 Sprachen sprechen.

Harold Epps von Digital Equipment

1981 kam ich als Leiter des Einkaufs hierher. Ich setzte mir persönlich das Ziel, eines Tages die Leitung des Werks zu übernehmen. Ich machte kein Hehl aus meinen Bestrebungen, und folglich war der nächste logische Schritt die Leitung des Bereichs Materialwirtschaft. Seit ungefähr drei Jahren bin ich nun für beides verantwortlich, Materialfluß und Herstellung.

Eine der Voraussetzungen für jeden, der dieses Werk leiten wollte, war, daß er oder sie sich hier vor Ort sozial engagiert. Das liegt mir; ich war aktives Mitglied in vielen Organisationen, Vorständen usw. Als im Januar 1987 bekannt wurde, daß die Position des Werksleiters neu besetzt werden sollte, habe ich mich also beworben und die Stellung erhalten.

In den letzten zehn Jahren ist die Belegschaft in diesem Betrieb vielfältiger geworden, da die Stadt Boston ihr Gesicht verändert hat. Ein Vorteil dieser multikulturellen Vielfalt ist die Möglichkeit, Mitarbeiter auszuwählen aus einem größeren Bestand von Arbeitskräften, die zahlreich unterschiedliche Perspektiven mitbringen.

Ich bin in North Carolina geboren und bringe einen Teil dieser Erfahrung in meine Arbeit ein; ich habe eine ganz ureigene Weltsicht. Bei uns gibt es Leute, die aus Frankreich, Deutschland, Italien, Spanien, Kanada, Puerto Rico und vielen anderen Ländern stammen. Sie haben unterschiedliche Anschauungen und Standpunkte, verfügen über unterschiedliche Erfahrungen. Das gibt uns ein größeres Lösungspotential an die Hand, wenn Probleme auftauchen. Wenn man eine positive Einstellung mitbringt und die Bereitschaft, personelle Vielfalt als

Vorteil zu sehen und zu schätzen, dann kann man von dieser Fülle unterschiedlicher Blickwinkel nur profitieren.

Es ist wichtig, Gegensätze nicht unter den Teppich zu kehren. Deshalb halten wir bei uns im Werk Sitzungen ab, um uns diese Unterschiede bewußt zu machen, und viele unserer Aktivitäten spiegeln die positiven Beiträge der einzelnen ethnischen Gruppen wider. Wir können sie nicht alle berücksichtigen, aber wir begehen eine ganze Reihe der Festtage, die in bestimmten Volksgruppen seit langem überliefert sind – das chinesische Neujahrsfest, den Black History Month, die jüdischen Feiertage, die irischen und katholischen – was Sie nur wollen. Die ethnischen Gruppen werden ermutigt, in Ausstellungen zu zeigen und anderen zu vermitteln, was ihre Kultur für die Gesellschaft generell getan hat, und stolz darauf zu sein.

Jede ethnische Gruppe hat das Recht, sich zusammenzuschließen, um Hilfe nachzusuchen und sich gegenseitig zu unterstützen. Es gibt ein Forum für die gewählten Sprecher der Minderheiten, und unter diesem Dach sind rund ein halbes Dutzend verschiedene Initiativgruppen zusammengefaßt – für Homosexuelle und Lesbierinnen, schwarze Amerikaner, Asiaten, Vietnamesen, Indianer. In vielen Fällen trägt das Unternehmen mit einem kleinen Zuschuß zur Finanzierung dieser Initiativgruppen bei.

Bei uns gibt es auch Leute, die im Gefängnis waren, ehemalige Kriminelle, die ihre Haftstrafe verbüßt haben. Wir geben ihnen eine zweite Chance im Leben. Wir haben mit diesem Experiment und den Resozialisierungsmöglichkeiten, die ihnen geboten wurden, keine schlechten, sondern nur gute Erfahrungen gemacht.

Bei uns gibt es außerdem noch die sogenannten Kerngruppen; hier kommen Leute unterschiedlicher Herkunft zusammen und sprechen über das, was sie trennt, aber auch über die Gemeinsamkeiten, die überwiegen. Auf diese Weise werden die Leute auf die eigenen, tiefverwurzelten Vorurteile aufmerksam, die sie möglicherweise haben. Sie lernen, die Dinge objektiv zu betrachten und Menschen nicht stereotyp nach dem Augenschein zu beurteilen.

Wir bieten einen zweitägigen Kurs, »Die Arbeit in einer multikulturellen Belegschaft«, an, um den Leuten zu helfen, mit den Unterschieden, aber auch den Gemeinsamkeiten zurechtzukommen. Letztlich wollen wir doch alle das gleiche. Wir möchten, daß unsere Arbeitsleistungen anerkannt werden. Wir möchten imstande sein, für unsere Familien zu sorgen, zu wachsen und uns weiterzuentwickeln, und dafür Belohnung und Anerkennung erhalten. Wir unterscheiden uns alle durch unsere geographische Herkunft. Wir sagen unseren Leuten: »Macht euch euren eigenen Wert bewußt. Aber macht euch auch bewußt, daß manche Menschen euch ähneln und andere grundverschieden sind.«

Eine der schwierigsten Situationen, mit denen sich die Firma und das Werk in jüngster Zeit auseinandersetzen mußten, ist AIDS. Nach meiner Erfahrung war das eine der größten Herausforderungen für das Unternehmen. Wir hatten einen homosexuellen Mitarbeiter, bei dem AIDS diagnostiziert worden war. Genau da wird es ernst. Da kommen die Vorurteile und die Ängste ans Tageslicht. Die Firma vertritt die Einstellung, daß ein AIDS-Infizierter eine Krankheit wie jede andere hat. Solange die Ärzte ihm bescheinigen, daß er imstande ist zu arbeiten, kann er hier arbeiten, und es gibt keine Handschuhe, Gesichtsmasken oder andere übertriebene Vorsichtsmaßnahmen am Arbeitsplatz.

Wir haben Mediziner und Psychologen zu uns eingeladen, die uns halfen, Angst und Besorgnis in den Griff zu bekommen. Wir haben eine Menge Zeit in die Aufklärung unserer Mitarbeiter investiert, und die Leute wollten ihrerseits mehr über AIDS erfahren.

Das Thema der Geschlechterrollen ist ein weiteres großes Problem, wenn man über Vielfalt spricht. Seit Generationen und Jahrzehnten wurde weißen Männern in Amerika die Einstellung anerzogen, sie wären den Frauen überlegen. Und ich denke, daß diese Vorstellung bis zum heutigen Tag nicht vollständig ausgemerzt worden ist. Männer erhielten eine bessere Ausbildung und wurden schon in frühester Kindheit darauf gedrillt, eines Tages in den Familienbetrieb einzusteigen. Vom sechsten Lebensjahr an traten sie in die Fußstapfen ihrer Väter, während die Frauen in der Familie am häuslichen Herd blieben.

Männer sollten imstande sein, Frauen als gleichwertig zu behandeln, und Frauen müssen glauben, daß man ihren Anliegen Aufmerksamkeit schenkt, ihnen zuhört. Die Leute müssen erkennen, daß sich Führungskompetenz hinter unterschiedlichen Fassaden verbergen kann.

Ich denke, daß es bestimmte Klischeevorstellungen von den Eigenschaften gibt, über die Führungspersönlichkeiten verfügen sollten, und darüber gilt es hinauszuwachsen. Eine Führungspersönlichkeit muß kein erstklassiger Redner sein. Sie muß nicht ständig als Tambourmajor an der Spitze der Kapelle marschieren und die Trommel schlagen. Man kann auch im Hintergrund die Fäden ziehen, leise den Ton angeben, führen, indem man mit gutem Beispiel vorangeht. Oft sieht unser geschichtlich überliefertes Bild von einer Führungspersönlichkeit so aus, daß sie Anordnungen trifft, an die sie sich selbst nicht gebunden fühlt. Nun, ich glaube, daß die Führungspersönlichkeiten von heute und morgen Vorbildfunktion haben. Bei uns gibt es den Wahlspruch: »Reden, wenn Worte geboten sind, aber auch zupacken, wenn Taten geboten sind.«

Wenn man als Mann in einem Arbeitsumfeld mit Mitarbeitern beiderlei Geschlechts tätig ist und Erfolg haben will, dann ist man gezwungen, sich anders zu verhalten als in Gesellschaft ausschließlich männlicher Kollegen. Bei einer so bunt zusammengewürfelten Belegschaft bleibt einem, wenn man erfolgreich sein will, gar nichts anderes übrig, als die Arbeitsweise und die Art zu ändern, wie die Leute miteinander kommunizieren.

Wir folgen schon seit Jahren einem teamorientierten, partizipativen Führungsansatz, um deutlich zu machen, daß wir persönliche Einsatzbereitschaft und Führungsverhalten begrüßen, belohnen und anerkennen. Wir haben ein finanzielles Anreizprogramm eingeführt, das alle Vierteljahre die Mitarbeiter belohnt, die unsere im langfristigen Unternehmensplan und Zielsetzungskatalog aufgeführten erstrebenswerten Eigenschaften und Merkmale erkennen lassen. Und bei uns wird demnächst ein Programm mit der Bezeichnung »Power Sharing« anlaufen; es ist für unsere Führungs- und Aufsichtskräfte gedacht, die ihren Mitarbeitern beibringen sollen, wie man Machtbefugnisse übernimmt und dann mit anderen teilt. Es steht im Rahmen unserer fortgesetzten Bemühungen, Entscheidungsbefugnisse und Verantwortlichkeiten denjenigen Leuten zu übertragen, die unmittelbar mit einer Arbeitsaufgabe betraut sind.

Wir haben ein Unterstützungsprogramm, das Führungskräften und allen Mitarbeitern das Recht einräumt, mit einem Berater über ihre privaten und beruflichen Probleme vertraulich zu sprechen.

In den 16 Jahren meiner Firmenzugehörigkeit habe ich die Erfahrung gemacht, daß die Leute andersgearteten Gruppen inzwischen wesentlich mehr Achtung entgegenbringen. Früher pflegten sie mir eine Menge Witze über andere ethnische Gruppen zu erzählen. Ich habe mich immer umgedreht und gesagt: »Wenn ihr in meiner Gegenwart über andere vom Leder zieht, dann redet ihr hinter meinem Rücken vermutlich genauso über mich. Deshalb würde ich es vorziehen, daß ihr eure Witze für euch behaltet; ich finde sie nämlich kein bißchen lustig.« Das passiert heute nicht mehr so oft.

Inzwischen akzeptieren auch wesentlich mehr Mitarbeiter, daß es bei uns Führungskräfte beiderlei Geschlechts gibt. Heute sind wesentlich mehr Männer als noch vor 15 Jahren bereit, eine Frau als Vorgesetzte hinzunehmen. Und viel mehr Leute als vor 15 Jahren fühlen sich imstande, für Angehörige einer anderen ethnischen Gruppe zu arbeiten.

Trotz aller Vielfalt wird es meiner Meinung nach noch 30 bis 50 Jahre dauern, bis sich in der demographischen Zusammensetzung der oberen Managementebenen größere Veränderungen bemerkbar machen. Der typische Firmenchef ist halt immer noch Ende 50, Anfang 60 und seine Führungsmannschaft Mitte 40 bis Mitte 50. 85 bis 95 Prozent der Angehörigen dieser Gruppe sind männlichen Geschlechts und haben eine weiße Hautfarbe; in zehn Jahren wird die Zusammensetzung vermutlich noch genauso sein.

Wenn man bei Digital arbeitet, dann liegt es auf der Hand, daß die Vielfalt Teil des Umfelds und der Arbeitsatmosphäre ist. Wir predigen »Teamgeist«, streben gemeinsam nach Spitzenleistungen, wissen Gegensätze zu schätzen und machen uns bewußt, daß wir imstande sind, eine immer höhere Erfolgsebene zu erreichen.

Es versteht sich von selbst, daß sich die Vielfalt der Bostoner Bevölkerung in unserer Belegschaft widerspiegelt. Es gibt keine Alternative. So ist es eben, und damit basta. Man könnte uns mit den Leuten vergleichen, die mit einem goldenen Löffel im Mund geboren sind: Sie müssen nicht die ganze Zeit herumlaufen und von ihrem Geld erzählen – anders als jemand, der gerade erst einen Glückstreffer im Lotto gelandet hat. Der springende Punkt ist die Einstellung zum Thema Vielfalt, die im Kern besagt: »So sind wir nun mal, und damit basta.«

Die Topmanager von Digital Equipment haben schon früher als viele ihrer Kollegen erkannt, daß die positive Einstellung zur personellen Vielfalt Zukunft hat – und sie waren gewieft genug, sich diese Erkenntnis zunutze zu machen. Mit Hilfe von Programmen, die über die Tätigkeit in einem multikulturellen Umfeld aufklären, und durch Führungsansätze wie den von Harold Epps praktizierten hat sich das Unternehmen nachdrücklich der Aufgabe verschrieben, allen Mitarbeitern dabei zu helfen, die Vielfalt, die sie umgibt, zu verstehen und zu bewältigen. Statt Gegensätze zu ignorieren oder zu verbergen, werden die Belegschaftsmitglieder von Digital Equipment angespornt, sie zur Kenntnis zu nehmen, zu akzeptieren, stolz auf ihre eigene Identität zu sein und Konflikte, die daraus unvermeidlich entstehen, offen auszutragen.

Die unternehmerische Tätigkeit in einer multikulturellen Welt

Der weltweite Wettbewerb übt ebenso wie die demographische Entwicklung des eigenen Landes gewaltigen Druck auf uns alle aus, mehr über Kulturen in Erfahrung zu bringen, mit denen wir nicht vertraut sind. Lewis Griggs, ein Filmproduzent aus San Francisco, erzählte mir, ihm sei die Notwendigkeit, unterschiedliche Kulturen zu verstehen, schlagartig bewußt geworden, als er durch den eigenen Mangel an Verständnis einen potentiellen Geschäftsabschluß »versiebte«:

> Ich arbeitete damals für eine neugegründete Gentechnologiefirma und hatte im Verlauf dieser Tätigkeit eine Besprechung mit Führungskräften eines japanischen Pharmakonzerns. Ich war verblüfft über meine eigene Unbeholfenheit, die sich aufgrund der kulturellen Unterschiede bemerkbar machte. Mit anderen Worten: Ich entdeckte, daß mein akademischer Titel (ich hatte meinen M. B. A an der Stanford-Universität erworben) keine Rolle spielte. Genauso wenig zählte, wie geschickt ich Verhandlungen hier in Amerika führe oder wie gut ich mich einem bestimmten kulturell geprägten Geschäftsstil und den damit verbundenen Gepflogenheiten anpassen kann. Das alles wurde völlig irrelevant: Meine Unbedarftheit hinsichtlich der kulturellen Unterschiede war der Grund dafür, daß diese Besprechung im Sande verlief, daß kein Vertrauen hergestellt werden konnte …
> Die Begebenheit brachte mich zu der schockierenden Erkenntnis, daß diese Unwissenheit gewiß nicht nur bei mir, sondern ganz offensichtlich bei vielen Amerikanern bestand. Sie war mit Sicherheit eine der Hauptursachen für unser Handelsdefizit, für unseren Mangel an Wettbewerbsfähigkeit und die Unfähigkeit, auf internationaler Ebene Spitzenleistungen zu erbringen.

Diese Unwissenheit in bezug auf unsere ausländischen Nachbarn ist ein Problem, sagt Griggs, aber noch gefährlicher ist, daß wir auch unsere heimischen Nachbarn nicht kennen:

> Nur zehn Prozent von uns wickeln Geschäfte mit Ausländern ab; aber 100 Prozent sind mit Amerikanern im Geschäft, die eine andere Abstammung haben als sie selbst, Amerikanern asiatischer Herkunft, Afro-Amerikanern, Hispanos, Arabern und dergleichen mehr … Wir haben diese kulturellen Unterschiede direkt vor unserer Haustür, und sie nicht zu kennen bringt uns im eigenen Land in genauso große Schwierigkeiten wie im Ausland.

Gary Weaver würde zustimmen. Er ist Professor für interkulturelle Kommunikation an der American University und führt Workshops zum Thema Vielfalt durch. Nach seiner Ansicht tragen kulturelle Unterschiede häufig dazu bei, daß geringfügige Meinungsverschiedenheiten eskalieren und zu schwerwiegenden Konfrontationen ausarten. Er nennt ein Beispiel: Als eine Führungskraft der dominanten amerikanischen Kultur sah, wie sich zwei arabisch-amerikanische Mitarbeiter stritten, überlegte er, daß er sich besser nicht einmischen sollte. Aber die beiden Männer erwarteten, daß eine dritte Partei als Mittler, oder arabisch »wasta«, auftreten würde, und da dieser fehlte, nahm die Auseinandersetzung schärfere Formen an.

Diese Erwartung der Mitarbeiter stützt sich auf den Koran und eine uralte Tradition der Beduinen, sagt Weaver. Während die Amerikaner in der Regel darauf bedacht sind, bei Meinungsverschiedenheiten das letzte Wort zu behalten, sie als Situation zu betrachten, in der nur einer gewinnt, während der andere verliert, und die Privatsphäre in den Vordergrund zu stellen, schätzen die Amerikaner arabischer Herkunft Ergebnisse, die für jeden positiv sind und die Harmonie der Gruppe wahren, aber oftmals einen Vermittler erfordern. Bei einem solchen Meinungsaustausch besteht das Ziel, so Weaver, nicht darin zu entscheiden, wer »recht und wer unrecht hat«, sondern darin, beide Standpunkte zu verstehen und sich mit ihnen auszusöhnen.

Die verschiedenen Aspekte der Vielfalt

Der am meisten diskutierte Aspekt der Vielfalt ist vielleicht der Unterschied zwischen den Geschlechtern. Das sollte nicht überraschen, wenn man bedenkt, daß Frauen mehr als 50 Prozent der Erwerbstätigen repräsentieren, obwohl die Unternehmensszene überwiegend vom männlichen Standpunkt beherrscht wird. Wenn man rein theoretische Argumente wie »Männer sind von Natur aus dominant und Frauen fürsorglich veranlagt« beiseite läßt, stimmten die Beobachter beiderlei Geschlechts, die ich befragt habe, darin überein, daß Männer und Frauen unterschiedliche Arbeitsstile und Perspektiven in ihre berufliche Tätigkeit einbringen.

Nancy Kaltreider, Inhaberin eines Lehrstuhls für klinische Psychiatrie an der University of California in San Francisco, glaubt beispielsweise, daß ein großer Unterschied im persönlichen Arbeits- und Führungsstil von Männern und Frauen besteht:

> Ich denke, daß zum persönlichen Stil der Frauen die Fähigkeit gehört, aufmerksam zuzuhören, Informationen zu sammeln und

den Konsens zu fördern, und weniger das Bedürfnis, in den Augen anderer als einflußreiche Führungspersönlichkeiten zu gelten. Ich habe festgestellt, daß Frauen die Diskussion über emotionale Aspekte der Arbeit in stärkerem Maß fördern.
Frauen neigen dazu, persönliche Probleme, die im Leben außerhalb der Arbeitssphäre auftreten, aus einer menschlichen Perspektive zu betrachten und eher wahrzunehmen. Und Frauen können etwas über sich selbst enthüllen auf eine Weise, die dazu beiträgt, daß sich die Leute in ihrer Umgebung entspannter fühlen. Wenn sich Frauen zu arbeitsbezogenen Aktivitäten treffen, werden oft private Ereignisse außerhalb des Unternehmens, die für sie von Bedeutung sind, einbezogen. Beispielsweise sprechen sie in den ersten Minuten vermutlich eher über den kürzlich erfolgten Schulabschluß eines Kindes, den Tod eines Elternteils usw. als über das letzte Fußballspiel. Diese Bestätigung, daß es eine berufliche und eine private Sphäre gibt, scheint zu bewirken, daß beide besser miteinander zu vereinbaren sind. Es ist nicht ungewöhnlich, daß irgendeine der Frauen eine Kleinigkeit zu essen oder zu trinken mitbringt, um den Abschluß einer Arbeit oder ein privates Ereignis symbolisch zu feiern. Frauen lassen sich gegenseitig mehr Fürsorge angedeihen.

Price Cobbs, Psychiater an der University of California und Unternehmensberater, der auf multikulturelle Vielfalt spezialisiert ist, räumt ein: »Frauen haben weniger Angst, sich intensiv mit den Aspekten ihrer Persönlichkeit in bezug auf ihre Arbeit auseinanderzusetzen. Ich habe festgestellt, daß viele Männer gerade erst damit anfangen, den persönlichen Bereichen ihres Lebens auf den Grund zu gehen. Sie ziehen es ganz einfach vor, sich an Namen, Rang, ›Fabrikationsnummer‹ und die Einstellung ›Ich werde Ihnen jetzt mal erklären, was ich mache und wie gut ich bin‹ zu klammern.«

Die kulturelle und ethnische Vielfalt hat weitreichende Auswirkungen darauf, wie eine Arbeitsaufgabe wahrgenommen, organisiert und angegangen wird. Harold Epps von Digital Equipment hat beobachtet, daß diese Vielfalt konventionell denkende Führungskräfte zwingt, einen breiteren Themenkreis anzusprechen, als sie es in einem homogenen Umfeld müßten:

Frauen und Farbige zwingen die Weißen männlichen Geschlechts, neue Problemlösungsansätze zu verfolgen. Ich habe beispielsweise eine dreieinhalbjährige Tochter. Meine Frau ist berufstätig. Wir sind übereingekommen: Ich bringe das Kind auf dem Weg zur Arbeit in die Grundschule, und meine Frau holt es ab. Viele Leute, mit denen ich zusammenarbeite, sind älter als ich, und ihre Frauen gehen in den meisten Fällen keinem Beruf nach. Wenn Besprechungen angesetzt sind, an denen die ganze Mannschaft teilnehmen soll, sagen diese Männer oft: »Da gibt's bei mir ein Problem. Laßt uns das Meeting doch auf morgen um 7.30 Uhr verschieben.« Und die Frauen sagen: »Tut mir leid, geht bei mir nicht. Wir müssen morgens unsere Kinder im Kindergarten abliefern. Wir können die Besprechung doch in der Mittagspause abhalten.« Das kommt ziemlich häufig vor und hängt damit zusammen, wie man das Berufsleben mit dem Privatleben vereinbart.

Manchmal geht es um Dinge, die genauso wichtig, wenn nicht sogar wichtiger als die Frage sind, ob sich eine Besprechung auf eine anderen Zeitpunkt legen läßt – zum Beispiel, wie man die Fehlzeiten in den Griff bekommt. Damit hatten wir ein Problem. Wir stellten fest, woran es lag: In dieser Region fehlen nämlich Einrichtungen wie Kindertagesstätten oder Tagesmütter. Wir haben bei der Lösung des Problems geholfen, um die Produktivität zu erhöhen und die Fehlzeiten zu senken. Normalerweise sind es Angehörige ethnischer Minderheiten und Frauen, die solche Themen aufs Tapet bringen, beispielsweise die Betreuung ihrer Eltern. Wenn jemand in der Familie krank wird, erwartet man oft von den Frauen, daß sie zu Hause bleiben und die Pflege übernehmen. Sie sind diejenigen, die das Problem offen ansprechen und es als unternehmensbezogenes Problem diskutieren, weil es sie daran hindert, ihr Leistungspotential voll auszuschöpfen.

Wenn man die Bedürfnisse, die Herkunft und die einzigartigen Beiträge der verschiedenen Arbeitnehmergruppen nicht versteht und zu würdigen weiß, ist die Kommunikation schwierig. Mißverständnisse sind in solchen Fällen nahezu unvermeidlich, selbst wenn man in der besten Absicht handelt, wie John Lynch, der als Manager bei Hewlett-Packard für die Chancengleichheit im Unternehmen zuständig ist, erklärt: »Ein Beispiel, das mir spontan in den Sinn kommt, sind einige unserer asiatischen Mitarbeiter. Ich sage einige, weil das in Wirklichkeit von jedem einzelnen abhängt – aber für einige unserer asiatischen Techniker ist es mit ihrer Kultur und Erziehung nicht vereinbar, sich ins Rampenlicht zu stellen oder von sich aus Themen anzusprechen, die ihr Projekt oder Arbeitsumfeld betreffen, ja nicht einmal, eine federführende Rolle in einem Bereich zu übernehmen, der verhältnismäßig neu für sie ist.«

Ein Wort der Vorsicht ist in diesem Zusammenhang geboten: Es könnte eine große Versuchung sein, Arbeitnehmer in passende Kategorien einzuordnen, um die Vielfalt besser zu verstehen und in den Griff zu bekommen. Aber wie John Lynch sagt, ist es riskant, Einzelwesen in »Schubladen« zu stecken. Menschen definieren sich nicht nur über das, was sie »anders« macht, sondern über eine breitgefächerte Skala persönlicher Merkmale und Eigenschaften.

Selbst die vielgeschmähten Weißen männlichen Geschlechts sind alles andere als eine homogene Gruppe. Lewis Gregg: »Man sollte nicht vergessen, daß sich die weißen Männer auch nicht alle über einen Kamm scheren lassen. Ich bin Angloamerikaner, nicht Pole mit weißer Hautfarbe, auch kein Jude. Ich bin im mittleren Westen Amerikas geboren, nicht im Osten, nicht im Süden und nicht in Kalifornien. Ich habe Privatschulen besucht. Ich bin Marketing-Experte, ich bin verheiratet, ich bin heterosexuell; ich habe zwei Kinder, einen Volvo-Kombi und einen Hund.« Der springende Punkt ist: Die Vielfältigkeit der Menschen ist genausogroß wie ihre Zahl; jeder von uns kann als Bruchteil eines anderen betrachtet werden.

Vielfalt und Ökounternehmen

Das Ökounternehmen der neuen Art erfordert genauso wie der brasilianische Regenwald Vielfalt, um gedeihen zu können. Diese Vielfalt gibt dem Leben nicht nur »die rechte Würze«, sondern ist auch zunehmend ein Garant für den Unternehmenserfolg. Der Versuch, Unterschiede zu nivellieren oder der Äußerung konträrer Standpunkte einen Riegel vorzuschieben, gefährdet ein Unternehmen in demselben Maß, wie eine Verringerung der Vielfalt ein ökologisches System aus dem Gleichgewicht bringt.

»Harmonische Vielfalt« ist besonders wichtig im neuen Unternehmensmodell, dessen Überleben von fortlaufender Innovation abhängt. Harvard-Professor John Kotter sagt:

> Leute, die sich intensiv mit Entscheidungsfindungsprozessen befaßt haben, haben oft beobachtet, daß Vielfalt und wechselseitige Abhängigkeit wesentliche Komponenten für die Förderung schöpferischer Ideen sind. Wenn nur eine Person in die Entscheidungssituation einbezogen ist (keine Interdependenz) oder wenn die Gruppe der Entscheidungsträger eine ziemlich gleiche Denkweise erkennen läßt (keine Vielfalt), dann ist die Bandbreite der Informationen, die in eine Problemlösung eingebracht werden, fast immer eng. Wenn eine Reihe von Leuten beteiligt sind und diese unterschiedliche Perspektiven haben, dann fließen mehr Informatio-

nen in den Entscheidungsprozeß ein, was häufig daran liegt, daß sich mehr Konflikte entwickeln. Konflikte zwingen die Menschen, innezuhalten, zu überlegen und nach Lösungen Ausschau zu halten.

Wenn wir die Vielfalt ignorieren, unterdrücken oder beseitigen, behindern wir unabsichtlich den Innovationsfluß, das Lebenselixier der Unternehmen neuen Zuschnitts.

Obwohl die Verbindung zwischen Vielfalt und Neuerung entscheidend ist, haben wir sehr oft den wichtigen Lektionen der Natur zu diesem Thema keine Beachtung geschenkt. Elisabet Sahtouris schreibt: »Die Vielfalt ist für die Natur von ungeheurer Bedeutung, und doch scheinen wir Menschen begierig darauf zu sein, sie auszumerzen, in der Natur und in der eigenen Gattung. Das ist einer der größten Fehler, den wir begehen. Wir reduzieren komplexe Ökosysteme auf ›Monowirtschaften‹, und wir unternehmen alles in unserer Macht Stehende, um andere zu überreden oder zu zwingen, unsere Sprache, unsere Sitten und Gebräuche, unsere Sozialstrukturen zu übernehmen, statt die ihren zu respektieren.«

Chancengleichheit

Während die vertikale Hierarchie der Unternehmen traditionellen Zuschnitts allmählich den neuen, flexiblen Strukturen Platz macht, während Führungskräfte und Mitarbeiter langsam ihre wechselseitige Abhängigkeit in einer Welt erkennen, die von unerbittlichem Wettbewerb geprägt ist, veralten die starren, zerstörerischen »Führungsmuster« zunehmend.

Das Befehls- und Kontrollgebaren, das die Monokultur in den Unternehmen alter Schule kennzeichnete, mag sich allmählich verlieren, aber seine Wirkung am Arbeitsplatz ist immer noch spürbar. Die Topmanager von heute – nach wie vor in der Mehrzahl männlichen Geschlechts (und in den USA weiß) – neigen noch immer dazu, die »Realität« nach alter Manier wahrzunehmen und »typisch männliche« Problemlösungsansätze zu suchen.

Der Druck auf sämtliche Mitarbeiter, den Normen der männlichen Monokultur zu entsprechen, wird manchmal offen, häufiger jedoch unterschwellig ausgeübt. In einem Artikel eines führenden Wirtschaftsmagazins wird beispielsweise die wütende Frage gestellt: »Was wollen Frauen überhaupt?« Die Verfasserin erklärt, daß eine große Mehrheit der Frauen mit Nachdruck für eine Sonderbehandlung gekämpft – und sie inzwischen auch durchgesetzt habe. Sie verweist auf vielversprechende Statistiken über mehr Möglichkeiten der Kinderbetreuung, flexible Arbeitszeiten und unbezahlten Sonderurlaub für Eltern.

Aber die stillschweigende Annahme, Kinderbetreuung, Sonderurlaub für Eltern und flexible Arbeitszeiten stellten eine »Sonderbehandlung« dar, hat nur in einer Kultur Gültigkeit, die Kindererziehung ausschließlich als Domäne der Frauen betrachtet und obendrein noch alle Aufgaben an sie verweist, die »Anpassungsfähigkeit« erfordern. Eine solche Sichtweise untermauert die Stellung der Männer und rechtfertigt, daß Frauen auch weiterhin von Führungspositionen ausgeschlossen bleiben – eine Konsequenz, die in dem Artikel wohlweislich ignoriert wird. (Der Verfasserin scheint die Ironie ihrer Beweisführung offensichtlich entgangen zu sein, oder sie hatte Angst um ihren Arbeitsplatz.)

Allen Maßnahmen, mit denen die Bedürfnisse der nicht zur dominanten Gruppe gehörenden Personen angesprochen werden, das Etikett »Sonderbehandlung« anzuhängen ist eine sichere Methode, den Status quo zu erhalten. Eine weitere besteht darin, andere in ein Klischee zu pressen. Walter Lippmann führte den Begriff »Stereotyp« vor mehr als 50 Jahren ein, um die starre und schablonenhafte Sichtweise zu beschreiben, die Mitglieder einer Gruppe von den Angehörigen einer anderen haben, die sich von der ihren unterscheidet. Jeder ist mit solchen Klischeevorstellungen vertraut, und so mancher ist ihnen vermutlich irgendwann einmal zum Opfer gefallen. Sie erklären, warum Minderheiten und Frauen häufig in untergeordnete Stellungen gedrängt werden, statt auf technische und Führungspositionen abzuzielen, die oftmals den »Aufsteigertypen« vorbehalten sind.

Klischees sind heimtückisch. Sie trotzen einer objektiven Überprüfung der Wirklichkeit, da die »Realität« leicht auf eine Weise gedeutet werden kann, die ihre Gültigkeit bestätigt. Von einem Mädchen, das sich in der Handballmannschaft als starke Werferin entpuppt, heißt es: »Sie kämpft wie ein Junge«, und wenn sie als kluge Geschäftsfrau Karriere macht, dann nur, weil sie »wie ein Mann denkt«. Wenn in den USA ein weißer Manager während einer Besprechung mit der Faust auf den Tisch haut, dann wird dieses Verhalten als »Durchsetzungsfähigkeit« gewertet; würde ein schwarzer Manager das gleiche machen, sähe man darin eine Provokation.

Frauen und Minderheiten werden auch deshalb von den Schaltstellen der Macht ferngehalten, weil man unterbewußt erwartet, daß sie dem Anspruch nicht gewachsen sind und versagen. Die Mitarbeiter von Pizza Hut bezeichnen das als »Entfähigung«, nach ihrer Definition ein »subtiler, bösartiger psychologischer Prozeß, durch den Mitglieder sozial unterprivilegierter Gruppen als Reaktion auf die ständig negativen oder gleichgültigen Rückmeldungen das Vertrauen in sich selbst und ihre Fähigkeiten verlieren«.

Falls diesen »sozial Benachteiligten« ein Ausrutscher unterläuft, dann werden Anzahl und Bedeutung ihrer Fehlgriffe hochgespielt. Man hält sie für unfähig, solange sie nicht das Gegenteil bewiesen haben – eine Bürde, die dann oft genug auch Realität wird.

In manchen Fällen werden Frauen und Minderheiten in nervenzerreißende, von vornherein aussichtslose Situationen gedrängt, so daß sie ungeachtet ihrer Leistungen als Verlierer dastehen. Wie sie sich auch verhalten, es ist immer falsch. Wenn in den USA schwarze Männer Durchsetzungsvermögen an den Tag legen, werden sie als »militant« abgestempelt, wenn sie sich zurücknehmen, als faul beschimpft. Und Frauen redet man ein, sie wären zu willfährig oder zu aggressiv, um Führungspositionen wirksam ausfüllen zu können.

Natürlich sind die Einstellungen und Überzeugungen, nach denen einer Gruppe auf Kosten einer anderen Privilegien eingeräumt werden, nicht von den Unternehmen erfunden worden, die letztlich ein Mikrokosmos und Spiegelbild der größeren Gesellschaft sind. Lange bevor Menschen ins Erwerbsleben eintreten, hat die Kultur sie darauf konditioniert, bestimmte Rollen zu akzeptieren und andere abzulehnen.

Frauen sind beispielsweise traditionsgemäß darauf programmiert worden, die Rolle der Dienstleistenden zu übernehmen. Die Professorin Nancy Kaltreider spricht aus persönlicher Erfahrung:

> Ich habe festgestellt, daß es auf beiden Seiten Rollenerwartungen gibt, die man nur gewissermaßen unterschwellig aufgreift. Wenn bei einer Ausschußsitzung Kaffee und Gebäck serviert wird, dann bin ich höchstwahrscheinlich diejenige, die hinterher aufräumt. Keiner hat mich dazu aufgefordert, aber die Männer haben allesamt den Raum verlassen, und unser Arbeitsmaterial liegt noch überall auf dem Tisch verstreut. Und es gibt einen Teil von mir, der sich sehr unbehaglich bei der Vorstellung fühlt, daß jemand hinter mir herräumen muß; also stelle ich fest, daß ich in diese Rolle schlüpfe. Da inzwischen mehr Frauen an den Ausschußsitzungen teilnehmen, endet es oft damit, daß wir sozusagen spontan die Runde machen und erst noch den Abfall beseitigen, bevor wir gehen. Es ist wohl doch irgendwas an der Idee vom Dienen und Sichbedienen-Lassen, das selbst bei sehr starken Frauen fest im Innern verwurzelt zu sein scheint.

Von den »Unterprivilegierten« lernen

Frauen und Minderheiten reagieren in vielfältigster Weise auf die Anforderungen und Beschränkungen, die ihnen von einer einseitigen (weißen) männlichen Kultur auferlegt wurden. Nur wenige schaffen es, sich ihren Weg zu bahnen und auf ihre eigene Art Erfolge zu erzielen, in der Regel durch eine Kombination aus unerbittlicher Entschlossenheit, unerschütterlichem Selbstvertrauen und ungeheurer Begabung. In den meisten Fällen entscheiden sie sich jedoch für eine der zahlreichen Strategien, die das Überleben in oder die Flucht aus einer feindlichen Umwelt ermöglichen.

Eine dieser Strategien besteht darin, sich zurückzunehmen, sowenig Profil wie möglich zu zeigen, nicht aufmüpfig und nicht bedrohlich zu erscheinen, für eine »sichere« Position zu optieren, auch wenn diese keine Herausforderungen bietet. Eine andere ist der Ausstieg, der völlige Rückzug aus dem Arbeitnehmerleben. Eine wachsende Anzahl von Frauen und Minderheiten macht genau das: Sie kehren ihren manchmal lukrativen Posten den Rücken und gründen eine eigene Firma, um die Herausforderungen zu finden – und die Belohnungen zu verdienen –, die ihre Begabungen rechtfertigen. Eine dritte Strategie, die vielleicht am weitesten verbreitete, ist die Assimilation.

Wenn man am Arbeitsplatz nicht so sein darf, wie man wirklich ist, wenn einem der Erfolg verwehrt wird, so denken viele, dann muß man ein neues, künstliches Ich erfinden.

Durch Anpassung hoffen diejenigen, die außerhalb der dominanten Kultur stehen, die Gunst derer zu erringen, die in diesem Rahmen eine führende Rolle spielen – und damit auch deren Macht zu teilen. Und so läßt ein Bereichsleiter, der einer Minderheit angehört, einen ethnischen Witz stillschweigend über sich ergehen, um zu beweisen, daß er kein »Spielverderber« ist, und eine weibliche Führungskraft entwickelt Macho-Allüren, um zu zeigen, daß sie mit den Männern »mithalten« kann.

Wenn Frauen und Minderheiten versuchen, sich die wenigen Spitzenpositionen zu sichern, die ihnen die (weiße) männliche Mehrheit zugesteht, finden sie sich faktisch oft im Konkurrenzkampf mit anderen Angehörigen ihres eigenen Geschlechts, ihrer Rasse oder Kultur wieder. Infolgedessen geraten sie in die seltsame Lage, eben die Gruppe zu unterstützen, die bestrebt ist, sie »klein zu halten«, und sich von der Gruppe abzuwenden, mit der sie sich am stärksten identifizieren.

Das ist nur einer der beklagenswerten Aspekte der Anpassung, eine »Erfolgsstrategie«, die auf tönernen Füßen steht. Die Psychiaterin Michelle Clark hat den Grund ermittelt: »Der Fehler, der vielen in dieser Situation unterläuft, besteht darin, daß sie sich vehement für den Standpunkt der Assimilation einsetzen: ›Ist doch alles kein Problem! Schaut mich an, ich schaffe es.‹ Aber in Wirklichkeit schafft man es nur so lange, bis irgend jemand, der wirklich das Sagen hat, sagt: ›Na gut, jetzt ist es aber an der Zeit, die Bremse zu ziehen‹ oder ›Bis hierher und nicht weiter‹. Und das ist die gläserne Grenze, von der jedermann spricht.«

Mit anderen Worten: Anpassung ermöglicht keine wirkliche Macht und Kontrolle, sondern vermittelt nur die Illusion davon.

Aber die Assimilation hat noch einen wesentlich entscheidenderen Nachteil: Sie beraubt die Betreffenden ihrer grundlegenden Identität als menschliche Wesen. Selbst diejenigen, die durch Angleichung »gewinnen«, stehen letztlich als Verlierer da, denn schließlich ist es ein künstliches Ich, das befördert wird, nur die »fabrizierte« Person, die es zum Bereichsleiter gebracht hat. Judy Grahn, die Kulturgeschichte studiert und sich hier vor allem mit Themen befaßt hat, die Homosexuelle und Lesbierinnen betreffen, sagt: »Ich denke, jedesmal wenn wir zu leben versuchen, als gäbe es nur eine einzige, einheitliche Daseinsform, in die sich jeder einpassen muß, verlieren alle ihre innere Heimat.«

Ohne diese innere Heimat, ohne ein unverwüstliches Selbstgefühl, können wir die einzigartigen Begabungen nicht entfalten und ausschöpfen, die uns für ein Unternehmen wirklich wertvoll machen. Michelle Hunt, Leiterin der Personalentwicklungsabteilung in der Firma Herman Miller, sagt über dieses Dilemma: »Meiner Ansicht nach wurde Frauen vor allem im Management lange Zeit eingebleut, sie müßten sich nach den gleichen Spielregeln wie die Männer richten, und das sei der richtige Weg, um vorwärtszukommen. Das Problem dabei ist, daß ich damit keinen zusätzlichen Nutzen erbringe. Was bringe ich denn in die Truppe ein, wenn ich wie ein Mann denke?«

Nicht die Produktivität des Unternehmens, sondern die menschliche Selbsterfüllung steht auf dem Spiel. Die Anpassung untergräbt systematisch das Selbstwertgefühl. Die tragische Folge ist, daß diese Assimilation einen Teil unseres Ichs zerstört.

Jeder, die Angehörigen der dominanten Kultur eingeschlossen, verliert letztlich, wenn Vielfalt nicht zugestanden und begrüßt wird. Michelle Clark erklärt, warum das so ist: »Wir alle leiden darunter, wenn kein Raum für Vielfalt bleibt. Wenn die Leute sich nicht anerkannt fühlen, kann diese Beeinträchtigung vom persönlichen Streß bis hin zum Mangel an Produktivität reichen. Sie kann sich als Verlust der Bereitschaft äußern, einen eigenen nützlichen Beitrag in die Unternehmenseinheit einzubringen, wie immer diese auch beschaffen sein mag. Die Leute nehmen sich zurück, wenn sie sich nicht anerkannt fühlen. Man verliert also Zeit, man verliert die Antriebskraft und die Kreativität, und im allerschlimmsten Szenario, wenn die Situation in Beleidigung oder Mißbrauch ausartet und jemand vor Gericht geht, muß man dem Geschädigten auch noch die Verfahrenskosten zahlen.« Unterm Strich läuft es auf die Einstellung hinaus: Wenn ihr mich und meine Herkunft abwertet, warum sollte ich mich dann um eure geschäftlichen Angelegenheiten scheren?

Führung im Ökounternehmen

Der globale Wettbewerb, der Wandel in der Bevölkerungsstruktur und die Eigendynamik des Marktes machen den Übergang zu einem breiter gefächerten Führungsstil nötig, der berücksichtigt, daß die Beiträge von Frauen und Minderheiten diejenigen der traditionellen männlichen Mehrheit fördern und bereichern können.

Wie in Teil I bereits gesagt, ist es noch zu früh, um Form und Wirkung dieses neuen Führungsverhaltens genau zu umreißen. Eines ist jedoch sicher: Die vielfältigen Führungsstile der neuen Unternehmenswelt werden eine völlig andersgeartete Ausrichtung haben als die Führungsmuster der Welt von gestern.

Zum einen wird die Präsenz einer größeren Anzahl von Frauen in den oberen Führungsrängen vermutlich einem kooperativeren Führungsansatz den Weg ebnen. Aus der Sicht von Jean Settlemyre, ehemals als Managerin in der führenden Krankenhauskette AMI tätig, neigen Frauen dazu, »der Kooperation den Vorrang vor dem Konflikt zu geben und sich, manchmal sogar unbewußt, auf eine Weise zu verhalten, die Konflikte und Mißklänge auf ein Mindestmaß beschränkt. Das kann bisweilen negativ sein, weil Dinge, die eigentlich ans Tageslicht gehören, verdeckt bleiben. Aber wenn sie ermutigt werden, die Konfliktursachen beim Namen zu nennen, dann sind sie meiner Meinung nach wesentlich eher bereit, den Mund aufzumachen, als das Unbehagen stillschweigend zu ertragen.«

Was Charles Hampden-Turner den »menschenorientierten« Stil der Frauen nennt, einschließlich ihrer kooperativen Neigungen, hat entscheidende Bedeutung für die neue Welt der Unternehmen, in der die Teams eng zusammenarbeiten müssen: »In der Informationsgesellschaft, in der sich die Rolle des Managers auf die eines Lehrers, Mentors und Förderers menschlicher Potentiale verschiebt, haben die Unternehmen noch mehr Grund, sich die Führungsfähigkeiten von Frauen zunutze zu machen, denn diese menschenorientierten Eigenschaften sind es, die Frauen im Verlauf des Sozialisierungsprozesses anerzogen wurden.«

Kulturelle und ethnische Minderheiten werden auch in die Führungsszene der 90er Jahre und darüber hinaus eine neue Perspektive einbringen. Albert Yu von der Firma Intel beschreibt beispielsweise die Vorteile des israelischen Stils in bezug auf die Arbeitssphäre: »Wir haben in Israel ein großes Design- und Produktionszentrum. Viele Israelis sind in die USA gekommen, um hier zu arbeiten. Und sie leisten einen bedeutenden Beitrag. Sie neigen dazu, vieles in Frage zu stellen, die Meinungsunterschiede zu betonen. Sie machen ihren Standpunkt sogar noch wortreicher geltend und glauben, ein Problem sei nicht wirklich ›erschöpfend ausgelotet‹, wenn man keine langen Debatten geführt und es aus allen Blickwinkeln ausgeleuchtet hat. Erst dann ist man ihrer Ansicht nach in der Lage, eine Schlußfolgerung zu ziehen.«

Da die Bevölkerung im Durchschnitt immer älter wird, werden die Unternehmen immer mehr auf das wachsende Reservoir älterer Arbeitnehmer zurückgreifen müssen, was ebenfalls zu einer größeren Bandbreite in den Führungsmustern neuen Stils beitragen wird. Joe Lee, Chef der General-Mills-Restaurantkette, die gerade älteren Stellenanwärtern eine Chance gibt, ist von deren Führungsbeiträgen begeistert: »Wir sind seit Jahren bestrebt, ältere Arbeitnehmer in sämtliche Stellungen ein-schließlich der Führungspositionen einzubeziehen ... Derzeit finden Sie bei uns im Service viele ältere Leute, die ihre Renten aufbessern oder auch nur gemerkt haben, daß ihnen der Ruhestand langweilig wird und irgendeine Teilzeitarbeit gerade recht käme. Das ist für uns wirklich gut gewesen, ungefähr so, als hätte man einen Großvater oder eine Großmutter im Restaurant für die Teenager. Damit erhält das Restaurant eine zusätzliche Aura der Stabilität, die einen günstigen Einfluß auf jüngere Leute hat.«

Eleanor Hill, Schulungsleiterin in diesem Unternehmensbereich, stimmt zu: »Ältere Angestellte bringen ihre menschliche Reife in die Arbeitssphäre ein, und das kommt unseren jüngeren Mitarbeitern sehr zugute. Sie sind wundervolle Vorbilder für unsere Nachwuchskräfte, eine wirklich sagenhafte Hilfe.«

Der springende Punkt ist nicht, daß Frauen und Minderheiten in den Unternehmen neuen Zuschnitts die männlichen Führungskräfte vollständig ersetzen sollen. Hier geht es nicht um Verdrängen, sondern um Bereichern. Die Vielfalt in den obersten Leitungsebenen wird dem Management eine neue Dimension hinzufügen, dessen Horizont erweitern und von den Zwängen starrer Befehls- und Kontrollstrukturen befreien.

Der neue Ansatz – Vielfalt als Herausforderung

Die Vielfalt ist zwar eine noble Idee in der Theorie, aber ihre Umsetzung in die Praxis ist eine Sisyphusarbeit. Selbst diejenigen, die sich dem Konzept mit vollem Herzen verschrieben haben, entdecken schnell, wie schwierig es ist, die guten Absichten in Taten umzusetzen. King-Ming Young, die bei der Firma Hewlett-Packard ein spezielles Programm zur Bewältigung der multikulturellen Vielfalt zuständig ist, rückt die Herausforderung in die richtige Perspektive: »Obwohl Vielfalt im Prinzip gut ist und wir durch diese Vielfalt natürlich Einmütigkeit in den Zielsetzungen erreichen sollten, muß man sich die Frage stellen: Wie viele Sprachen kann man am Arbeitsplatz hinnehmen? Es wird allmählich ganz schön verzwickt.« Sie fährt fort:

> Wir behaupten nicht, daß es nur Vorteile mit sich bringt, wenn man Menschen verschiedener Herkunft in der Belegschaft hat. Uns ist bewußt, daß diese Vielfalt auch einige Probleme schaffen kann, beispielsweise in der Kommunikation. Auch Mißverständnisse können leichter entstehen, und anfangs kann es unter Umständen mehr Zeit kosten, die Leute zu führen und einen Konsens zu erreichen. Aber alle diese Probleme können gleichermaßen positiv sein. Die Vielfalt zu meistern bedeutet in Wirklichkeit, daß man in der Lage ist, diese potentiellen Vorteile weitestmöglich zu nutzen und einige der potentiellen Schwierigkeiten weitestmöglich zu mindern.

Es gibt so viele Ansätze, die Vielfalt in den Griff zu bekommen, wie es Firmen gibt, die sich darin versuchen. Hewlett-Packard bemüht sich, Mitarbeitern verständlich zu machen, inwieweit ihr Verhalten durch ihren soziokulturellen Hintergrund vorprogrammiert ist. John Young, Firmenchef des Unternehmens, erklärt: »Wir stellen Manager vor die Herausforderung, über die Themen nachzudenken, die zum Tragen kommen bei der Führung von Mitarbeitern aus Kulturen, in denen es heißt: ›Nur nicht auffallen.‹ Man vergleiche dies mit der eigenen Kultur des Managers, in der es heißt: ›Profil zeigen.‹ Der springende Punkt ist, ihnen klarzumachen, daß ihre Kultur nicht der Dreh- und Angelpunkt des Universums ist. Das ist eine große Hilfe, um die Vielfalt zu meistern, und fördert das globale Denken.«

Xerox hat eine sogenannte »ausgewogene Personalstrategie« entwickelt, um zu gewährleisten, daß Frauen und Minderheiten auf allen Unternehmensebenen vertreten sind. Sie umfaßt die Aufstellung strikt festgelegter kurz- und langfristiger Quoten, um diese Vielfalt zu verwirklichen, eine Aufgabe, für die Führungskräfte verantwortlich sind. Der Plan hat Verfechter in den obersten Führungsetagen, und infolgedessen ist es Xerox gelungen, die Anzahl von Frauen und Minderheiten in Führungspositionen zu erhöhen.

Motorola hat das Problem der Vielfalt an vier Fronten gleichzeitig in Angriff genommen. Hier wurde ein Schulungsprogramm zur Bewältigung der Vielfalt in der Belegschaft eingeführt, eine Projektgruppe gegründet, die nach Lösungen für das Problem der Kinder- und Altenbetreuung sucht, eine weitere Arbeitsgruppe auf die Beine gestellt, die Möglichkeiten des Job-Sharing und flexibler Arbeitszeiten unter die

Lupe nimmt, und ein Ausschuß ins Leben gerufen, der Möglichkeiten einer engeren Zusammenarbeit zwischen Motorola und den Schulen am Firmenstandort prüft, um bei der Ausbildung künftiger Arbeitnehmer zu helfen.

Avon erkannte Mitte der 80er Jahre, daß es das Potential seiner Märkte oder Mitarbeiter nicht voll ausschöpfte. Nun haben die Leiter der Avon-Bereiche einen Fünfjahresplan vorliegen, der Vielfalt mit den Unternehmenszielen verknüpft. Außerdem wurde ein Trainingsprogramm entwickelt, das Führungskräfte über ihre Vorurteile aufklären und ihnen beibringen soll, wie man eine multikulturelle Belegschaft führt. Und Firmenchef Hicks B. Waldron hat den Vorsitz eines Ausschusses übernommen, der die Probleme und Ideen von Frauen und Minderheiten an das Topmanagement weiterleitet. Darüber hinaus werden die »Überflieger« im mittleren Management zur Vertiefung ihrer Kenntnisse in die vornehmlich von Schwarzen besuchte School of Management des Morehouse College in Atlanta statt nach Harvard oder Stanford geschickt.

Das Ergebnis dieser Bemühungen ist, daß die Anzahl von Frauen und Minderheiten in Topmanagement-Positionen hier über dem Durchschnitt liegt – ganz zu schweigen von den Komplimenten der Zeitschrift *Black Enterprise,* die Avon als eines der besten Unternehmen für schwarze Arbeitnehmer in Amerika bezeichnete.

Die mehr als acht Millionen behinderten Amerikaner, die gerne arbeiten würden, aber laut einer Umfrage aus dem Jahr 1985 keine Anstellung finden, stellen ebenfalls ein weitgehend unausgeschöpftes Arbeitskräftereservoir dar. Pizza Hut ist eines der Unternehmen, das im Rahmen seines Job-Plus-Programms körperlich und geistig Behinderte bevorzugt in den Restaurants oder Lieferstationen einstellt und langfristig beschäftigt.

Job Plus koordiniert seine Dienste mit staatlichen Rehabilitationsprogrammen. Es umfaßt ein Mentor-Programm, das ausgewählten Mitarbeitern und deren Betreuern am Arbeitsplatz fachbezogene Schulungen anbietet, Beratung und fortlaufende Unterstützung bei der Stellenbesetzung leistet und Aufgaben zuweist, die auf die Fähigkeiten jedes einzelnen zugeschnitten sind. Außerdem hat Pizza Hut ein Leistungsbeurteilungssystem eingeführt, das in sämtlichen US-Bundesstaaten einheitlich ist, und das starke Bestreben, allen Mitarbeitern und dem Gesamtprogramm zum Erfolg zu verhelfen.

Die Manager von Pizza Hut erhielten eine Spezialausbildung, um für den Umgang mit Menschen gerüstet zu sein, die spezifische Bedürfnisse haben. Die Schulung konzentriert sich auf die Einstellung gegenüber behinderten Stellenanwärtern und die Entwicklung von Strategien, sie in Aufgabenbereichen einzusetzen, die ihren Fähigkeiten entsprechen und in denen ihre Behinderung nicht zum Tragen kommt. Die Führungskräfte waren darüber hinaus aufgefordert, nach Möglichkeiten zu suchen, Arbeitsaufgaben entsprechend den Fähigkeiten und Fertigkeiten Behinderter neu zu gestalten.

Das Programm brachte unter anderem die Herausforderung mit sich, die skeptischen staatlichen Sozialeinrichtungen davon zu überzeugen, daß Pizza Hut behinderte Mitarbeiter bezüglich von Arbeitsstunden, Löhnen und Gehältern, Leistungsbeurteilungen und Erwartungen genauso behandeln würde wie Nichtbehinderte und sie in die Arbeitsgruppen seiner Restaurants zu integrieren beabsichtigte. Ein Beweis für den Erfolg, den das Unternehmen mit seinen Bemühungen hat, ist die niedrige Fluktuationsrate unter den behinderten Belegschaftsmitgliedern, die 1990 bei nur 28 Prozent lag.

Die Marriott Corporation versucht ebenfalls, dieses riesige Potential zu erschließen. In der Hotelkette wechseln im allgemeinen zehn Prozent der Beschäftigten im Jahr den Arbeitsplatz, wobei die Zahl für die behinderten Mitarbeiter deutlich darunter, bei acht Prozent, liegt.

Um Behinderten beim Eintritt in das Erwerbsleben zu helfen, hat Marriott ein Programm entwickelt, das grundlegende soziale und berufsvorbereitende Fähigkeiten in den Vordergrund stellt. Das Unternehmen stellt den Behinderten außerdem Führungskräfte zur Seite, die ihnen als Coach dienen. »Firmen sind dringend darauf angewiesen, alle fähigen Arbeitskräfte, die sie nur finden können, in die Belegschaft einzugliedern«, sagt Kathleen Alexander, Leiterin der Personalabteilung. »Deshalb verfolgen wir eine Personalpolitik, die nicht diskriminieren, sondern dafür sorgen soll, daß mehr Behinderte in unser Unternehmen eintreten und bleiben.«

Das Tabu brechen

Ein Unternehmen, das sich ernsthaft bemüht, die personelle Vielfalt als Pluspunkt zu betrachten, muß als erstes dafür sorgen, daß Mitarbeiter ohne Angst vor Repressionen offen über Gegensätze sprechen können. Während es im Zeitalter der Kampfmaßnahmen gegen die Diskriminierung von Frauen und Minderheiten tabu war, diese Unterschiede auch nur zu erwähnen, sehen sich Arbeitnehmer nun der Herausforderung gegenüber, ihre Vorurteile und Ängste offen anzusprechen. Um die Vielfalt als etwas Positives betrachten zu können, muß man Unterschiede erst einmal bewußt machen, akzeptieren und sich mit dem Unbehagen auseinandersetzen, das sie schaffen.

Es wird einige Zeit brauchen, bis wir uns an diese Offenheit gewöhnt haben, nachdem wir diese Unterschiede mehr als zwei Jahrzehnte lang geleugnet und »Gleichheit« mit »Gleichberechtigung« verwechselt haben.

Obwohl viele Unternehmen ihre Mitarbeiter ermutigen, offen ihre Meinung zu äußern, besteht der Zweck der Strategien zur »Förderung der Vielfalt« nicht darin, die Unterschiede um ihrer selbst willen aufzuspüren. Lewis Griggs erläutert: »Bei uns geht es darum, Gegensätze aufzuspüren oder aufzudecken und die *Unterschiede zu ermitteln, die den Unterschied bewirken,* das heißt, eben jene einzigartigen Aspekte, charakteristischen Merkmale, Befähigungen und Begabungen, die fruchtbar gemacht werden sollten und zum Allgemeinwohl beitragen können.«

Unterschiede zu unterstellen, die *gar nicht von Belang* sind, wäre allerdings genauso unsinnig wie die Annahme, daß sich alle Menschen aufs Haar gleichen. Price Cobbs nennt ein Beispiel: »Ich kann mich an ein Gespräch mit einem Mann erinnern, der schwarze Manager bei der Karriereplanung beriet. Er erzählte mir von seiner Arbeit, und ich bat ihn: ›Nennen Sie mir doch mal einige der Themen, die für schwarze Führungskräfte relevant sind und sich von denen ihrer weißen Entsprechungen unterscheiden.‹ Er erwiderte: ›Na ja, ich bin mir nicht sicher, daß es da Unterschiede gibt.‹ Und ich sagte: ›Warum befassen Sie sich dann mit der Karriereplanung speziell für schwarze Manager?‹«

Mosaik kontra Schmelztiegel

Die Tendenz, die Individualität am Arbeitsplatz offen zu bekunden, macht sich parallel zu einer anderen gesellschaftlichen Entwicklung bemerkbar: der Rückbesinnung auf die ethnischen Wurzeln. Diese Bewegung wurde von Philip Harris und Robert Moran als »neues ethnisches Bekenntnis« bezeichnet, ein wiedererwachtes Bewußtsein und der Stolz auf das kulturelle Erbe und die Leistungen eines Volkes.

Bei Harris und Moran heißt es: »Da unsere Gesellschaft zunehmend pluralistischer und die Kultur ›offener‹ wird, werden sich die Menschen stärker sowohl der Unterschiede als auch der Ähnlichkeiten zwischen sich und anderen bewußt. Sie fordern außerdem die Freiheit, sie selbst zu sein, und zwar ungeachtet des kulturellen Zusammenhangs, in den sie eingebunden sind. Minderheiten aller Art streben nach Akzeptanz und Toleranz und sind nicht auf Diskriminierung und Vorurteile erpicht. Wenn wir auf der kulturellen Ebene mehr Feingefühl entwickeln, fördern wir ein lebendiges Umfeld, in dem die innere Würde des Menschen genauso wie die Gleichbehandlung nebeneinander bestehen können.«

Da verschiedene Gruppen beginnen, sich offen zu ihrem kulturellen Erbe zu bekennen, macht die Vorstellung vom Schmelztiegel Amerika nach und nach dem genaueren Bild von einem Mosaik verschiedener Kulturen Platz. »Ich will nicht gezwungen sein, Teil einer undefinierbaren ›Allgemeinkultur‹ zu werden, sagt James Zogby vom Arabisch-Amerikanischen Institut. »Statt dessen sollten wir imstande sein, einen Blick auf das amerikanische Mosaik zu werfen und den Stellenwert zu erkennen, den wir darin darstellen. Und den wunderbaren Beitrag anzuerkennen, den jeder einzelne geleistet hat.«

Dieses Bild ist inzwischen sowohl von der breiten Öffentlichkeit als auch von den Unternehmen akzeptiert worden. Dr. R. Roosevelt Thomas Jr., geschäftsführender Direktor des American Institute for Managing Diversity, das dem Morehouse College in Atlanta angeschlossen ist, erklärt unverblümt: »Die Zeiten, in denen man ethnische Unterschiede am Eingang zum Firmengebäude zurücklassen mußte, sind vorüber. Der Arbeitsplatz ist kein Schmelztiegel mehr, da die meisten Leute nicht mehr bereit sind, sich mit allen anderen in einen Topf werfen zu lassen, nicht einmal für acht Stunden am Tag.«

Daß ethnische Gruppen ihre Wurzeln entdecken und sich zu ihrem Erbe bekennen, bedeutet indessen nicht, daß wir das Gefühl verlieren, einer gemeinsamen Kultur anzugehören. Da die Unterschiedlichkeit des Arbeitskräftepotentials infolge demographischer Veränderungen zunimmt, wird die Vielfalt paradoxerweise zu einem einenden Band. Harris und Moran betonen: »Das Gefühl für unsere Individualität, unsere Einzigartigkeit, unsere ethnische Herkunft oder Rassenzugehörigkeit muß den einzelnen nicht daran hindern, sich zu einem multikulturellen Weltbürger zu entwickeln. Ganz im Gegenteil: Vielfalt kann ein Beitrag sein, der dem Streben nach einer gemeinsamen Kultur neue Schubkraft verleiht.«

Bewußtsein schaffen

Im Vorfeld eines Seminars über multikulturelle Vielfalt verschickte Bob Abramms, Unternehmensberater und Mitarbeiter der Firma ODT in Amherst, Massachusetts, Informationsmaterial an rund 200 Führungskräfte eines großen Ölkonzerns. Dazu gehörte auch ein Nachdruck von »Schwarze Manager: ein Traum für die ferne Zukunft«, einem Artikel, der im *Harvard Business Review* erschienen war und die Erfahrungen schwarzer Führungskräfte und Unternehmer schilderte. Ohne den Artikel gelesen zu haben, schickten ihn Dutzende der weißen Angehörigen der mittleren Leitungsebene dem einzigen schwarzen Manager in der Gruppe zu. Während des Seminars hielt Abramms ihnen eine Gardinenpredigt: »Sie sind diejenigen, die ihn hätten lesen müssen. Tom *weiß,* wovon die Rede ist.« Die gescholtenen Führungskräfte lachten verlegen. »Man beginnt zu erkennen, wie absurd dieses Verhalten ist und daß unsere größte Leistung darin bestehen würde, Sexisten und Rassisten zu bekehren.«

Eine so offenkundige Kurzsichtigkeit erklärt vielleicht, warum mir ranghohe Manager mit unbewegtem Gesicht erzählen können, in ihren Firmen gäbe es keine Diskriminierung, während Führungskräfte, die Minderheiten angehören, verstohlen Rat bei mir suchen, wie sie mit den Vorurteilen fertig werden sollen, die offiziell gar nicht existieren. Ich möchte nicht den ersten Stein werfen. Auch ich werde mir allmählich meiner eigenen Vorurteile bewußt, und mein »Genesungsprozeß« ist ein fortwährender Kampf.

Bewußtsein ist der Schlüssel zur Selbstheilung. Deshalb gibt es in Firmen, denen es gelungen ist, die multikulturelle Vielfalt zu bewältigen, Programme mit dem Ziel, Vorurteile bewußt zu machen – der erste Schritt auf dem Weg, ein für allemal mit ihnen aufzuräumen.

Michelle Clark versucht herauszufinden, warum wir uns so beharrlich an unsere Vorurteile klammern: »Was beschränkt unser Wissen über ein anderes Volk? Es sind die geschichtlich überlieferten, im großen und ganzen veralteten und nutzlosen Klischees, Mythen und Phantasievorstellungen, die mit bestimmten Gruppen assoziiert werden. Aber wir halten daran fest, weil wir nicht genug Erfahrung damit haben, es zu lassen.«

Da uns wichtige Kontakte zu anderen Gruppen fehlen, deuten wir die Worte und Taten ihrer Mitglieder auf der Grundlage unserer Klischeevorstellungen. Oft erkennen wir nicht einmal, daß unsere Interpretation auf vorgefaßten Meinungen und unsere Urteile auf Klischees beruhen. Wir können nur dann feststellen, ob unsere Wahrnehmungen den »Tatsachen« entsprechen, wenn wir sie »unter dem Mikroskop« betrachten – sie bestimmen, in ihre Bestandteile zerlegen und analysieren.

Bevor wir unsere Vorurteile ablegen können, müssen wir sie erkennen und als solche zur Kenntnis nehmen. Wir müssen uns bewußt machen, was wir an anderen schätzen, beispielsweise einen offenen Blick, geradliniges Denken, forsches Auftreten oder Zurückhaltung, und *warum* das so ist. Wir müssen uns klarmachen, wie wir auf Körpersprache und Gesprächsstil reagieren, auf Menschen anderer Hautfarbe, Angehörige des anderen Geschlechts, auf Behinderte. Wir müssen darüber nachdenken, wann und wo wir diese Verhaltensmuster gelernt haben und ob sie überhaupt noch angemessen oder nützlich sind. Der springende Punkt ist, daß wir unsere Reaktionen und Wahrnehmungen nicht werten oder verurteilen, sondern sie verstehen, sie ans Tageslicht bringen sollten, damit wir ihnen auf den Grund gehen und sie gegebenenfalls ändern können.

Vorurteile sind keineswegs auf die vielgeschmähte männliche Wahrnehmung von Frauen und Minderheiten beschränkt. »Wenn man mit einer Gruppe unterschiedlicher Gesprächsteilnehmer am Konferenztisch sitzt, dann machen sich Vorurteile breit«, warnt Unternehmensberater Lennie Copeland. »Den Leuten fällt es außerdem schwer, sich auf einen anderen Stil einzustellen. Es gibt nicht nur Trennlinien zwischen den Kulturen und Rassen, sondern sogar zwischen kreativen und technisch orientierten Menschen.«

Eine wirksame Möglichkeit, unterschwellige Vorurteile bewußt zu machen, sind Schulungsprogramme. Unternehmen und auf multikulturelles Management spezialisierte Berater haben eine breitgefächerte Palette innovativer Übungen entwickelt, um Mitarbeiter anzuhalten, die Dinge einmal in einem anderen Licht zu sehen. Mit diesen Übungen ist ein ähnlicher Zweck verbunden wie mit dem psychologischen Test, bei dem man ein Bild gezeigt bekommt, das entweder ein altes Weib oder eine hübsche junge Frau darstellt, je nach Wahrnehmung des Betrachters.

Um unbewußten Vorurteilen auf die Spur zu kommen, sie sichtbar zu machen, könnte der Kursleiter die Teilnehmer etwa bitten, Sätze wie »Eine weibliche Führungskraft ist ...« oder »Schwarze sind ...« zu vervollständigen. Danach tragen alle Beteiligten in einer Brainstorming-Sitzung ihre spontanen Einfälle zusammen und bestimmen alle Merkmale und Verhaltensweisen, die automatisch mit einer bestimmten Gruppe in Verbindung gebracht werden.

Lennie Copeland benutzt eine Übung, die »Marks oder Marys Mentor« genannt wird, um Mitarbeitern unterschwellige Erwartungshaltungen bewußt zu machen, die auf Geschlechtsunterschieden beruhen. In dieser Übung werden die Teilnehmer zwei Gruppen zugeteilt; die eine erhält folgende Information: Die Firma hat Mary eingestellt, eine 21-jährige College-Absolventin mit bestimmten Eigenschaften, die der Kursleiter vorher festlegt. Die Gruppenmitglieder sollen nun beschreiben, auf welche Weise sie die junge Frau unterstützen und beraten würden. Die zweite Gruppe erhält die gleiche Information und Aufgabenstellung, aber hier lautet der Name des neuen Firmenmitglieds Mark. (Diese Übung kann auch abgewandelt werden und sich auf Minderheiten oder Behinderte beziehen.)

Danach vergleichen die Gruppen ihre Notizen. »Zur großen Überraschung aller Beteiligten«, sagt Lennie Copeland »wird ein männlicher weißer Mitarbeiter ganz anders betreut als Hispanos, Frauen oder Behinderte. Man nimmt automatisch an, daß er es beruflich weiter bringt. Man redet ihm zu, die Harvard Business School zu besuchen und danach in die Firma zurückzukehren. Sie wird eher in eine Stabsposition als ins Linienmanagement gesteckt. Er gilt als Anwärter auf Arbeitsbe-

reiche, in denen seine Begabung offenkundig wird. Sie endet schlimmstenfalls als eine von vielen Schreibkräften.«
Copeland erklärt, daß die Teilnehmer gar nicht merken, was sie in diesen Mentor-Übungen enthüllen, bis die Notizen vorliegen. Erst dann sehen sie, daß sie Mark ermutigt haben, Karriere zu machen, und Mary gewarnt haben, ja nicht aufzufallen.

Vielfalt und Individualität

Price Cobbs warnt: »Oft sprechen wir über ›Minderheiten‹, als ließen sich alle Minderheitengruppen über einen Kamm scheren. Das ist einfach nicht so. In Kalifornien können die afro-amerikanische, die hispanische oder die asiatische Minderheit sehr vielschichtige, unterschiedliche Strukturen aufweisen. Sogar die Sicht, die sie selbst von sich als Minderheit haben, falls sie sich als eine solche empfinden, kann sehr, sehr unterschiedlich sein.«

Kritiker behaupten, es läge eine Gefahr in dem Versuch, verschiedene Gruppen fein säuberlich in Kategorien einzuordnen. Wenn man darüber rede, »wie Frauen sind« oder »was man von Arbeitnehmern spanischer Abstammung erwarten kann«, vertiefe man die bestehenden Klischeevorstellungen nur noch.

In einem Punkt haben sie recht. Wenn die Programme zur Förderung der Akzeptanz personeller/multikultureller Vielfalt nicht sachkundig durchgeführt werden, leisten sie dem stereotypen Denken, das sie eigentlich ausmerzen wollten, Vorschub. Aber diese Unterschiede zu ignorieren ist gleichermaßen problematisch. King-Ming Young von Hewlett-Packard erklärt: »Menschen sind von ihrem Wesen her auf Individualität bedacht; aufgrund dessen neigen sie dazu, jemanden als Individuum zu betrachten und nicht unbedingt als Produkt seiner Rasse, Kultur oder Geschlechtszugehörigkeit. Auch das ist ein zweischneidiges Schwert. Da viele Leute die Bedeutung der kulturellen Herkunft, der Geschlechts- oder Rassenzugehörigkeit leugnen, nehmen sie häufig an, die andere Person sei der eigenen ähnlich, was manchmal genauso schlimm ist, wie jemanden in ein Klischee zu pressen. Menschen sind sich sehr ähnlich, aber die Probleme entstehen durch die Unterschiede, nicht durch die Ähnlichkeiten.«

Der Schlüssel liegt darin, ein Gleichgewicht zwischen der begrüßenswerten Einzigartigkeit jedes Menschen und den Problemen seiner unterschiedlichen Herkunft, die Verständnis erfordern, herzustellen; beides bringen Mitarbeiter in ein Unternehmen ein. Price Cobbs rückt das Problem in die richtige Perspektive: »Ich erinnere mich, daß ich mich irgendwann einmal mit meiner Tochter über das Thema ›Ghetto-Mentalität‹ unterhalten habe. Und da ich viel von Liberalität und Humanität halte, habe ich ihr gesagt, sie solle nicht solchen Unsinn reden. Die späteren Ereignisse haben gezeigt, daß sie vermutlich den Nagel auf den Kopf getroffen hatte. Sie sprach über eine bestimmte Art von Orientierung an der gesellschaftlichen Schicht oder Rasse, der man angehört, über das triste Leben in Sozialwohnungen, das Fehlen von Vorbildern unter den Erwerbstätigen ... Es gibt eindeutig individuelle Unterschiede innerhalb einer Kultur, aber ich begann sie erst langsam zu begreifen, als ich diese Gruppe von Jugendlichen verstand, über die sie redete. Es gibt zweifellos weitverbreitete psychologische Muster, die Welt zu sehen und uns in dieser Welt zu behaupten. Wenn wir eine Kultur nicht verstehen, sind wir meiner Ansicht nach auch meilenweit davon entfernt, die Menschen zu verstehen, die ein Teil dieser Kultur sind.«

Der springende Punkt ist folgender: Kulturelle Gegensätze zu ignorieren, die einen prägenden Einfluß auf die Identität eines Menschen haben, birgt genauso viele Gefahren, wie ihre Individualität in Abrede zu stellen. Beides schließt sich nicht aus, sondern ergänzt sich. Je mehr wir unser Augenmerk auf kulturbedingte Einflußfaktoren richten, desto stärker müssen wir uns auch die individuellen Unterschiede zwischen den Menschen bewußt machen.

Erhalt und Förderung der personellen Vielfalt

Ganz offenkundig ist sehr viel mehr erforderlich, als bewußt zu machen, daß Frauen und Minderheiten mit einem höheren Anteil im Unternehmen repräsentiert sein sollten. Das ist nur ein Teil der Strategie, die sich darüber hinaus auch darauf konzentrieren muß, Frauen und Minderheitengruppen in der Belegschaft zu schulen und zu fördern.

Viele Unternehmen legen zwar eine schnelle Gangart bei der Einstellung von Frauen und Minderheiten vor, haben es aber versäumt, ihre Maßnahmen und organisatorischen Veränderungen darauf abzustimmen, daß solche Mitarbeiter auch bleiben. Wie läßt sich hier Abhilfe schaffen?

Coaching. Eine Möglichkeit, Frauen und Minderheiten in einem Unternehmen auf Dauer zu halten, besteht darin, ihnen ausreichend Gelegenheiten zu geben, ihre Kompetenz zu beweisen. Präsentationen und Aufgaben, die in der Öffentlichkeit wahrgenommen werden, sind ein ideales Mittel zu diesem Zweck, vor allem, wenn sie mit fortlaufender Betreuung und Unterweisung einhergehen und in ein Umfeld eingebunden sind, das die Vielfalt zu schätzen weiß.

Dieses Coaching bereitet Frauen und Minderheiten auf den Eintritt in die oberen Führungsränge vor. Peters und Austin beschreiben, was unter dem Begriff zu verstehen ist: »Durch Coaching ermuntert man andere zu handeln, auf ihren Stärken aufzubauen ... Coaching heißt vereinfachen, ›erleichtern‹: Nicht die Anforderungen, das Interesse oder die Leistungsintensität sollen heruntergeschraubt werden, sondern es soll weniger Entmutigung und weniger exzessive Kontrollen geben ... Coaching bedeutet, einen persönlichen Führungsstil zu entwickeln, der die Leute zusammenschweißt, sie anspornt, mit der Verantwortung und der fortlaufenden Leistung zu wachsen, und sie als vollwertige Partner zu betrachten, die einen Beitrag leisten.« Ein Coach unterscheidet sich von den Mentoren der alten Art, die der personellen Vielfalt skeptisch gegenüberstanden, wie Marilyn Loden und Judy Rosener in *Workforce America* erläutern:

> Historisch gesehen waren Mentoren innerhalb homogener Institutionen Mitglieder der dominanten Gruppe, die inoffiziell ihre Nachfolge planten. Als solche wählten diejenigen, die an den Schaltstellen der Macht saßen, für gewöhnlich andere mit ähnlichem Profil aus, gaben ihren Schützlingen Informationen über ungeschriebene Gesetze und Normen weiter, berieten sie auf ganz persönlicher Basis und wirkten in der Regel an der Auswahl derjenigen mit, die in der Hierarchie aufsteigen sollten. Ähnlich wie bei einigen traditionellen Vater-Sohn-Beziehungen diente die Mentor-Schützling-Beziehung dem Erhalt der bestehenden Ordnung, indem sie die Macht im Unternehmen in den Händen der herrschenden Gruppe konzentrierte. Obwohl dieser Prozeß der »natürlichen Auslese« buchstäblich in jeder Institution in Amerika Fuß gefaßt hatte, wurde er selten diskutiert oder in Frage gestellt.

Coaching ist im Gegensatz dazu ein offen sichtbarer Prozeß, der sich nicht in aller Heimlichkeit abspielt. Er ist für *alle* gleichermaßen verfügbar und nicht einer Elite vorbehalten, die auf Kosten anderer Karriere macht. Im Gegensatz zu einem Mentor geht ein Coach nicht davon aus, daß die Kenntnis ungeschriebener Gesetze und das Wissen der Eingeweihten nur an eine handverlesene Gruppe weitergegeben werden sollten. Coaching ist ein offenes System, in dem jeder die Chance zum beruflichen Aufstieg hat.

(Weitere Gedanken zum Thema Coaching äußert einer der besten auf diesem Gebiet – Bill Walsh – in Teil X.)

Die neuen »Spielregeln«

Coaching, so gut gemeint und durchgeführt diese Form der intensiven Betreuung auch immer sein mag, kann nicht in einem Klima gedeihen, in dem mit zweierlei Maß gemessen wird und ungeschriebene Gesetze bestehen. Es reicht nicht aus, Frauen und Angehörige von Minderheiten durch ein System zu schleusen, wenn dieses System sie nicht willkommen heißt. Deshalb müssen Unternehmen, denen es ernst ist mit der Absicht, Mitarbeiter unterschiedlichster Herkunft zu schätzen und zu halten, die geschriebenen und ungeschriebenen Gesetze abschaffen, die einzig zu dem Zweck geschaffen wurden, die Mächtigen an der Macht zu halten. Andernfalls wird selbst die intensivste Schulung oder persönliche Betreuung und Beratung nicht bewirken, daß Frauen und Minderheiten einem Unternehmen lange die Treue halten, weil sie frustriert sind über ein System, das eindeutig auf andere zugeschnitten ist.

Unternehmen müssen nicht nur die Bestimmungen ändern, die Frauen und Minderheiten ausschließen, sondern auch neue Regeln aufstellen, sie als vollwertige Partner einbeziehen. Die oft zitierte »gläserne Grenze« für ihren beruflichen Aufstieg kann beispielsweise nie durchbrochen werden, wenn das Problem der Kinderbetreuung nicht ernsthaft angegangen wird – ein Thema, das in der Verantwortung sowohl der Männer als auch der Frauen liegt.

Eine Studie enthüllte, daß nur 15 Prozent aller amerikanischen Unternehmen über Kindertagesstätten auf dem Werkgelände oder in der Nähe verfügten und weniger als ein Drittel Mutterschaftsurlaub bot. Aber es gibt einen Hoffnungsschimmer am Horizont. IBM, ein verläßliches Barometer für künftige Entwicklungen, investierte kürzlich 25 Millionen Dollar in ein Kinder- und Altenbetreuungsprogramm. Johnson & Johnson baut den ersten betriebseigenen Kinderhort. Und ein Schlüsselabsatz der Verträge, die AT & T mit den Gewerkschaften neu aushandelte, war ein umfassendes Sozialleistungspaket, das sich an der Familie orientierte und eine Aufwendung von fünf Millionen Dollar für die Suche nach Mitteln und Wegen, Kinderbetreuung in gemeindeeigenen Einrichtungen anzubieten, einschloß.

Die Bedeutung des Engagements von seiten der Geschäftsleitung

Ende der 80er Jahre gab es eine Welle des Interesses an Programmen, die eine positive Einstellung zu multikultureller Vielfalt fördern sollten. Das war zwar an sich ein gutes Zeichen, aber es wäre töricht, von solchen Maßnahmen weitreichende Auswirkungen in Unternehmen zu erwarten, die im wesentlichen weiter der traditionellen Kultur verhaftet bleiben. So lohnend solche Programme auch sein mögen, sie zeitigen keine nennenswerten Folgen, wenn eine Unternehmenskultur die Vielfalt nicht begrüßt. Und die Impulse zur Entwicklung einer Unternehmenskultur, in der Vielfalt als Aktivposten betrachtet wird, müssen von der Firmenspitze ausgehen.

Als Ortho Pharmaceuticals 1986 seine Unternehmenskultur änderte, wurden die Weichen vom Topmanagement gestellt. Der Firmenchef und der Vorstand von Ortho (in dem ausschließlich Männer weißer Hautfarbe sitzen) waren mit der hohen Fluktuationsrate und der geringen Präsenz von Frauen und Minderheiten in den oberen Führungsrängen unzufrieden. Alle elf nahmen geschlossen an einem Schulungskurs zum Thema Vielfalt teil, den eine Unternehmensberatungsfirma anbot. Danach schickte die mit neuen Erkenntnissen gerüstete Führungsriege sämtliche Angehörigen der oberen und mittleren Leitungsebenen und des Aufsichtspersonals noch einmal auf die Schulbank, damit sich die Kunde verbreite, Ortho wisse Vielfalt zu schätzen.

Bei McDonalds sind die Topmanager die ersten, die an den firmeneigenen Karriereentwicklungsprogrammen für Mitarbeiter auf Führungsebene teilnehmen. »Wenn die Vorgesetzten nicht verstehen, worum es beim Thema Vielfalt geht, welche Vorteile diese für das Unternehmen und den einzelnen hat, dann macht es nicht viel Sinn, so meinen wir, sich Zeit für Mitarbeiter zu nehmen, die einfach nur ihren Arbeitstag abhaken«, sagt Monica Boyles, ehemals für das Programm »Changing Workforce« bei McDonald's zuständig.

Bei Ortho, McDonald's und in anderen Unternehmen, denen die Integration von Arbeitsgruppen unterschiedlichster sozialer und ethnischer Herkunft gelungen ist, wird der Prozeß von der Geschäftsleitung nachhaltig unterstützt und gefördert. Die »Balanced Workforce«-Strategie von Xerox, die auf Ausgewogenheit abzielt, wird von engagierten Fürsprechern im Topmanagement ausdrücklich befürwortet. Honeywell schickte seine höheren Führungskräfte in eine Minderheitenfirma, damit sie aus erster Hand das Gefühl kennenlernten, Außenseiter zu sein – und machte sich dann an die Aufgabe, eine Unternehmenskultur zu schaffen, die für Minderheiten offener war. Der Mann, der Avons Geschicke lenkt, führt den Vorsitz über einen Ausschuß, der als Schaltstelle dient und die Probleme von Frauen und Minderheiten direkt ans Topmanagement weiterleitet.

Jeder, der Zugang zur Führungsspitze hat, kann sein Scherflein dazu beitragen, daß die Förderung personeller Vielfalt von der höchsten Leitungsebene getragen wird. Ein Schlüssel für Digitals erfolgreiche multikulturelle Strategie ist der Umstand, daß Barbara Walker, die zu Beginn der 80er Jahre ins Managementteam aufgenommen wurde, sich auf die Schulung vielversprechender Mitarbeiter konzentriert und ihnen die Vorteile der personellen Vielfalt nahegebracht hat. Sie fing mit einer Kerngruppe von Bezirksleitern an, denen sie herauszufinden half, was diese Unterschiede für sie bedeuteten und welchen Wert sie besitzen. Heute gibt es dort Bereichsleiter und Mitglieder der Geschäftsleitung, die sowohl über die Bereitschaft als auch über die Macht verfügen, dafür zu sorgen, daß die positive Einstellung zur multikulturellen Vielfalt höchste Priorität in der Firma Digital hat (siehe Teil X).

Verantwortlichkeit

Die Zeitschrift *Fortune* untersuchte 1990 Informationen, die den Aktionären von 799 Publikumsgesellschaften zugeschickt wurden; diese Firmen gehörten zur Liste der 1000 größten amerikanischen Industrie- und Dienstleistungsunternehmen, die von der Zeitschrift veröffentlicht wird. Unter den 4012 Spitzenverdienern – es handelte sich um Topmanager und Firmenleiter – entdeckte *Fortune* ganze 19 Frauen, weniger als ein Prozent.

Ted Payne von Xerox bemerkte dazu: »Personelle Vielfalt ist der ›letzte Schrei‹. Dieses Schlagwort scheint in aller Munde zu sein. Mir sind Leute höchst verdächtig, die den lieben langen Tag herumrennen und über Führung und Vielfalt reden, zumal wenn sie in der Mehrheit weiß und männlichen Geschlechts sind. Sie haben nach wie vor eine Menge Kompetenzen, sitzen da oben an der Spitze und sagen den Leuten in der Mitte, was sie mit der unteren Ebene zu tun haben.«

Und er fügte hinzu: »Man kann so viele Konferenzen einberufen, wie man will, aber hat sich denn bisher wirklich irgend etwas Wichtiges getan, um reizvolle Positionen mit Minderheiten und Frauen zu besetzen? Meiner Meinung nach muß man sich jemanden herausgreifen und ihm die Verantwortung dafür übertragen.«

Firmen, die auf die Eingliederung von Frauen und Minderheiten in die oberen Führungsränge abzielen, müssen die Führungskräfte für Einstellung, Schulung und Förderung dieser Mitarbeiter verantwortlich machen. Bei Pizza Hut ist das bereits geschehen. Wenn hier die Leistungen eines Managers oder einer Managerin beurteilt werden, dann wird sein oder ihr Geschick, diese personelle Vielfalt zu meistern, genauso berücksichtigt wie andere Eigenschaften, beispielsweise Entscheidungsfreudigkeit oder soziale und kommunikative Fähigkeiten. Die Führungskräfte der Gastronomiekette haben diesbezüglich spezielle Verantwortlichkeiten, beispielsweise die Ausarbeitung von Plänen zur Förderung eines gemischten Personalbestands auf allen Unternehmensebenen, die Anerkennung und Wertschätzung unterschiedlicher Arbeitsstile, die Stellenbesetzung nach dem Gesichtspunkt der Vielfalt und die Handhabung von geschlechtsspezifischen und Minderheitenproblemen auf individueller Basis.

Xerox hat sich das feste Ziel gesetzt, den Anteil von Frauen und Minderheiten in Topmanagement-Positionen zu erhöhen. Als die Firma ihre »Balanced Workforce«-Strategie ausknobelte, legte sie einen systematischen Plan vor zur Entwicklung eines Personalbestands, der sich aus hochbegabten Frauen und Minderheiten zusammensetzt. Diese Strategie setzte voraus, daß man zuerst die einzelnen Stationen im beruflichen Werdegang von Topmanagern ausmachte und genau in Augenschein nahm und danach die Schlüsselpositionen ermittelte, die als »Sprungbrett« für den Aufstieg gedient hatten. Xerox vergewisserte sich, daß Frauen und Minderheiten in die Reihen der Anwärter auf diese Spitzenpositionen eingegliedert wurden, so daß sie bei einer Neubesetzung genau wie alle anderen berücksichtigt wurden. Die Strategie, die man Anfang der 70er Jahre umsetzte, war von Erfolg gekrönt: Die Anzahl von Frauen und Minderheiten in den oberen Führungsetagen hat sich stetig erhöht.

Strategien zur Erzielung von Vielfalt

Der Prozentsatz von Frauen und Minderheiten in den oberen Führungsrängen ist zweifellos ein Maßstab für den Erfolg einer Personalstrategie, die auf Vielfalt abzielt. Er muß jedoch als langfristiger Maßstab gesehen werden, da die Anzahl der Spitzenpositionen in den meisten Firmen begrenzt ist. Eine Möglichkeit besteht darin, von Zeit zu Zeit anonyme Umfragen unter den Mitarbeitern durchzuführen, um sich ein Bild zu machen, wie weit die Integration unterschiedlicher Gruppen und Arbeitsstile gediehen ist.

Honeywell arbeitete beispielsweise Fragebögen aus, um die Meinungen der Mitarbeiter über Führungspraktiken, Leistungsbarrieren und Informationsdefizite in Erfahrung zu bringen. Die Belegschaft wurde um Stellungnahme (die Teilnahme war freiwillig) zu Aussagen gebeten wie: »Mein Vorgesetzter bringt sein Vertrauen in mich und meine Lernfähigkeit zum Ausdruck.« Die fünf Antworten, die angekreuzt werden konnten, reichten von »oft« bis »nie«.

Honeywell sammelte die Antworten von sämtlichen Mitarbeitern ein und überreichte die Ergebnisse den jeweiligen Vorgesetzten. Einige Manager waren baß erstaunt, als sie feststellen mußten, daß ihnen schlechte »Noten« in Bereichen erteilt worden waren, die sie für ihre Stärken gehalten hatten.

Der Erfolg einer Personalstrategie, die auf Vielfalt abzielt, läßt sich auch mit Hilfe von inoffiziellen Beobachtungen ermessen, wie gut die verschiedenen Gruppen miteinander auskommen. Damit sollte eine Person betraut werden, die sich auf die Führung von Belegschaftsmitgliedern unterschiedlicher Herkunft versteht und ein Gespür für Spannungen oder Zwänge hat, die nicht offen zum Ausdruck gebracht werden. Eine objektivere Methode besteht darin, die Anzahl der Beschwerden über diskriminierende Verhaltensweisen – oder noch schneller und einfacher: die Fluktuationsrate – im Auge zu behalten. Ist sie hoch, vor allem in der Gruppe der Frauen und Minderheiten, dann könnte das ein Warnsignal sein, daß die Taten den Worten des Unternehmens über die Wertschätzung der Vielfalt noch hinterherhinken.

Vielfalt und das vernetzte Unternehmen

In früheren Kapiteln habe ich betont, wie wichtig fließende Strukturen sind in einem Zeitalter, das ein Höchstmaß an Flexibilität und Reaktionsfähigkeit erfordert. Die zunehmende personelle Vielfalt am Arbeitsplatz ist ein weiterer zwingender Grund für Unternehmen, ihre vertikalen Hierarchien der alten Art abzubauen und zu einer Netzwerkform überzugehen.

Die Top-down-Hierarchien verstärken naturgemäß die Unterschiede, weil sie die Mitarbeiter säuberlich getrennten Kategorien und Rangebenen zuordnen. Im Rahmen einer solchen Struktur greift man nur allzuleicht auf die stereotypen Denkmuster zurück, wenn es darum geht, wer oben und wer unten steht. Je strikter die Trennung, desto stärker wird das Selbstwertgefühl der Belegschaftsmitglieder auf den unteren Ebenen beeinträchtigt.

Im Gegensatz dazu gibt es in der Netzwerkstruktur weniger Auf und Ab, sondern wesentlich mehr fließende Bewegungen in alle Richtungen. Folglich besteht von Haus aus wenig Grund, Trennlinien zu ziehen oder auf Kosten anderer Gruppen die Führung an sich zu reißen.

Die Netzwerkstruktur setzt Partnerschaft und enge Beziehungen quer durch alle Unternehmensbereiche voraus. Hier können Mitarbeiter mit unterschiedlicher Sichtweise einen konstruktiven Dialog über ihre Standpunkte führen. Ein solcher Dialog und die Netzwerkstruktur, die ihn fördert, sind natürliche Merkmale eines Arbeitsumfelds, in dem mehr Demokratie herrscht.

Am Ende könnte die »gläserne Grenze«, die traditionsgemäß den beruflichen Aufstieg von Frauen und Minderheiten vereitelt hat, von der Netzwerkstruktur ebenso ins Wanken gebracht werden wie von Unternehmensstrategien, die auf personelle Vielfalt bedacht sind. Ohne das starre Gefüge, das Menschen trennt und Schichten zuordnet, mit dem Ziel, den Erhalt des Status quo zu gewährleisten, wird diese Barriere irgendwann zum Einsturz gebracht werden.

Der weite Weg, der vor uns liegt

Der Weg von der traditionellen Uniformität zu einem Umfeld, das einer breitgefächerten Palette von Mitarbeitern förderlich ist, wird nicht leicht sein. Menschen sind Gewohnheitstiere. Jeder von uns hat sich seine eigene Logik zurechtgezimmert, mit deren Hilfe er seine ganz persönliche Welt organisiert und allem, was ihn umgibt, einen Sinn abzugewinnen trachtet. Wir klammern uns an unsere vorgefaßten Meinungen, und das aus einem Grund: Wie verzerrt sie auch sein mögen, sie vermitteln uns ein Gefühl der Sicherheit. Diese Vorurteile über Bord zu werfen wird ein langsamer und bisweilen schmerzhafter Prozeß sein.

Einige Voreingenommenheiten sind leichter abzulegen als andere. In einer Umfrage, die das *Wall Street Journal* 1987 unter 351 Spitzenmanagern durchführte, sagte beispielsweise ein Prozent der Befragten, sie würden zögern, eine Frau zu befördern und ihr den Vorsitz über einen Ausschuß zu übertragen, während 66 Prozent die gleiche Erklärung in bezug auf einen homosexuellen Mitarbeiter abgaben. Diese Reaktionen beweisen die Notwendigkeit von Aufklärung und erhöhtem Bewußtsein, um tiefverwurzelte Vorurteile mit Stumpf und Stiel auszurotten.

Die Herausforderung, eine positive Einstellung zu einer pluralistischen Belegschaft zu entwickeln, ist für alle beträchtlich, gleich ob es sich um Männer oder Frauen, Angehörige der Mehrheit oder einer Minderheit handelt. Wie schnell gelingt es Männern aller Rassen und Kulturen, sich mit dem Gedanken an weibliche Führungskräfte auf allen Unternehmensebenen anzufreunden? Wann werden Manager genug gelernt haben, um als Coach für die vielen Frauen zu dienen, die im Verlauf des nächsten Jahrzehnts die »gläserne Grenze« durchbrechen werden? Wieviel Aufmerksamkeit werden unsere Unternehmen spezifischen Herausforderungen widmen, wie Kinder- und Altenbetreuung – Problemen, die sie angehen müssen, wenn die personelle Vielfalt im Management gedeihen soll? Die Antworten auf diese und andere wichtige Führungsfragen werden dazu beitragen, die Wettbewerbsposition der Unternehmen im globalen Markt der 90er Jahre zu bestimmen.

Niemand weiß, wie lange es dauern kann, bis das Unternehmen mit voll integrierter multikultureller Belegschaft die Regel sein wird; die meisten Fachleute sprechen in ihren Vorhersagen nicht von Jahren, sondern von Jahrzehnten. Aber eines ist gewiß: Merkliche Verschiebungen in Richtung einer Unternehmenskultur, die Vielfalt zu schätzen weiß, werden sich erst dann durchsetzen können, wenn die oberen Leitungsebenen diese Vielfalt aufweisen.

Es gibt Anzeichen für Fortschritte. John Lynch von Hewlett-Packard ist optimistisch: »Wenn man sich die oberen Führungsebenen ansieht, dann sind Frauen dort mit elf Prozent und Minderheiten mit sieben Prozent vertreten. Frauen, die einer Minderheit angehören, zähle ich doppelt. Von unseren 200 Spitzenmanagern sind derzeit fünf Prozent Frauen, und ein bis zwei Prozent gehören Minderheiten an; aber diese Zahlen ändern sich vierteljährlich. Noch vor fünf Jahren lag der Prozentsatz – für Frauen und Minderheiten – in den Spitzenpositionen bei Null. Aber die Herausforderung bleibt bestehen, diese Prozentsätze zu erhöhen.«

Avon ist ebenfalls ein Hoffnungsträger. Der Kosmetikriese ermutigt Mitarbeiter, die Minderheiten angehören, sich zu Netzwerken zusammenzuschließen; er erkennt die Gruppen offiziell an und stellt ihnen eine Führungskraft als Coach zur Seite. Die Netzwerke liefern dem Management Rückmeldungen über Probleme, denen sich diese Minderheiten gegenübersehen, und helfen neuen Mitarbeitern bei der Anpassung.

Avon hatte auch einmal ein Frauen-Netzwerk, das sich allerdings vor ein paar Jahren auflöste. Der Grund? Da bei Avon 79 Prozent der Führungspositionen von Frauen besetzt sind, war die Einrichtung schlicht nicht mehr nötig.

Das bedeutet jedoch nicht, daß die Herausforderung der Integration von Avon oder einem beliebigen anderen Unternehmen gemeistert ist und zu den Akten gelegt werden kann. Es dauert lange, bis sich Einstellungen ändern, und noch länger, bis auch die Sprache dies ausdrückt.

Das ist jedoch nicht nur eine Frage der Semantik. Sprache strukturiert das Bewußtsein, und solange sich unsere Sprache auf die männliche, weiße Monokultur konzentriert, statt die Vielfalt zu spiegeln, bleibt unser Verhalten in den alten Klischeevorstellungen verwurzelt.

Abgesehen von der Sprachbarriere bleiben auch noch die Herausforderungen, die durch die Unterschiede selbst entstehen. Diese Unterschiede stellen Probleme dar, die ja nicht einfach über Nacht verschwinden, nur weil wir sie zur Kenntnis genommen haben.

Ein wichtiges Thema, das in den Diskussionen über gemischte Gruppen mit Männern und Frauen oft zu kurz kommt, sind die sexuellen Auswirkungen einer Arbeitsumgebung, in der Menschen immer enger zusammenarbeiten. Es wäre naiv zu glauben, man könne die Sexualität an der Garderobe abgeben, bevor man die Firma betritt. Da Menschen zunehmend enger in einem Umfeld zusammenarbeiten, das partnerschaftliche Beziehungen fördert, muß das Wort Sex wieder Eingang in den Wortschatz des Unternehmens finden, so daß dieses Thema gemeinsam mit anderen, die sich auf die Vielfalt beziehen, angesprochen werden kann.

Gesund durch Vielfalt

Gewiefte Unternehmen fördern die Vielfalt schon seit Jahren, um für den Wettbewerb in einer zunehmend multikulturellen Geschäftswelt gerüstet zu sein. Für viele Manager ist dies in erster Linie eine pragmatische Strategie, um das Wachstum in einem Zeitalter der Personalknappheit aufrechtzuerhalten.

Albert Yu von der Firma Intel sieht darin eine praxisorientierte Strategie, die sich auszahlen wird in einem Zeitalter, in dem kontinuierliche Innovation unerläßlich ist.

Auch Kevin Sullivan, Personalchef von Apple Computer, erkennt die wirtschaftlichen Vorteile personeller Vielfalt. Bevor er zu Apple kam, arbeitete Sullivan bei Digital Equipment; dort fiel ihm auf, daß sich das Verkaufs- und Außendienstpersonal zu 40 Prozent aus Frauen und Minderheiten zusammensetzte. »Wenn weiße, männliche Führungskräfte merken, daß 40 Prozent ihrer Verkaufsmannschaft Aufträge von rund eineinhalb Milliarden Dollar hereinholen«, sagt er, »dann liegt das Endziel klar auf der Hand, nämlich dafür zu sorgen, daß sie zufrieden, motiviert und leistungsstark bleiben.«

Es ist kein Wunder, daß die Manager in Computerfirmen die Vielfalt in den allerhöchsten Tönen loben. Innovation ist ihre Lebensader, und so fällt es ihnen vielleicht leichter als Managern von Unternehmen anderer Branchen, den Wert personeller Vielfalt für Neuerungsbemühungen zu erkennen.

Aber es steht mehr als nur die Innovationsfähigkeit auf dem Spiel. Die Vielfalt zu schätzen ist eine gute Geschäftsstrategie, und das nicht aus reinem Eigeninteresse. Aber personelle Vielfalt zu akzeptieren und sie regelrecht zu begrüßen sind zwei verschiedene Dinge. Sie zu akzeptieren setzt ein Verhalten voraus, das im Interesse der Produktivitätserhöhung dagegen ankämpft, daß am Arbeitsplatz mit zweierlei Maß gemessen wird und Vorurteile herrschen. Vielfalt als eine positive Herausforderung zu begrüßen – das wahre Ziel der Unternehmen neuen Zuschnitts – bedeutet wesentlich mehr.

Was in den meisten Diskussionen über dieses Thema fehlt, ist das Bewußtsein, daß Vielfalt einen tieferen Wert birgt, das Wissen, daß sie – um es in den Worten von Mark Satin auszudrücken – »unseren geistigen Horizont erweitert, unser Leben auf der zwischenmenschlichen Ebene bereichert, uns gesunden läßt«. Vielfalt wird nicht nur zur Ergebnisverbesserung beitragen, sondern uns auch dabei helfen, unser Potential ganz zu nutzen, unsere schöpferischen Kräfte zu aktivieren, unsere Begabungen freizusetzen, unsere Arbeitsgruppen zu bereichern und unsere Unternehmen menschlicher zu machen.

Das Jahrzehnt des Weltbürgers

Die Vielfalt schätzen lernen ist ein Schlüsselfaktor für das Überleben und den Erfolg in den 90er Jahren und darüber hinaus von entscheidender Bedeutung für Menschen, Unternehmen und ganze Nationen.

Die Vielfalt des Unternehmens spiegelt in hohem Maß den Facettenreichtum der globalen Gesellschaft wider, in die es eingebettet ist. Man könnte das Unternehmen als Übungsgelände betrachten, das uns auf unsere Rolle in der Weltgemeinschaft des 21. Jahrhunderts vorbereitet.

Führungskräfte wie Harold Epps gehen uns auf diesem Weg voran. Sie lehren uns, die Vielfalt zu begrüßen und uns darauf einzustellen. Sie sind Vorbild in ihrem Verhalten als Weltbürger, die wir alle werden sollten. Infolge der tiefgreifenden Einwirkung der Unternehmen auf die Weltgemeinschaft müssen die Visionen solcher Führungskräfte weit über die physischen Grenzen ihrer Organisationen hinausreichen. In Teil IX werden wir uns mit dem ungeheuren Einfluß befassen, den Unternehmen auf die Gesellschaft ausüben, wenn sie ihre Rolle als Weltbürger annehmen.

Teil IX

Drei Schlüsselelemente – Ethik, Ausbildung und Umwelt

1976, im Alter von 34 Jahren, eröffnete Anita Roddick in Brighton in der Grafschaft East Sussex ein kleines Geschäft, nachdem ihr Mann den Wunsch geäußert hatte, zwei Jahre lang durch Südamerika zu reisen. The Body Shop, als Zwischenlösung gedacht, um den eigenen Lebensunterhalt zu bestreiten, florierte und entwickelte sich zu einer Kette, die heute weltweit beispiellosen Erfolg hat.

The Body Shop wurde auf dem Fundament von fünf Prinzipien gebaut:

1. Kosmetikartikel mit einem Mindestmaß an Werbemaßnahmen und Verpackung zu verkaufen;
2. Gesundheit statt Glanz und Glitter, die Realität statt des zweifelhaften Versprechens einer umgehenden Verjüngung in den Vordergrund zu stellen;
3. nach Möglichkeit nur solche Ingredienzen zu verwenden, die aus natürlichen Rohstoffen gewonnen werden, und sie direkt an der Quelle zu beschaffen;
4. weder die Bestandteile der Präparate noch die Endprodukte in Tierversuchen zu testen;
5. die Umwelt pfleglich zu behandeln.

Als Gordon Roddick von seinen Reisen zurückkehrte, war The Body Shop bereits auf dem Weg, sich zu einem blühenden Konzern zu entwickeln. Am Ende des Rechnungsjahres 1990 hatten sich die Gewinne vor Steuern auf geschätzte 23 Millionen Dollar bei einem Umsatz von 141 Millionen Dollar erhöht. Heute gibt es mehr als 600 Body Shops in 39 Ländern, von der Arktis bis Australien, von Schweden bis Singapur, und ihre Zahl wächst stetig. The Body Shop beschäftigt mehr als 1600 Mitarbeiter in firmeneigenen Geschäften und Büros, und die Lizenznehmer des Unternehmens führen rund 3500 Angestellte auf ihren Gehaltsliste. 1984 wurde es in eine Aktiengesellschaft umgewandelt.

The Body Shop hat nicht nur phänomenale Erfolge zu verzeichnen, sondern gilt auch auf internationaler Ebene als Symbol des Unternehmens, das sich seiner sozialen Verantwortung bewußt ist. Es ist weltweit für seinen Einsatz bekannt, wenn es darum geht, gesellschaftliche Anliegen zu unterstützen, und arbeitet eng zusammen mit Organisationen wie Greenpeace, Friends of the Earth und Survival International bei der Planung der unterschiedlichsten Hilfsaktionen, die von der Rettung der Wale bis zum Erhalt der Regenwälder reichen. Wenn Anita Roddick nicht gerade die Werbetrommel für solche und ähnliche Feldzüge rührt, bereist sie die Welt auf der Suche nach neuen Produkten und Herstellungsverfahren für The Body Shop. Während ihrer Reisen nimmt sie Kontakt mit den einheimischen Frauen auf, die noch dieselben Mittel und Methoden zur Pflege von Haut und Haaren verwenden wie Generationen vor ihnen. 1989 besuchte sie beispielsweise Mexiko, Südindien, die Türkei, Oman, Nepal, Costa Rica, die Republik Niger und Brasilien.

Anita Roddick sprach mit mir über ihre Reisen, ihre Geschäftsphilosophie und ihre Ansichten zum Thema der sozialen Verantwortung der Unternehmen.

Anita Roddick von The Body Shop

Ich war vor ein paar Monaten in Saudi-Arabien und habe gesehen, wie der Handel dort wirklich abläuft – in diesen herrlichen kleinen Ladenstraßen, die »Suk« genannt werden. Die Geschäfte haben nur drei Wände und an der Vorderseite als Eingang ein schmiedeeisernes Gitter, das man heraufziehen und herunterlassen kann. Ich habe also zu unseren saudiarabischen Lizenznehmern gesagt: »Das sollten wir genauso machen. Laßt uns sechs oder zehn unserer besten Parfums in den Suks verkaufen.« Man muß von dem Markt lernen, in dem man tätig ist, statt ihm die eigenen Geschäftsmethoden aufzuzwingen.

Ich war gerade aus Brasilien zurückgekehrt, wo wir mit den Indianern Handel treiben. Nach meiner Teilnahme an der Konferenz der Union of Indian Nations, die 1989 in Altamira stattfand, bin ich zu einer leidenschaftlichen Verfechterin der Idee geworden, den Indianern in Brasilien zu helfen, ihre Lebensweise zu bewahren und den Regenwald zu schützen. Da lag es natürlich auf der Hand, im brasilianischen Regenwald nach Inhaltsstoffen für unsere Produkte zu suchen, die von den Indianern und Kautschukzapfern in umweltverträglicher Menge gesammelt werden konnten.

The Body Shop hat während seiner internationalen Lizenznehmertagung Mittel beschafft und 220000 [britische] Pfund zusammengebracht. Das Geld wurde zur Finanzierung von Forschungsprojekten und zur Befriedigung der dringlichsten Grundbedürfnisse bedrohter Indianerstämme, wie etwa der Kayapos und der Yanomanis, verwendet. Ich war in einem Kayapo-Dorf – eine Ansammlung von rund 20 oder 30 Hütten für annähernd 250 Menschen. Der ganze Indianerstamm saß auf dem Dorfplatz in der Mitte, und wir handelten. Wir hatten ihnen beigebracht, wie man Öl aus den Paranüssen gewinnt, die sie nach altem Brauch sammeln. Es gelang uns tatsächlich, fünf Kilo Öl zusammenzubringen, und wir glauben, daß wir 20 Tonnen im Jahr abnehmen können. Die Technologie ist sehr einfach und auf die Dritte Welt zugeschnitten.

Und dann treiben wir noch richtig Handel mit ihnen. Wir fragen: »Was wollt ihr dafür?« Das kann medizinische Ausrüstung sein oder auch Kochtöpfe. Also machen wir ein Tauschgeschäft. Wir wollen ihre Kultur nicht verpfuschen. Sie sind Jäger und Sammler. Handel bietet den Menschen nach unserer Meinung die Möglichkeit, selbst über ihr Schicksal zu bestimmen, wenn sie mit der westlichen Lebensweise und deren Zwängen in Berührung kommen. Außerdem hilft er ihnen, ihre Rohstoffe auf eine Weise zu nutzen, die auf die eigenen sozialen, kulturellen und materiellen Bedürfnisse abgestimmt ist.

Folglich werden sie eines Tages vielleicht sagen: »So, wir haben jetzt genug. Kommt in zehn Jahren wieder.« Wir geben ihnen die Patentrechte – was die großen Multis nie tun würden –, damit sie auch weiterhin von dem Handel profitieren. Die Bürde der Verantwortung liegt allein bei uns; wir müssen das Chaos verhindern, das eine freie Marktwirtschaft unter den überlieferten Sitten und Gebräuchen in der Region des Regenwaldes anrichten würde. Der Austausch Wissen gegen Ware muß in der traditionellen Weise erfolgen, mit Achtung und Freundschaft.

The Body Shop hat eine anthropologische Abteilung und beschäftigt Ethnobotaniker. Eine Marketingabteilung gibt es bei uns nicht, aber wir haben das konventionelle Marketingkonzept auf den Kopf gestellt, indem wir unsere Produkte mit gesellschaftlichen Anliegen verknüpfen. Das bedeutet, daß diese Erzeugnisse zu Gesandten werden, die politische Botschaften übermitteln.

Wir vermarkten unsere Produkte nicht, als wären sie das Fleisch und das Blut Jesu Christi. Was wir wirklich ernst nehmen, ist unsere Produktentwicklung, die Inhaltsstoffe, die wir verwenden, wie wir sie beschaffen und wie wir unsere Kunden über die Wahlmöglichkeiten aufklären, die uns zur Verfügung stehen. Und folglich sind sowohl unsere Kunden als auch unsere Geldgeber in der Lage, auf der Grundlage dieser Kenntnisse zu entscheiden, ob sie mit uns Geschäfte tätigen wollen oder nicht. Kunden wollen Wissen; sie fordern ehrliche Informationen. Sie wollen sich nicht nur mit den Produkten, sondern auch mit dem Unternehmen identifizieren können.

Deshalb möchten so viele Leute für The Body Shop arbeiten, und deshalb wechseln so wenige die Firma. Es liegt an unseren Werthaltungen – unsere Ziele und sozialen Anliegen haben haargenau den gleichen Stellenwert wie unsere Produkte und Gewinne. Was den menschlichen Geist inspiriert, ist nicht irgendeine Feuchtigkeitscreme. Unsere Mitarbeiterinnen träumen nicht von Seife, wenn sie nach Hause gehen. Es sind die großen, erhabenen Ziele, denen wir unsere ganze Kraft verschrieben haben. Unserer Gruppe in Finnland wurde beispielsweise gerade eine namhafte Umweltschutz-Auszeichnung für ihre Arbeit an einem Werbefeldzug gegen Tierversuche in der Kosmetikindustrie zuerkannt. Eine Gruppe in Hongkong hat mit den Flüchtlingen zusammengearbeitet. Diese Leute bewirken mit ihren Aktionen – mit der Zeit, die sie für Dinge außerhalb der Geschäftstätigkeit aufwenden –, daß die Firma menschlicher wird.

Die Mitglieder unserer Belegschaft können einmal im Monat einen Tag freinehmen – wir ermutigen sie sogar dazu –, um an einem Projekt ihrer Wahl mitzuarbeiten. Jeder Body Shop in England und in allen anderen Ländern der Welt leistet seinen Beitrag auf kommunaler Ebene, und zwar während der Geschäftsstunden. Alle Abteilungen und Geschäfte treffen ihre Wahl. Die Body Shops sind Schauplatz für Lernprozesse, die unsere Gesellschaft und Umwelt betreffen. Wir stellen auf diesem Gebiet keine Autorität dar. Wir wollen nur die Aufmerksamkeit fesseln, durch unsere Plakate in den Fenstern, durch die Prospekte, die wir drucken, oder die Videofilme, die wir produzieren. Dieses Instrumentarium und die Millionen Passanten, die an den Auslagen vorbei- und durch die Läden gehen, haben eine Bewußtseinsveränderung bei unseren Kunden hervorgerufen. Das Bewußtsein zu erhöhen ist Teil der Aufgabe, der wir uns verschrieben haben.

Darüber hinaus haben wir ein Schulungszentrum eingerichtet, das im Verlauf des Jahres rund 4500 Belegschaftsmitglieder besuchen. Hier werden Kurse angeboten, die alle nur erdenklichen Themen abdecken, von der Mitarbeitermotivation bis hin zur Kosmetologie, der Wissenschaft und Lehre von der Kosmetik, oder AIDS in unserer Gesellschaft. Das bedeutet, daß wir AIDS-Kranke einladen, Vorträge zu halten und mit uns zu diskutieren.

In einem dieser Kurse wurde eine wunderbare Idee geboren. In London gibt es ungefähr 3000 junge Menschen, die obdachlos sind und unter den Themsebrücken leben. Wir arbeiten nun mit einer Wohlfahrtseinrichtung namens Shelter zusammen, die versucht, ein Zuhause für diese Jugendlichen zu finden. Wir haben gesagt: »Wir werden sie ausbilden, sie wieder ins Erwerbsleben integrieren.« Die meisten waren vorher noch nie berufstätig, und deshalb haben wir in unseren Läden nun eine Gruppe von Leuten – Mütter, Väter –, die sich um einen der Obdachlosen kümmern. Die jungen Leute nehmen an einem intensiven Schulungskurs teil. Und wenn sie den Erwartungen nicht gerecht werden, erhalten sie keine Anstellung in unseren Geschäften. Aber bisher hat es noch jeder geschafft. Und so arbeiten in unseren Läden in London nun diese obdachlosen Jugendlichen, die inzwischen wertvolle Mitglieder unserer Mannschaft sind und unser volles Vertrauen genießen.

Außerdem haben wir ein Austauschprogramm eingeführt: Jedes Belegschaftsmitglied in einem beliebigen Land der Welt kann seinen Arbeitsplatz mit einem anderen tauschen. Vielleicht möchte jemand gerne eine Weile in Melbourne arbeiten oder drei Monate nichts tun und reisen. Unsere Leute haben die feste Zusage, daß sie wieder einen Arbeitsplatz bei uns erhalten, wenn sie zurückkehren. Oder wenn Mitarbeiter gerne in unserer Ausbildungsabteilung arbeiten und Schulen besuchen möchten, können sie auch das tun. Diese Mobilität wird von uns nachhaltig unterstützt.

Was ich hier gelernt habe, ist, daß man Menschen motivieren kann, wenn man sie an die Quelle ihrer eigenen inneren Kraft führt. Wenn einem irgendeine ungenannte Mitarbeiterin nach drei Wochen, in denen sie in rumänischen Waisenhäusern beim Großreinemachen geholfen, AIDS-infizierte Babys in den Armen gehalten oder an Menschenrechtsaktionen teilgenommen hat, gerade in die Augen sieht und sagt: »Das ist mein wahres Ich«, dann sollte man diesem Punkt Beachtung schenken. Sie träumt nicht von Feuchtigkeitscreme, sondern von höheren Lebenszielen.

Demokratie ist kein Zuschauersport. Leider sind viele von uns passive Teilnehmer am öffentlichen Leben. Dafür gibt es viele Gründe: Wir glauben, wir könnten nichts bewirken; wir sind uns unserer Verantwortung nicht bewußt; oder wir haben einfach keine Ahnung, wie wir vorgehen sollen.

Die Aufgabe des Bürgers besteht darin, ein Wörtchen mitzureden. Wir haben im Verlauf unserer Aktivitäten und Kampagnen immer wieder festgestellt, daß man nicht auf außergewöhnliche Anlässe warten muß, um einen eigenen Beitrag zu leisten. Man ergreift die ganz gewöhnlichen Gelegenheiten, die sich bieten, und macht etwas Großes daraus.

Anita Roddick begreift wie nur wenige Führungspersönlichkeiten die lebenswichtige Vernetzung zwischen dem Unternehmen und der Gesellschaft, in die es eingebunden ist. Die Gründung eines Kinderdorfs in Südindien, die Kreuzzüge zur Rettung der Regenwälder am Amazonas, die Hilfe für Waisenhäuser in Rumänien – das sind nur einige der Aktivitäten, mit denen The Body Shop tagtäglich seine Bereitschaft beweist, ein vollwertiger Partner in der Weltgemeinschaft zu sein.

In der Satzung steht eindeutig, daß The Body Shop sich nicht nur als Unternehmen, sondern als engagierter Weltbürger versteht. Der ausgewiesene Unternehmenszweck ist, »dabei zu helfen, die Vision von ›einer besseren Welt‹ zu verwirklichen, durch den festen Willen, unsere Mitmenschen zu achten, Tieren kein Leid zuzufügen und uns für den Erhalt unseres Planeten einzusetzen«. Des weiteren heißt es: »Aufrichtigkeit, Integrität und Fürsorglichkeit bilden das Fundament des Unternehmens und sollten in alles, was wir tun, einfließen.«

Das sind keine frommen Sprüche oder Parolen, die von einer gewieften PR-Abteilung ausgegeben werden. Die Mitarbeiter haben diesen Text, wie Anita Roddick erklärte, selbst verfaßt: »Vor zwei Jahren haben wir allen Belegschaftsmitgliedern freigegeben, um die Satzung von The Body Shop auszuarbeiten, wie es unserem Geschäftsstil entspricht. Sie mußten sie selbst schreiben und in die Praxis umsetzen. Sie haben so viel Zeit dazu gehabt, wie sie brauchten, sich zu Gruppen zusammengeschlossen und entschieden, wie sie vorgehen wollten.«

Anita Roddicks aktives Engagement für gesellschaftliche Anliegen entspricht dem zwischenmenschlichen Interesse an ihren Mitarbeitern; ihnen wird die gleiche Aufmerksamkeit zuteil, die The Body Shop bei den Feldzügen an gesellschaftlicher Front bekundet. Das fängt mit dem Arbeitsentgelt an: »Wir achten darauf, daß unsere Mitarbeiter zu den höchstbezahlten im Einzelhandel gehören«, erklärt sie. Das Unternehmen stellt der Belegschaft eine Reihe freiwilliger sozialer Angebote zur Verfügung, beispielsweise eine Tagesstätte und einen Kindergarten für Kinder zwischen drei Monaten und dem fünften Lebensjahr. »Das ist die wundervollste pädagogische Einrichtung für Kinder, die man sich nur vorstellen kann«, schwärmt Anita Roddick. »Ich denke, das wird eines Tages die Norm in jedem Unternehmen sein, das 300 oder 400 Leute beschäftigt.«

Anita Roddick ist der Überzeugung, daß der Erfolg der Kosmetikkette nicht zuletzt darauf zurückzuführen ist, daß sie ihren Mitarbeitern weitreichende Entscheidungsbefugnisse einräumt und sie mit Achtung behandelt: »Man muß den Leuten die Möglichkeit zu eigenständigem Handeln geben, ohne Angst vor den Folgen zu haben. Außerdem hat es etwas mit der positiven Einstellung zur Belegschaft, mit der Wertschätzung von Mitarbeitern zu tun. Man kann einfach nicht sagen: ›Die Belegschaft, die kommt ganz am Schluß.‹ Es hat etwas mit dem Gefühl der Gleichberechtigung zu tun, mit dem Wissen, daß alle am gleichen Strang ziehen. Die Arbeit geht über den einzelnen hinaus ... Die Leute sagen nicht, daß sie für Gordon oder mich arbeiten – sie arbeiten für The Body Shop.«

Dieses »Gefühl der Gleichberechtigung«, von dem Anita Roddick spricht, offenbart sich in verschiedenen Formen. Beispielsweise können alle Mitarbeiter nach einem Jahr Firmenzugehörigkeit Aktienanteile am Unternehmen erwerben. Und eine vertikale Hierarchie nach herkömmlichen Vorstellungen gibt es nicht. »Wir richten uns sehr, sehr stark an der Basis aus«, sagt Roddick (und gibt bereitwillig zu, daß diese Orientierung und der Idealismus, mit dem sie sich für die Natur einsetzt, in den 60er Jahren entstanden sind). »Zu unseren engsten Freunden, mit denen wir abends ein Gläschen trinken, kann jeder gehören, gleich ob es sich dabei um einen der Fahrer, um den Leiter der Schulungs- oder Koordinationsabteilung oder irgend jemanden handelt, der keine Führungsposition in diesen Bereichen bekleidet. Niemand hat das Gefühl: ›An Anita und Gordon kommt man nur heran, wenn man eine bestimmte Ebene im Unternehmen erreicht hat.‹«

Anita Roddick nimmt ihre Lizenznehmer genau »unter die Lupe«. Von den Tausenden von Bewerbern erhält nur eine Handvoll die Genehmigung, irgendwo in der Welt einen Body Shop zu eröffnen.

Wer zieht das große Los? »Vor allem halte ich nicht nach den üblichen Franchise-Partnern Ausschau«, erklärt Roddick. Als Beispiel beschreibt sie ein Paar aus Portland, das »unerschütterlich daran glaubt, daß wir zu einer neuen, weniger konsumorientierten Denkweise gelangen müssen. Sie suchen nach einem Weg – nicht nach persönlichen Zielsetzungen, sondern einer Lebensweise, die besagt: ›Ich will arbeiten, aber ich will meine Wertvorstellungen nicht draußen vor der Tür lassen, wenn ich an meinen Arbeitsplatz komme. Ich möchte so sein dürfen, wie ich als Mensch wirklich bin. Ich möchte, daß sich meine Persönlichkeit in dem widerspiegelt, was ich tue.‹ Die meisten sind also Idealisten.«

Obwohl The Body Shop eine große Anzahl von Idealisten beschäftigt, gehört Anita Roddick nicht zu den Menschen, die ihren Mitarbeitern soziale Verantwortung mit der Holzhammermethode eintrichtern. Ich will von ihr wissen: »Was ist, wenn Mitarbeiter sagen, es reiche ihnen schon, sich um ihre eigenen Kinder zu kümmern, und sie hätten keine Lust, sich vor den sozialen Karren spannen zu lassen?« Sie antwortet:

> Das ist ihr gutes Recht. Als ich meine Firma aufgebaut habe, standen die ökologischen Zielsetzungen auch noch nicht im Vorder-

grund. Mein Mann wollte zwei Jahre lang durch Südamerika reisen. Ich mußte ja irgendwie finanziell durchkommen. Ich habe nur das, woran ich glaube, nicht in den häuslichen vier Wänden gelassen. Aber zum Donnerwetter, das wichtigste ist, zu überleben – und Sie können Ihr letztes Hemd darauf verwetten, daß meine Mitarbeiter zu Hause genug um die Ohren haben. Ich habe kein Recht, irgend jemanden zu verurteilen. Das wäre vermessen! Ich muß doch nicht sagen: »Also los jetzt. Denkt mal an eure Verantwortung und opfert ein bißchen Zeit für eine gute Sache.« Das ist lächerlich.

Sie fügt hinzu: »Ich weiß, daß ich einen sehr hohen Prozentsatz von Belegschaftsmitgliedern habe, die dem Unternehmen eng verbunden sind, weil ihnen das Umfeld gefällt, in dem sie arbeiten; die Zielsetzungen darüber hinaus interessieren sie nicht.«

Aber Anita Roddick gelingt es durch ihr leidenschaftliches Engagement, Interesse zu wecken, wo vorher keines oder nur wenig bestand. Sie spricht freimütig über die Feindseligkeit einiger Mitarbeiter, als das Unternehmen beschloß, Amnesty International zu unterstützen: »Viele waren unheimlich wütend auf uns, weil wir Amnesty unterstützten. Sie sagten, die Sache sei zu stark politisch gefärbt, weil Amnesty lauthals anprangerte, was die britische Regierung in Nordirland mit den IRA-Gefangenen macht.«

Roddick versucht nicht, ihre Entscheidung irgend jemandem aufzuzwingen. Statt zu sagen: »Nun, tut mir leid, Leute, aber wir wissen besser darüber Bescheid als ihr«, eine Strategie, die, wie sie weiß, nie funktionieren würde, versucht sie es auf einem anderen Weg. »Wir brachten zwei Folteropfer dazu, mit unserer Belegschaft darüber zu sprechen, was tatsächlich passieren kann und welche Bedeutung Amnesty für sie hatte.«

Die Belegschaft war restlos überzeugt.

Die Wiederherstellung des Zusammenhangs

1776 schilderte der Nationalökonom und Moralphilosoph Adam Smith die Merkmale und Voraussetzungen des Kapitalismus in seinem Werk *Der Wohlstand der Nationen*. In diesem Buch, das einen Markstein setzte, beschrieb er seine inzwischen berühmte Theorie der »unsichtbaren Hand« und behauptete, jedes Individuum, das seine eigenen Interessen verfolge, diene letztlich den Interessen der Gemeinschaft:

Jeder einzelne Mensch strebt danach, sein Kapital auf eine Weise zu verwenden, daß es den größtmöglichen Nutzen erbringe. Weder beabsichtigt er, dem öffentlichen Interesse zu dienen, noch weiß er, in welchem Maß er ihm dient. Er ist allein auf seine eigene Sicherheit bedacht, nur auf seinen eigenen Vorteil. Und hierin wird er von einer unsichtbaren Hand geleitet, einem Zweck zu dienen, der nicht Teil seiner Absicht war. Durch die Verfolgung seiner eigenen Interessen dient er fortwährend denjenigen der Gesellschaft, und zwar wirksamer, als wenn er wirklich beabsichtigt hätte, ihnen zu dienen.

Im Verlauf der Zeit wurden diese Worte als Freibrief für Unternehmen gedeutet, ohne Rücksicht auf das Allgemeinwohl ihre eigenen Interessen zu verfolgen. Von manchen wurden sie sogar benutzt, um schon den Gedanken an eine soziale Verantwortung der Unternehmen in Mißkredit zu bringen. Viele zeitgenössische Wirtschaftswissenschaftler, einschließlich des Nobelpreisträgers Milton Friedman, predigen weiterhin leidenschaftlich: »Der einzige Zweck des Unternehmens besteht darin, einen Gewinn zu erzielen.«

Friedman behauptet, es komme einem Diebstahl an den Aktionären gleich, wenn eine Führungskraft Unternehmensgewinne an Wohlfahrtsorganisationen verschenke, Geld ausgebe, um die Umweltverschmutzung über den gesetzlich vorgeschriebenen Rahmen hinaus zu verringern, oder »den harten Kern der Langzeitarbeitslosen einstelle statt besser qualifizierter verfügbarer Arbeitnehmer«. Er führt aus: »In jedem dieser Fälle würde der Manager das Geld eines anderen für ein allgemeines, gesellschaftliches Interesse ausgeben. Soweit seine Aktionen, die in Einklang mit seiner ›sozialen Verantwortung‹ stehen, die Kapitalrendite der Aktionäre verringern, gibt er ihr Geld aus. Soweit seine Aktionen die Löhne einiger Arbeitnehmer mindern, gibt er ihr Geld aus.« Die stillschweigende Folgerung, ein Unternehmen sei nur sich selbst verantwortlich – das heißt, gegenüber seinen Aktionären und Mitarbeitern –, stellt die alte Denkweise in ihrer schlimmsten Ausprägung dar. Es ist der Gipfel der Absurdität (und der Arroganz!), zu behaupten, ein Unternehmen ließe sich getrennt vom gesellschaftlichen Zusammenhang betrachten, der es trägt, und habe folglich keine Verantwortung für die größere Gemeinschaft.

Mark Vermilion, Leiter des Bereichs Öffentliche Angelegenheiten der Firma Sun Microsystems, hat eine Antwort für all jene parat, die das Unternehmen als isolierte Einheit betrachten ohne lebenswichtige Bindungen an die Gesellschaft und somit auch ohne Verantwortung für sie:

Ich würde sie bitten, ihre Geschäfte dann auch zu tätigen, ohne die öffentlichen Straßen zu benutzen, ohne die öffentlichen Versorgungseinrichtungen in Anspruch zu nehmen. Ich würde sie auffordern, keine Belegschaft zu beschäftigen, deren Berufsausbildung im großen und ganzen mit öffentlichen Geldern finanziert wurde. Ich würde sie bitten, ihren Geschäften ohne den Schutz der Regierung im Hinblick auf den zwischenstaatlichen und internationalen Handel nachzugehen, ohne den Schutz der Streitkräfte, die dem Schutz unseres Landes dienen. Ich würde ihnen sagen: »Wenn ihr glaubt, daß ihr abgeschottet von der Gesellschaft existiert, solltet ihr auch ernsthaft versuchen, eurer Geschäftstätigkeit ganz auf euch allein gestellt nachzugehen; dann werdet ihr schon sehen, wie weit ihr kommt.

Leider hatten bis vor kurzem Einzelpersonen und Unternehmen verhältnismäßig wenig Ansporn, im Interesse der Gemeinschaft zu handeln, sondern wurden wesentlich stärker ermutigt, ihr Eigeninteresse auf Kosten des Allgemeinwohls zu verfolgen. Dieses Bestreben wurde in den 80er Jahren nachgerade zu einer Kunstform erhoben.

Aber während die Habgier dazu beitrug, daß einzelne Personen ein unglaubliches Vermögen anhäuften, kämpfte die Gesellschaft als Ganzes gegen Armut und Analphabetentum, zunehmende Umweltverschmutzung und Verbrechen. Die unsichtbare Hand, so schien es, war nirgendwo in Sicht.

Zum Glück gibt es jedoch Anzeichen dafür, daß die isolationistische Sichtweise, die in den Organisationen alten Stils vorherrschte, zu zerbröckeln beginnt. Die Auswirkungen gesellschaftlicher Probleme machen sich nämlich zunehmend auch innerhalb des Unternehmens bemerkbar. Eine des Lesens und Schreibens unkundige Bevölkerung wird nicht über Nacht alphabetisiert, wenn sie ins Erwerbsleben eintritt. Da soziale und ökologische Probleme die Produktivität und die Wettbewerbsfähigkeit der Unternehmen stetig aushöhlen, beginnen immer mehr Führungskräfte die Vorstellung zu überdenken, daß ein Unternehmen sich nur um den eigenen Profit oder die Gewinne der Aktionäre zu kümmern habe.

Die Unternehmen erwachen langsam aus ihrem Dornröschenschlaf und erkennen, daß der soziale Beitrag bei weitem kein »Luxus« oder bloße »Mildtätigkeit«, sondern für das Überleben dieses Holons eine zwingende Notwendigkeit ist. Wir können nicht von einer »erfolgreichen« Firma sprechen, wenn sie sich inmitten einer im Niedergang begriffenen Gesellschaft befindet, denn zwischen Unternehmen und Gesellschaft besteht eine wechselseitige Abhängigkeit. Um zu überleben und zu gedeihen, muß ein Unternehmen radikal umdenken und sich zu einem vollwertigen Partner in seinem lokalen, nationalen und globalen

Umfeld entwickeln. Führungskräfte des neuen Schlags müssen sich selbst als verantwortlich für das Wohlergehen ihrer Mitarbeiter, als aktives Mitglied der Gemeinde, als Freund der Erde betrachten.

Obwohl man es im Geschäftsleben nur selten an die große Glocke hängt, haben die Menschen von Natur aus das starke Bedürfnis nach Einbindung oder Zugehörigkeit und ein angeborenes Bewußtsein ihrer wechselseitigen Abhängigkeit. Trotz der Habgier, die für die 80er Jahre kennzeichnend war, ist das Interesse an den Belangen anderer ebenso Teil der menschlichen Natur wie das Eigeninteresse.

Selbst Adam Smith hat sich zu diesem Eingeständnis durchgerungen. James Wilson wies in einem Artikel, der im *California Management Review* erschien, darauf hin, daß Smith 17 Jahre vor der Veröffentlichung des Buches *Der Wohlstand der Nationen* in seinem Werk *Theorie der ethischen Gefühle* erklärte, gleichgültig wie selbstsüchtig der Mensch auch zu sein scheine, gebe es »offensichtlich einige Prinzipien in seiner Natur, die sein Interesse am Schicksal anderer wecken und ihr Glück für ihn notwendig machen, obwohl er nichts daraus herleitet als das Vergnügen, es zu sehen«. Es überrascht wohl nicht, daß dies nicht der Adam Smith ist, der in den wirtschaftswissenschaftlichen Fakultäten gelehrt wird.

Soziale Verantwortung und die drei Schlüsselelemente

Der Begriff »soziale Verantwortung der Unternehmen« umfaßt eine breite Skala von Überzeugungen und Verhaltensweisen. In diesem Kapitel werden wir uns mit drei Schlüsselelementen – Ethik, Ausbildung und Umwelt – befassen. Ethik ist das Fundament, auf dem sozial verantwortliches Verhalten ruht. Umwelt und Ausbildung sind zwei wichtige Bereiche, auf die Unternehmen ihren gesellschaftlichen Beitrag konzentrieren.

Unsere natürliche Umwelt ist von grundlegender Bedeutung für Gesundheit und Überleben des Menschen und der Unternehmen. Es wird immer offenkundiger, daß Umweltbedrohungen unsere Existenz selbst gefährden.

Die Ausbildung ist ebenfalls ein Thema, von dem das Überleben der Unternehmen abhängt. Mängel auf diesem Gebiet sind die Wurzel zahlreicher gesellschaftlicher Probleme, die sich unweigerlich auch auf unsere Firmen auswirken. Und was noch wichtiger ist: Solche Wissens- und Ausbildungsdefizite schlagen auch finanziell zu Buche, wenn Unternehmen mit Analphabetentum am Arbeitsplatz und dem daraus resultierenden Produktivitätsverlust zu kämpfen haben.

Ethik und die soziale Verantwortung der Unternehmen

The Body Shop ist in 39 Ländern präsent. Ich fragte Anita Roddick, ob es Gemeinsamkeiten gebe, die sich wie ein roter Faden durch die mehreren hundert Geschäfte der Kette zögen, die in den unterschiedlichsten Kulturen rund um die Welt angesiedelt sind. Sie erwiderte: »Ich denke, die Werthaltungen. Die Tatsache, daß es keine Feuchtigkeitscreme ist, die den menschlichen Geist inspiriert. Was Mitarbeiter veranlaßt, bei uns zu arbeiten und die Firma nicht zu wechseln, ist die Tatsache, daß wir einen anspruchsvollen Sittenkodex haben.«

Ethik – der Sittenkodex eines Unternehmens – ist eines der »sanften« Konzepte, die im allgemeinen als Sache des Bereichs Öffentlichkeitsarbeit oder der Rechtsabteilung betrachtet werden. Häufig gilt Ethik als zweitrangiges Thema, mit dem man sich nur dann eingehender befaßt, wenn ein eklatanter Verstoß gegen ethische Normen vorliegt (oder, schlimmer noch, öffentlich ruchbar wird).

Ethik sollte jedoch alles andere als sekundär, sollte vielmehr das Fundament eines Unternehmens sein. Ethik umfaßt eine Reihe schriftlich festgelegter und ungeschriebener moralischer Prinzipien, nach denen ein Unternehmen sein grundlegendes Handeln ausrichtet. Die ethischen Wertmaßstäbe eines Unternehmens bestimmen, wie es seine Mitarbeiter, Kunden und Lieferanten behandelt.

Allgemeiner ausgedrückt, beinhaltet »ethisches Verhalten« das Bestreben, das zu tun, was richtig ist, was allen Beteiligten den größten Nutzen bringt oder den geringsten Schaden zufügt. Wir können darüber streiten, was richtig ist (manche meinen beispielsweise, der Abzug von Investitionskapital aus Südafrika habe nur denjenigen geschadet, denen man damit eigentlich helfen wollte), aber nicht darüber, daß der Wunsch, das Richtige zu tun, den Kern ethischen Verhaltens ausmacht.

Wichtig ist auch, sich vor Augen zu halten, daß »ethisch« und »rechtmäßig« zwei verschiedene Dinge sind. Maßnahmen zur Kontrolle der Luft- und Wasserverschmutzung einzuführen, wie es Milton Friedman befürwortet, mag dem Gesetz Genüge tun, ist aber nicht zwangsläufig eine ethische Entscheidung. Das Streben nach gesundem Wachstum erfordert ein aufrichtiges Verantwortungsgefühl für die Ergebnisse unseres Handelns, nicht nur die Einführung von Maßnahmen, die den Mindestanforderungen des Gesetzes entsprechen.

Levi Strauss hat ein Vermögen für die Verringerung der Formaldehydmengen ausgegeben, die bei der Imprägnierung seiner Sta-Prest-Hosen entstehen. Es ist dabei weit über die Normwerte der amerikanischen Regierung hinausgegangen, obwohl weder den Käufern noch den Mitarbeitern gesundheitliche Schäden entstanden wären, wenn es sich einfach an die gesetzlichen Auflagen gehalten hätte. Der Grund: Das

Unternehmen hat es sich zur Regel gemacht, alle von den Lieferanten benutzten Chemikalien genau im Auge zu behalten, um *mögliche* Gefahren zu entdecken. Levi Strauss geht über die gesetzlichen Anforderungen hinaus, um sich zu vergewissern, daß es »das Richtige tut«. Das ist ein Beispiel für ethisches Verhalten im eigentlichen Wortsinn.

Ethik ist das spirituelle Band, das das Unternehmen zusammenhält. Die ethischen Normen sind für dessen charakteristische Merkmale, dessen Gesundheit und letztlich dessen Erfolg bestimmend. Robert Haas, Vorstandsvorsitzender und Firmenchef von Levi Strauss: »Die Werthaltungen eines Unternehmens – das, wofür es steht und einsteht, woran die Leute glauben [das heißt seine ethischen Grundsätze] – sind für seinen Wettbewerbserfolg von maßgeblicher Bedeutung. Werte sind faktisch der Motor seiner wirtschaftlichen Tätigkeit.«

Nicht alle Führungskräfte sehen das so deutlich wie Robert Haas, und nicht alle Firmen lassen sich in ihrer Geschäftstätigkeit im gleichen Maß wie Levi Strauss von ethischen Normen leiten. Viele Unternehmen haben sich von den Wertmaßstäben entfernt, die sie menschlicher machen würden. Und da ein starkes ethisches Fundament fehlt, ist es ihnen in manchen Fällen gelungen, ungestraft mit rücksichtslosen und zerstörerischen Verhaltensweisen davonzukommen und diese im Namen »wirtschaftlicher Notwendigkeiten« zu rechtfertigen.

Da wir die ethische Dimension des Geschäftslebens auf ein Mindestmaß verringert haben, gibt es am Arbeitsplatz nur selten offene Gespräche über ethisches Verhalten, obwohl wir alle uns tagtäglich Entscheidungen gegenübersehen, bei denen ethische Werte mitspielen. In ihrem Artikel »Die moralische Sprachlosigkeit der Führungskräfte« beschreiben die Verfasser Frederick Bird und James Water das Widerstreben von Managern, ethische Themen in der Arbeitssphäre anzusprechen:

> Viele Führungskräfte beschreiben ihre Handlungsweisen nur ungern in moralischen Begriffen – selbst dann, wenn sie aus moralischen Gründen handeln. Sie reden, als ließen sie sich in ihrem Verhalten ausschließlich von Unternehmensinteressen, praktischen Erwägungen und dem Gespür für ökonomische Erfordernisse leiten, auch wenn sie in der Praxis moralisch definierte und im Gesetz verankerte Normen, Standesgepflogenheiten und den Sittenkodex der Gesellschaft durchaus anerkennen. In der Regel verteidigen sie moralisch definierte Ziele wie den Dienst am Kunden, gute Zusammenarbeit innerhalb der Belegschaft und Nutzung ihrer eigenen Fähigkeiten und Ressourcen aus der Perspektive der langfristigen wirtschaftlichen Zielsetzungen ihrer Unternehmen.

Es liegt eine ernste Gefahr in dem Bemühen, die ethische Dimension des Geschäftslebens zu ignorieren oder auf ein Mindestmaß herunterzuschrauben. Sie verschwindet nicht einfach wie von Zauberhand, nur weil wir es vorziehen, sie nicht in Betracht zu ziehen. Wenn wir dieser moralischen Komponente keine Beachtung schenken, dann leisten wir unbeabsichtigt ethischem Fehlverhalten Vorschub oder akzeptieren es, und damit tragen wir buchstäblich zur De-Moralisierung der Belegschaft bei. Statt das Thema Ethik totzuschweigen, sollte es offen diskutiert und ins Rampenlicht gerückt werden, wie bei Levi Strauss, The Body Shop und anderen, die eine neue Seite in der Geschichte der Unternehmen aufgeschlagen haben.

Die ethische Haltung eines Unternehmens hat nachhaltige Folgen, sowohl für die Gemeinschaft, in der es operiert, als auch für die Mitarbeiter, die es beschäftigt. Vergleichen wir einmal das Verhalten der Firma Johnson & Johnson, als sie die Flaschen mit dem verdorbenen Tylenol entdeckte, mit der Reaktion von Esso auf den Ölteppich, den der Tanker Exxon Valdez verbreitete. In derselben Nacht, als die erste Flasche mit dem giftigen Tylenol entdeckt wurde, beriefen die Topmanager von Johnson & Johnson eine Krisensitzung ein und beratschlagten, was nun zu tun sei. Sie überprüften die erklärten Zielsetzungen des Unternehmens und verständigten sich darauf, daß es nur einen Weg gab, nämlich den Rückruf aller Tylenol-Produkte, die sich schon im Handel befanden. Die ethischen Normen dieses Unternehmens stellten menschliches Leben über das Gewinnstreben.

Und wie verhielten sich die Mitglieder der Esso-Geschäftsleitung nach der Ölkatastrophe, die von dem Tanker Exxon Valdez ausgelöst worden war? Sie reagierten nur langsam, versuchten, den Schaden zu bagatellisieren, gaben den Schwarzen Peter postwendend weiter und akzeptierten nie völlig die Rolle, die der Ölkonzern in dieser Tragödie gespielt hatte. Wie die Frage der rechtlichen Haftung letztlich auch aussehen mag, eines steht fest: Esso ließ einen Mangel an Bereitschaft erkennen, das Unglück als seine Angelegenheit zu betrachten und Abhilfe zu schaffen. Ein so eklatantes ethisches Fehlverhalten im Geschäftsleben (einschließlich Tausender von Fällen, die weniger sichtbar sind) hat in hohem Maß zu den schwerwiegenden Umweltproblemen beigetragen, denen wir uns in den 90er Jahren gegenübersehen.

Ökounternehmen und Umwelt

»Unsere Produkte tragen zur Umweltverschmutzung bei, schaffen Lärm und Müll.« Man erwartet normalerweise nicht, daß ein Unternehmen sich zu einer solchen Aussage herbeiläßt. Doch genau das tat der schwedische Autohersteller Volvo kürzlich auf dem Titelblatt einer

Broschüre, in der er sich zu seiner Verantwortung für die »nachteiligen Auswirkungen unserer Produkte und Produktionsverfahren auf die Umwelt« bekennt. Die Broschüre enthält außerdem eine unternehmenspolitische Verlautbarung, in der sich Volvo dafür verbürgt, umweltverträgliche Produkte und Herstellungsverfahren zu entwickeln und Umweltforschungsprojekte durchzuführen.

Volvo ist nur ein Name in der wachsenden Schar von Unternehmen, die ihre Verantwortung gegenüber der Umwelt ernst nehmen. Dieses Umweltbewußtsein auf Firmenebene ist längst überfällig. Nach Jahrzehnten des Raubbaus – eine Folge der alten Mentalität, die dem Wirtschaftswachstum den allerhöchsten Stellenwert einräumte, selbst auf Kosten schwerwiegender Übergriffe auf die Umwelt – beginnen die Unternehmen endlich aufzuwachen und zu erkennen, wie töricht die Zerstörung der Umgebung ist, in der sie leben.

Jede der von uns beschriebenen Firmen neuen Zuschnitts überprüft ihre Beziehungen zu einer Gesellschaft, die auf vernünftiges Wachstum bedacht ist, aber keine läßt deutlicher ihr Streben nach umweltbewußtem Handeln erkennen als The Body Shop. Von Anfang an brachte Anita Roddick ihre ökologischen Überzeugungen in das Unternehmen ein: Sie vertritt Konzepte wie eine Produktpalette mit ausschließlich biologisch abbaubaren Erzeugnissen aus natürlichen Rohstoffen, Wiederverwertung des Abfalls oder nachfüllbare Kosmetikbehältnisse. Außerdem bindet sie die Firma ein in zahlreiche Umweltschutzanliegen, die von der Rettung der Wale bis hin zu Aktionen reichen, die der Zerstörung der Regenwälder Einhalt gebieten sollen.

Die Umweltbezogenheit von The Body Shop ist keineswegs auf solche spektakulären Kampagnen beschränkt. Das Unternehmen praktiziert, was es der Außenwelt predigt. Die Umweltprojekte-Abteilung wacht darüber, daß firmeninterne Verhaltensweisen mit den Umweltschutzprinzipien übereinstimmen. Die Zielsetzung der Abteilung, sagt Anita Roddick, bestehe darin, »alles im Auge zu behalten, was wir in der Firma machen, von der Produktion über die Fertigungsmethoden zum Einsatz von finanziellen Mitteln, Energie und menschlicher Arbeitskraft«. Diese Abteilung unterzieht die übrigen Unternehmensbereiche alle sechs Monate einer eingehenden Überprüfung. Die Prüfer treffen sich regelmäßig mit Umweltschutzgruppen und setzen, wann immer es möglich ist, deren Anregungen in den tagtäglichen Aktivitäten des Unternehmens um. Infolge dieser Bemühungen wurden der Papiereinkauf zentralisiert, der Papierabfall drastisch gemindert, Recyclingprogramme eingeführt und der Wasserverbrauch regelmäßig kontrolliert und verringert.

Anita Roddick ist ständig auf der Suche nach Möglichkeiten, die bereits beachtlichen Umweltschutzleistungen noch zu übertreffen. Beispielsweise wurden die »benzinschluckenden« Firmenwagen (einschließlich derer der Marke Jaguar, die einige Direktoren fuhren) durch Volkswagen ersetzt, die sparsam im Energieverbrauch sind. Roddick: »Ich weiß, daß neben der Bevölkerungskontrolle die Energie das ganz, ganz große Dilemma innerhalb der Umweltschutzbewegung darstellt. Deshalb habe ich das Thema ständig aufs neue angeschnitten und gefragt: ›Wie zum Teufel können wir für unsere Umweltbemühungen Lob, Auszeichnungen und Schulterklopfen ernten, wenn wir so viele Firmenautos haben?‹«

The Body Shop hat nicht nur die »Benzinschlucker« ausgemustert, sondern vor kurzem auch ein Gemeinschaftsprojekt mit dem Bereich Lastwagen von Volvo gestartet. Ziel ist die Entwicklung aerodynamisch günstiger Lieferwagen, die den Treibstoffverbrauch um nahezu die Hälfte reduzieren. Und als Nachsatz im Feldzug gegen die Firmenkarossen kündete The Body Shop an, man werde den Kauf eines Fahrrads für alle Mitarbeiter, die damit zur Arbeit kommen würden, bezuschussen. Mehr als 500 Fahrräder wurden von den Belegschaftsangehörigen angeschafft, und The Body Shop hat dafür den entsprechenden Unterstand gebaut.

Obwohl nur wenige Unternehmen ein so hohes Maß an Umweltverantwortung demonstrieren, befindet sich umweltverträgliches Verhalten bei den federführenden Firmen auf dem Vormarsch. Das Bewußtsein der breiten Öffentlichkeit für die Gefahren, die unserer Umwelt drohen, hat nicht unwesentlich dazu beigetragen, das Umdenken zu forcieren. Dieses Bewußtsein hat sich im letzten Jahrzehnt stark durchgesetzt und die Unternehmen gezwungen, »klar Schiff« zu machen und ihr Verhalten zu ändern.

Einer Gallup-Umfrage von 1989 zufolge halten sich 76 Prozent der amerikanischen Konsumenten für umweltbewußte Bürger. Und laut einer im selben Jahr durchgeführten Erhebung im Auftrag der Michael Peters Group, eines Beratungsunternehmens, das auf Produktentwicklung und Design spezialisiert ist, erklärten 77 Prozent der befragten Amerikaner, der Ruf einer Firma in puncto Umweltbewußtsein beeinflusse ihre Kaufentscheidung.

Die »grünen Verbraucher« fordern umweltverträgliche Erzeugnisse – und die Firmen reagieren. McDonald's, ein Riese unter den Erzeugern von Papier- und Plastikabfällen, zieht inzwischen mit dem Recycling-Banner zu Felde. Im Sommer 1990 bat der Gigant Wal-Mart seine 7000 Lieferanten, das Discountwarenhaus mit mehr wiederverwerteten oder wiederverwertbaren Produkten zu beliefern und sie als solche zu kennzeichnen. Kmart und mindestens ein halbes Dutzend Lebensmittelketten zogen blitzschnell mit ähnlichen Programmen nach.

Die großen Ölkonzerne, die normalerweise nicht gerade an vorderster Front der Umweltschutzbewegung zu finden sind, lassen sich verstärkt auf ökologische Themen ein. Philips Petroleum hat sich mit verschiedenen Umweltschutzorganisationen und staatlichen Behörden zusammengeschlossen, um die Feuchtgebiete in der Playa-Lakes-Region zu erhalten. Chevron, Texaco, ARCO und andere Ölmultis haben saubere/bleifreie Treibstoffsorten eingeführt. Um sein Umweltengagement zu verstärken, hat ARCO unlängst einen ehemaligen Präsidenten der Umweltschutzorganisation The Nature Conservancy in den Vorstand aufgenommen.

Die Chemieunternehmen, traditionellerweise Zielscheibe Nummer eins der Umweltschützer, haben sich der »guten Sache« inzwischen ebenfalls angeschlossen. Du Pont, häufig im Fadenkreuz der Kritik, hat tiefgreifende Reformen angekündigt. Unter anderem läßt der Konzern seine 750 Millionen Dollar schwere Fluorchlorkohlenwasserstoff-Produktion (FCKW) auslaufen, weil diese Schadstoffe die Ozonschicht der Erde zerstören.

Edgar Woolard, seit April 1989 Firmenchef von Du Pont, hat den Umweltschutz ganz oben auf die Liste der Unternehmensprioritäten gesetzt. Er trifft sich mindestens einmal im Monat mit führenden Umweltschützern. Er hat eine Umweltschutz-Abteilung ins Leben gerufen und setzt Ziele für die Verringerung giftiger Emissionen, ein Bemühen, das er sich im Jahr nahezu eine Milliarde Dollar kosten läßt. Und die Sensibilität für Umweltbelange wurde infolge seiner Initiative zu einem Kriterium, das sogar über die Bezüge der Führungskräfte entscheidet. Woolards Endziel besteht darin, daß sämtliche Aktivitäten des Konzerns einen Belastungsgrad von Null für die Umwelt haben. Er sagt: »Ich glaube, daß alles, was durch die Abflußrohre herausgeschwemmt wird, durchaus wiederverwertet, wiederverwendet oder verkauft werden könnte.«

Wenngleich solche Verlautbarungen einige Umweltschützer veranlassen könnten, skeptisch die Stirn zu runzeln, loben andere Woolards Bemühen, die Einstellung einer Industrie zu ändern, die eine gewisse Abfallmenge für einen unvermeidlichen Bestandteil des Produktionsprozesses hält. »Das ist ein völlig neuer Gedanke«, sagt David Rowe vom Umweltschutzbund Environmental Defense Fund. »Die Leute waren an die Vorstellung gewöhnt, daß eine bestimmte Schadstoffemission eine zwangsläufige Begleiterscheinung im Herstellungssektor sei. Deshalb halte ich das für einen wichtigen Beitrag.«

Selbst wenn diese neue Denkweise – nennen wir sie »Ökodenken« – im Vorfeld der Suche nach konkreten Lösungen für vielschichtige Probleme steht, so ist sie doch ein wichtiger Schritt in die richtige Richtung.

Sie schafft die Voraussetzungen für Lösungen, die sowohl die Bedürfnisse des Unternehmens berücksichtigen als auch die Bedürfnisse der Gesellschaft, in die die Firmen eingebunden sind – eine klare und positive Abkehr vom althergebrachten Verhalten. Diese Form des ganzheitlichen Denkens, das Bestreben, gegensätzliche Bedürfnisse in Einklang zu bringen, ist für das Unternehmen der neuen Art von grundlegender Bedeutung – und unerläßlich, wenn wir eine erhaltenswerte Zukunft schaffen wollen.

Auch in Westeuropa fassen Umweltschutzinitiativen Fuß. Die Partei der Grünen in Deutschland ist nur ein Beispiel für die zunehmende Aufmerksamkeit, die Europäer der Umweltproblematik widmen. 1989 verabschiedete die Europäische Gemeinschaft ein Gesetz, das neu errichteten Kraftwerken strikte Vorschriften zur Kontrolle der Schadstoffemissionen auferlegt und diejenigen, die schon seit langem in Betrieb sind, zwingt, diese Bestimmungen ab dem Jahr 2003 einzuhalten. Italien hat ein 1,6-Milliarden-Dollar-Programm gestartet, um bis zum Jahr 1999 die Schwefelgas-Emissionen aller Kraftwerke um mehr als 80 Prozent zu verringern. Die EG hat Klage gegen Großbritannien eingereicht, um eine Anpassung der Trinkwasserqualität an die EG-Normen zu erzwingen. Und unter dem Druck Deutschlands und angesichts der wachsenden Macht der Grünen versetzte die EG der Autoindustrie einen Tiefschlag, als sie nach amerikanischem Muster strikte Maßgaben für Abgaskontrollen bei allen europäischen Kraftfahrzeugen anordnete.

Der Trend zu mehr Verantwortung gegenüber der Umwelt wird mit Argwohn von jenen Unternehmen beobachtet, die glauben, als Folge sei eine galoppierende Kostenerhöhung zu befürchten. Andere Firmen, wie 3M, haben jedoch entdeckt, daß genau die entgegengesetzte Wirkung eintritt. »Umweltschutz zahlt sich aus«, ein Programm, das der Umweltverschmutzung durch Wiederverwertung von Lösungsmitteln und den Austausch schnellflüchtiger Lösungsmittel gegen Ersatzprodukte auf Wasserbasis vorbeugt, hat 3M seit 1975 mehr als eine Milliarde Dollar eingespart.

Die Konzentration auf den Umweltschutz hat eine Fülle von Chancen für die Unternehmen geschaffen, in neue Tätigkeitsbereiche vorzustoßen. Du Pont hat beispielsweise ein umfassendes Recycling-Kooperationsabkommen mit einer der führenden Firmen der Abfallwirtschaft geschlossen. Des weiteren wurde hier ein eigener Bereich ins Leben gerufen, der mit Sicherheitsfragen und umweltverträglichen Ressourcen befaßt ist und den Unternehmenskunden hilft, ihren toxischen Abfall zu entsorgen. Du Pont sagt voraus, daß die neue Sparte bis zum Jahr 2000 Jahreserträge von einer Milliarde Dollar erzielen wird. Varta, ein deutscher Batteriehersteller, führte eine neue Produktlinie ein, die weder Quecksilber noch Kadmium enthält, zwei toxische chemische Elemente, die nur schwer zu entsorgen sind. Seither ist sein Anteil am 120 Millionen Dollar schweren britischen Markt von fünf Prozent auf 15 Prozent gestiegen.

Das Winter-Modell für eine umweltbewußte Unternehmensführung
Zu den europäischen Unternehmen, die in den vordersten Reihen der weltweiten Umweltschutzbewegung zu finden sind, gehört Ernst Winter & Sohn, eine deutsche Firma, die Ausrüstungen für die Bearbeitung von Rohdiamanten herstellt. 1979 nahm sie den Umweltschutz offiziell in den Zielsetzungskatalog des Unternehmens auf. Gegen Ende der 80er Jahre entwickelte sie ein Modell für »umweltbewußte Unternehmensführung«. Dieses sogenannte Winter-Modell sorgt für eine systematische Einbindung von Umweltanliegen in jeden Unternehmensaspekt und ist ein hervorragendes Beispiel, dem andere Organisationen folgen sollten.

Wie bei The Body Shop, so sind auch bei Winter & Sohn Aufklärung und aktive Beteiligung der Mitarbeiter zentrale Merkmale seines Engagements für die Umwelt. Die Belegschaft wird mittels Seminaren, Vorträgen, Artikeln und sogar Besichtigungen vor Ort über Umweltthemen und -probleme informiert. Die Firma hat ein Abfallentsorgungssystem entwickelt, das dem neuesten Stand der Erkenntnisse entspricht und weit über die gesetzlichen Bestimmungen hinausgeht. Und sie führt soviel Material wie möglich der Wiederverwertung zu.

Das Umweltschutzmodell von Winter & Sohn wurde auch ausgeweitet auf die Räumlichkeiten des Unternehmens, die unter Berücksichtigung solcher Faktoren wie Beleuchtung, technische Ausrüstung und Materialauswahl entworfen wurden. Darüber hinaus befinden sich die Produktionsstätten nur an Standorten mit annehmbarer Schadstoffbelastung. Mit der Entscheidung gegen Firmenstandorte mit hoher Luftverschmutzung sagt die Firma den kommunalen Behörden unverblümt, daß sie »reinen Tisch« machen sollten, und signalisiert ihren Mitarbeitern, daß sie um ihre Gesundheit bemüht ist.

Winter & Sohn verfolgt nicht nur die selbstgesetzten Umweltschutzziele, sondern macht sich auch innerhalb der Branchenverbände für den Umweltschutz stark. Außerdem unterstützt man politische Initiativen vor Ort, die den Umweltschutz fördern, und läßt den Umweltschutzorganisationen großzügige Spenden zufließen. Winter & Sohn geht sogar so weit, Mitarbeiter über Umweltbelange in den häuslichen vier Wänden zu beraten, beispielsweise durch Empfehlungen hinsichtlich des Wasserverbrauchs, der Stromnutzung und der Verwendung von Chemikalien für den Garten.

25 Maßnahmen, die Ihre Firma ergreifen kann, um die Umwelt zu schützen

1. Integrieren Sie den Umweltschutz in die firmenpolitischen Zielsetzungen.
2. Überprüfen Sie die Räumlichkeiten unter Umweltgesichtspunkten (Beleuchtung, Materialien usw.), um sich zu vergewissern, daß die Arbeitsbereiche gesundheitlich unbedenklich sind.
3. Kaufen Sie nur von umweltbewußten Lieferfirmen.
4. Versuchen Sie, soviel Material wie möglich durch Recycling rückzugewinnen oder wiederzubenutzen.
5. Verknüpfen Sie Prämien und Beförderungen mit umweltbewußtem Verhalten.
6. Klären Sie die Belegschaft über Umweltprobleme und -anliegen auf.
7. Entwickeln Sie Empfehlungen für die Verringerung des Wasser- oder Stromverbrauchs und andere Umweltthemen im häuslichen Bereich.
8. Schaffen Sie eine Umwelt-Abteilung oder eine hochrangige Position, die dem Firmenvorstand berichtspflichtig und für Umweltbelange verantwortlich ist.
9. Spornen Sie Mitarbeiter zu Vorschlägen für umweltbezogene Sicherheitsvorkehrungen an.
10. Führen Sie ein Abfallentsorgungssystem ein, das dem neuesten Stand des Wissens entspricht.
11. Entwickeln Sie umweltverträgliche Produkte und Herstellungsverfahren.
12. Errichten Sie nur an Standorten mit geringer Luft- und Wasserverschmutzung Produktionsstätten; informieren Sie die lokalen Behörden über Ihre Grundsatzentscheidung.
13. Fördern Sie den Umweltschutz innerhalb Ihrer Fachverbände.
14. Unterstützen Sie Bürgerinitiativen zum Schutz der Umwelt.
15. Unterstützen Sie Umweltschutzorganisationen mit Spenden.
16. Geben Sie Mitarbeitern frei, die sich ehrenamtlich für Umweltschutzanliegen einsetzen.
17. Verringern Sie den Papierabfall, indem Sie Memos und Postversandmaterial auf ein Mindestmaß beschränken.
18. Drehen Sie die Heizungen herunter.
19. Verwenden Sie keine Büromöbel aus tropischen Harthölzern.
20. Richten Sie Telekommunikationsnetze ein, um die Reisetätigkeit einzuschränken.
21. Spornen Sie Ihre Mitarbeiter zur Gründung von Fahrgemeinschaften an.
22. Verringern Sie die Produktverpackungen auf ein Mindestmaß.
23. Gehen Sie sparsam mit Wasser um.
24. Schreiben Sie Briefe an die lokalen und Bundesbehörden, um Druck zu machen und eine wirksame Umweltschutzgesetzgebung zu beschleunigen.
25. Benutzen Sie kein Einweggeschirr im Büro und in der Kantine.

Infolge der federführenden Stellung, die der Firma Winter & Sohn auf dem Gebiet des Umweltschutzes zukommt, und auf ihren Vorschlag hin, haben sich mehrere namhafte europäische Industrieunternehmen zum Bund für Abfallwirtschaft und Umweltschutz-Management zusammengeschlossen. BAUM hat sich zum Ziel gesetzt, die Ideen und Verfahren des Winter-Modells zu verbreiten. Die Organisation spornt Firmen an, sich an den internationalen Bemühungen um eine umweltbewußte Unternehmensführung zu beteiligen. Georg Winter, Vorstand von Winter & Sohn, hofft, daß auch in anderen Ländern umweltbewußte Firmen ähnliche Organisationen wie BAUM gründen.

Ausbildung und das lernorientierte Unternehmen

Eine neuere Studie enthüllte, daß in den USA nur 51 Prozent der 17jährigen die Bruch- und Dezimalrechnung angemessen beherrschen. In derselben Studie wurde festgestellt, daß Schüler in Japan, Hongkong, Großbritannien und Polen ihre amerikanischen Altersgenossen in den Chemie- und Physikprüfungen der weiterführenden Schulen weit in den Schatten stellen.

Einer Untersuchung aus dem Jahr 1988 zufolge verwenden 62 Prozent der 13jährigen amerikanischen Schüler nicht einmal eine Stunde pro Woche darauf, ihre Hausaufgaben in Mathematik zu machen, und 58 Prozent sind nicht imstande, einfache naturwissenschaftliche Probleme zu lösen, beispielsweise zu erklären, in welche Richtung sich eine Pflanze dreht, wenn sie Licht ausgesetzt wird.

Was hat das mit Unternehmen und Geschäftsleben zu tun? In Teil VII beschrieb William Wiggenhorn das Problem des Analphabetentums, dem sich Motorola gegenübersah.

Baldor Electric ist ein weiteres Beispiel. Der Hersteller von Industriemotoren hatte ein hochtechnologisches »flexibles Fertigungssystem« in seinem Werk in Columbus, Mississippi, eingeführt. Die vom Computer erstellten Arbeitsaufträge wiesen die Arbeiter klar an, bei einigen neuen Motoren die Wellen *keinesfalls* an die Rotoren zu schweißen. Trotzdem machten einige genau das. Vorstandsvorsitzender Roland Borham Jr. war verblüfft: »Das waren gute Arbeiter. Warum haben sie sich die verdammten Aufträge nicht genau durchgelesen?« Er stattete dem Werk einen Besuch ab, um den Ursachen auf den Grund zu gehen – und fand heraus, daß viele der langjährigen Mitarbeiter nicht lesen und die Anweisungen folglich auch nicht beachten *konnten.*

Solche Beispiele sind beileibe keine Ausnahme. Das Bildungsdefizit der Arbeitskräfte wird mehr und mehr zu einem schwerwiegenden Problem: Das Analphabetentum ist eine Zeitbombe für alle amerikanischen Unternehmen. Vieles weist stark darauf hin, daß sich die berufsbezogenen Fähigkeiten vieler Jugendlicher im Niedergang befinden, und das zu einem Zeitpunkt, da neue Arbeitsplätze wachsende Qualifikationen verlangen.

Annähernd 20 Prozent von 163 großen Unternehmen berichteten, sie hätten Probleme mit der Einstellung von Arbeitskräften, die gut genug lesen konnten, um eine Anfängerposition auszufüllen. Fast die Hälfte dieser Firmen erklärte, daß zwischen 15 und 35 Prozent ihrer Belegschaftsangehörigen nicht in der Lage seien, komplexere Aufgaben zu bewältigen, und zehn Prozent gestanden, ihre Mitarbeiter besäßen nicht die erforderlichen Voraussetzungen für eine Beförderung.

Der Bildungssektor ist mehr noch als die Umwelt ein Bereich, in dem die Unternehmen ihre Vernetzung mit der größeren Gesellschaft zu erkennen beginnen; sie wird bisweilen auf schmerzhafte Weise offenkundig, wie das Beispiel von Motorola zeigt. David Kearns, Vorstand von Xerox, spricht im Namen einer wachsenden Anzahl von Führungskräften, wenn er erklärt: »Ich glaube, die meisten Topmanager haben inzwischen eines begriffen: Die Unternehmen müssen sich aktiv beteiligen, nicht aus irgendwelchen sozialen, sondern aus knallharten ökonomischen Gründen. Wir können nicht in unserer behaglichen Umgebung sitzen und Däumchen drehen, während der Rest der Gesellschaft zusammenbricht. Wir müssen uns eine Antwort einfallen lassen.«

Die »Suche nach einer Antwort« nimmt in den großen Unternehmen heutzutage viel Zeit in Anspruch. Die Führungskräfte haben alle Hände voll damit zu tun, das Beste aus einer Belegschaft zu machen, der es selbst an den grundlegendsten Kenntnissen mangelt, ganz zu schweigen von der Fähigkeit, den zunehmend wachsenden Anforderungen komplizierter Arbeitsaufgaben gerecht zu werden.

Kearns und einige andere Führungskräfte schreiten unmittelbar zur Tat. Der Xerox-Chef und seine Frau haben Zach Harris »adoptiert«, einen jungen Mann aus dem Stadtzentrum von Columbus, Ohio. Drei Jahre lang übernahmen sie die Rolle der Ersatzeltern, fuhren ihn zur Schule und berieten ihn bei der Wahl des Colleges. Schließlich entschied er sich für die Universität von Rochester, Kearns Alma Mater, und nahm eine langfristige Stellung bei Xerox an.

ARCO-Präsident Robert Wycoff spielte einen Tag die Hauptrolle in der handwerklich ausgerichteten Manual Arts High School im südlichen Stadtkern von Los Angeles. Er hörte sich die Wünsche und Bedürfnisse der Schüler an und gab den Lehrern aus der Führungsperspektive Ratschläge über die Beteiligung der Schüler an den Entscheidungsfindungsprozessen. Insgesamt nahmen mehr als 40 ortsansässige Manager von Firmen wie GTE, Hughes Aircraft und der Bank of America an einem Programm teil, das den Namen »Schirmherr für einen Tag« trug, eine Woche lang dauerte und von der Los Angeles Educational Partnership gesponsert wurde, einer Institution, die sich für eine engere Zusammenarbeit zwischen Unternehmen und Schulen einsetzt.

Einige könnten nun behaupten, daß ein solches Engagement eher symbolisch ist und nicht wirklich ins Gewicht fällt. Trotzdem geht damit eine wichtige Botschaft von der Unternehmensspitze aus, die auf allen internen Ebenen Widerhall findet. Es ist kein Zufall, daß Firmen, deren Leiter sich persönlich für die Ausbildung in den Schulen interessieren, sich auch für stetiges Lernen und berufliche Weiterbildung der Belegschaft einsetzen. Xerox und ARCO gelten beispielsweise in diesem Bereich als federführend.

Unternehmen reagieren in wachsender Zahl und auf die unterschiedlichste Art und Weise auf die Bildungsproblematik. Einige nehmen eine Schulklasse oder ganze Schulen unter ihre Fittiche. Merrill Lynch, um nur eine Firma zu nennen, zahlt 250 Kindern aus zehn Schulen im Zentrum amerikanischer Großstädte den Besuch einer weiterführenden Schule (College oder Berufsfachschule).

Statt die Stadt am Firmenstandort insgesamt zu unterstützen, konzentrieren sich einige Unternehmen auf die Bildungsbedürfnisse der Familien von Belegschaftsmitgliedern. Die Firma Nucor bezuschußt zum Beispiel vier Jahre lang mit 1500 Dollar im Jahr die Ausbildung nach Abschluß der High School oder die Berufsausbildung. Jüngst besuchten 260 Mitarbeiter-Sprößlinge mit Hilfe des Nucor-Stipendiums 120 weiterführende Schulen in allen amerikanischen Bundesstaaten.

Andere Firmen errichten eigene Schulen für die Kinder von Belegschaftsangehörigen. 1987 eröffnete die American Bankers Insurance Group (ABIG) in Miami die erste dieser »Satellitenschulen« auf einer Parzelle unweit der Zentrale des Konzerns. Außerdem entstand ein Kindergarten, der dem staatlichen Schulsystem von Dade County angeschlossen ist, das Lehrer und Lehrpläne zur Verfügung stellt.

Dieses Experiment hat die Produktivität der ABIG meßbar erhöht. Die Fehlzeitenquote von Eltern, deren Kinder den firmeneigenen Kindergarten besuchten, ging um 30 Prozent und die Fluktuationsrate um zehn Prozent zurück. Man entdeckte außerdem, daß die firmeneigene Schule ein Anreiz bei der Einstellung neuer Mitarbeiter war. 1988 wurde der Lehrplan erweitert, so daß er die gesamte erste Schulstufe umfaßte; im darauffolgenden Jahr kam die zweite hinzu.

Partnerschaften zwischen Unternehmen und Bildungsinstitutionen gewinnen zunehmend an Beliebtheit. Mindestens sechs Firmen in Florida haben Schulen für die Kinder ihrer Mitarbeiter errichtet. Und der

»Prototyp« der ABIG-Gruppe wird von Firmen in allen Teilen Amerikas eingehend studiert.

Andere innovative Ansätze für Partnerschaften zwischen Unternehmen und Bildungsinstitutionen befinden sich noch im Versuchsstadium. Coca-Cola experimentierte mit einem 400 000-Dollar-Programm, das potentielle vorzeitige Schulabgänger anspornen sollte, den Abschluß zu machen. Es konzentrierte sich auf zwei Schulen im Bezirk San Antonio und 500 hispano-amerikanische High-School-Absolventen und Schüler der siebten und achten Klasse; bei 95 Prozent bestand die Gefahr, daß sie ihre Ausbildung aufgrund schlechter Noten vorzeitig abbrachen. Jede Woche arbeiteten die Mitglieder dieser Gruppe im Kindergarten und in der ersten Klasse einer nahegelegenen Grundschule eine Stunde lang als Tutoren und erhielten dafür ein kleines Taschengeld.

Das Programm war ein durchschlagender Erfolg; es zwang die Teilnehmer, ihre Grundkenntnisse aufzupolieren, und erhöhte ihr Selbstwertgefühl. Seit der Einführung ist die Anzahl der vorzeitigen Schulabgänger in dieser Gruppe auf weniger als fünf Prozent zurückgegangen. Coca-Cola hat nun weitere 1,4 Millionen Dollar für die Erweiterung des Programms ins Auge gefaßt.

Bis zu den 80er Jahren unterstützten die Unternehmen vorwiegend Colleges und Berufsfachschulen. Aber in der Erkenntnis, daß ein frühzeitiges Einschreiten einen merklichen Unterschied bewirken kann, lassen nun mehr und mehr Firmen Gelder in die Ausbildung an Grundschulen und High Schools fließen.

ARCO ist ein anschauliches Beispiel. Vor 1980 gingen die finanziellen Beiträge zum Bildungswesen fast ausschließlich an die Forschung in privaten Universitäten. Nach umfassenden Untersuchungen beschloß man jedoch, den Schwerpunkt zu verlagern. 1990 investierte die Firma 60 Prozent ihres Bildungsbudgets in eine Bildungsreform, angefangen beim Kindergarten bis hin zur zwölften Klasse. Viele Firmen folgen inzwischen ARCOs Beispiel.

Eine weitere Möglichkeit für Unternehmen, ihren Beitrag im Bildungssektor zu leisten, besteht darin, Computer an Schulen zu verschenken. Rechnergestütztes Lernen ist eine wirksame Methode, um die Aufmerksamkeit einer Generation von Schulkindern, die mit den Spielen von Nintendo groß geworden sind, zu fesseln. Sie dient außerdem dazu, sich mit der Arbeit am Computer vertraut zu machen, eine unerläßliche Voraussetzung, um den Anforderungen in einem Zeitalter des rapiden technologischen Fortschritts gewachsen zu sein.

Es überrascht wohl nicht, daß Apple und IBM mit ihren Computerspenden das Feld anführen. Apple hat seit 1979 Computer und Zubehör im Wert von mehr als 60 Millionen Dollar an Schulen verschenkt. Weitere Millionen fließen jedes Jahr in die Erforschung der Auswirkungen, die die Technologie auf Lehren und Lernen hat. IBM hat seit 1979 mit 50 Millionen Dollar zur kostenlosen Ausrüstung mit Computern und zur Schulung an den Geräten beigetragen; in den kommenden fünf Jahren sind weitere 50 Millionen Dollar dafür vorgesehen.

Die Firmen greifen den Schulen nicht nur mit Geld- und Sachspenden unter die Arme, sondern bieten ihnen auch ihr Führungswissen an. Was amerikanische Unternehmen in den 80er Jahren über Restrukturierung und partizipatives Management gelernt haben, geben sie an die Bildungsinstitutionen weiter, die sich in den 90er Jahren mit den gleichen Problemen herumschlagen. IBM, Xerox und AT & T sind drei führende Firmen in diesem Bereich. Sie bieten Lehrern, Schulleitern und Verwaltungspersonal die gleiche Schulung wie ihren eigenen Managern auf solchen Gebieten wie Teamarbeit, Führungsverhalten und Kommunikation an.

Die Unternehmen gehen Bildungsthemen und -probleme zunehmend politisch an. John Akers, Firmenchef von IBM, führt den Vorsitz über die Arbeitsgruppe Bildung der Organisation The Business Roundtable, der 200 Spitzenführungskräfte der größten amerikanischen Unternehmen angehören. Akers hat 165 von ihnen motiviert, die Patenschaft über einen Staat zu übernehmen und eng mit den Gouverneuren, Gesetzgebern und Pädagogen zusammenzuarbeiten. Das Ziel ist die Verabschiedung und der Vollzug von Gesetzen, die eine grundlegende Reform des Schulsystems erzwingen. Und 1989 schlossen sich einige kalifornische Firmen, unter ihnen Pacific Bell und Lockheed, zu einer Interessengruppe zusammen und setzten durch, daß die Legislative des Bundesstaates 14 Millionen Dollar zur Unterstützung der Technologie in den Schulen bereitstellte.

In dem Maße, wie immer mehr Firmen die symbiotische Beziehung zwischen dem Bildungsniveau der Gesellschaft und der Produktivität der Arbeitskräfte im Kern erkannt haben, wird die aktive Beteiligung an der Gestaltung des amerikanischen Bildungswesens der Zukunft zunehmend ein Standardmerkmal ihrer unternehmerischen Tätigkeit.

Aber es ist nicht nur die Leistungsfähigkeit der Arbeitskräfte oder die Wettbewerbsfähigkeit amerikanischer Unternehmen, die auf dem Spiel steht, sondern auch die Lebensqualität der gesamten amerikanischen Nation. Eine des Lesens und Schreibens unkundige Bevölkerung kann keine Gesellschaft mit sinnvollen Zielsetzungen und Visionen aufbauen, eine Gesellschaft, die allen ihren Mitgliedern eine hohe Lebensqualität verspricht. Das vor allem sollte Unternehmen anspornen, an der Zukunft des Bildungswesens mitzuwirken. Thomas Kean, ehemals Gouverneur des US-Bundesstaates New Jersey, rückt das Thema in die

25 Maßnahmen, die Ihre Firma ergreifen kann, um die Ausbildung zu fördern

1. Führen Sie firmeninterne Programme zur Verbesserung der Lese- und Rechtschreibfähigkeiten ein.
2. Übernehmen Sie die Schirmherrschaft über eine Schule und bieten Sie Stipendien für Schüler und Studenten an, damit sie ihre Ausbildung beenden können.
3. Legen Sie einen Stipendienfonds für die Kinder von Belegschaftsmitgliedern an.
4. Bieten Sie Schülern Praktikantenplätze und Arbeitsmöglichkeiten während der Sommerferien.
5. Spenden Sie den Schulen Computer.
6. Geben Sie Belegschaftsmitgliedern, die ehrenamtlich an Schulen mitarbeiten, frei.
7. Halten Sie in Ihrer Firma Computerlehrgänge ab.
8. Schließen Sie sich zu Interessengruppen zusammen, damit der Staat mehr Geld in den Bildungssektor investiert.
9. Unterstützen Sie die Ausbildung an Grund- und weiterführenden Schulen mit finanziellen Zuschüssen.
10. Arbeiten Sie mit einer Schule vor Ort ein Programm aus, um einer vorzeitigen Beendigung der Ausbildung vorzubeugen.
11. Eröffnen Sie für die Kinder von Belegschaftsangehörigen eine firmeneigene »Satellitenschule«.
12. Unterstützen Sie die Schulen, indem Sie Ihr Führungswissen weitervermitteln.
13. Arbeiten Sie gemeinsam mit Gesetzgebern und Pädagogen auf eine Schulreform hin.
14. Sponsern Sie wissenschaftliche Wettbewerbe (wie »Jugend forscht«) oder andere Lernprojekte, an denen mehrere Schulen teilnehmen.
15. Spornen Sie andere Firmen in Ihrer Branche an, Bildungsinstitutionen zu unterstützen.
16. Laden Sie Lehrer von Schulen vor Ort zu einer Firmenbesichtigung ein, damit sie sich aus erster Hand über die Lernbedürfnisse in bestimmten Bereichen informieren können.
17. Stellen Sie sich als Betreuer/Ansprechpartner für einen Schüler in einer Grund- oder weiterführenden Schule an Ihrem Heimatort zur Verfügung.
18. Spenden Sie Bücher, Ausrüstung und andere Dinge, die Schulen an Ihrem Heimatort dringend brauchen.
19. Entwickeln Sie ein firmeninternes Programm, das die grundlegenden Fähigkeiten und Fertigkeiten von Berufsanfängern fördert.
20. Knüpfen Sie Prämien und Beförderungen an die Bereitschaft der Führungskräfte, sich im Bildungsbereich persönlich zu engagieren.
21. Übernehmen Sie die Kosten für die firmenexterne Weiterbildung von Belegschaftsmitgliedern (beispielsweise Volkshochschulkurse oder Fernlehrgänge).
22. Führen Sie Auszeichnungen für Mitarbeiter ein, die als »Lehrer« Spitzenleistungen erbracht haben.
23. Bemühen Sie sich, den Firmenvorstand in das Schulsystem an Ihrem Heimatort einzubinden – als Referent, Teilzeitlehrer, Sponsor usw.
24. Bezuschussen Sie auf Universitätsebene die Erforschung neuer Lehrmethoden.
25. Unterstützen Sie staatliche Bildungsprogramme.

richtige Perspektive: »Wenn man Risikokapital in eine Schule investiert, ist man mehr als ein Geldgeber, der mit einem Auge auf das Endergebnis schielt. Man ist eine Art Stammesältester, der sich um das Überleben der Kultur bemüht.«

Modelle des sozialen Beitrags

Es gibt kein allgemeingültiges Schema, in das sich das »sozial verantwortlich handelnde Unternehmen« pressen ließe. Methoden, Beweggründe und Ausmaß des gesellschaftlichen Beitrags unterscheiden sich und umfassen ein breitgefächertes Spektrum. Einige Firmen konzentrieren sich schlicht auf Umweltschutzthemen; andere sind für ihr Engagement auf dem Bildungssektor bekannt. Manche schicken ihre Belegschaftsmitglieder in die Kommunen am Firmenstandort, um dort ehrenamtliche Arbeit zu leisten; einige beschränken sich ausschließlich auf die finanzielle Unterstützung. Die meisten Unternehmen nehmen verschiedene Möglichkeiten wahr, der Gesellschaft etwas zu geben. Einige wenige, wie The Body Shop, waren imstande, ihr starkes soziales Engagement mit der Führung eines sehr lukrativen Geschäfts in Einklang zu bringen. Diese harmonische Übereinstimmung ist zum Daseinszweck des Unternehmens geworden.

Wenn wir uns den sozialen Beitrag als eine Skala vorstellen, die von der althergebrachten Philanthropie der Industriekapitäne alten Stils wie Andrew Carnegie und den Mellons bis zu den Gepflogenheiten solcher Firmen wie The Body Shop reicht, für die soziale Verantwortung ein zentrales Merkmal ist, können wir die Firmen grob vier Modellen zuordnen. Hier geht es nicht darum, sie gemäß ihrem gesellschaftlichen Engagement in »Schubladen« zu stecken oder anzudeuten, ein Modell sei einem anderen überlegen. Es soll lediglich veranschaulicht werden, daß sich die soziale Verantwortung in einer Weise entwickelt hat, die in etwa diesen Modellen entspricht und parallel zur allmählichen Bewußtseinsveränderung läuft, die Firmen neuen Zuschnitts von denen der alten Schule unterscheidet.

Modell 1 – die Philanthropie alter Art

Die am weitesten verbreitete Form der sozialen Verantwortung im Industriezeitalter der Vergangenheit, die auch heute noch praktiziert wird, war die Philanthropie – monetäre Beiträge zur Unterstützung gesellschaftlicher Anliegen. In diesem Modell werden die Summen und die Empfänger vom Firmenchef oder einer Handvoll hochrangiger Führungskräfte bestimmt. Mitarbeiter haben wenig oder überhaupt kein Mitspracherecht, wohin das Geld fließen soll, und das Unternehmen macht keine Anstalten, die Auswirkung der Spenden zu verfolgen. Darüber hinaus liegt es im Ermessen von Einzelpersonen, ob sie auch weiterhin ihr Scherflein beitragen wollen; es gibt keine Garantie dafür, daß die Spendentätigkeit fortgesetzt wird, wenn der Firmenchef oder eine andere Führungskraft mit philanthropischen Neigungen aus dem Unternehmen ausscheidet.

Ein charakteristisches Merkmal der Philanthropie alten Zuschnitts besteht darin, daß die Firma soziale Anliegen zwar unterstützt, aber keine wirkliche Verbindung zwischen sich selbst und der größeren Gemeinschaft sieht. Die Gesellschaft, der ihr finanzieller Beitrag zufließt, ist nach ihrer Sichtweise irgendwo »da draußen«. Das kann zu schwerwiegenden Widersprüchen zwischen den Geschäftsgepflogenheiten eines Unternehmens und dessen philanthropischen Aktivitäten führen – wenn beispielsweise der Hersteller von Zigaretten ein Tennisturnier sponsert. Firmen, die nicht erkennen, daß sie in ihr gesellschaftliches Umfeld eingebunden sind, betrachten ihr philanthropisches Verhalten oft mehr als Geste des guten Willens oder als gesunde Strategie, um ihr Ansehen in der Öffentlichkeit zu fördern, und weniger als ein Mittel, echte soziale Verantwortung zum Ausdruck zu bringen.

Ein extremes Beispiel für diese Mentalität findet sich in einer Rede von George Weissman, Firmenchef des Zigarettenherstellers Philip Morris. Er behauptete, ein Unternehmen »muß die Aufwendungen für seine sozialen Verpflichtungen genauso ernst nehmen wie die Aufwendungen für das Marketing, die Verwaltung und andere Kosten der Geschäftstätigkeit«. Und dann stellte er die rhetorische Frage: »Zahlen sich diese ganzen Verpflichtungen aus?« Seine Antwort:

> Ich weiß nur, was Philip Morris in den 35 Jahren widerfahren ist, seit ich in der Firma bin. Wir haben uns von Rang sechs hochgearbeitet und sind zum größten Zigarettenhersteller in den Vereinigten Staaten geworden ... Ich kann Ihnen zwar nicht sagen, ob uns die Wahrnehmung dieser Verpflichtungen geholfen hat, aber geschadet hat es uns ganz sicher auch nicht.

Weissman scheint die Ironie entgangen zu sein, die darin liegt, in einem Atemzug über »diese ganzen Verpflichtungen« zu sprechen und sich im nächsten mit dem Erfolg zu brüsten, den das Unternehmen mit der Herstellung eines fragwürdigen Produkts erzielt. Das soll nicht heißen, daß alle Firmen, die der traditionellen Philanthropie huldigen, ein so schizophrenes Verhalten an den Tag legen. Doch die Unfähigkeit, die Einbindung in die größere Gesellschaft zu erkennen, den wahren Sinn von

»sozialer Verantwortung« zu begreifen, kann zu so himmelschreienden Widersprüchen führen.

Modell 2 – Partnerschaft auf niedriger Ebene

Die Partnerschaft auf niedriger Ebene ist eine andere Form der sozialen Verantwortung, die Firmen erkennen lassen. Hier wird der Zusammenhang zwischen Unternehmen und der größeren Gemeinschaft zur Kenntnis genommen. Die gesellschaftlichen Beiträge gehen über die schlichte Philanthropie hinaus; das Unternehmen wird auf kommunaler Ebene aktiv. Umgekehrt berücksichtigt es bei seinen internen Entscheidungen die Probleme der Gemeinschaft (einschließlich derjenigen von Belegschaftsmitgliedern/Bürgern).

Firmen, die dieses Modell des sozialen Beitrags praktizieren, spornen ihre Mitarbeiter an, sich freiwillig oder ehrenamtlich an kommunalen Aktivitäten zu beteiligen. Das kann zum Beispiel Blutspenden, die Teilnahme an einem Marathonlauf für einen guten Zweck, die Organisation einer Straßensäuberungsaktion in einem Stadtviertel oder auch Gemeindeprojekte in großem Stil umfassen.

Die Angestellten der Versicherungsgesellschaft Aetna Life & Casualty arbeiten beispielsweise unentgeltlich in einer Anwaltskanzlei mit, die einkommensschwachen älteren Menschen kostenlose juristische Beratung anbietet. General Mills, Honeywell und Shell Oil haben Programme für ehemalige Mitarbeiter im Ruhestand eingeführt, die ehrenamtlich in ihren Gemeinden tätig werden. IBM spendet nicht nur Geld und Computerausrüstung, sondern geht auch einer breitgefächerten Palette von Aktivitäten nach, die in die Kommunen an den Firmenstand-orten hineinreichen. Im Rahmen eines speziellen Programms erhalten ausgewählte Mitarbeiter bezahlten Urlaub, um bei Gemeindeprojekten mitzuwirken. IBM stellt außerdem Universitäten, Colleges und High Schools mit einem hohen Anteil an Studenten, die Minderheiten angehören oder behindert sind, in der Regel für ein ganzes akademisches Jahr Mitarbeiter als Hilfskräfte zur Verfügung, deren Gehälter der Konzern in voller Höhe weiterzahlt. Darüber hinaus unterstützt es Berufsausbildungszentren der Kommunen und sucht in enger Zusammenarbeit mit Universitäten, Forschungsgruppen und Regierungsbehörden durch die Entwicklung neuer Computeranwendungen nach Problemlösungen.

Im Rahmen dieses Partnerschaftsmodells wird die soziale Verantwortung sowohl innerhalb des Unternehmens als auch außerhalb seiner vier Wände in die Praxis umgesetzt. Solche Firmen investieren beispielsweise in Kindertagesstätten, Erwachsenenbildung und andere Einrichtungen oder Programme, mit denen die Bedürfnisse der Mitarbeiter angesprochen werden.

In dieses Modell eingeschlossen sind auch unternehmenspolitische Leitlinien und Verfahren, die gewährleisten sollen, daß ein Unternehmen nicht auf Kosten der Belegschaft oder der Gesellschaft seinen Vorteil wahrnimmt. Beispielsweise lehnte die Firma eines unserer Gesprächspartner einen Auftrag von einem Zigarettenhersteller ab, weil im Vertrag gefordert wurde, daß sie ihr »Rauchverbot« aufheben müsse. Und der Büromöbelhersteller Herman Miller verzichtet auf die Verwendung von Rosenholz, eine Reaktion auf die wachsende Besorgnis der Umweltschützer über den Raubbau, der in den tropischen Regenwäldern getrieben wird.

Im Gegensatz zu den Philanthropen steuern diese Firmen Mittel dort bei, wo sie spürbar Wirkung zeigen, und behalten die Ergebnisse ihrer Spendenprogramme scharf im Auge. Die Mitarbeiter können bis zu einem gewissen Grad Einfluß nehmen auf die Wahl der Projekte, in die Geld investiert wird, oder auf Aktivitäten, die der Gemeinschaft zugute kommen. Darüber hinaus ist der Beitrag nicht von der Person abhängig, die zufällig gerade auf dem Chefsessel sitzt. Er ist Teil der unternehmerischen Tätigkeit und fest verankert in den erklärten Zielsetzungen und Leitlinien des Unternehmens.

Bei diesem Modell wird zwar die Verflechtung zwischen Unternehmen und Gesellschaft erkannt, aber nur innerhalb des Rahmens überlieferter hierarchischer Strukturen. Firmen, die dieses Modell verwenden, bieten ihren Mitarbeitern vielleicht mehr Möglichkeiten der aktiven Beteiligung, aber die starke vertikale Weisungskette bleibt unangetastet. Was sie von den Unternehmen des nächsten Modells unterscheidet, die Partnerschaft auf hoher Ebene praktizieren, sind die Lernprozesse, die innerhalb der Organisation stattfinden, *weil* sie einen sozialen Beitrag leistet. In Modell 2 haben diese Beiträge, falls überhaupt, wenig Wirkung auf die alltäglichen firmeninternen Arbeitsabläufe und Entscheidungen. In Modell 3 stellen die Informationen und Fähigkeiten, die im Rahmen des sozialen Engagements gewonnen werden, Rückmeldungen und Lektionen für das ganze Unternehmen dar.

Modell 3 – Partnerschaft auf hoher Ebene

Dieses Modell der sozialen Verantwortung baut auf dem zweiten Modell auf. Hier erkennen Unternehmen klar den Zusammenhang zwischen Eigeninteresse und den Interessen der größeren Gemeinschaft (einschließlich ihrer eigenen Mitarbeiter/Bürger) und ändern infolgedessen grundlegend ihre Strukturen und Arbeitsweisen. Firmenintern entwickeln sie eine Netzwerkstruktur, um alle Belegschaftsmitglieder zu einem Höchstmaß an aktiver Beteiligung anzuspornen. Sie konzentrieren sich auf die Teamarbeit, schätzen und integrieren die Vielfalt, stellen Mitarbeiter ein, die Werthaltungen der neuen Art bekunden, und vergüten oder belohnen ihre Belegschaften großzügig. Firmenextern unterstützen sie aktiv soziale und ökologische Belange. Sie betrachten die Umweltschützer beispielsweise nicht als Gegner, sondern als Verbündete. In ihrem internen Verhalten und im Umgang mit Kunden, Lieferanten, Kommunen und anderen Außenstehenden streben sie nach partnerschaftlichen Beziehungen. Firmen, die die Partnerschaft auf hoher Ebene praktizieren, erkennen, daß die Mitglieder einer Gesellschaft sie als *zugehörig* betrachten müssen.

In Modell 3 liegt das soziale Interesse, wie in Modell 2, nicht im Ermessen einer Einzelperson, sondern ist im Unternehmen fest verankert. Und die Mitarbeiter haben ein beträchtliches Wörtchen bei der Entscheidung mitzureden, welche sozialen Zielsetzungen unterstützt werden sollen.

Viele Firmen, die in diesem Buch beschrieben sind, praktizieren dieses auf einer starken, engen Partnerschaft basierende Modell der sozialen Verantwortung. Levi Strauss ist ein gutes Beispiel. Das Unternehmen ist für sein soziales Engagement, das es an den jeweiligen Standorten in allen Ländern der Welt erkennen läßt, und für seine partnerschaftlichen Beziehungen zu allen Mitarbeitern bekannt, die im Zielsetzungskatalog festgeschrieben sind. Es erhält immer wieder »Spitzennoten«, sowohl für seinen sozialen Beitrag als auch für sein ausgezeichnetes Arbeitsklima.

Modell 4 – Ökounternehmen

Firmen, die sich auf dieses Modell stützen, haben den sozialen Beitrag nicht nur zum Standardmerkmal ihrer unternehmerischen Tätigkeit gemacht, sondern sehen ihn auch als einen vorrangigen Daseinszweck an. Hier ist das Engagement für gesellschaftliche Belange in die Organisationsstrukturen verwoben. Diese Firmen betrachten sich als aktives Mitglied der Gesellschaft, als Holon innerhalb einer größeren Holarchie. Es besteht ein beträchtliches Maß an Übereinstimmung zwischen den internen und den externen Verhaltensweisen und Leitlinien dieser Unternehmen. Ihre Entscheidungen und unternehmenspolitischen Grundsätze schaffen ein Gleichgewicht zwischen den eigenen Interessen und denen der umfassenden Gemeinschaft, deren Teil sie sind.

Ökounternehmen zeichnen sich durch qualitativ hochwertige Produkte und Prozesse aus, die sowohl auf die Bedürfnisse des Kunden als auch auf Gewinnerzielung ausgerichtet sind. Sie tragen Sorge dafür, daß sie unsere gemeinsame Umwelt sowenig wie möglich belasten. Deshalb machen sie sich stark für Recycling, Benutzung wiederverwertbarer Materialien, die Entwicklung von Herstellungsverfahren, die weder

25 Maßnahmen, die Ihre Firma ergreifen kann, um die Kommune am Firmenstandort zu unterstützen

1. Organisieren Sie eine Straßensäuberungsaktion in einem Stadtviertel.
2. Fördern oder eröffnen Sie ein kommunales berufsbezogenes Ausbildungszentrum.
3. Bieten Sie einkommensschwachen Mitbürgern kostenlose Rechtsberatung an.
4. Organisieren Sie einen Marathonlauf, mit dem Sie ein Anliegen der Gemeinde unterstützen.
5. Richten Sie in den Räumlichkeiten Ihrer Firma einen Blutspendedienst ein.
6. Übernehmen Sie die Schirmherrschaft über ein Pflegeheim, und stellen Sie ihm ehrenamtliche Helfer aus Ihrer Belegschaft zur Verfügung.
7. Gründen Sie Interessengemeinschaften, um die Gesetzgeber auf lokaler und nationaler Ebene auf Probleme der Kommune aufmerksam zu machen.
8. Sponsern Sie AIDS-Initiativgruppen und Veranstaltungen, die auf das Problem aufmerksam machen.
9. Unterstützen Sie ein Drogenrehabilitationszentrum vor Ort mit finanziellen Mitteln und Personal.
10. Arbeiten Sie mit den Banken vor Ort ein Programm aus, um Mitarbeitern den Erwerb von Eigenheimen oder Eigentumswohnungen zu ermöglichen.
11. Werben Sie für Alphabetisierungs- oder Erwachsenenbildungsmaßnahmen in Ihrer Kommune.
12. Sponsern Sie ein Programm an weiterführenden Schulen vor Ort, um das unternehmerische Denken zu fördern.
13. Unterstützen Sie ein Kinderkrankenhaus an Ihrem Heimatort.
14. Beraten Sie die Absolventen weiterführender Schulen am Firmenstandort über Karriereentwicklung und den Ablauf von Einstellungsgesprächen.
15. Unterstützen Sie Initiativen gegen Kindesmißhandlung.
16. Übernehmen Sie die Schirmherrschaft über ein Obdachlosenasyl.
17. Spenden Sie Schulen, Kirchengemeinden usw. überschüssiges Inventar.
18. Geben Sie Belegschaftsmitgliedern, die an Gemeindeprojekten mitarbeiten, Urlaub.
19. Laden Sie Vertreter von ortsansässigen Organisationen ein, vor der Belegschaft über ihre Bedürfnisse zu sprechen.
20. Stehen Sie gemeinnützigen Organisationen mit Rat und Geld zur Seite.
21. Motivieren Sie ehemalige Mitarbeiter im Ruhestand, ehrenamtliche Tätigkeiten in der Gemeinde zu übernehmen.
22. Entwickeln Sie gemeinsam mit einer Justizvollzugsanstalt vor Ort einen Arbeitsbeschaffungsplan für die Insassen.
23. Arbeiten Sie ein Einstellungs-/Schulungsprogramm für ehemalige Strafgefangene aus.
24. Sammeln Sie kontinuierlich für bedürftige Familien in der Gemeinde Kleidung und Nahrungsmittel.
25. Gründen Sie eine »Telefonkette« oder einen Notruf für ältere Mitbürger.

Luft noch Wasser verschmutzen, und die Unterstützung der Umweltforschung. Sie setzen sich für die soziale Gleichstellung innerhalb wie außerhalb des Unternehmens ein. Firmenintern sehen und behandeln sie ihre Mitarbeiter als gleichwertige Partner mit vollem Mitbestimmungsrecht, die eingebunden sind in die Netzwerkstruktur des Unternehmens, die Wachstum und Entwicklung jedes einzelnen fördert. Extern unterstützen sie Projekte, die dem Wachstum und der Entwicklung der gesamten Gemeinschaft zugute kommen. Gewinne werden folglich als unabdingbar für die Gesundheit eines Unternehmens erachtet, dessen Mission die soziale Verantwortung ist.

Eine solche Denkweise, die soziale Verantwortung in den Mittelpunkt stellt, ist das wichtigste Merkmal, das Ökounternehmen von Firmen des Modells 3 unterscheidet. Diese Konzentration trennt die herausragenden von absoluten Spitzenunternehmen, die soziales Engagement zwar als innere Verpflichtung, nicht aber als zentrale Wertnorm betrachten.

Das Ökomodell wird den Forderungen an ein Unternehmen neuen Zuschnitts am besten gerecht. Natürlich fußt es in stärkerem Maß auf Idealvorstellungen als auf der Realität. The Body Shop, ein Unternehmen, das die persönliche Weiterentwicklung seiner Mitarbeiter zu einem vorrangigen Thema gemacht hat, außergewöhnliches Interesse an seinen Kunden zeigt und weltweite soziale und Umweltanliegen unbeirrt unterstützt, kommt der Verwirklichung des Potentials, das in diesem Ökomodell liegt, sehr nahe.

Überschneidungen zwischen den einzelnen Modellen

Ich habe bestimmte Firmen als Beispiel genannt, die das eine oder andere der vier oben beschriebenen Modelle repräsentieren; damit soll jedoch nicht angedeutet werden, daß sie sich klar und nahtlos in eines dieser Modelle einpassen lassen. Beispielsweise ist es keineswegs ungewöhnlich, daß ein Unternehmen große, nicht an einen bestimmten Zweck gebundene Summen spendet (Modell 1), diese Beiträge mit ehrenamtlichen Tätigkeiten verbindet und die Auswirkung der finanziellen Hilfeleistung auf anderen Gebieten aufmerksam verfolgt (Modell 2). Hier geht es nicht darum, den Firmen ein bestimmtes Etikett anzuhängen, sondern vielmehr darum, die breitgefächerte Skala der möglichen sozialen Beiträge und die schrittweise Entwicklung aufzuzeigen, die sie durchlaufen, wenn das Bewußtsein der Verflechtung mit den Kommunen außerhalb ihrer Mauern wächst.

Zielgerichtete Beiträge

Sun Microsystems, im Herzen des Silicon Valley in Kalifornien ansässig, unterstützt die umliegenden Kommunen mit großzügigen Geldspenden. Aber das Unternehmen ist sehr wählerisch, wenn es um die Entscheidung geht, in welche Bereiche diese Mittel fließen sollen, und es entschuldigt sich nicht dafür, daß es eine Reihe von Anliegen ausschließt. Es konzentriert seine Zuschüsse auf die wirtschaftswissenschaftliche Ausbildung, die berufsbezogene Schulung, die Erweiterung der Führungsfähigkeiten und die Entwicklung gewerblicher Unternehmen. Firmenchef Scott McNeally spricht von »Kapazitätsaufbau«-Programmen für die Bevölkerung im Silicon Valley, die sich durch zunehmende ethnische Vielfalt kennzeichnet.

Sun Microsystems ist kein Einzelfall. Immer mehr Unternehmen verzichten auf die gängige Form der Spenden und investieren ihr Geld – und in wachsendem Maß auch ihre Zeit – dort, wo es ihrer Meinung nach die größte Wirkung erzielt. Statt nach dem alten Denkansatz Geld nach dem »Gießkannenprinzip« auf irgendwelche x-beliebigen Projekte zu verteilen (oft aus einem Schuldgefühl oder dem Bestreben heraus, in der breiten Öffentlichkeit Eindruck zu machen), achtet man darauf, daß der Aufwand an Geld und Zeit tatsächlich etwas bewirkt.

Ein Grund für den Trend zu zielgerichteten Beiträgen ist darin zu suchen, daß durch das Zusammenwirken verschiedener Faktoren – ausländischer Wettbewerb, Umstrukturierungen, Firmenzusammenschlüsse und Zukäufe oder rückläufige Gewinne eingeschlossen – die Budgets für soziale Zwecke geschrumpft sind. Infolgedessen prüfen die Firmen nun genauestens, wohin ihre Mittel und ihre Zeit fließen.

Solche zielgerichteten Beiträge können in den Kommunen viel bewirken. Nehmen wir General Electric: GE, ein Unternehmen, das sich in hohem Maß auf seine Wissenschaftler stützt, hat im Lauf der Jahre stetig die naturwissenschaftlichen und technischen Projekte an den Universitäten unterstützt. 1980 beschloß man, den Schwerpunkt zu verlagern und Grund- und weiterführenden Schulen unter die Arme zu greifen. GE trug zu einer dramatischen Wende in der Benjamin Franklin High School bei, einer Drogenhochburg im Stadtviertel Spanish Harlem in Manhattan. Sie galt als eine der leistungsschwächsten Schulen in New York City, und nur sieben Prozent der Absolventen schafften den Abschluß. 1992 wurde sie in das naturwissenschaftliche und mathematische Zentrum Manhattans umgewandelt. GE entwickelte einen Teil der Lehrpläne und richtete ein CAD/CAM-Laboratorium für rechnergestütztes Konstruieren und rechnergestützte Fertigung ein. Es baute ein spezielles Programm auf, bei dem 20 bis 30 der besten Studenten im vorletzten Studienjahr für den Besuch von Speziallehrgängen ausgewählt werden. Jedem von ihnen wird ein Firmenmitglied zur Seite gestellt, das ihn persönlich betreut und berät. Außerdem wurde ein Kurs eingeführt zur Vorbereitung auf die Leistungstests, die über die Aufnahme am College entscheiden. Dadurch konnte man die Durchschnittsnoten der Schule um 170 Punkte anheben. Kinder aus allen Teilen der Stadt, nahezu ausschließlich Angehörige von Minderheitengruppen, wetteifern inzwischen um die Zulassung zum Kurs. Die überwiegende Mehrheit der Programmteilnehmer – 96 Prozent der Schüler in den oberen Klassen – gehen auf das College.

Control Data – der Aufbau von Unternehmen als sozialer Beitrag

Control Data hat das Konzept der zielgerichteten Beiträge noch einen Schritt weiter geführt. CDC ist nicht nur für seine lange Tradition des sozialen Engagements, sondern auch dafür bekannt, daß es Probleme niemals nur durch Geldzuwendungen löst. Es konzentriert sich im Grunde überhaupt nicht auf finanzielle Spenden, sondern vielmehr auf den *Aufbau neuer Unternehmen als eine Form des sozialen Beitrags.* Es geht dringliche gesellschaftliche Probleme an, indem es ertragbringende Firmen aufbaut.

Mit diesem Ziel vor Augen hat CDC eine breitgefächerte Palette von Partnerschaften mit der Stadt am Firmenstandort entwickelt. Dazu gehört auch die enge Zusammenarbeit mit der City Venture Corporation, die Firmen im Stadtzentrum unterstützt, und der Rural Venture, die sich die Steigerung der Ertragsfähigkeit kleiner, von Familien bewirtschafteter Farmen zum Ziel gesetzt hat.

CDC ist nicht daran interessiert, eine »schnelle Mark« zu verdienen. Im Lauf der Jahre errichtete es drei erfolgreiche Fertigungsstätten im Innenstadtbereich und eine weitere in der ärmsten Region des Appalachen-Gebirges. Außerdem schickte es sechs seiner leitenden Angestellten aus dem Produktionsbereich in die Justizvollzugsanstalt von Minnesota, um die Gefängnisleitung bei der Überprüfung und Änderung eines Arbeitsbeschaffungsprogramms zu unterstützen. Auf Bitte eines zu lebenslanger Haft Verurteilten hin half CDC bei der Einführung eines Programms, das den Gefängnisinsassen die Möglichkeit bietet, an College-Fernlehrgängen teilzunehmen und an der Universität von Minnesota einen akademischen Titel zu erwerben. Es lieferte sowohl die finanziellen Mittel als auch die Computerterminals, um den Start des Programms zu erleichtern, das sich sehr bald selbst trug: Die Häftlinge stellten ein erfolgreiches Telemarketing-Geschäft auf die Beine, mit dessen Gewinnen Lehrgänge und Bücher bezahlt wurden.

Infolge dieser Erfahrung begann CDC, Computerterminals an Haftanstalten in allen US-Bundesstaaten zu verkaufen. Sie werden unter anderem dazu benutzt, den Inhaftierten grundlegende Fähigkeiten und Kenntnisse zu vermitteln und sie auf das Erwerbsleben vorzubereiten.

Die Entwicklung des Bewußtseins für soziale Verantwortung

Wie ihre Motive auch immer aussehen mögen, immer mehr Firmen haben den sozialen Beitrag zu einem Bestandteil ihrer unternehmerischen Tätigkeit gemacht. Während sie sich zunehmend für gesellschaftliche und Umweltanliegen einsetzen, entstehen gleichzeitig Organisationen, die diese Bemühungen anerkennen und anspornen. Jedes Jahr vergibt der Rat für ökonomische Prioritäten Auszeichnungen, um »ein beispielhaftes Programm zu ehren ... das als Modell [für soziale Verantwortung] dient, dem andere Firmen nacheifern sollten«. 1990 gehörten folgende Unternehmen zu den Preisträgern: AT & T, ausgewählt aufgrund seiner führenden Rolle in einem Umweltschutzprogramm, das spätestens bis 1994 und vermutlich früher der gesamten FCKW-Produktion und -Nutzung in den USA ein für allemal ein Ende setzen soll; die Cummins Engine Company, die im Schnitt fünf Prozent ihrer in den USA erzielten Gewinne vor Steuern für Wohlfahrtseinrichtungen gespendet und die Mitarbeiter ermutigt hatte, sich zu engagieren; und US West, in Anerkennung der Bemühungen, die multikulturelle Vielfalt in der Belegschaft durch Aktionsgruppen zu fördern. Die Organisation zeichnet nicht nur die lobenswerten Beiträge aus, sondern nennt auch die *unrühmlichen* beim Namen: 1990 war Esso »Sieger« in der letzteren Kategorie, weil der Ölmulti es versäumt hatte, einer der schlimmsten Umweltkatastrophen in der Geschichte Amerikas wirksam zu begegnen.

Der vielleicht hellste Silberstreifen am Horizont ist dagegen die kleine, aber wachsende Zahl neu gegründeter Unternehmen, die sich ausschließlich ökologischen und sozialen Anliegen verschrieben haben. Steven Garey & Associates und der Working Assets Money Fund sind zwei bemerkenswerte Beispiele. Gareys Firma ist möglicherweise die erste amerikanische Werbeagentur, die sich einzig auf die Förderung der Gesundheit unserer Umwelt konzentriert. Als Kunde wird jedes Unternehmen akzeptiert, »dessen Waren, Dienstleistungen und Herstellungsmethoden unserem Planeten keinen Schaden zufügen«.

Working Assets, unter der Leitung von Frank Tsai, ist einer der erfolgreichsten Geldmarkt-Investmentfonds in den USA. Seine Aufgabenstellung ist es, so Tsai, »die Verwendung finanziell solider Produkte und Dienstleistungen zu fördern, die im Einklang mit dem Engagement für den Frieden, dem Erhalt einer gesunden Umwelt, sozialer Gerechtigkeit und anderen Anliegen stehen«. Und er fügt hinzu: »Obwohl man in den Wirtschaftsakademien lernt, das Hauptziel eines Unternehmens bestehe darin, den Wohlstand der Aktionäre zu maximieren, halten wir dies nicht für das einzige Ziel; es muß außerdem einen gesellschaftlichen Beitrag leisten.«

Alle Anleger des Fonds werden mit der gleichen Sorgfalt überprüft wie die Anlagemöglichkeiten. Als erstes wird ihre Kreditwürdigkeit unter die Lupe genommen. Sobald sie die finanzielle Feuerprobe bestanden haben, werden die Kandidaten in fünf weiteren Schlüsselbereichen durchleuchtet: 1) Sind sie geschäftlich in Südafrika engagiert? 2) Haben sie mit Atomkraft zu tun? 3) Welcher Prozentsatz ihrer Gesamterlöse stammt aus Verteidigungsaufträgen? 4) Wie behandeln sie ihre Mitarbeiter? Und 5) Wie gehen sie mit der Umwelt um?

Da Working Assets ständig wächst, sieht sich das Unternehmen neuen Herausforderungen gegenüber. Tsai: »Wir sondieren und tasten uns noch immer schrittweise vor, lernen noch immer und machen immer noch Fehler. Für das kommende Jahr haben wir geplant, uns selbst auf den Zahn zu fühlen, um Schwächen zu ermitteln, die wir vielleicht noch haben.«

Man muß sich immer vor Augen halten, daß selbst Firmen, die sich durch ein hohes Maß an sozialem Engagement auszeichnen – wie Working Assets –, alles andere als vollkommen sind. Kein Unternehmen kann von sich behaupten, ohne Fehl und Tadel zu sein, wie ethisch oder verantwortungsbewußt es auch immer handeln mag. Trotz hoher moralischer Maßstäbe setzt Johnson & Johnson seine Tierversuche fort, was viele Anleger mit sozialem Verantwortungsbewußtsein veranlaßt haben könnte, eine Investition in diese Firma nicht mehr in Betracht zu ziehen. Levi Strauss setzt trotz beispielhafter sozialer Beiträge amerikanische Arbeitnehmer frei und stellt billigere ausländische ein, um »wettbewerbsfähig« zu bleiben. Beide Firmen werfen problematische Fragen auf, die sich um das Thema ranken, wie man Gewinne und soziale Verantwortung auf einen Nenner bringt.

Ein weiteres Unternehmen, das viel Lob für seine Umweltbemühungen erntet, ist Wal-Mart. Doch wenn man sich des Konzepts lebender Systeme bewußt ist, muß man das *gesamte* Umfeld einbeziehen, einschließlich der Städte am Firmenstandort. Wal-Mart, inzwischen zur größten Einzelhandelskette in den USA avanciert, muß den kleinen Einzelhandelsgeschäften in den Kleinstädten, in denen es Niederlassungen eröffnet, wie ein Riese vorkommen (und manche behaupten, Wal-Mart führe sich auch so auf).

In einer im *Wall Street Journal* zitierten Untersuchung wurde festgestellt, daß die Fachgeschäfte in 15 Kleinstädten des US-Bundesstaates Iowa durch die Konkurrenz von Wal-Mart Umsatzeinbußen von 12,1 Prozent in einem Zeitrahmen von drei Jahren hinnehmen mußten. Mehr als 80 Prozent der Umsätze erzielt der Riese möglicherweise auf Kosten anderer Geschäfte vor Ort, die zu kämpfen haben, um mit Wal-Marts Niedrigpreisen und seinem breitgefächerten Sortiment mithalten zu können.

Wal-Mart hält dagegen, erst durch seine Ankunft sei das Städtchen als Standort für viele Firmen von außerhalb attraktiv geworden; auf diese Weise habe man dazu beigetragen, das »Einzelhandelsloch« zu stopfen, das viele Einwohner bewog, ihr Geld andernorts auszugeben. Der Gigant macht keinen Hehl daraus, daß es sehr schwer ist, preislich mit ihm Schritt zu halten. Eine Lösung: Die Einzelhändler vor Ort beginnen zu erkennen, daß sie dem Rivalen wirksamer die Stirn bieten können, wenn sie miteinander kooperieren und sich vernetzen.

Nur wenige würden Johnson & Johnson, Levi Strauss oder Wal-Mart trotz ihrer Mängel als sozial unverantwortlich bezeichnen. Diese Fallbeispiele zeigen indessen die ganze Vielschichtigkeit der Systeme auf, die sich nach und nach entwickeln. Es besteht kein Grund, die Bemühungen einiger Unternehmen um echte Veränderung herabzusetzen, nur weil bestimmte Bereiche nicht »perfekt« sind. Es gibt keine einfachen oder auf ewig festgeschriebene Antworten auf so komplexe Fragen wie diejenigen nach den ethischen Normen und der sozialen Verantwortung. Der springende Punkt ist nicht das Streben nach Perfektion – selbst wenn wir diesen Begriff genau definieren könnten –, sondern es geht darum, Beispiele für soziales Engagement hervorzuheben, von denen andere etwas lernen können.

Was die Sache noch komplizierter macht, ist, daß es oft weitverbreitete Unstimmigkeiten darüber gibt, was unter einer annehmbaren Lösung für ein gesellschaftliches oder Umweltproblem zu verstehen ist. Beispielsweise gratulieren einige Umweltschützer der Firma Du Pont zu der Entscheidung, die FCKW-Produktion bis zum Jahr 2000 einzustellen, während andere einen wesentlich früheren Termin fordern, um einer Zunahme der Hautkrebserkrankungen vorzubeugen.

Du-Pont-Führungskräfte weisen darauf hin, daß beim größten Teil der bestehenden Kühlausrüstungen FCKW-haltige Kühlmittel verwendet werden und daß keiner der vorgeschlagenen Ersatzstoffe ohne einschneidende Veränderungen an den Geräten benutzt werden könne. »Allein in den USA stecken 135 Milliarden Dollar in den Klima- und Kühlgeräten«, erklärt Bruce Karrh, Leiter des Bereichs Sicherheit, Gesundheit und Umweltangelegenheiten bei Du Pont. »Ein Grund, warum wir die FCKW-Produktion nicht sofort stoppen können, ist, daß die

Hersteller erst einmal neue Ausrüstungen entwickeln müssen, damit die neuen Produkte benutzt werden können. Es wäre unserer Ansicht nach unverantwortlich, wenn wir ihnen willkürlich Einhalt gebieten würden.« Welche Seite hat nun recht?

Stephen Garey wünscht sich vor allem, daß man nicht immer nur die Unternehmen anklagt: »Abe Lincoln hat einmal gesagt: ›Man hilft dem Lohnempfänger nicht, wenn man den Lohnzahler zu Fall bringt.‹ Ich würde mir wünschen, daß man endlich aufhört, den Unternehmen die ganze Schuld in die Schuhe zu schieben. Das sollte so schnell wie möglich unterbleiben. Wir sind alle verantwortungsbewußt, wir sind alle engagiert, und wir lernen alle ständig dazu. Niemand konnte damals ahnen, welche Auswirkungen unsere Industriegesellschaft dereinst haben würde, obwohl einige die Entwicklung voraussagten – einige weitsichtige Einzelpersonen mit visionären Fähigkeiten. Und auf dem Weg dorthin fielen die Vorteile stärker ins Gewicht als die Umweltauswirkung.«

Die Motive der sozialen Verantwortung

Einige fragen sich inzwischen, ob sich die Unternehmen deswegen zu ihrer sozialen Verantwortung bekennen, weil sie Angst vor negativen Schlagzeilen und strikteren staatlichen Bestimmungen haben, oder ob es ihnen wirklich ernst ist mit der Sorge um das Wohlergehen von Gesellschaft und Umwelt. Und andere überlegen, ob das Engagement im sozialen und ökologischen Bereich für die Firmen nicht vielleicht eine weitere Möglichkeit sein könnte, sich eine »goldene Nase« zu verdienen.

Spielen diese Beweggründe bei der Verfolgung gesunder sozialer Zielsetzungen wirklich eine Rolle? Die Antwort kann ja oder nein lauten, je nachdem, wem Sie diese Fragen stellen.

Ein Beispiel für die »soziale Verantwortung«, über die man in manchen Kreisen mißbilligend die Stirn runzelt, ist das »an einen guten Zweck gekoppelte Marketing«. Im Rahmen dieser Marketingstrategie leistet ein Unternehmen seinen Beitrag zu einem gesellschaftlichen Anliegen, wenn die Kunden seine Produkte kaufen. American Express führte diese Idee mit dem Programm ein, einen Cent der Erträge, die ihm aus jeder Scheckkartenbenutzung zufließen, für die Restaurierung der Freiheitsstatue zu spenden.

Die Befürworter behaupten, bei dieser Strategie würden alle Beteiligten gewinnen: Der Anbieter mache auf sein Produkt aufmerksam, während die Partnerorganisation ohne Erwerbscharakter an Bekanntheit gewinne und eine Finanzspritze erhalte. Die Kritiker befürchten indessen, daß dieses an einen guten Zweck gekoppelte Marketing letztlich dem unterstützten Ziel zum Schaden gereichen könnte, weil man finanzielle Zuwendungen mit dem Marketingnutzen verknüpft und überdies nur weithin anerkannte, unkontroverse Projekte fördert – die nicht immer tatsächlich die meiste Zuwendung verdienen.

Mark Vermilion von Sun Microsystems sieht ein anderes Problem, wenn Firmen versuchen, die soziale Verantwortung als Marketingstrategie zu betrachten. Er glaubt, daß der Geldhahn in wirtschaftlich schwierigen Zeiten zugedreht werden könnte. »Ich denke, daß die Motive eine große Rolle spielen. Wenn jemand aus den falschen Beweggründen einen sozialen Beitrag leistet, die Beziehungen zur Kommune, die Sach- und Geldspenden oder irgendwelche Sozialleistungen nur der Publicity wegen marktschreierisch anpreist, dann werden solche Programme sehr bald aufgegeben, wenn den Unternehmen der Wind scharf ins Gesicht bläst. Sie verlaufen sehr schnell im Sande. Sie haben keine Tiefe.«

Lassen sich Gewinne und soziale Verantwortung miteinander vereinbaren?

Walter Haas Jr., Altvater der Firma Levi Strauss, hielt 1990 eine Rede vor 40 Inhabern kleiner Firmen und Geschäfte in Emeryville, Kalifornien, um sie mit dem philanthropischen Gedanken vertraut zu machen. Er sagte seinen Zuhörern: »Einige Leute behaupten, das Richtige zu tun stünde im Gegensatz dazu, das zu tun, was gut fürs Geschäft ist. Ich finde diese Sichtweise sowohl verwirrend als auch falsch. In meiner eigenen Firma haben wir immer wieder festgestellt, daß die Firma gewinnt, wenn wir das tun, was nach unserer Ansicht angemessen ist. Ich habe keine Ahnung, wie sich dieser Wert in Zahlen auf der Ergebnisrechnung übersetzt, aber ich weiß, wir wären nicht gewillt, im Geschäft zu bleiben, und in unserer Branche nicht führend, wenn es diese Beziehung zu unseren Leuten nicht gäbe.«

Und Frank Tsai von Working Assets erklärt: »Es gibt kein Anzeichen dafür, daß man nicht eine gleichwertige oder bessere Rendite erzielt, wenn man soziale Investitionen tätigt. Unsere Bruttoerträge stehen den von anderen Firmen im Geldmarkt-Investmentfonds erzielten in nichts nach. Wir wollten Einzelpersonen und Institutionen zeigen, daß man soziale Veränderungen fördern und sehr wohl eine angemessene Rendite erwirtschaften kann.«

The Body Shop ist ein lebender Beweis dafür, daß ein Unternehmen, das zu seiner sozialen Verantwortung steht, auch finanziell erfolgreich sein kann. Anita Roddick: »Wir praktizieren, was wir predigen. Und trotzdem geht es uns finanziell nicht schlecht.« Zu sagen, der Body-

Shop-Kette gehe es »finanziell nicht schlecht«, ist eine maßlose Untertreibung. In den mehr als zehn oder 15 Jahren der Geschäftstätigkeit ist der Umsatz jedes Jahr im Schnitt um 50 Prozent gestiegen. In Londoner Finanzkreisen bezeichnet man die Aktien des Unternehmens als »Wertpapiere, die sich der Schwerkraft widersetzen«.

Es ist nicht so, daß Gewinne für Levi Strauss, Working Assets, The Body Shop und andere sozial engagierte Unternehmen unwichtig wären; sie stehen nur nicht an erster Stelle auf der Liste der Prioritäten. Anita Roddick: »Gewinne sind ein unverzichtbarer Bestandteil [des Geschäfts], aber man tut etwas, das über die Anhäufung des eigenen materiellen Wohlstands hinausgeht. Es bereichert Geist und Seele und bringt neue Erkenntnisse.«

Paradoxerweise sind Firmen, die sich auf Werte statt Profit konzentrieren, oft imstande, aufgrund dieser Ausrichtung ihren Gewinn zu verbessern. Bill Ouchi, Professor für Wirtschaftswissenschaften an der U.C.L.A., hat beobachtet, daß »bei den führenden amerikanischen Firmen mit dem schnellsten Wachstum und den höchsten Gewinnen ... Gewinne nicht als Selbstzweck oder als Methode betrachtet werden, im Wettbewerbsprozeß den erzielten Punktestand zu halten. Gewinne sind vielmehr die Belohnung für das Bestreben des Unternehmens, seinen Kunden einen echten Wert zu bieten, seinen Mitarbeitern bei der persönlichen Weiterentwicklung zu helfen und sich als verantwortungsvoller Bürger zu verhalten.« Vielleicht hat Adam Smith seine Theorie damals von hinten aufgezäumt. Es gibt guten Grund für die Annahme, daß Firmen ihre eigenen Interessen wahren, indem sie das öffentliche Interesse fördern, statt umgekehrt.

Soziale Investitionen tragen nicht nur zur Entstehung monetärer Belohnungen bei, sondern bringen auch eine weniger spektakuläre Rendite ein. Die sozial verantwortlichen Aktivitäten von Levi Strauss schaffen ein hohes Maß an Wohlwollen in der Öffentlichkeit. »Während unserer schwersten Krise, als wir Werke schließen mußten, wurde auch eine Produktionsstätte in Arkansas dichtgemacht«, sagt Martha Montag-Brown, ehemals für kommunale Angelegenheiten bei Levi Strauss zuständig. »Wir waren einer der größten Arbeitgeber, und die Entscheidung hatte gewaltige Auswirkungen auf den Standort. Wir rechneten mit harscher Kritik in der Presse. Aber das Gegenteil war der Fall; in den Zeitungen war zu lesen: ›Arkadelphia verliert seinen besten Freund.‹ Jede kommunale Behörde bot ihre Hilfe an und richtete eine Beratungsstelle in der Fabrik ein.«

Die Auswirkungen eines so guten Ansehens in der Öffentlichkeit lassen sich vielleicht schwer in Zahlen messen. Sie tragen jedoch fraglos zur finanziellen Stabilität des Unternehmens bei, denn es kann auf die

Loyalität von Lieferanten, Einzelhändlern und Mitarbeitern zählen und besonders natürlich auf die der Kunden, die sich beim Kauf immer bewußter für oder gegen eine Marke entscheiden. Eine 1989 durchgeführte Erhebung zeigte, daß das Renommee eines Unternehmens oft darüber entscheidet, welche Produkte 89 Prozent der erwachsenen Verbraucher kaufen werden – und welche sie links liegenlassen. Nicht lange nach der Ölkatastrophe, verursacht vom Tanker Exxon Valdez, waren 41 Prozent der Amerikaner wütend genug, um einen Boykott von Esso ernsthaft in Betracht zu ziehen. Und der Druck der Öffentlichkeit zwang die Firma H. J. Heinz, die Thunfisch der Marke Starkist anbietet, den Aufkauf von Thunfisch einzustellen, der mit Treibnetzen gefangen wird. Diese Netze werden auch für Delphine zur Todesfalle, die sich darin verwickeln und bei dem Versuch, sich zu befreien, ertrinken.

Die soziale Verantwortung kommt Firmen auch deshalb zugute, weil sie bessere Chancen haben, hochqualifizierte Arbeitskräfte einzustellen. Georg Winter schreibt, daß gerade junge Arbeitnehmer auf den Mangel an Umweltbewußtsein seitens ihres Unternehmens zunehmend ernüchtert reagieren: »Viele junge Leute fragen sich ganz ernsthaft, worin der Sinn von Fleiß und harter Arbeit liegen soll. Abwasser mit noch mehr Schadstoffen anzureichern und die Strände noch stärker zu verschmutzen? Sollen sie pünktlich jeden Morgen zur Arbeit erscheinen, nur um dabei zu helfen, den Müllberg zu vergrößern und das Trinkwasserreservoir der Städte noch mehr zu verseuchen? Sollen sie Arbeit von hoher Qualität liefern, nur um Gewinne für eine Fabrik zu erwirtschaften, deren unzureichend gefilterte Rauchgase die Umwelt belasten und die Gesundheit der Menschen ruinieren?« Firmen, die sozial verantwortliches Verhalten demonstrieren, die von ihren Mitarbeitern nicht verlangen, daß sie für ihren Lohn ihre Seele verkaufen, üben eine große Anziehungskraft auf Arbeitskräfte aus, die engagierter, loyaler und hoch qualifiziert sind.

Patricia Gallup, Firmenchefin von PC Connection, glaubt, das soziale Engagement ihres Unternehmens habe dazu beigetragen, hochqualifizierte Arbeitskräfte in einer Region zu finden, in der die Arbeitslosigkeit buchstäblich bei Null liegt: »Die Aufmerksamkeit, die wir in der breiten Öffentlichkeit in den Bereichen Recycling, epochemachende Forschung und Lohnnebenleistungen geweckt haben, ermutigt die Leute, sich bei uns zu bewerben. Sie verfolgen unsere Aktivitäten und sagen sich: ›Das ist genau die Art von Firma, in der ich gerne arbeiten würde.‹« Und Anita Roddick glaubt, das soziale Engagement und die Werte, denen sich das Unternehmen verpflichtet fühlt, hätten in der Belegschaft eine unglaubliche Loyalität geschaffen, so daß man – wie sie unumwunden erklärt – »nicht bei uns kündigen wird, um anderswo zu arbeiten«.

Und es gibt noch einen Faktor, der stark zu Buche schlägt, wenn Firmen ihrer sozialen Verantwortung gerecht werden. Er hat nicht mit den Bilanzen, wohl aber mit der Bereicherung des menschlichen Geistes zu tun.

Spezielle Teams der Firma Levi Strauss setzen sich aus Mitarbeitern zusammen, die unentgeltlich ihre Zeit zur Verfügung stellen, um die Bedürfnisse der Kommune am Firmenstandort zu ermitteln und dann Projekte zu entwickeln und umzusetzen, mit denen sich diese Bedürfnisse befriedigen lassen. Diese Bemühungen kommen nicht nur den Kommunen zugute, denen geholfen wird, wie Bob Dunn, Leiter des Bereichs kommunale Angelegenheiten, erklärt: »Ich habe Leute gesehen, deren Leben sich von Grund auf verändert hat. Es wird viel von den Bedürfnissen ›der anderen da draußen‹ geredet. Wir konzentrieren uns nicht genug darauf, was es den Leuten bringt, die diese Arbeit leisten – daß es nämlich ihr Bedürfnis befriedigt, die eigenen Fähigkeiten für einen sinnvollen Zweck zu nutzen.« Kurz gesagt: Geben kommt dem Gebenden genauso zugute wie dem Nehmenden.

Teil X

Lektionen

In diesem Buch sind immer wieder Fallbeispiele von Firmen aufgezeigt worden, aus denen wir wichtige Lektionen ableiten können. Jede der Firmen ist bemüht, aus ihrem eigenen Blickwinkel heraus den Sinn der Veränderungen zu begreifen, die das Bild des Unternehmens heute von Grund auf verwandeln. Auf den nachfolgenden Seiten werden weitere Führungspersönlichkeiten dargestellt, die versuchen, das Profil des Unternehmens von morgen zu umreißen.

Die Geschichte des Goran Carstedt von Volvo/Schweden zeigt, was unter einem vollwertigen, engagierten Partner im Unternehmensalltag zu verstehen ist. Sven Atterhed, Mitbegründer der ForeSight Group, weiht Firmen in das Erfolgsgeheimnis seiner Gruppe ein und hilft ihnen bei der Entwicklung einer innovationsfördernden Kultur. Bill Walsh, als Coach von Spitzenformat im Mannschaftssport-Sektor tätig, erläutert die Bedeutung von Führungsfähigkeiten beim Aufbau echter Teamarbeit. Sue Thompson und Jenny Crowe-Innes von Levi Strauss sprechen aus eigener Erfahrung über den Abbau von Arbeitsplätzen und die Möglichkeiten, den Menschen trotzdem an allererste Stelle zu setzen. Und Barbara Walker erklärt, wie Digital Equipment seine Mitarbeiter motiviert, die multikulturelle Vielfalt zu unterstützen.

Globale Vielfalt – die Geschichte von Goran Carstedt*

Die Karriere von Goran Carstedt, dem Sohn eines schwedischen Ford-Händlers, begann 1974 mit seinem Eintritt bei Volvo, nachdem er einen Doktortitel in Wirtschaftswissenschaften erworben hatte. Er wurde schon nach kurzer Zeit zum Leiter des Bereichs Unternehmensplanung ernannt, eine Position, die für seinen Geschmack zu theoretisch war. Später wechselte er als Berater in Volvos französische Autosparte über, deren Vorsitz er innerhalb weniger Monate übernahm – eine Tätigkeit, die seinem pragmatischen, zupackenden Führungsstil besser entsprach.

* Überarbeitete Version von Charles Hampden-Turner, *Two Versions of Capitalism,* Corporate Culture for Competitive Edge: A User's Guide

Als Carstedt in Frankreich eintraf, befand sich Volvos PKW-Bereich in beklagenswertem Zustand. 1978 hatte es Pläne gegeben, den Jahresabsatz von 10 000 auf 20000 Fahrzeuge zu erhöhen. Statt dessen ging das Volumen auf 8000 zurück und erreichte erst 1982 wieder die 10000-Marke. Die Situation sah noch trostloser aus angesichts der Tatsache, daß Importwagen einen immer größeren Anteil am französischen Markt ausmachten, während sich Volvos Marktanteil im Jahr 1982 auf ganze 0,5 Prozent belief.

Da Volvo auf der internationalen Bühne damals Bombenerfolge verbuchen konnte und selbst das französische LKW-Geschäft florierte, schien sich das Leistungsdefizit des PKW-Bereichs allein durch eine höchst gewagte Logik rechtfertigen ließ. Und die bekam Goran Carstedt in Hülle und Fülle präsentiert, als er seinen Fuß auf französischen Boden setzte.

Man betete eine ganze Litanei von Gründen für den schleppenden Absatz herunter: Nur wenige französische Autofahrer hätten überhaupt bemerkt, daß man Volvos inzwischen auch in Frankreich kaufen könne (das entsprach den Tatsachen, gehörte aber nicht zur Sache); die Volvo-Modelle seien zu alt, zu schwer, sähen zu spießig aus, und das 760er-Modell sei zu teuer; man habe bei den neueren Entwicklungen die Motorleistung auf Kosten der Sicherheit hochgeschraubt; die schwedische Mutterfirma mische sich zu oft ein und gebe zuwenig Hilfestellung; die Auslieferung erfolge im Schneckentempo, neue Modelle würden zu spät angekündigt usw.

Aber diese Rechtfertigungen kaschierten das eigentliche Problem: Volvo Frankreich war einer ungeheuer negativen Flüsterpropaganda zum Opfer gefallen, die im PKW-Bereich die Runde machte und so oft wiederholt worden war, das man sie inzwischen für wahr hielt. Die Skandinavier, so hieß es, sind praktisch denkende, leidenschaftslose Menschen, einzig mit dem Thema Sicherheit befaßt und bemüht, sich in ihren kalten Breiten warm zu halten; die Franzosen zählen dagegen zu den heißblütigen Südländern. Die Volvo-Modelle wurden als nüchterne, kopfgesteuerte Konstruktionen betrachtet, denen es sowohl an Stil als auch an romantischem Flair fehlte. Die leidenschaftlichen Franzosen, versicherte man Carstedt, würden nie solche unromantischen Vehikel kaufen.

Carstedt hatte die Umsatzzahlen für Italien in seinem Aktenkoffer, um klipp und klar nachzuweisen, daß sich »kopfgesteuerte« Volvos sehr wohl an heißblütige Südländer verkaufen lassen, und zwar in ansehnlicher Menge; aber er war gewieft genug, um zu wissen, daß es hier nicht um Fakten ging, sondern um die französischen Volvo-Händler, denen man die Klischeevorstellungen eingetrichtert hatte.

Carstedts einzige Möglichkeit bestand darin, den Händlern dabei zu helfen, Volvo in einem neuen Licht darzustellen. Er glaubte, daß die Franzosen ein ziemlich verzerrtes Bild von den Volvo-Fahrzeugen und dem Kulturkreis, aus dem sie stammten, gewonnen hatten, und er war fest entschlossen, diese Sichtweise zu ändern. Das gelang ihm, indem er die französischen Volvo-Händler mit nach Schweden nahm, damit sie sich dort aus erster Hand ein Urteil über die schwedische Kultur bilden konnten.

Nach Carstedts Auffassung laufen in Schweden zwei wichtige, weltweite Entwicklungen zusammen: »Wir sind eine Nation, die sehr großen Wert auf Individualität legt, und dennoch waren bei uns seit dem Krieg beinahe ununterbrochen die Sozialdemokraten an der Regierung. Wir mußten Initiative und Leistungsbereitschaft des einzelnen mit der Ethik des gesellschaftlichen Engagements für das Wohlergehen anderer kombinieren. Aus dem Zusammenfluß dieser beiden Strömungen ist unser überwältigendes Bestreben entstanden, sichere Fahrzeuge zu bauen.«

Als die Händler von ihrem Schweden-Besuch nach Frankreich zurückkehrten, hatte sich ihre Einstellung ganz erheblich gewandelt. Sie sahen die Volvos nun als überlegene Fahrzeuge an, die von kleinen autonomen Gruppen engagierter Mitarbeiter mit großem handwerklichem Geschick hergestellt und einzeln signiert worden waren. Der Name beschwor nicht länger Bilder von kühlen Designern herauf, die den ganzen trostlosen nordischen Winter lang vor dem Reißbrett standen und Sicherheitselemente für Autos entwarfen, die ohnehin schon zu konservativ waren. Statt dessen betrachteten sie Volvo jetzt als ein vorausdenkendes Unternehmen, das Individualität mit sozialer Verantwortung verband, was sich in der Zielsetzung ausdrückte, sichere und zuverlässige Fahrzeuge zu bauen. Sie waren nun stolz, Teil des Unternehmens zu sein, und dieser neue Stolz übersetzte sich in neue Geschäfte. Obwohl nur wenige neue Produkte eingeführt wurden und der französische Markt 20 Prozent seiner Größe einbüßte, schnellten die Verkaufszahlen in Frankreich zwischen 1982 und 1986 von matten 10 800 auf gesunde 21 000 PKWs hoch. Allein der findigen Führung eines Goran Carstedt, der es schaffte, zwei grundverschiedene Kulturen in Einklang zu bringen, ist der glückliche Ausgang der Volvo-Geschichte in Frankreich zu verdanken.

Was hätte Goran Carstedt unternommen, wenn er ein typischer Manager der alten Schule gewesen und mit der gleichen Situation konfrontiert worden wäre? Vermutlich hätte er mit den Händlern Tacheles geredet und ihnen dringend empfohlen, sich »stärker ins Zeug« zu legen. Vielleicht hätte er einige der umsatzschwächsten Händler gefeuert, um durch diese drastische personelle Veränderung die »Truppe wachzurütteln«. Er hätte möglicherweise werbemäßig Muskeln spielen lassen und dabei dieselben Verkaufsargumente in den Vordergrund gestellt, die schon seit langem angeführt worden waren und alles andere als glanzvolle Ergebnisse gebracht hatten. Oder er hätte sich einen Experten aus der französischen LKW-Sparte geholt, um dem PKW-Bereich zu zeigen, »wo's langgeht«.

Keine dieser Maßnahmen hätte die wahre Ursache von Volvos Umsatzeinbrüchen beseitigen können: das negative Bild von Volvo und Skandinavien, das sich in den Köpfen der französischen Händler eingenistet hatte. Können Sie sich einen Manager der alten Art vorstellen, der positiv und umsichtig auf die Idee reagiert hätte, das Leistungsdefizit sei auf etwas so Läppisches, »Sanftes« wie Klischeevorstellungen zurückzuführen?

Zum Glück gehört Goran Carstedt nicht zum alten Schlag. Im Umgang mit Volvo/Frankreich zeigte er das kooperative Führungsverhalten, das für den Manager der neuen Art, den vollwertigen, engagierten Partner, kennzeichnend ist. Statt durch Macht- und Kontrollmechanismen eine Leistungsverbesserung der französischen Händler zu erzwingen, half er ihnen bei der Entwicklung partnerschaftlicher Beziehungen zur schwedischen Muttergesellschaft. Der Rest war verhältnismäßig einfach. Sobald sich die Händler in Schweden aus erster Hand ein Bild von Volvos Tätigkeit gemacht hatten, mußten sie nicht mehr ermahnt werden, sich mit dem Verkauf »mehr Mühe« zu geben. Sie vermittelten den Stolz, Teil dieses Unternehmens zu sein, ihren potentiellen Kunden, mit dem Ergebnis, daß sich der Absatz erhöhte. Und Goran Carstedt wurde später in das Amt des CEO von Volvo/Schweden berufen.

Die ForeSight Group – Innovationsfähigkeit läßt sich erlernen

In den vergangenen zwölf Jahren hat die ForeSight Group aus Schweden mit Unternehmen in allen Ländern der Welt zusammengearbeitet. Mitarbeiter, die auf freiwilliger Basis an dem intensiven Schulungsprogramm der Beratergruppe teilnehmen, lernen hier Fähigkeiten und Fertigkeiten, die unternehmerisches Denken und Innovation fördern. Diese »Intrapreneure« (ein Begriff, der sich von »intra« = innerhalb [der Firma] und »entrepreneur« = »Unternehmer« ableitet) dienen dann als Vorbild für andere Belegschaftsmitglieder und bringen damit die Lern- und Innovationsprozesse in ihren Firmen voran.

Sven Atterhed, Partner und Mitbegründer der ForeSight Group, beschreibt die fünf Schritte des einjährigen Trainingsprogramms, das von der Gruppe entwickelt wurde:

Wir führen das Intrapreneur-Konzept in einem Prozeß ein, der fünf Schritte umfaßt. Der erste besteht darin, sich die Unterstützung der Geschäftsleitung zu sichern und eine Gruppe von Topmanagern zusammenzubringen, die sich auf die Innovationsrichtung verständigt.

Nummer zwei ist die Arbeit an der Unternehmenskultur. Das beinhaltet, mit Angehörigen der höheren Leitungsebenen strategische Themen aus der unternehmerischen Perspektive anzugehen. Wir zeigen ihnen, wie man Neues erprobt und an neue Aufgabenstellungen mit unternehmerischem Wagemut herangeht. Einige japanische Firmen, wie beispielsweise Komatsu, Canon und Honda, lassen einen Ansatz erkennen, der sehr stark von Unternehmergeist geprägt ist. Sie entwickeln eine Vision, und dann beginnen sie zu experimentieren. Genau das ist das Ziel, auf das wir mit den Managern hinarbeiten. Dann begreifen sie, welchen Problemen sich innovative Mitarbeiter gegenübersehen, und sind besser in der Lage, diese zu unterstützen.

Der dritte Schritt besteht darin, den Intrapreneuren Mut zu machen, sich zu erkennen zu geben. Eines der grundlegenden Merkmale von Unternehmern und Mitarbeitern mit Unternehmergeist ist, daß sie ausnahmslos selbstbestimmte Menschen sind. Niemand hat Henry Ford aufgefordert, das zu machen, was er gemacht hat. Ich denke, auch das ist sehr kennzeichnend für den neuen wissensorientierten Arbeitnehmertypus in großen Unternehmen. Man kann den Leuten keine Befehle mehr erteilen und ihnen dabei helfen, persönliche Bestleistungen zu erzielen. In Wirklichkeit sind nicht Anweisungen vonnöten, sondern selbstbestimmte Menschen, die im Rahmen einer von ihnen verinnerlichten Zielsetzung arbeiten.

Wir bitten die Belegschaftsmitglieder also, an einer Informationsveranstaltung teilzunehmen. Das ist eine einfache Einladung: Kommt und hört euch an, worum es bei dem Intrapreneur-Konzept geht. Die Topmanagement-Gruppe oder einige ihrer Vertreter sind bei dieser Besprechung anwesend. Wir bitten den Firmenchef zu erklären, warum die Firma Innovationen und Leute braucht, die neuartige Ideen umsetzen. Von den rund 1500 Mitarbeitern eines Bereichs, die eingeladen sind, erscheinen vielleicht 70 oder 80.

Der nächste Schritt ist, diese Leute zu bitten, an einer Art Vorstellungsgespräch teilzunehmen; hier haben sie Gelegenheit, relevante Fragen zu stellen, und wir können herausfinden, was sie bisher in ihrem Leben gemacht haben. Wir bitten sie beispielsweise, uns drei Situationen zu beschreiben, in denen die Dinge bestens liefen, und drei mit negativem Ausgang. Das gibt uns die Möglichkeit, das Spitzenleistungspotential jedes einzelnen auszuloten.

Wir klären diese potentiellen, hochmotivierten Intrapreneur-Anwärter darüber auf, daß harte Arbeit auf sie wartet, sehr harte Arbeit, und dann entscheiden sie, ob sie noch immer interessiert sind. Wenn ja, werden sie ein Jahr lang von uns intensiv geschult und betreut. Wichtig sind hier vor allem die persönlichen Kontakte – das Coaching – und das »Lernen in der Praxis«. Sie arbeiten an eigenen Projekten, und sie wissen, das sind keine Fallstudien, sondern echte Arbeit.

Ihr Ziel besteht darin, einen Geschäftsplan zu entwickeln und den ersten Kunden zu finden; das Projekt wird also wie ein richtiges Unternehmen aufgezogen. Den ersten Kunden zu gewinnen ist etwas völlig anderes, als einen Plan auf dem Papier auszuarbeiten.

Das Training soll dazu beitragen, daß die Beteiligten während der Arbeit an ihrem Projekt ihre Fähigkeiten erweitern. Sie entwickeln bestimmte unternehmerische Talente, Fähigkeiten, die sich erlernen lassen. Am Anfang steht eine sehr verschwommene Idee, und daraus wird dann ein konkreter Geschäftsplan, denn das ist die Sprache, in der Führungskräfte kommunizieren.

Im wesentlichen halten wir die Leute an, alles zu vergessen, was sie über die herkömmlichen Planungsmethoden gelernt haben. Diese alten Planungsansätze stützen sich in hohem Maß darauf, daß man bereits vor Beginn eines Projekts alle Antworten parat hat. Das ist jedoch unmöglich, wenn man etwas ganz Neues versucht; es würde einfach zuviel Zeit kosten. Menschen, die innovativ und unternehmerisch denken, gehen nicht auf diese Weise vor. Sie sind auf der »Schnellspur« unterwegs. Zeit komprimieren lautet hier die Devise. Sie entwickeln eine Vision, ein anspruchsvolles Ziel, und sie beginnen mit einer Reihe von Experimenten. Jeder Versuch bringt es mit sich, daß sie etwas dazulernen, etwas anderes ausprobieren und dabei immer mehr Zeit einsparen.

Die Schulung dieser firmeninternen Unternehmer dauert ein Jahr, und alle sechs bis acht Wochen findet ein Meeting statt. Wir arbeiten in »konzentrischen Kreisen«. Am Anfang werden alle Themen kurz angerissen, und dann gehen wir immer mehr in die Tiefe. Wir haben ungefähr 20 Leute und vielleicht zehn Projekte in jeder Gruppe. Der Schwerpunkt der Arbeit liegt darin, Erstkontakte zu Kunden zu knüpfen, mit Ideen zu experimentieren und mit sehr begrenzten Mitteln auszukommen (was wir als »schöpferische Genügsamkeit« bezeichnen). Die Leute lernen, sich innerhalb der Unternehmenssphäre wie Unternehmer zu verhalten.

Obwohl diese Intrapreneure in Firmen mit weitläufigen Ressourcen tätig sind, werden ihre eigenen Mittel bewußt begrenzt, denn dann müssen sie ihre ganze Findigkeit aufbieten. Es kommt oft vor, daß kleine Firmen den großen Konzernen Marktanteile wegschnappen. Und das gelingt ihnen nicht mit Geld, sondern mit Köpfchen, Handeln und Lernen. Sie sind innovationsfreudig, und genau das versuchen wir in unseren Trainings zu vermitteln.

Wir haben solche innovativen Menschen überall entdeckt. Man muß nur dafür sorgen, daß sie ein günstiges Klima vorfinden und genügend Freiraum haben, und schon schießen sie wie Pilze aus dem Boden. In gewisser Hinsicht versuchen wir Firmen zu helfen, den Schritt von bürokratischen Strukturen zu einer Kultur zu vollziehen, die von Unternehmergeist geprägt ist. Wir schaffen Vorbilder, wenn wir diesen innovativen Mitarbeitern auf die Sprünge helfen. Wenn Sie sehen, daß jemand urplötzlich eine Idee hat und damit Supererfolge erzielt, dann sagen Sie sich: »Halt, das kann ich auch!« Und genau das ist eines der Schlüsselmerkmale unseres Intrapreneur-Trainings: Wir wollen mehr und mehr Leute dazu bringen, sich in den laufenden Prozeß einzuklinken. Wir helfen den Unternehmen, lernorientierte Unternehmen zu werden.

Bill Walsh und das Fußballteam von San Francisco

Wenn irgend jemand begreift, was es heißt, ein Spitzenteam aufzubauen und zu betreuen, dann ist es Bill Walsh, ehemals Trainer der legendären Football-Mannschaft San Francisco 49. Während seiner Amtszeit führte Walsh die 49 zum Sieg in drei Pokalturnieren.

Ich bat Bill Walsh, mir zu erzählen, wie er über Teamarbeit und die Rolle des Trainers denkt:

Das grundlegendste Merkmal des Erfolgs sind die Leistungsziele. Man zerbricht sich nicht zwangsläufig über den Leistungsstandard des Gegners den Kopf, ob man nun großen oder nicht den geringsten Respekt vor ihm hat. Was zählt, ist allein der eigene Leistungsmaßstab. Und den zu entwickeln dauert Jahre. Man kann ihn jedes Jahr höher hinaufschrauben, verfeinern, die Problembereiche besser aufschlüsseln. Diese Meßlatte sollte immer angelegt werden, auch wenn man Pech hat oder sich verkalkuliert, was vorkommt.

Wir hatten damals eine offene Kommunikation, einen ungehinderten Meinungsaustausch. Jeder nahm daran teil. Die Leute konnten aufstehen und ihre Ansicht zum Ausdruck bringen, ohne später wegen der Dummheit ihrer Entscheidung Rede und Antwort stehen zu müssen. Sie durften Fehler machen, ohne dafür an den Pranger gestellt zu werden. Wenn jemand eine Idee hatte, die völlig abwegig war, sind wir einfach darüber hinweggegangen.

In einer solchen Atmosphäre mußten die Leute begreifen, daß ihr eigenes Ego unweigerlich ein bißchen angeknackst sein würde, wenn wir nicht alle ihre Vorschläge begierig aufgriffen und akzeptierten. Aber in einer offenen Diskussionsrunde, einem offenen Austausch, kritisieren sich die Teilnehmer nicht im nachhinein. Immer wenn ein Spieler mit einer Idee daherkam, habe ich sie ernsthaft in Betracht gezogen, denn oft traf die Mannschaft den Nagel auf den Kopf.

Es ist absolut unerläßlich, auf jeden Spieler einzugehen, einen Hochleistungssportler nicht wie ein Objekt zu behandeln, was inzwischen typisch ist für die Medien, den Trainer und die Fans. Ein Hochleistungssportler ist keine Schachfigur, die man hin und her schieben kann, nicht Nummer 14 oder 15 oder 82. Er ist ein menschliches Wesen, und man muß seine Bedürfnisse nach Anerkennung, differenzierter Behandlung und Aufmerksamkeit verstehen. Und man muß sich auf jeden einzelnen in einer Weise einstellen, die Berufsethos erkennen läßt – sich unparteiisch verhalten, fair sein und Würde und Selbstachtung jedes Spielers berücksichtigen.

Ein verständnisvoller Trainer mit viel (positiver, negativer oder enttäuschender) Erfahrung wird schließlich zu der Einsicht gelangen, daß Raum für individuelle Vorgehensweisen, individuelle Qualitäten und ganz offensichtliche individuelle Merkmale und Eigenschaften bleiben muß. Und es gilt zu erkennen, daß es unterschiedliche Lernebenen, unterschiedliche Lernfähigkeiten, ein unterschiedliches Ausmaß von Lernbereitschaft und Unterschiede in Vorbildung und Vorgeschichte gibt.

Wir haben eine Veteranen- und eine jüngere Gruppe. Unsere Veteranen waren fünf, acht oder zehn Jahre in derselben Mannschaft zusammen, und ihre Familien sind eng miteinander befreundet. Die Vermögensverhältnisse sind sehr unterschiedlich: Ein Spieler ist sehr gut betucht und fährt zum Training im Mercedes vor, während der andere mit seinem Datsun aufkreuzt. Auch das berücksichtigen wir. Bei uns findet man unterschiedliche religiöse oder politische Überzeugungen, und wenn wir auf dieses Thema zu sprechen kommen, dann können sich unsere Spieler mächtig ereifern. Wir haben verschiedene ethnische Gruppen, Schwarze, Weiße und Menschen anderer Hautfarbe. Die meisten fühlen sich innerhalb ihrer eigenen Gruppe wohler, andere nicht. Aber das ist kein Podium für irgendwelche ideologischen Grundsätze, religiösen Dogmen, Überzeugungen hinsichtlich Rasse oder ethnischer Zugehörigkeit. Unterm Strich zählt nur, daß diese Mannschaft gewinnt und wir einen Weg finden, um zu siegen.

Ich sage den Spielern: »Haltet bei euren Teamkollegen bewußt nach Merkmalen Ausschau, die ihr schätzen könnt. Was gibt er euch, im positiven Sinn? Sucht nach Eigenschaften, die seine schlechten wettmachen. Ihr müßt nicht unbedingt sein gesellschaftliches Drum und Dran oder seinen Lebensstil gutheißen – aber welche positiven Dinge könnt ihr an ihm feststellen, hier in der Umkleidekabine?«

Der Unterschied zwischen einem durchschnittlichen und einem herausragenden Spieler ist die Bereitschaft, zugunsten der Teamkollegen Opfer zu bringen. Und die Erwartungen, die er in ihre Leistungsbereitschaft setzt, die Entschlossenheit, sie nicht zu enttäuschen, und die Annahme und das Vertrauen, daß sie das gleiche für ihn empfinden, daß sie ihr Bestes geben und ebenfalls darauf verzichten können, sich selbst in den Vordergrund zu stellen. Wie oft haben wir gesehen, bedauerlicherweise auf dem Gebiet der Kriegsführung, daß Männer in kleinen Gruppen am besten kämpfen, wenn sie nicht unbedingt für eine Flagge, für ein Land kämpfen, sondern füreinander durchs Feuer gehen. Dadurch geben sie sich gegenseitig Kraft. Im Football ist es ziemlich ähnlich.

Als Trainer muß man ethische Grundsätze haben und, ungeachtet jeder Sentimentalität und jeden Gefühls, von sich selbst das fordern, was für die Mannschaft getan werden sollte. Man muß Entscheidungen treffen, die dem besten Interesse jedes einzelnen dienen. Das ist mir im Fall von Joe Montana besonders schwer gefallen, den ich einmal gegen einen anderen Spieler austauschen mußte. Aber bei diesen Vorkommnissen ist mir plötzlich durch den Kopf geschossen, worum es letztendlich geht, und ich habe mir gesagt: »Überleg' mal; das ist schließlich deine Aufgabe, deine Rolle.« Ethische Grundsätze bedeutet für mich, daß ich diese Rolle leben muß und mich vor der Verantwortung, die sie mit sich bringt, nicht drücken kann.

Es gehört zu den Aufgaben eines Trainers, ständig daran zu erinnern, daß jeder Spieler der verlängerte Arm seiner Teamkollegen ist. Wenn Jerry Rice einen Paß – einen Vorstoß des ballführenden Gegners – stoppt, dann nur, weil Fred Quinlain sich geopfert und geblockt, das heißt, den Gegner durch Körpereinsatz behindert hat. Und wenn Robert Craig den Ball führt und ein paar Meter Platz gewinnt, dann nur, weil Randy Cross bereit war, sich zu opfern und ihm den Laufweg zu öffnen. Jeder ist also eine Verlängerung des anderen, die Mannschaft muß perfekt aufeinander eingespielt sein. Wenn ein solches Klima oder eine solche Atmosphäre herrscht, dann entwickelt man die Eigenschaften, die man braucht, um immer wieder zu gewinnen.

Levi Strauss – wie man das Problem des »Abspeckens« in den Griff bekommt

Wenn ein Unternehmen aus einem Guß bestehen, wenn es als Organisation lernen und wachsen soll, dann ist die Handhabung des Personalabbaus genauso wichtig wie die Handhabung der Personalaufstockung. Die Belegschaft kann weitreichende Rückschlüsse auf die Werthaltungen eines Unternehmens ziehen, wenn sie beobachtet, wie es bei der Entlassung von Mitarbeitern vorgeht. Wenn diejenigen, die noch in Brot und Lohn stehen, aufgrund einer fehlgesteuerten Personalfreisetzung um ihre Arbeitsplätze bangen müssen, dann sind sie kaum motiviert, kontinuierlich diejenigen Dinge zu lernen, die Unternehmensleistungen verbessern helfen, sondern interessieren sich nur für den Erwerb von Fähigkeiten und Kenntnissen, die ihren Marktwert erhöhen.

An der Art, wie Levi Strauss die notwendige Personalverringerung in den 80er Jahren anging, können sich andere Firmen ein Beispiel nehmen. Sue Thompson, Leiterin der Abteilung Personalentwicklung, und Jenny Crowe-Innes, für den Bereich Mitarbeiterbeziehungen zuständig, beschreiben diesen Ansatz:

Wie entläßt man mehr als 5000 Beschäftigte in 17 Produktions- und Vertriebsstätten, und zwar in Einklang mit den ethischen Werthaltungen des Unternehmens, die besagen, daß die faire Behandlung der Mitarbeiter allerhöchste Priorität hat? Vor diese Frage sah sich Levi Strauss 1984 gestellt. Anfang der 80er Jahre befand sich der Jeansmarkt eindeutig in einer Abschwungphase, und wir mußten uns mit einer Situation abfinden, die niemandem gefällt: Arbeitsplatzabbau.

Wir sind in jedem Werk ziemlich ähnlich vorgegangen. Mehrere Führungskräfte flogen, drei Tage bevor das Werk geschlossen werden sollte, an den Standort. Die Beschäftigten wurden über die bevorstehende Schließung informiert, und dann bildeten sich Diskussionsgruppen, die ihre Sorge zum Ausdruck brachten. Wir haben auch Einzelberatung in jedem Werk angeboten.

Zum Sozialplan, der den Mitarbeitern an diesem Tag vorgelegt wurde, gehörte eine dreimonatige Kündigungsfrist plus ein Wochenlohn als Abfindungssumme für jedes Jahr der Firmenzugehörigkeit, eine Weiterzahlung der Gesundheitsvorsorgeleistungen noch drei Monate über die Kündigungsfrist hinaus und Auszahlung des Resturlaubs, falls noch vorhanden. Darüber hinaus boten wir eine Berufsberatung und die bevorzugte Berücksichtigung bei freien Stellen in anderen Levi-Fabriken an. Und das schloß auch Umzugsbeihilfen ein. Die meisten freigesetzten Arbeitnehmer zogen es jedoch vor, an ihrem Wohnort zu bleiben, aber ich weiß, daß von den 155 entlassenen Mitarbeitern im Levi-Werk in Denison, Texas, 126 nach einer Umschulung neue Arbeitsplätze gefunden haben.

Wir haben unser Augenmerk vor allem auf die Leute gerichtet, die ausgeschieden sind. Wir haben sie intensiv über den Arbeitsmarkt und neue Anstellungsmöglichkeiten beraten. Wir haben einen Personalvermittlungsexperten engagiert, der ihnen geholfen hat, einen Lebenslauf zu schreiben, und sie auf die Einstellungsgespräche vorbereitet hat. Wir haben Workshops durchgeführt, damit sich die Leute ein klareres Bild von ihrer Tätigkeiten, ihren beruflichen Bestrebungen und Zielen machen konnten.

Was wir nicht so gut in den Griff bekommen haben, war der Umgang mit den Gefühlen der verbliebenen Mitarbeiter, vor allem in solchen Abteilungen, wo die meisten Stellen abgebaut wurden. Ich denke, wir haben aus diesen Fehlern gelernt.

Danach haben wir erkannt, daß Personalfreisetzungen sehr, sehr schmerzhaft für jedermann sind, nicht nur für die unmittelbar Betroffenen, und daß die Empfindungen der verbliebenen Belegschaftsmitglieder von genauso großer Bedeutung sind. Unsere Mitarbeiter-Unterstützungsgruppe befaßt sich intensiv mit den Maßnahmen, die im Fall eines weiteren Arbeitsplätzeabbaus getroffen werden sollten. Sie arbeitet mit den Führungskräften zusammen, hilft ihnen, ihre eigene emotionale Reaktion auf die Entlassungen zu begreifen, steht ihnen mit Rat und Tat zur Seite, wenn es gilt, sich mit den Gefühlen der Mitarbeiter auseinanderzusetzen, die es nicht getroffen hat – mit den Ängsten, der Wut und den Sorgen. Wir beraten in Einzelgesprächen und Arbeitsgruppen, und wir führen verschiedene Aktivitäten durch, um Führungskräften und ihren Mitarbeitern zu helfen, diese Zeit durchzustehen.

Ein Unternehmen sollte soviel wie möglich für diejenigen tun, die ihren Arbeitsplatz verloren haben. Das kann bedeuten, ihnen bei der Entwicklung der erforderlichen Fähigkeiten zu helfen, sie umzuschulen oder sie beim Übergang zu einer anderen Beschäftigungssituation zu unterstützen. Man kann nie genug tun. Mitarbeiter, die entlassen wurden, befinden sich in der Regel in einem Schockzustand. Beratung, Empfehlungen, Hilfe beim Abfassen des Lebenslaufs, alles, was man unternehmen kann, um langfristig die meisten Vorteile für den Betroffenen zu erzielen, ist wichtig.

Eine weitere Sache, die wir aus unseren anfänglichen Freisetzungen gelernt haben, ist die Bedeutung der Kommunikation. Wenn bei uns jetzt die Entscheidung ins Haus steht, Arbeitsplätze abzubauen, dann entwickeln wir einen kompletten Kommunikationsplan, und dazu gehören Mitteilungen an die unmittelbar Betroffenen, an die verbliebenen

Mitarbeiter und Informationen für die Öffentlichkeit. Wir verstehen es inzwischen viel besser, die Belegschaft auf dem laufenden zu halten und die moralischen Auswirkungen zum Zeitpunkt der Entlassung auf ein Mindestmaß zu verringern. Man kann einfach nicht genug kommunizieren.

Man sollte auch nicht die Zeit unterschätzen, die es braucht, bis Führungskräfte und Mitarbeiter die emotionalen Auswirkungen verdaut haben. Sowohl bei den entlassenen als auch den verbliebenen Belegschaftsmitgliedern schlagen die Gefühle hohe Wellen, und es dauert seine Zeit, bis man ihnen geholfen hat, diese Gefühle zu verarbeiten. Ihnen diese Zeit zu lassen ist ganz entscheidend.

Auf dem Weg zur Vielfalt – fünf Schritte

Barbara Walker ist heute Leiterin der Abteilung für Personalressourcen der Universität von Cincinnati. Zum Zeitpunkt unseres Gespräches war sie für die multikulturelle Integration in der Digital Equipment Corporation zuständig. Ihre Aufgabe bestand darin, »zu helfen bei der Entwicklung von Strategien, die multikulturelle Akzeptanz zu einem weltweit anerkannten Wert machen«. Sie erläutert den Prozeß, der aus fünf Schritten besteht und bewirken soll, daß die Mitarbeiter lernen, die Vielfalt innerhalb der Belegschaft als etwas Positives zu betrachten:

Wenn jemand fragt, worum es bei der Akzeptanz der Vielfalt überhaupt geht, dann sagen wir, daß es ein Prozeß ist, der fünf Schritte umfaßt. Als erstes gilt es zu lernen, die eigenen Klischeevorstellungen aufzudecken. Es spielt keine Rolle, ob dabei von Menschen, Ideen oder Unternehmen die Rede ist. Unsere erste Aufgabe im Rahmen der Personalentwicklungsarbeit mit dem Ziel, eine positive Einstellung zu multikultureller Vielfalt zu entwickeln, besteht darin, zu verstehen, was eine Klischeevorstellung ist, wie man sich die eigenen Klischeevorstellungen bewußt macht und dann versucht, sie zu analysieren und über Bord zu werfen, was immer das auch für den einzelnen bedeuten mag.

Wir reden über *sämtliche* Unterschiede. Wir malen einen Kreis an die Tafel, in dem die Unterschiede vermerkt werden; ganz oben stehen Rasse, Geschlecht, sexuelle Neigungen, AIDS, physische Gesundheit und Behinderung, und dann geht's weiter nach unten mit kulturellen Unterschieden, Sprachunterschieden, geographischen Unterschieden, verschiedenen Lernstilen usw. Jede Kerngruppe beginnt mit einer Überprüfung dieser Fragen: »Schwarze sind …?«, »Weiße sind …?«, »Frauen sind …?«, »Männer sind …?« usw. Wenn man 100 Leute in einem

Raum hat, dann erhält man unter Umständen 100 verschiedene Antworten auf diese Fragen.

Wir haben bei Digital eine Theorie, die ich mit Nachdruck vertrete und die zu funktionieren scheint – daß nämlich in diesem Land Rasse und Geschlecht als bildlicher Ausdruck für alle Unterschiede benutzt werden können. In diesem Land sind die wichtigsten Unterschiede in den Metaphern für Rasse und Geschlecht enthalten. Die Theorie lautet, daß angesichts der Geschichte dieses Landes, angesichts des amerikanischen Traums und der Kernfrage nach Schwarz oder Weiß Rassenprobleme auf die eine oder andere Weise Teil der Psyche jedes Menschen sind. Das steckt in uns. Wenn wir die Leute dazu bringen könnten, das Problem Rasse und Geschlecht in den Griff zu bekommen, dann wären sie vielleicht imstande, offener über alle anderen Unterschiede zu denken. Soweit die Theorie.

Die Leute beginnen also, einen genauen Blick auf ihre Klischeevorstellungen zu werfen; sie reden miteinander, und in manchen Fällen streiten sie darüber, ob eine bestimmte Überzeugung ein Klischee ist oder nicht. In solchen Diskussionen und Konfrontationen gelingt es den Leuten meiner Ansicht nach, ihre Anschauungen zu überprüfen und weiterzuentwickeln.

Der zweite Schritt oder das zweite Stück Arbeit besteht darin, die Ohren zu schärfen und sich auf die Unterschiede einzustellen, die in den vorgefaßten Meinungen anderer vorhanden sind. Selbst wenn wir jede einzelne Klischeevorstellung wie von Zauberhand verschwinden lassen könnten, müßten wir uns immer noch mit unterschiedlichen vorgefaßten Meinungen, unterschiedlichen Werthaltungen und unterschiedlichen Weltanschauungen auseinandersetzen. Wir nehmen uns nicht genug Zeit, nachzuforschen, wie diese beschaffen sind. Ich persönlich arbeite daran, die Klischeevorstellungen der einen und die vorgefaßten Meinungen einer anderen Kategorie zuzuordnen. Manche Leute werfen alles in einen Topf, und dann wissen sie nicht, womit sie es zu tun haben.

Angenommen, wir beide würden einen Kurs oder einen Plan oder ein Produkt zusammenstellen, und Sie meinten, wir sollten nach Methode X vorgehen, während ich behauptete, Y sei die richtige. Mit anderen Worten, wir wären uns absolut nicht einig. Unterschiede schätzenlernen bedeutet für mich, daß ich innehalte und Ihnen erst einmal zuhöre. Ich stimme nicht mit Ihnen überein, soviel steht fest; aber ich werde Ihre Meinung auch nicht automatisch außer acht lassen oder von vornherein verwerfen.

Ich sage mir: »Nun, Charles weiß, wovon er redet. Er hat Erfahrung, auch wenn sich diese von meiner unterscheidet. An der Sache muß was dran sein. Also überlegen wir mal.« Und da ich Gegensätze, aber gleichzeitig auch meinen eigenen Standpunkt schätze, sage ich: »Hören Sie, Charles, ich werde Ihnen erklären, wie ich darüber denke. Ich wüßte nicht, wie Sie das Problem auf diese Weise angehen könnten, denn meine Erfahrung sagt mir ...« Und da wir keine Angst voreinander haben, nur weil wir nicht der gleichen Meinung sind, setzt langsam ein Prozeß ein, an dessen Ende einer von uns vielleicht eine ganz andere Idee hat, die sich von unseren anfänglichen Konzepten möglicherweise völlig unterscheidet. Dieser Dialog bringt also Synergie und Kreativität mit sich.

Der dritte Arbeitsschritt ist das aktive, bewußte Bemühen, unverfälschte, wichtige Beziehungen zu Leuten aufzubauen, die man als verschieden betrachtet. Die Mitglieder der Kerngruppen, die wirklich versuchen, Unterschiede schätzen zu lernen, müssen *Beziehungen auf der Grundlage dieser Unterschiede aufbauen.* Ein Teil der Arbeit besteht genau darin, daß man sich beim Aufbau der Beziehungen diese Unterschiede vergegenwärtigt.

Das vierte und schwerste Stück Arbeit besteht darin, zu lernen, das eigene Selbstwertgefühl zu festigen oder zu verbessern, indem man über die Unterschiede und vor allem über die Art und Weise spricht, wie man sich durch sie in die Opferrolle gedrängt fühlt.

Der fünfte Schritt ist getan, wenn man einen kleinen Teil der anderen vier bewältigt hat. Dann fühlt man sich vielleicht stark genug, um zu versuchen, die Unterschiede zu identifizieren und ihnen auf den Grund zu gehen. Aber ich zögere, die Leute zu diesem fünften Schritt zu ermutigen, wenn sie nicht zumindest begriffen haben, was ein Klischee ist, wenn sie nicht zumindest einen Teil des Prozesses durchlaufen und vorgefaßte Meinungen unter die Lupe genommen haben, wenn sie nicht wenigstens einen schwarzen Freund, einen asiatischen Freund oder einen Freund haben, der dem anderen Geschlecht angehört, bis sie nicht über ein gewisses Maß an innerer Stärke verfügen. Andernfalls benutzen sie diesen fünften Schritt dazu, genau die Klischeevorstellungen als gültig anzuerkennen, die am Anfang standen: »Alle Asiaten sind technisch ausgerichtet, alle Frauen sind ...« Sie nehmen eine Erfahrung, verallgemeinern sie, und das ist dann ihre ganze Sachkenntnis.

Dieser ganze Prozeß zielt darauf ab, die Leute zu motivieren, Unterschiede zu verstehen und zu akzeptieren und sie vor allem zu achten. Und dann zu begreifen, daß jeder Mensch einzigartig ist.

So fing unsere Arbeit damals, Anfang der 80er Jahre, an. Sie hat sich bewährt, was bedeutet, daß mehr Männer aus Minderheitengruppen und Frauen als Werksleiter tätig sind. Das sind bei Digital die heißbegehrten Stellungen. Sie sind aber auch in anderen Führungspositionen zu finden.

Wir hatten so viel Erfolg, daß die Leute in manchen Unternehmensbereichen meinten, die Arbeit sei bereits getan; aber wir wissen, daß es gefährlich ist, die Hände in den Schoß zu legen. Viele werden sagen: »Das haben wir doch schon vor fünf Jahren gemacht, und gar nicht so schlecht«, und dann hören sie auf, weiter an sich zu arbeiten. Man kann 1981 oder 1982 Erfolg gehabt haben und trotzdem 1990 das Gefühl haben zu scheitern. Was wir lernen, zumindest diejenigen von uns, die ihre Augen offenhalten, ist, daß wir diese Arbeit immer und immer wieder angehen müssen.

Schlußwort – die Zukunft einer Vision

Wie die blinden Männer in der Hindu-Parabel am Anfang des Buches, so hat jede unserer exemplarischen Firmen einen Teil der Realität erfaßt. Jede ist bemüht, ihre Erkenntnisse in ein zusammenhängendes Bild einzufügen, um der neuen Form der Unternehmenstätigkeit, die sich am Horizont abzeichnet, einen Sinn abzugewinnen. Eigenständige, entscheidungsfreudige Mitarbeiter, Innovation, autonome Arbeitsgruppen, die Einbeziehung des Kunden, lebenslanges Lernen, Vielfalt, soziales Engagement – diese »Bausteine« stehen mehr oder weniger im Mittelpunkt der Vision jedes dieser Unternehmen. Und während sie ihre Vision verwirklichen, muß jedes von ihnen entdecken, daß der Baustein, den es besitzt, Teil eines größeren Ganzen ist.

Irgendwann in der schrittweisen Entwicklung jedes dieser Unternehmen fand bei einem oder mehreren seiner Führer ein einschneidender Prozeß statt – in Form einer blitzartigen Erkenntnis, einer Verschiebung der Perspektive oder eines Aha-Erlebnisses. Bei manchen, wie The Body Shop, ging dieser Prozeß der Firmengründung voraus und bildete das Fundament, auf dem man aufbaute. Häufiger fand dieser radikale Wandel jedoch statt, wenn sich ein Unternehmen schwerwiegenden Herausforderungen auf firmeninterner oder Marktebene gegenübersah, die sein Überleben gefährdeten. Bei solchen Unternehmen, wie beispielsweise Steelcase, wurde die Angst vor einer unmittelbar bevorstehenden Existenzbedrohung zur Triebfeder des Umdenkens. Obwohl alle Führungskräfte, mit denen ich sprach, diesen Veränderungsprozeß auf ganz eigene Weise erlebten und dabei häufig noch im Dunkeln tappten, hatten sie ausnahmslos das untrügliche Gefühl, auf etwas Sonderbares und Wichtiges gestoßen zu sein. Und das waren sie in der Tat. Sie hatten die Notwendigkeit erkannt, ihre Firmen von Maschinen in lebende Systeme zu verwandeln.

Eine unterschwellige, wichtige Botschaft der Hindu-Parabel ist, daß unsere visionären Fähigkeiten allein nicht ausreichen. Wie die blinden Männer müssen auch wir den Dingen »Ausdruck verleihen«, die wir wahrnehmen. Die verbale Kommunikation ist genauso wichtig wie die Vision, wenn es uns gelingen soll, unsere unterschiedlichen Sichtweisen in Einklang zu bringen und die »einzelnen« Bausteine des Puzzles zusammenzusetzen«.

Im Geschäftsleben wird immer wieder betont, wie wichtig die »Führung mit visionärem Weitblick« ist. Aber eine Vision allein, wie groß ihre Triebkraft auch sein mag, kann den Unternehmen nicht den Weg in die Zukunft weisen. Sie bleibt im Bereich der Phantasie stecken, solange sie nicht anderen Menschen weitervermittelt wird. Das Auge einer echten Führungspersönlichkeit sucht den fernen Horizont ab, während sie ihr Ohr auf die Stimmen des Dialogs, der in den eigenen Reihen stattfindet, richtet. Nur wenn wir unsere Visionen vom Unternehmen als einem lebenden System in Worte fassen, werden sie die Kraft besitzen, eine grundlegende Umwandlung im Unternehmen zu bewirken.

Es ist an der Zeit, unseren Visionen Ausdruck zu verleihen. Ich spreche hier nicht allein von der Stimme der Führungskräfte, sondern von der Stimme aller Unternehmensmitglieder, die sich bemühen, einen echten Dialog zu führen und voneinander zu lernen. Jeder, der seine Vision in Worte faßt, steht im Mittelpunkt dieses lebendigen Organismus, und die Botschaft, die seine Stimme vermittelt, wird in konzentrischen Kreisen an andere weitergetragen. Zusammengenommen erzählen alle diese Stimmen die Geschichte des Unternehmens der Zukunft.

Ich möchte Sie ermutigen, Ihrer Vision »Stimme zu verleihen«, die Fallbeispiele in diesem Buch und Ihre eigenen Erfahrungen weiterzuvermitteln. Die Konturen des Unternehmens von morgen werden sich klarer abzeichnen, wenn wir den Dialog fortsetzen. *Team Management* ist ein Versuch, Ihnen die »Steinchen des Puzzles« weiterzugeben, über die ich verfüge. Ich würde mich freuen, etwas von Ihnen zu hören. Bitte schicken Sie Briefe oder Audiokassetten an: The Charles Garfield Group, 6114 LaSalle Ave. Suite 642, Oakland, CA 94611, U.S.A.